中国证券市场专题研究

姚禄仕　著

合肥工業大學出版社

图书在版编目(CIP)数据

中国证券市场专题研究/姚禄仕著．—合肥：合肥工业大学出版社，2022.3
ISBN 978-7-5650-5582-9

Ⅰ.①中…　Ⅱ.①姚…　Ⅲ.①证券市场-研究-中国　Ⅳ.①F832.51

中国版本图书馆 CIP 数据核字(2021)第 233601 号

中国证券市场专题研究

ZHONGGUO ZHENGQUAN SHICHANG ZHUANTI YANJIU

姚禄仕　著　　　责任编辑　刘　露

出　版	合肥工业大学出版社	版　次	2022年3月第1版
地　址	合肥市屯溪路193号	印　次	2022年3月第1次印刷
邮　编	230009	开　本	787毫米×1092毫米　1/16
电　话	理工图书出版中心：0551-62903004	印　张	25
	营销与储运管理中心：0551-62903198	字　数	577千字
网　址	www.hfutpress.com.cn	印　刷	安徽联众印刷有限公司
E-mail	hfutpress@163.com	发　行	全国新华书店

ISBN 978-7-5650-5582-9　　　定价：70.00元

序

中国资本市场经历了30多年的风雨历程，实现了跨越式发展，取得了伟大的成就，尤其是2020年3月1日新《证券法》的颁布实施及注册制改革的推行，标志着我国资本市场进入了一个崭新的发展阶段。“打造一个规范、透明、开放、有活力、有韧性的资本市场，服务经济高质量发展”是新时代赋予资本市场的使命，建立与完善以发展实体经济为目标的金融服务路径已经成为新时期我国经济发展的主要战略。据沪深交易所官网统计，我国境内上市公司从1990年的13家，发展到2021年9月30日的4501家，沪深两市股票市场的流通市值达707400.9亿元，总市值达866159.03亿元。证券市场在国民经济发展中发挥着越来越重要的作用，只有加深对中国资本市场全方位、多层次的研究，才会更大程度地促进中国经济的高质量发展。

然而，由于受到来自国内外经济环境、新冠肺炎疫情等方面的冲击和影响，国内经济发展的稳定性面临着较大的挑战。特别是在我国证券市场处于高速发展且法律制度不健全的情况下，我国证券市场的发展面临着很多问题和困难。如何发现并解决这些问题和困难就成为实践工作者和理论研究者的重要课题。本书作者姚禄仕教授在教学之余，一直从事证券市场方面的研究工作，取得了丰硕的研究成果。本书主要收集了作者及其团队近年来在证券市场的产品、证券市场的层次、证券市场的主体以及证券市场的交易等方面的研究成果。在证券市场的产品方面，主要研究了资产证券化产品发展策略、财富管理产品评价方法与体系以及我国场外金融衍生品业务发展路径等，旨在创新证券市场产品，丰富产品管理手段；在证券市场的层次方面，深入剖析了区域性股权市场发展中存在的问题，以期更好地构建和完善服务实体经济的多层次资本市场，优化我国的多层次资本市场体系；在证券市场的主体方面，主要研究了证券公司道德风险的成因与防范以及证券公司服务实体经济高质量发展的路径，以强化证券市场乃至资本市场中各主体的道德风险意识，发挥证券公司在服务实体经济高质量发展中的先锋带头作用，提高金融服务实体经济能力；在证券市场的交易方面，对股价异常波动的成因进行了归纳和总结，旨在有效促进股市稳健有序发展，提高股市运行效率，保护投资者利益，更好地促进我国股市的市场化、国际化发展。

在中国金融进一步加快高质量发展的背景下，本书对中国证券市场发展中存在的问题进行深入探究，其结论有利于中国证券市场的健康可持续发展、有利于中国实体经济的高质量发展。从本书的研究专题与内容来看，我认为主要有三个特点：

第一，选题新颖，具有时代性。我国证券市场在快速发展的同时，也存在很多问题：资产证券化过程存在着各种障碍，财富管理产品缺少评价方法与指标体系，场外金融衍生品业务发展路径如何；我国区域股权市场发展中券商频频退出、私募债违约事件等严重暴露出市场存在的问题，导致区域股权市场作用没有得到有效发挥；证券公司的道德风险大幅降低了资本市场效率，动摇资本市场根基，同时证券公司自身存在的问题也阻碍着其更好地服务实体经济高质量发展；股市的不稳定性会加大整个金融体系的系统风险，影响国民经济的平稳运行，对社会经济生活产生冲击。本书作者通过对我国证券市场发展中存在的关键及前瞻性问题进行深入的研究，适应了我国经济发展的时代需要。

第二，研究方法科学先进，具有针对性。本书以证券市场发展中存在的问题为出发点，综合运用了文献研究法、归纳法、比较分析法、实证研究法、案例分析法、实地调研法和博弈分析法等一系列科学先进的研究方法。例如，运用问卷调查、AHP分析等方法研究了未来我国场外金融衍生品业务中各要素的相对重要性；通过数据搜集、发放调查问卷、实地走访等方法对我国40家区域性股权市场的发展现状及问题进行深入剖析，并结合处于发展前列的安徽省区域性股权市场进行案例分析；通过对107家证券公司（含子公司）进行实地调研及问卷调查的方式，总结出目前我国证券公司道德风险防范的主要措施以及防范过程中存在的问题；运用博弈分析法，构建了证券公司与监管部门、上市公司和投资者的静态博弈模型，实证分析了证券公司与利益相关方之间的关系；运用实证研究法，检验了证券公司各重点业务对实体经济发展是否起到积极推动的作用；运用案例分析法，对A股股价异常波动典型案例进行深入分析，研究了我国股市股价异常波动的原因及经验。针对不同问题，本书作者综合应用恰当的研究方法，使各项研究具有针对性。

第三，政策建议具有很强的实用性和可操作性。本书的7个研究专题在得出研究结论的基础上都提出了系统的可操作的政策建议：逐步有序地丰富场外金融衍生品品种，为资产证券化产品的顺利推行提供良好的发展环境；以全国性市场带动发展，最终形成各区域性市场联动发展的市场结构；从风险和收益两个方面构建了适应我国财富管理产品的评价体系；在区域性股权市场发展中创新交易产品，发挥市场的并购重组作用，积极加强培育、引导、规范挂牌托管企业，适时引入流动性更强的做市商制度，探索高层次市场对接机制，并连通各个区域性股权市场；在证券公司道德风险防范方面，完善证券市场制度体系建设，从投融资两端同时入手，兼顾好服务实体经济和保护投资者合法权益，并有力加大保荐制度改革、建立健全证券市场信用制度等；大幅提高资本市场违法违规成本，建立长效报酬激励机制；提炼证券公司治理文化，完善证券公司内部控制体系等；在服务实体经济高质量发展中，继续坚定不移地大力发展直接融资，做好信息披露工作，加快推出新型交易机制和金融产品，逐步放宽证券公司准入门槛，引导中小证券公司特色经营等。这些政策建议得到了中国证监会、中国证券业协会、上海证券交易所等相关部门的反馈与采纳，对中国证券市场的健康发展无疑具有较强的智力支持作用。

本书是作者长期以来对中国证券市场相关专题的研究和总结，也是对中国证券市场发展过程中前沿性问题的一些思考与建议。希望作者能够在经济形势日益复杂的背景下，在中国证券市场可持续发展方面做出更多更深入的研究，为服务中国经济高质量发展做出更大的贡献。

是为序。

合肥工业大学教授
中国工程院院士
中国管理现代化研究会联职理事长
亚太工业工程与管理学会会士(APIEM Fellow)

2021年11月1日

目　　录

序 ………………………………………………………………………… (001)

专题一　资产证券化产品发展策略研究 ……………………………… (001)

专题二　财富管理产品评价方法与体系研究 ………………………… (053)

专题三　我国场外金融衍生品业务发展路径研究 …………………… (125)

专题四　我国区域性股权市场发展研究——以安徽省为例 ………… (156)

专题五　证券公司道德风险防范研究 ……………………………… (222)

专题六　证券公司服务实体经济高质量发展研究 …………………… (271)

专题七　股价异常波动股票交易风险研究 ………………………… (327)

后　记 ……………………………………………………………… (390)

专题一

资产证券化产品发展策略研究[①]

摘　要

作为20世纪重要的金融创新工具之一，资产证券化于20世纪90年代后期开始在中国试点实践。然而，从2008年至2011年，受全球金融危机的影响，中国资产证券化发展陷入了相对停滞状态。鉴于资产证券化对资本市场和国民经济的巨大推动作用，以及美国在金融危机后的经济重建中资产证券化产品的具体实践，资产证券化只要运用得当并严格控制风险、充分保护投资者利益，会对经济发展产生巨大的推动作用。对于已融入全球经济一体化的中国来说，推行这一创新工具不仅具有良好的发展前景，而且具有十分重要的战略意义。

本专题首先回顾了中国资产证券化产品的发展历程，通过文献总结、实地调研分析了其发展现状，发现中国资产证券化产品存在着基础资产范围较小、产品运行方式不成熟、市场流动性不足等问题，并从法律制度环境、信用环境、市场环境三方面详细剖析了产生这些问题的原因。同时还运用对比分析的方法，总结了美国、欧洲以及日韩资产证券化产品发展的特点，得到了如下启示：金融创新的开展需要配合法律制度的完善；满足市场需求的产品才能得到推广；充分保护投资者利益等。其次，本专题借鉴国外资产证券化产品发展经验，结合中国现状和可证券化资产的特性，归纳总结了资产证券化产品发展策略：基础资产选择方面，应将现金流稳定、信用风险较低、法律障碍容易规避的基础资产优先实施证券化，通过对主要基础资产特征的综合比较，认为应优先对住房抵押贷款、优质企业类贷款、地方政府融资贷款、基础设施收费、企业应收款这几类资产进行证券化；交易结构方面，通过对交易结构中的会计处理方式、SPV组织形式、信用增级方式以及利率设计形式的比较分析，针对不同的基础资产设计了不同的交易方式；利率方面，根据基础资产的现金流特点构造了相应的利率形式。最后，本专题提出完善法律制度、优化市场结构和政府政策推进这三方面保障措施，为资产证券化产品的顺利推行提供良好的发展环境。

① 上海证券交易所联合研究计划项目（2011QTXM0978）
课题组：合肥工业大学证券期货研究所　国元证券股份有限公司
课题主持人：姚禄仕　蔡　咏
课题研究与协调人：上海证券交易所　司徒大年
课题组成员：王建文　王丽娜　潘立生　杨模荣　王　璇　何　方
关　琪　雷晓洁　国艳玲　尹　丽　王　蕾　李　蓓

第1章 绪 论

1.1 本课题研究背景及意义

1.1.1 研究背景

资产证券化是近40年来世界金融领域发展最迅速的创新工具，它是指发起人将缺乏流动性，但未来可以产生稳定现金流的资产出售给一个特殊目的载体或机构SPV(Special Purpose Vehicle)，并由SPV通过一定的结构重组和信用增级，分离与重组资产的收益和风险，并转换成可以在金融市场上出售和流通的证券的过程。资产证券化起源于美国，并迅速在全球范围内得到推广和应用，其产品品种不断增加，基础资产从住房抵押贷款迅速向其他领域拓展，规模以及范围不断扩大。然而，我国对资产证券化的研究起步较晚，始于20世纪90年代后期。当时国有企业过高的负债与国有银行不良债务的矛盾构成了威胁宏观经济稳定发展的潜在风险，也成为经济与金融体制改革的一大障碍。直到1997年爆发的亚洲金融危机才增强了国家解决不良资产问题的紧迫感，面对庞大的不良资产，商业银行与财政部门相互配合，通过成立资产管理公司，对不良资产进行剥离处理。同时，理论界也在不断探索，使得通过资产证券化方式处置不良资产最早得到理论界的认可。

随着资产证券化在欧美的快速发展，处于后金融危机的亚洲各国也开始迅速推行资产证券化，用以摆脱金融危机的羁绊。在金融全球化的大背景下，资产证券化也迅速成为我国理论界和实务界关注与深入思考的热点问题，其思路也不再局限于不良资产的资产证券化。金融管理部门、各大金融机构和金融研究部门对于推动我国资产证券化的发展做了大量的探索和基础性准备工作。

20世纪90年代后期，我国开始了资产证券化的实践，出现了离岸证券化和“准证券化”的操作模式。进入21世纪后，资产证券化的步伐加快。然而，从2008年至今，受到全球金融危机的影响，我国的资产证券化陷入相对停滞状态，未能发行任何相关的资产证券化产品。同时，理论界对是否重新启动资产证券化存在分歧：部分学者认为资产证券化会给金融业带来风险，并认为我国的银行业管理水平还未达到一定高度，没有能力做好资产证券化，因此认为是否立即启动资产证券化有待进一步的观察；但金融实务界和理论界中以原中国工商银行行长杨凯生为代表的一部分学者认为，资产证券化本身并不是引发美国金融危机的本质原因，只要产品的运行机制设计合理，资产证券化就可以为投资者提供更多的投资工具，对资本市场的进一步发育和成熟具有重要意义。由于理论上存在分歧，对于是否重新启动资产证券化理论界仍处于探讨与摸索阶段，还有待理论研究工作的进一步深化。

从美国资产证券化发展的实践可以得知，资产证券化并不是美国金融危机的根源。美国金融危机的根源是在实践过程中没有把握好资产证券化的关键点——风险控制，在资产证券化的推进过程中，把握风险控制至关重要。因此，我国应该加强资产证券化的系统研究工作，为金融危机后的资产证券化发展提供一条切实可行、风险可控的路径。

1.1.2 研究意义

本课题的研究意义主要有以下三点：

(1)系统地归纳和探讨我国资产证券化过程中存在的各种障碍因素，为实施资产证券化的实际操作提供宏观和微观两个层次的建议与措施。

(2)以动态、发展的思路分析在推行资产证券化过程中如何适时提供相关市场与制度建设，为阶段性的发展策略提供保障。基于我国证券市场尚存的各种问题，可以通过相关各方的协调，共同促进资产证券化的健康、稳定、成熟、有效开展。

(3)在市场有效性、利率市场化与推进资产证券化的关键问题研究上，需要系统应用相关理论分析和已有的研究成果，还要注意证券市场的平衡发展、资本市场和货币市场的相互促进，这不但有重大的实际意义，而且有深远的理论指导意义。

1.2 我国发展资产证券化的必要性

1.2.1 拓宽投融资渠道的需要

随着国民经济的快速增长，居民投资理财的需求变得愈发强烈，而可供我国居民选择的投资理财品种非常单一。资产证券化所涉及的产品种类广泛，包括各类贷款、应收账款及基础设施收费等，其品种设计的丰富多样性可以满足不同投资者的风险收益需求。因此，可以通过对现金流的恰当分割和组合，设计出具有不同档级甚至不同期限的证券，满足各类投资者对于期限、风险和利率的不同偏好，这种结构的多样性与灵活性正是资产证券化产品最吸引投资者的优良特性。同时，基于可以产生较为稳定现金流的基础资产，资产支持证券的投资风险较低，收益率又高于同期限的银行存款和国债。对于企业债券发展迟缓的我国资本市场，资产支持证券充实了市场的产品结构层次，扩大了市场利率产品的覆盖面。

作为一种直接融资的工具和手段，资产证券化借助资本市场可以实现融资功能和资源优化配置功能，为我国的城市基础设施建设和融资困难的中小企业筹集资金提供了便利。长期以来，投资不足、积累负债过多一直制约着城市基础设施建设。2011 年 6 月，审计署发布的《全国地方政府性债务审计结果》显示，截至 2010 年底，全国地方政府性债务余额为 10.7 万亿元，省、市、县三级地方政府负有偿还责任的债务率为 52.25%，加上地方政府负有担保责任的或有债务，债务率为 70.45%。地方政府债务的风险很大程度上取决于地方融资平台的风险：地方政府融资平台债务为 4.97 万亿元，占地方政府债务总量的 46.38%。而地方政府融资平台的风险主要有两个方面：一是过度依赖银行贷款；二是在紧缩货币政策环境下再融资较为困难。由此可见，国家财政投资能力是有限的，利用资产证券化的方式筹集资金，将成为未来实施国家经济发展战略的重要融资平台。而对于自身信用级别较低、融资困难的中小企业来说，通过对其质量较好的资产进行证券化，可以有效地满足它们的融资需求，拓宽其融资渠道。

1.2.2 国民经济结构调整的需要

在对传统产业改造升级、优化产业结构、以经济刺激政策发展新兴产业的过程中，需要大量的资金支持。资产证券化的筹资功能及资金与资产的对应关系对正在运转的资产产生了专项资金支持作用，这种较为明确的对应关系既能保证对国家重点发展的行业、产业进行支持，又能在一定程度上促进技术的革新和升级，加快新兴行业的发展。在经济转型的大背景下，扩大内需是拉动中国经济增长的持续动力，通过对消费类的贷款，例如汽车贷款、信用卡贷款等的证券化，可以增强商业银行开展消费信贷业务的能力，从而有利于培养新的消费增长点。通过资产证券化的方式扶持重点行业和刺激消费需求，在一定程度上能够改善我国经济增长过于依赖投资拉动的结构。

1.2.3 分散金融体系风险的需要

资产证券化把那些未来现金流稳定而流动性较差的资产用发行证券的方式出售，同时这些资产的风险也一起被转让出去。因此，资产证券化既是一种融资方式，也是一种分散风险的手段。我国金融体系的风险主要积聚在银行体系内，而商业银行普遍存在着资本充足率不足的问题。信贷资产是银行主要的风险资产，支撑这些中长期贷款的主要是低利率的短期存款，这种信贷结构中"短存长贷"的矛盾使银行业潜伏着相当大的风险。随着我国银行业资产规模的迅速扩张，资本金压力与日俱增。2009 和 2010 年的两年中，中国银行业信贷投放总额接近 17.5 万亿元。在经历了信贷扩张的大幅资本消耗后，银行业将陷入前所未有的资本短缺困境。2011 年以来，央行多次上调存款准备金率，银根紧缩的政策使得银行的资金链更加紧张。而受资本市场的容量所限，上市融资并不能成为银行大量资本金补充的有效渠道。通过信贷资产证券化把原来集中在银行的风险与相应的收益一起分散到众多的投资者那里，可以降低风险危害的程度，增强风险防范的能力。并且，通过资产证券化的真实出售和破产隔离功能，银行可以将流动性较差的中长期贷款剥离于资产负债表，及时获取高流动性的现金资产，从而有效缓解流动性风险压力。因此，资产证券化有利于维护金融体系的稳定和安全运行。

1.2.4 金融机构业务扩展的需要

(1)有利于商业银行业务的扩展。通过资产证券化，银行可以将一些贷款利润提前实现，并可以对出售贷款的资金进行反复操作，不断扩大表外资产规模，从而不断获得贷款出售收益以及服务费收入，以实现长期的、动态的资产收益率的提高。我国银行业的绝大部分收益是存贷款利率差，而在存款市场竞争日趋激烈的环境下，银行通过扩大放贷规模来扩大收益的空间很小。发达国家的银行中间业务是其收益的主要来源，通常在总收入中占 40%～50%，有的甚至超过了 70%。我国银行业要提升竞争力和盈利水平，有必要以中间业务的开展为依托，以收取中间服务费用、资产管理费用、托管费用等作为扩展收益的重要途径。

(2)有利于证券公司的业务扩展。证券公司是实施资产证券化过程中的重要参与者,在产品设计、资产定价、风险收益分析等技术层面具有优势。通过开展资产证券化业务以获取财务顾问费、承销费、交易佣金、资产管理费等收入,将进一步拓宽证券公司的业务收入和利润来源,有助于改变目前证券公司收入模式单一及依赖股市周期性的格局。此外,由于资产证券化业务涉及证券公司的承销、投行、经纪等多方面业务,因此证券公司资产证券化业务开展的深度和广度将成为衡量证券公司金融创新能力和综合实力的重要标志。

(3)有利于其他金融中介机构的业务扩展。资产证券化过程较为复杂,覆盖多个市场类别,参与机构类型众多,除了证券公司和银行,还涉及信托公司、租赁公司、保险公司、担保机构、评级机构等多类金融机构和中介服务机构。通过这种跨市场的业务,可以加强各类机构之间的合作,并大大增加了这些机构的业务量和参与市场利润分配的份额。同时,各个机构在实现自身的功能时,都充分发挥其专业化优势,促进了金融服务业分工的进一步细化。

资产证券化是20世纪重要的金融创新工具之一,对于已逐步融入全球经济一体化的中国来说,推行这一创新工具不仅具有良好的发展前景,而且具有十分重要的战略意义。从宏观意义来说,资产证券化对整个国民经济形成了强大的推动作用,包括促进资本市场的发展和加快经济结构的调整;从中观意义来说,资产证券化从分散风险的角度维护了金融体系的稳定;从微观意义来说,各个参与者都有着通过资产证券化实现收益,改善资产结构和提升业务能力的动力。总而言之,目前我国推行资产证券化产品的发展是十分必要的。

1.3 研究综述

1.3.1 资产证券化的作用与相关影响研究

关于资产证券化作用与相关影响的研究主要集中在以下四个方面:

(1)拓宽融资渠道。Pennacchi(1988)指出,银行通过出售贷款进行证券化融资,能有效降低融资成本;Fabozzi & Kothari(2007)指出,资产证券化的融资成本低于公司债券的发行成本,并且由于资产证券化实行风险隔离机制,很大程度上消除了对发起人进行财务监督的必要性,其监督成本比担保融资成本要低;沈炳熙(2006)认为,通过实施资产证券化打开了一条信贷市场和证券市场之间的资金流动通道,证券化融资和信贷融资可以互相补充。

(2)改善资产流动性。Frank J. Fabozzi(1990)认为证券化是一个将具有共同特征的贷款、消费者分期付款合同、租约、应收账款和其他不流动的资产包装成可以市场化的、具有投资特征的付息证券的过程;Steven L. Schwarcz(1990)认为,在证券化中,公司部分地分解自己的资产,把不具有流动性的资产从公司整体风险中隔离出来;黄嵩(2001),认为资产证券化就是把缺乏流动性、但具有未来现金流的资产收集起来,通过重组,转变成证券进行融资的过程。

(3)对风险隔离与风险管理的影响。Schwarcz(2002)认为,资产证券化通过将流动性较差的资产从原有公司中剥离出来重新包装到金融市场中融资,不仅满足了结构性融资需要,更重要的是将企业原有的风险转移了出来;Goderis(2007)认为,CLO(Collateralised Loan Obligation)类的资产证券化产品对于商业银行而言是非常重要的信用风险管理手段,银行可以通过这种方式及时将信用风险转移出去。

(4)对金融市场及金融机构的影响。Rosenthal、Henderson 和 Scott(1998)认为,资产证券化将融资过程中不同阶段的风险分散,并由能够管理和冲抵这些风险的机构承担,从而降低了系统风险,提高了金融市场的效率。Deming Wu 和 Jiawen Yang 基于对 2002—2007 年美国银行控股公司的相关数据的分析,得出了资产证券化可以使银行系统风险降低的结论。李建华(2005)认为,资产证券化对于金融机构来说:一是可以提高资本充足率;二是优化了资产负债结构,将金融机构的风险分散给广大的社会投资者;三是增加服务费收入,提高盈利能力。沈炳熙(2006)提出资产证券化使银行的运行模式发生了变化,银行越来越多地参与债券市场的交易,并通过实施信贷资产证券化,使其资产结构发生了变化。

1.3.2 资产证券化产品发展障碍研究

针对资产证券化产品发展中存在的障碍,学者们分别从资金来源、法律政策、会计税收、中介服务机构、机构投资者、金融监管等多个角度进行了探讨。

从资金来源的角度,傅晓莉、吴二刚(2005)认为发展资产证券化的阻碍在于缺少大量持续、稳定的长期资金供给;王元璋(2011)认为目前我国可供证券化的资产还没有形成规模优势,能够产生未来稳定现金流的资产数量还比较少,一级市场不发达。

从法律政策的角度,毛志荣(2004)认为以"真实出售"为基础的资产转让无法从法律意义上确认资产的抵押权;曹红辉(2005)提出当前存在着政策倾向及分工不明确以及市场需求缺乏法律支持等问题;王元璋(2011)认为已出台的关于银行信贷资产证券化的相关规定的法律,由于位阶不高、层级较低、适用范围较窄,可能使投资者利益受损。

从会计税收的角度,Kane Gregory D. (1995)系统阐释了资产证券化过程涉及的相关会计问题,认为风险报酬分析法不能仅以法律形式来辨别基础资产是否是真实出售,这样无法反映其经济实质;他指出金融合成分析法以"控制权转移"作为判断金融资产是否终止确认的标准,基本能够反映资产证券化业务的经济实质,具有较强的理论基础。原晓青、杨永波(2004)认为资产证券化面临的税收问题有:①融资收益是否征收所得税;②资产转让是否征收营业税和印花税;③是否征收预提税。

从中介服务机构的角度,Hopenhayn 和 Werner(1996)认为当市场上信息不对称问题严重时,资产证券化产品的交易成本会加大进而影响其流动性;Acharya(2002)指出,传统的评级方式因为假设注入资本金或偿还债券的举动不会影响债券的违约概率,所以会高估发行人为提高信用等级而需要增加的资本金数额;李源(2011)认为投资银行、资产评估机构、会计师事务所等中介机构在资产评估领域还不能完全满足资产证券化发展的需要,也使得资产证券化产品对我国投资者的吸引力大为减弱。

从机构投资者发展不充分的角度,傅晓莉、吴二刚(2005)认为在我国能够参与资产证券化产品投资的机构数量少，并且资金比率受相关监管部门的严格控制；王元璋(2011)认为我国政府对机构投资者的投资范围进行了较为保守的限制，法律严格界定了机构投资者的准入资格，这不利于扩大证券化产品的需求。

从金融监管的角度，美国财政部(2008)认为美国现有的"双重多头"金融监管体制使得没有一个单独的监管部门拥有监督系统性风险所需的全部信息和权力，而资产证券化产品由于横跨资本市场和信贷市场，因此处于监管体系之外；美联储(2009)认为金融监管不充分、无效率并存在监管"死角"，尤其是缺乏对住房抵押贷款证券 MBS (Mortgage-Backed Security)、担保债务凭证 CDO(Collateralized Debt Obligation)等证券化产品和相关机构的有效监管，使得金融创新市场过度暴露于风险之中；康亮(2011)认为我国一直以来"保障金融安全"的监管理念已不满足资产证券化市场乃至整个金融市场发展的现实需要。

1.3.3 资产证券化产品发展对策建议研究

理论界对于资产证券化产品发展的对策建议主要集中在相关法律制度建设、完善金融监管、规范中介服务机构、扩大投资者群体和具体产品设计这几个方面。

从相关法律制度建设的角度，Stephen(1988)认为美国不动产证券化发展成功的主要原因在于相关税法规定 REITs (即房地产信托投资基金)为非课税主体，仅在投资阶段加以征税，且收益分配给受益人或股东亦可扣抵相关所得税额，这一个优点吸引了众多投资者；毛志荣(2004)认为确立以公告或登记方法通知债务人的法律有效性，可以方便证券化中成千上万债权转让的操作；沈炳熙(2008)认为开创证券化业务的新局面必须做到加快立法进程，并且尽快解决抵押权变更登记方面尚未解决的问题；何韵(2009)提出具有政府背景的专业化组织是推动资产证券化快速发展的重要力量，法律地位的确定和税收减免优惠是重要保障；王艳龙、鞠红兵(2011)认为在企业会计准则中应形成一套完整的会计处理规范，将与资产证券化业务有关的会计确认、计量和信息披露问题结合进行统一规范。

在完善金融监管方面，何小峰(2002)总结了欧洲的信贷资产证券化发展历程，提出健全的监管体系是促进资产证券化产品发展的重要条件；洪艳蓉(2011)认为资产证券化创立的发起-分流业务模式挑战了市场自律监管的有效性，而它所引起的风险需要金融监管者通过强化金融中介的激励机制和信息披露制度予以解决；康亮(2011)认为我国应该坚持金融监管推动资产证券化进程的基本思路，并提出健全监管的法制体系、完善资本市场、重视复合型金融监管人才的培养这几方面建议。

在规范中介服务机构方面，Chidambaran、Femando 与 Spind(1999)在寻求信用增级新途径方面进行了探讨，他们指出债券发行人可以利用期货、期权等金融衍生品，在不改变发行债券的结构的条件下，对其进行信用增级；尹龙(1999)认为解决资产证券化产品发展中的障碍，需要建立规范的担保与评级中介服务机构。

在扩大投资者群体方面，王开国(1999)提出了应逐步向保险资金、养老基金等机构投资者开放资产证券化市场；沈炳熙(2008)认为扩大投资者范围、加强投资者教育是发展资产证券化的前提条件；王元璋(2011)认为应有序扩大机构投资者的准入范围，并加大投资者培养力度，提高投资者对各类证券化产品进行分析和风险定价的能力。

在具体产品设计方面，吴晓灵(2000)认为，证券化的关键在于组建一到两家有政府背景的、独立的、非银行金融机构的SPC(Special Purpose Company，特殊目的公司)，并采取"分步实施"的战略；何小锋(2002)通过对中国金融市场发展进程的考察，结合资产证券化的技术、制度和环境因素，提出开展资产证券化可以采用两种突破模式：①"住房抵押贷款模式＋准表外模式"。②"基础设施收费模式＋离岸模式"：宣昌能、王信(2009)指出欧洲采用表内双担保债券为住房抵押贷款融资具有安全性较好的优点，提出了表内模式对我国住房抵押贷款证券化的启示，可以允许银行特别是中小银行试点发行合约式CB(Covered Bond，表内双担保债券)；高峦、刘忠燕(2009)通过对韩国不良资产证券化的经验总结，认为我国在开展不良资产证券化时应该结合具体国情，利用期权机制转移风险，设计分层证券结构；张理平(2011)在基础设施收费证券化的设计中，选择由地方财政、政府职能部门、银行独资设立的信托投资公司作为SPV，在信用增级方面选择保险公司或者担保公司为信托收益权证的未来支付提供保险或担保。

1.3.4 文献评述

可以看出，国外对于资产证券化的研究开展得比较早，而且对于它的理论体系和相关制度环境及风险监管问题的研究都较多，特别是资产证券化发展较为成熟的欧美国家在这一领域的研究都已经具有相当高的水平，这对于我国开展资产证券化的研究有很大的借鉴意义。但是，毕竟我国经济水平、债券市场发展水平与欧美发达国家相比还有一定差距，法律体系和制度环境也有很大差别，一味地模仿和照搬是不可行的，还必须结合实际国情进行研究。与国外的研究状况比较，国内的研究比较落后。这与国内缺乏这方面的实践有关，同时也与资产证券化本身的复杂程度有关。目前国内的系统性研究专著尚是空白，所能见到的只是寥寥可数的介绍性书籍，并且借鉴、引用国外著作的内容较多。国内对于目前的宏观经济环境、政策、制度等因素缺乏系统的研究，尤其缺乏对市场环境和风险监管制度方面的研究。相比于国外学者，国内学者关注更多的是对资产证券化流程中存在的个别问题提出建议，但操作的可行性不大，并没有结合实际国情分析问题产生的深层次原因，从而提出一套系统的、具有可行性的发展方案。

1.4 主要内容和逻辑框架

本专题首先通过对当前经济发展形势和资产证券化这一创新工具的理论、实践意义的分析，从宏观、中观和微观三个层面上论证了我国发展资产证券化产品的必要性和迫切性；并通过对我国资产证券化发展历史的回顾和已发行产品的规模、品种和操作方式等系统的分析，总结了资产证券化发展过程中存在的不足之处。

其次，针对我国资产证券化产品发展的外部环境和具体运作方式，总结了目前在法律、信用和市场环境这三方面存在的主要障碍。

再次，对美国、欧洲、亚洲等发达地区的资产证券化产品的特点和运作模式进行了总结，并指出了我国发展资产证券化在基础资产的种类、运作模式和法制建设等方面可以借鉴的经验。

最后，根据发展的迫切性和操作的可行性，提出当前应该优先发展的几类基础资产，并结合障碍分析的内容，对各种模式的优缺点进行了比较分析，归纳出适合不同基础资产的运作模式，提出了促进资产证券化产品发展的相关保障措施。

本专题研究框架如图 1－1 所示。

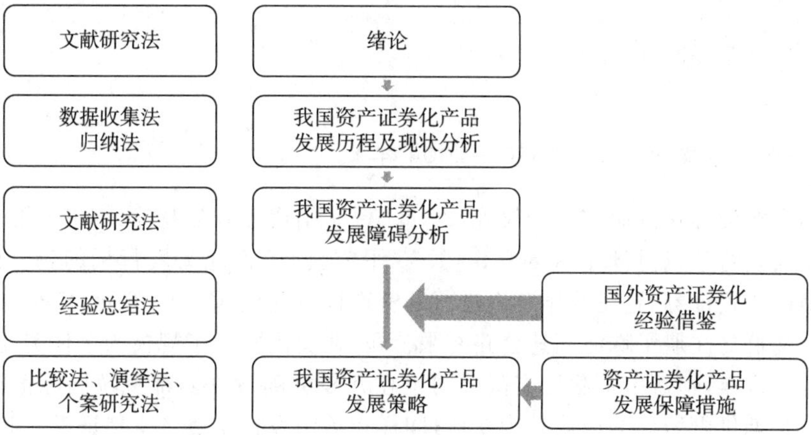

图 1－1　本专题研究框架

第2章 我国资产证券化产品发展历程及现状分析

2.1 产品发展历程

2.1.1 研究与探索阶段(1990—2004年)

我国资产证券化的研究起步较晚,20世纪90年代才开始探索。1992年,海南省三亚市政府发行了以丹洲小区800亩(1.53平方公里)土地为发行标的物、规模为2亿元的地产投资证券,这是我国首次进行的资产证券化尝试。1996年,广东省珠海市政府在开曼群岛注册了珠海高速公路有限公司,在美国发行了规模为2亿美元的资产担保债券。次年,恒源电厂集团有限公司也在开曼群岛设立西部资源国际恒源公司,以签订的长期供电协议的应收款为支持,同样在美国发行了资产支持证券。我国早期的实践探索大都是采用在国外设立公司型SPV(以下简称SPC)的离岸模式。

理论界在同一时期也对这一种新型融资方式展开了探讨。肖世优、杨郁青早在20世纪90年代初期提出资产证券化具有有效弥补资金缺口、改善资本结构、降低融资成本、提高资产流动性等优点;1998年,张超英、翟祥辉编著的《资产证券化——原理·实务·实例》,对资产证券化的原理、主要品种和构建技术进行了全面的阐述,内容贴近资产证券化的实践;同年11月,中国金融学会、南方证券公司在青岛举办了第二届中国资产市场研讨会,主题是信贷资产证券化。早期学者们研究的焦点主要是解决银行不良资产和住房抵押贷款的证券化问题,如沈沛1999年的《信贷资产证券化——原理与操作技巧》和《资产证券化研究》、王开国1999年的《资产证券化论》等,他们分析了美国等西方国家资产证券化的模式,但对我国特有经济、法律环境背景下的理论研究不够充分。

金融机构为解决自身存在的问题,也开始对资产证券化展开研究,并进行了相关产品的发行。1999年初,中国人民银行为解决个人住房贷款业务中出现的流动性问题,首次在政策层面开始探索在我国开展个人住房贷款证券化业务的可行性和相关政策的设计。2003年4月,华融管理公司采用私募信托计划的形式,将资产证券化引入不良资产处置当中,在境内首次发行了第一笔准资产支持证券。2004年,中国工商银行对宁波分行账面价值为26亿元的不良资产进行了证券化,资产证券化改革取得实质性突破。从这两个产品中可以看出,信贷资产证券化产品的引入最早是为了处理金融机构的不良资产。

2.1.2 试点起步阶段(2005—2008年)

2005年4月20日,中国人民银行和中国银监会联合发布了《信贷资产证券化试点管理办法》,这是我国大陆地区第一部在开展信贷资产证券化试点的管理法规,标志着我国资产证券化的正式启动。然而,企业资产证券化产品却先于信贷资产证券化产品而出现,2005 年 8 月,中金公司推出了规模为 93.6 亿元的"中国联通 CDMA 网络租赁费收益计划",国家开发银行和中国建设银行在同年 12 月份分别发行了"开元 2005 - 1 信贷资产支持证券"和"建元 2005 - 1 个人住房抵押贷款支持证券"。2005、2006 两年内我国陆续发行了"莞深高速公路收费收益权专项资产管理计划""中国网通应收款资产支持受益凭证""远东首期租赁资产支持收益计划"等 8 只企业资产证券化产品以及"开元 2006 - 1 信贷资产支持证券""东元 2006 - 1 重整资产支持证券"等 5 只信贷资产证券化产品。2007 年 4 月,国务院批准中国人民银行提出的进一步扩大信贷资产证券化试点意见,我国开始了第二批信贷资产证券化试点工作,又先后推出了不少信贷证券化产品。截至 2008 年,资产证券化市场涵盖的行业主要集中在银行、电信、交通、电力、地产等领域,其发起人主要有国有商业银行、政策性银行、资产管理公司、汽车金融公司及大型企业,基础资产包括公司类贷款、住房抵押贷款、不良贷款、个人汽车抵押贷款以及企业应收账款、基础设施收费、电力销售收费、设备租赁等。从产品期限来看,一般都为中短期产品(除了个人住房抵押贷款支持证券)。资产证券化产品虽少,但已有一定的覆盖面,可以说试点起步阶段产品的发行为资产证券化产品的进一步推广积累了不少宝贵经验。

2.1.3 试点停滞阶段(2009—2011 年)

资本市场的迅速发展为银行通过上市融资来提高资本充足率提供了条件,从而使银行缺乏进行资产证券化的内在动力。同时,受到美国次贷危机以及我国资产证券化试点政策的影响等方面原因,2007 年以来我国没有发行任何企业资产证券化产品,各界对于是否继续发展信贷资产证券化也存在争议。2008 年底,银监会叫停了不良资产证券化,国内资产证券化试点自此陷入了停滞状态。一些学者认为除了次贷危机的影响外,主要问题在于我国现行的法律如《公司法》《中华人民共和国企业破产法》《中华人民共和国信托法》《中华人民共和国税法》和《中华人民共和国会计法》等相关法律不能适应资产证券化产品的发展要求。

资产证券化试点虽然陷入停滞,但理论界和实务界并没有停止对其的探索,许多学者在不同场合表示可以重启资产证券化。通过对次贷危机产生的根本原因的分析,不少学者认为资产证券化本身是很好的投融资方式,对国民经济发展有很大的促进作用。而且美国在次贷危机后不但没有减少,反而大幅度增加了 MBS 的发行量,这无疑给我们提供了一个很好的启示:资产证券化如果运用得当,不但不会引发经济危机,反而会促进经济增长。2009 年初,原中国工商银行行长杨凯生表示虽然金融危机的危害仍在继续,但中国继续推进金融改革和加快金融创新的决心不能动摇,特别是银行的信贷资产证券化不应停止。2009 年 9 月,时任中国银监会业务创新与监管协作部主任的李伏安表示,资产证券化试点工作并没有太大问题,并且认为我国信贷资产证券化有进一步扩容的可能性。近期,中国人民银行金融市场司副司长吴显亭透露,国务院已经批准信贷资产证券化继续扩大试点。同时,远东国际租赁有限公司在 2011 年 8 月推出了 12.79 亿元的"远东二期专项资产管理计划优先级资产支持受益凭证”，预示着企业资产证券化也蓄势待发。这些举措意味着受金融危机影响而停滞近三年的资产证券化有望重启，并为金融市场的创新带来新的机遇。

2.2 产品发展的现状分析

与美国、欧洲等发达国家以及亚洲新兴国家相比，中国资产证券化尚未进入实质性发展阶段，并且在其发展过程中呈现出基础资产发展空间较大、运行方式不成熟、市场流动性不足等特点。

2.2.1 基础资产发展空间较大

自 2005 年资产证券化开始试点以来，共有 11 家金融机构在银行间债券市场上开展了 17 个信贷资产证券化项目，合计 667.83 亿元；在深沪交易所市场上发行了 10 个企业资产证券化产品，合计 276.24 亿元。截至 2011 年，我国累计发行了 944.07 亿元的资产支持证券，相比于同期美国几万亿美元的规模，差距悬殊。

我国可进行证券化的基础资产规模庞大，资产质量较优。无论是规模还是种类，已证券化的资产与可证券化的基础资产都存在很大差距，这说明了我国可证券化的基础资产有着相当大的发展空间和潜力。根据资产证券化基础资产的特性要求，课题组对信贷资产和企业资产进行了整理。

1. 信贷资产

信贷资产包括个人住宅抵押贷款、银行不良资产、汽车销售贷款、个人消费贷款、学生贷款、工商企业贷款、信用卡应收款、转账卡应收款等。

我国信贷资产证券化产品微不足道的发行数量和规模与银行业庞大的资产规模形成了鲜明的对比。2005—2008 年，金融机构的年平均信贷总额为 246280.9 亿元（表 1-1），而信贷资产证券化产品的规模虽然呈现逐年增加的趋势，但同期的年平均总额只有 166.96 亿元，证券化率仅有 0.07%。经济的快速增长使信贷资产不断增加，银行资本金收益的增长难以跟上信贷资产规模的扩张，这为信贷资产证券化提供了较大的发展空间。

表 1-1 金融机构信贷总额 单位：亿元

年度	2005 年	2006 年	2007 年	2008 年
金融机构贷款	194690.4	225347.2	261690.9	303395
平均	246280.9			

资料来源：根据中国债券信息网和历年《中国统计年鉴》整理所得。

以个人住房抵押贷款为例，近年来商业银行个人住房信贷业务快速增长，如图 1-2 所示，2001 年个人住房抵押贷款期末余额是 0.56 万亿元，占金融机构全部贷款期末余额的比例为 4.98%；2008 年余额为 2.98 万亿元，占比为 9.83%；2009 年余额为 4.76 万亿元；截至 2010 年底，贷款余额为 6.2 万亿元，同比增长了 29.7%，新增额约为 1.4 万亿元。2011 年由于宏观调控的原因，整体信贷规模减少了约 20%，预计 2011 年个人住房抵押贷款新增额为 1.12 万亿，不断扩大的个人住房抵押贷款规模为信贷资产证券化提供了广泛的基础资产来源。

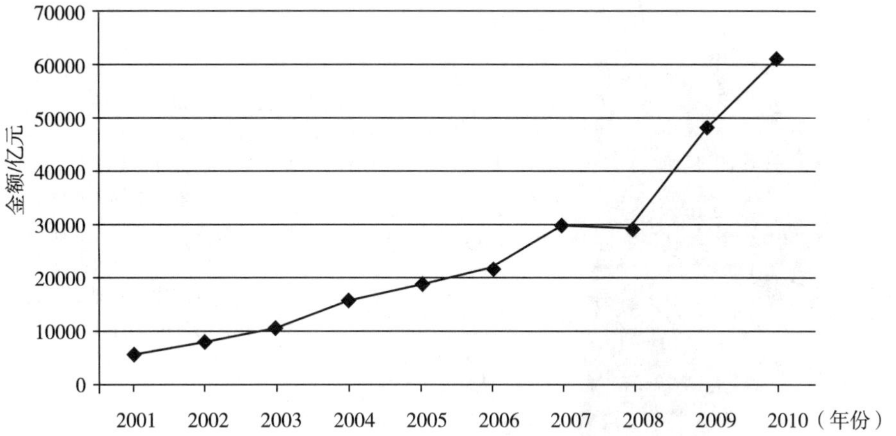

图 1-2 2001—2010 年个人住房抵押贷款期末余额

资料来源：Wind 资讯。

2. 企业可产生稳定现金流的资产

适合企业资产证券化的资产主要有应收款类与收费权类。

(1)应收款类：融资租赁企业、对外贸易企业、施工企业、商业地产运营商等，它们存在大量的长期应收款，资产的流动性不高，但收益可预期，企业可以将这些应收款作为资产证券化的基础资产，但这类资产风险及信用评估难度大，需要专业的评估机构介入。

(2)收费权类：收费权类主要是基础设施的收费权，如电厂、电网、自来水厂、污水处理厂、燃气公司、高速公路、铁路、机场、港口等企业的收费项目。

以基础设施收费权类为例，基础设施是维持和推动国民经济各产业发展的重要因素，对基础设施进行持续大量的先行投入是保证国民经济持续稳定发展的必要条件。"十二五"期间，全国城市市政基础设施投资总额预计在 7 万亿元左右。而城市基础设施建设投入逐年累积形成了巨额的投资欠账，1994 年至 2011 年 5 月国内基础设施投资欠账累计已接近 7.5 万亿元。2011 年 6 月审计署发布了《全国地方政府性债务审计结果》，报告指出截至 2010 年底，全国地方政府性债务余额为 10.7 万亿元。我国的城市基础设施建设受到投资严重不足、积累负债过多的制约，从而成为经济发展和加快城市化进程的瓶颈。面对基础设施投资规模巨大和建设资金短缺的困境，开展基础设施收费的证券化为我国的城市建设提供了一种新的融资方式。

2.2.2 已发行产品以公司类贷款支持证券为主

我国目前发行的资产证券化产品总规模是 944.07 亿元，主要以信贷资产证券化产品为主，约占整体规模的 70%，其余的为企业资产证券化产品。图 1-3 为我国主要资产证券化产品比例，其中公司类贷款、不良资产、个人住房抵押贷款、个人汽车抵押贷款等支持证券属于信贷资产证券化产品，企业应收款、基础设施、设备租赁、BT 项目(Build Transfer，即建设-移交项目)回购款支持证券等为企业资产证券化产品。其中公司类贷款支持证券占 48.54%，为各产品之首。

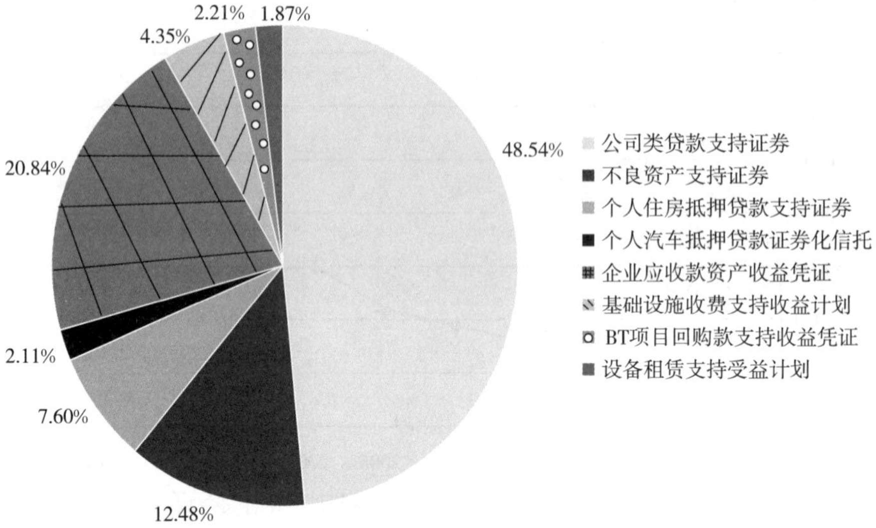

图 1-3　已证券化的主要产品规模占试点证券化总体规模的比例

资料来源：Wind 资讯，CNARS。

1. 信贷资产证券化产品发行主要集中在公司类贷款支持证券

如图 1-4 所示，公司类贷款证券化产品发行规模有 458.27 亿元，占总信贷资产证券化产品的 68.62%；个人住房抵押贷款证券化有 71.78 亿元，占 10.75%，如：中国建设银行曾两次发行个人住房抵押贷款支持证券，并且规模也在扩大；不良资产证券化有 117.85 亿元，占 17.65%，如开元 2006-1 信贷资产支持证券、信元（凤凰）2006-1 重整资产证券化信托等，还有建元 2008-1 重整资产证券化信托，其基础资产都是不良资产；个人汽车抵押贷款证券化有 19.93 亿元，占 2.98%，如上海通用汽车金融有限责任公司推出的通元第一期个人汽车抵押贷款证券化信托。由图可以看出，我国银行把主要精力放到对公司类贷款进行资产证券化上面。但就目前商业银行来说，它们更渴望通过对其不良资产进行证券化来缓解不良资产积累过多的压力，提升流动性和资本充足率，而且相比于优质的住房抵押贷款，前者的收益更大。但是，不良资产并不能很好地满足证券化资产的基本要求，比如稳定性、可预测性、异质性等因素，并存在诸多法律、税收、市场方面的障碍，使得不良资产证券化变得困难重重，而国外资产证券化产品中所占比例最大的个人住房抵押贷款证券化在国内并没有得到大力发展。

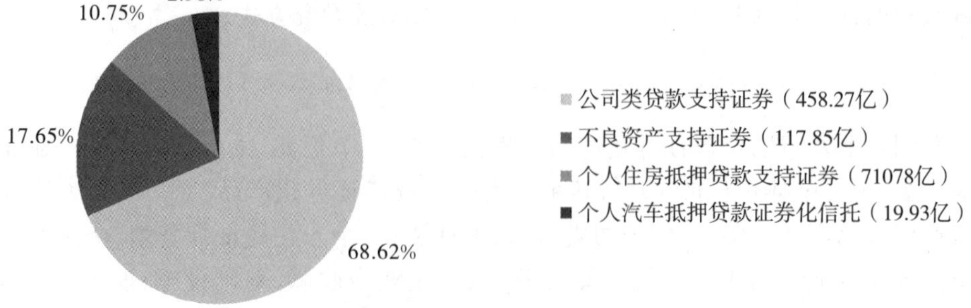

图 1-4　信贷资产证券化主要产品规模及比例

资料来源：Wind 资讯，CNARS。

2. 企业资产证券化产品发行主要集中在企业应收款和基础设施收费等支持证券

截至2008年底，我国企业资产证券化基础资产的范围涵盖了企业应收款、基础设施收费、设备租赁、BT项目回购款等多种资产类别，发起机构一般都是大型企业如国有控股企业，其基础资产的质量高。产品规模总额为276.24亿元，其中企业应收款支持证券有196.75亿元，所占企业资产证券化产品比例为71.22%；基础设施收费支持证券有41.01亿元，占14.85%，设施租赁和BT项目回购款支持证券所占比例较小，总共还不到14%。

结合信贷资产证券化和企业资产证券化来看，已证券化的基础资产的比例有很大差异。我国已发行的资产证券化产品偏向信贷资产证券化，其中由公司类贷款作为基础资产的证券化产品更是深受各大银行等金融机构的喜爱。但是就现有产品来看，可以进一步扩大基础资产的范围，比如增加汽车贷款、学生贷款、信用卡应收款等资产的证券化。

2.2.3 产品运行方式不成熟

由于我国《证券法》规定证券业和银行业实行分业经营、分业管理，导致试点产品采用的运行方式各不相同。大致可以归为两大类：一类是信贷资产证券化的运行方式；另一类是企业可产生稳定现金流的资产证券化的运行方式。表1-2是对我国2005—2008年资产证券化产品的主要运行方式进行的具体阐述。

表1-2 我国2005—2008年资产证券化产品的主要运行方式

基础资产		会计处理方式	SPV组织形式	风险隔离	内部增级/外部增级	产品期限	利率设计
信贷资产	公司类贷款	表外	信托型	信托财产独立性	优先次级结构，超额利差，流动性准备金，准备金账户，超额利息收入/无	0.67～4.84年	按层级设定，一般优先A档为固定利率，B、C档为浮动利率，次级档为无票面利率
	不良资产	表外	信托型	信托财产独立性	优先次级结构，准备金账户/无	3～5年	固定利率
	个人住房抵押贷款	表外	信托型	信托财产独立性	优先次级结构，信托储备账户/无	31～32年	浮动利率
企业可产生稳定现金流的资产	企业应收款	表外	信托型（专项管理计划）	买卖合同	无/银行作为担保人	0.18～4.67年	固定利率
	设备租赁	表外	信托型（专项管理计划）	买卖合同	优先次级结构/银行或大型企业提供担保	0.48～1.75年	固定利率
	基础设施	表外	信托型（专项管理计划）	买卖合同	优先次级结构/银行提供担保	1～4年	浮动利率

资料来源：根据中国债券信息网和中国资产证券化公开信息网整理所得。

1. 信贷资产证券化产品的运行方式

自2005年国家开发银行和中国建设银行进行信贷资产证券化试点以来，国内许多学者从法律、税收、会计等角度对会计处理方式、SPV组织形式进行了研究，普遍认为在我国现行的法律框架和金融体制下，可以通过信托财产的独立性并且经过表外处理达到风险隔离要求。2005年4月，中国人民银行、中国银监会发布的《信贷资产证券化试点管理办法》中第二条将信贷资产证券化明确定义为："银行业金融机构作为发起机构，将信贷资产信托给受托机构，由受托机构以资产支持证券的形式向投资机构发行受益证券，以该财产所产生的现金支付资产支持证券收益的结构性融资活动。"这条规定就明确反映了信托型SPV是我国信贷资产证券化所采用的主要结构模式。但是至今仍未建立起完善、系统的资产证券化的法律体系，在现行的法律制度下，信托型SPV是我国资产证券化成本最小、障碍最少的模式选择，然而其中仍存在一些问题，要彻底解决这些问题有赖于法律制度的进一步完善、市场的进一步成熟。

在产品的信用增级以及利率的确定方面，信贷资产证券化产品主要采用了内部增级的方式，而且增级方式比较单一，基本上都采用了优先次级结构。产品期限以及利率是由基础资产的具体情况确定的，其中个人住房抵押贷款证券化产品的期限很长，一般为30年左右，因此采用浮动利率发行；而基础资产为企业类贷款或是不良资产的，由于本身贷款期限比较受限制，产品的期限也相对较短，因此发行方式以固定利率为主，以保证投资者的稳定收益。

2. 企业资产证券化产品的运行方式

企业资产证券化的展开主要根据证监会发布的《证券公司客户资产管理业务试行办法》(以下简称《办法》)的相关规定，《办法》确定了企业资产证券化的基本框架：由证券公司向投资者发售资产收益凭证，并且设立专项资产管理计划，用计划所购买的企业资产产生的稳定的现金流来偿付投资者收益，通过证券交易所大宗交易系统流通资产收益凭证，以买卖合同的形式并经过表外处理取得风险隔离的效果。其中专项资产管理计划本质上就是信托型的SPV，但是在早期三亚地产投资券项目和珠海公路交通收费权证券化项目中，也曾采用过政府支持下的公司型SPV模式。

在产品的信用增级以及利率的确定方面，企业资产证券化产品主要采用了外部增级的方式，主要是由一些大型银行以及企业为其作担保，而内部增级的方式和信贷类证券化产品一样主要采用优先次级结构。产品的期限较短，最长也不超过5年，并且主要采用固定利率发行，其中基础设施收费证券化产品分期发行债券，采用的是浮动利率。

企业资产证券化的法律基础非常薄弱，迄今为止，没有相关的法律规章出台，会计、税收、信息披露等问题都没有明确的法律规定，只有上述《办法》中的专项资产管理计划有所涉及。产品的发行也是根据个案由主管机关推出的，没有形成制度化，仅依靠行政手段对业务操作加以规范和管理，仍将资产证券化定义为金融创新的范畴。因此在产品设计、破产隔离、资产担保和信托财产登记等方面还是存在很大的不确定性因素，一旦出现问题，无法对投资者、承销商依法进行保护，给企业资产证券化产品的发展带来困难。

2.2.4 市场流动性不足

资产证券化的目标是将缺乏流动性的基础资产，转换成标准化的、充分流动的在市场上交易、流通的证券。流动性是资产支持证券的一大价值增长点，也是促进信贷资产风险分散的基本市场条件。相对于一级市场的加速扩容，资产证券化产品的二级市场交易情况却不容乐观。除了机构投资者不足的原因，还受到交易市场分割和交易机制缺乏效率等因素的影响，我国资产证券化产品市场存在着严重的流动性不足现象。

1. 成交情况

截至 2007 年底，共有 14 个资产证券化产品在深圳证券交易所挂牌交易，总成交笔数为 382 笔，总成交金额为 125.1555 亿元；平均每笔成交金额为 3276.32 万元，平均每年成交 190 笔，月均成交 16 笔；平均年换手率为 114.82%。2005—2007 年深圳证券交易所资产证券化产品的成交情况见表 1-3 所列。

表 1-3 2005—2007 年深圳证券交易所资产证券化产品的成交情况

证券代码	证券简称	成交笔数	成交量/万份	成交金额/万元	换手率/%
119001	莞深收益	52	250.81	15755.9	27.16
119002	澜电 01	36	2424	236817.5	356.81
119003	澜电 02	25	1079	107731.4	163.22
119004	澜电 03	85	4031.6	398954.6	586.69
119005	浦建收益	57	1600	142209.2	346.85
119006	宁建 01	18	233	23548.59	194.61
119007	宁建 02	9	299.4	30052.46	231.16
119008	宁建 03	17	245.4	24433.17	106.23
119009	宁建 04	27	520	52489.04	218.70
119010	天电收益	23	644	63866.76	79.83
119011	吴中 01	5	95	9606.45	27.68
119014	吴中 02	11	687	68278.98	244.72
119015	吴中 03	8	347	34968.85	197.55
119016	吴中 04	9	434	42841.6	315

资料来源：wind 资讯。

2. 意向报价情况

截至 2007 年底，深圳证券交易所共发生意向报价 78 笔，涉及资产证券化产品 5 个，金额 85714.7672 万元，平均每笔报价金额为 1099 万元。2005—2007 年深圳证券交易所资产证券化产品报价情况见表 1-4 所列。

表 1-4　2005—2007 年深圳证券交易所资产证券化产品报价情况

证券代码	证券简称	成交笔数	成交量/万份	成交金额/万元
119001	莞深收益	27	228.94	20960.06
119002	澜电 01	4	233	23354.72
119003	澜电 02	3	167	16709.54
119004	澜电 03	36	106	10823.6
119005	浦建收益	8	138	13866.85

资料来源：wind 资讯。

数据显示，无论是意向报价还是成交情况，都表明资产证券化产品市场存在着严重的流动性不足的缺点，不仅与股票相比差距甚大，与其他债券相比也存在很大差距，突出表现为结算量小、换手率低、成交笔数少、机构投资者报价积极性低等。

第3章　我国资产证券化产品发展障碍分析

3.1　法律制度障碍分析

目前,我国金融行业实行分业经营、分业管理体制,资产证券化产品作为金融领域跨行业的创新产品,其发行与交易必须符合银监会和证监会的相关规定。除此之外,《中华人民共和国民法通则》《中华人民共和国经济合同法》《中华人民共和国公司法》《中华人民共和国证券法》《中华人民共和国担保法》《中华人民共和国信托法》《中华人民共和国企业破产法》《中华人民共和国商业银行法》等对资产证券化的相关细节也有一些法律限制,有些法律条文存在相互抵触的问题,给资产证券化的发展构成了严重障碍。课题组通过系统梳理,主要归纳出以下几点。

3.1.1　资产转移的法律确认使得证券化程序复杂

资产转移涉及原始权益人、特设载体(SPV)、债务人三方,基础资产由原始权益人转移至SPV时,是否应得到债务人认可才能生效,这是资产证券化顺利实施的关键。我国对债权的转让采用的是通知生效主义,《中华人民共和国合同法》第八十条规定:"债权人转让权利的,应当通知债务人。未经通知,该转让对债务人不发生效力。"资产证券化过程如果需要逐一对众多的债务人发出通知,不但增加了运作成本,而且使得过程复杂,拉长了产品运作周期,给资产证券化的操作造成了困难。

3.1.2　资产合同转让的法律效力增加了证券持有者的风险

当一项合同的权益转让给发行人时,原合同可能还没有开始履行,所以发行人得到的只是一种获得未来收益的权利。这种资产的转让是否具有法律效力,如何通过法律确认这部分收益权的真实转让,对证券持有者至关重要。如果合同的有关当事人进入破产程序,就会对证券持有者产生不利的影响。比如,当发起人无法收回未来收益时,就不能向证券持有者发放债券利息与本金,这将增加证券持有者的投资风险。

3.1.3　公司型SPV无法律生存空间

公司型SPV(即SPC)在法律属性上只是一个"空壳公司",在资产证券化过程中只起到一个中介作用,即风险隔离。产生这个作用并不需要太多资金,设立时注入过多的资金只会增加运行成本,降低效益。虽然《中华人民共和国公司法》分别对有限责任公司和股份有限公司的注册资本规定为人民币3万元和500万元,但《中华人民共和国证券法》第十六条规定:"公开发行公司债券,股份有限公司的净资产不低于人民币 3000 万元，有限责任公司的净资产不低于人民币 6000 万元；累计债券余额不超过公司净资产的 40%；最近三年平均可分配利润足以支付公司债券一年的利息。”按此要求，特殊目的机构在一开始设立时就需要花费大量的成本，不利于 SPC 的成立。SPC 本身并无多少资产，其发债总额往往是自身净资产的数倍。而且 SPC 往往一成立就开始发行债券，根本无连续经营业绩可言。这说明在我国现行法律框架下公司型 SPV 基本无运作与生存空间。

我国商业银行出资成立 SPC 还受到《中华人民共和国商业银行法》的约束：“商业银行在中华人民共和国境内不得从事信托投资和证券经营业务，不得向非自用不动产投资或者向非银行金融机构和企业投资。”因此在我国现行法律框架下，不能由商业银行作为发起人出资设立 SPC。

3.1.4 分业监管增加了审批与运作的难度

资产证券化业务涉及银行、证券、担保、信托等多个金融领域，属于一种金融联合产品。而在我国分业经营、分业监管的体制下，金融机构相互分割、重复设置、职能重叠，并不能很好地发挥各自的优势，不但增加了证券化产品发行审批和统一交易的难度，而且对资产证券化的顺利推进产生了一定的阻滞作用。《金融机构信贷资产证券化监督管理办法》中规定：资产证券化的直接监管部门是中国人民银行和银监会。由于信贷资产证券化需要证券、保险、投资等多方面业务相互配合，所以许多问题均需要经过多个部门的审批通过才可以实施，大大增加了审批时间和成本，例如东元和信元的审批就曾历时两年之久。

3.1.5 多重税负提高了交易成本

目前，我国税法中尚无针对资产证券化的特别规定，结构复杂的资产证券化业务存在着重复征税的问题。一笔现金流在经过不同环节时，发起人、SPV 和投资者都要为其缴纳税收，这明显导致了多重征税的问题，不但违反税收中性的原则，而且提高了交易成本。例如，在资产证券化过程中，受益权证代表的是受益人对信托财产的受益权，受托人只是进行财产的管理或处分，对于资产在未来产生的可预见的现金流，受托人必须按信托文件的要求将其分配给受益人。从这个流程来看，应该只有受益人要对其受益所得缴纳所得税，因此在实际运作中，应通过税法修订来避免发起人、SPV 和投资者同时为其证券化收益缴纳所得税。

3.1.6 现行会计准则加大了表外处理难度

资产证券化会计确认的关键是将发起人对证券化资产的转移视为销售处理还是融资处理，这直接关系到被证券化的资产和相关债务是否应该被分离出资产负债表，即在会计上是做表外处理还是表内处理的问题。我国现行会计准则将资产证券化的会计确认分为风险和报酬分析法、金融合成分析法及后续涉入法等三种方法，每种方法对确认的标准都不一样。比如，风险和报酬分析法是按照资产的所有风险与报酬是否全部转让出去作为判断标准，金融合成分析法以是否将控制权全部转让出去为依据，后续涉入法则是按照转让者是否将被转让后续涉入作为表外处理或者表内处理来判断。目前还没有严格的、统一的判断标准,导致进行资产证券化表外处理的难度较高。

3.1.7 报表合并的规定不利于资产隔离

会计报表合并是以母公司的控制程度作为判断依据,凡是对关联公司的经营活动和财务活动有重大控制权的都被列入合并范围。判断 SPV 是否属于发起人的一个准子公司有以下三个判断标准:一是 SPV 为发起人带来收益与发起人真实子公司无实质性差异;二是发起人直接或间接地控制着 SPV,并从 SPV 的净资产中获利;三是发起人承担与这些利益相关的风险。三者只要符合其一,就可判断其为准子公司。这就意味着如果发起人实际控制着 SPV,则两者的财务报表就将被合并,从而无法实现资产证券化的初衷——资产隔离,无法实现真实出售。

3.2 信用障碍分析

资产证券化是以信用为基础的资产风险收益的延伸和分配,在这个链条上的每个环节都需要以信用为支撑。如发起人在资产转让时,需要正确评价资产的所有风险;在信用增级环节,需要有担保、购买从属权利等信用保障措施;在证券发行前,需要信用评级机构对资产支持证券进行信用评级;在证券发行后,还需要进行建立在诚信基础上的信息披露。资产证券化涵盖市场信用基础的各个方面,任何环节出现问题,都将会使资产证券化处于风险失控的状态,以下将重点从信用增级、信用评级以及信息披露等方面对我国资产证券化的信用障碍因素进行分析。

3.2.1 信用增级方式单一不能满足增级需要

信用增级的本质是以信用保证的方式使一部分标的资产的现金流得到确保,从而提升标的资产的信用级别。内部信用增级既有通过交易及风险收益结构的不同安排完成对外部投资人的收益保障方式,又有由发起人直接提供超额担保的方式;外部信用增级主要是由第三方提供信用支持。这些信用增级方式都需要发起人或第三方提供信用支持以降低投资者承担的信用风险,作为信用的提供方,其自身的信用状况以及外部对其信用的监控非常重要。然而我国市场信用体系发育尚不健全,资产证券化的实践较少,信用增级方面还存在一些问题。

只有当证券达到一定的信用级别后,市场才能接受并有效降低融资成本。基金、保险等机构投资者对风险收益的配置均有特定要求,一般难以接受过高的信用风险。从我国 20 多年的市场经济实践中发现,银行信用因部分取代了政府信用而成为具有超越市场信用的机构,使依托银行信用进行增级的方式倍受推崇。截至 2008 年底,我国已发行的 9 只企业资产证券化产品中就有 8 只由银行提供担保增级,信贷资产证券化也是依靠银行自身信用和基础资产质量进行内部增级的,银行成为提升资产及证券信用的核心机构。在我国工商企业信用评级、信用监控及信用保证体系缺失的环境下,资产信用风险通过担保等方式转移到银行,既影响了信用增级的中立性,又影响资产风险的合理分散与流动,加大了银行体系的系统风险。资产证券化最重要的功能就是分散与重构风险，使收益和风险的配比符合市场需求，最终让众多投资者共担风险并获取风险收益，使风险充分流动。而目前这种完全依赖银行信用完成资产证券化产品设计的方式影响了其功能的正常发挥。

专业的外部信用增级机构通过其掌握的信用信息、专业手段以及整体优势向被担保者提供服务，并收取一定的服务费用，通过承担风险获取收益。我国的外部信用增级机构主要集中在国有控股商业银行，而保险公司、非国有银行、财务公司、企业财团等机构提供的信用担保比较少。2009 年，由中国石油天然气集团公司、国网资产管理有限公司、中国中化股份有限公司、北京国有资本经营管理中心、首钢总公司、北京万行中兴实业投资有限公司成立的中债信用增进投资股份有限公司是我国首家专业债券信用增级机构，但是还不能满足融资机构信用增级的需要。近年来，商业化的信用担保公司不断涌现，但是信用担保公司本身的信用能力很难得到银行的认可，很多情况下银行只是把信用担保公司的资金转贷给借款人，实质上并未实现信用担保的意义。而且信用担保公司的规模普遍比较小，与银行之间未形成积极的互动关系，缺乏合理的风险共担机制等原因使其无法承担起较大规模的资产证券化产品的信用增级功能。专业化信用增级机构的缺乏给需要进行信用增级的资产证券化产品，尤其是自身信用级别较低的企业资产证券化产品的发展造成了较大障碍。

3.2.2 信用评级机构缺乏独立性导致评级公信力不强

信用评级与筹资成本直接相关，也决定了资产证券化产品的收益与风险水平。很多机构投资者都对投资对象有明确的信用等级要求，客观公正的信用评级能够准确描述标的资产的风险大小，并在市场中体现它应有的价格。基于投资者在信息掌握和分析能力方面的局限性，资产证券化产品信用风险水平难以被投资者所识别，而有效的市场需要透明度高的风险识别机制。由于资产的历史记录不完整和信用评级标准的缺乏等原因，我国的信用评级服务水平还不能满足资产证券化发展的要求。

从信用评级的公正性方面分析，受到来自受评企业的诱惑和压力，并且为了追求市场份额，评级机构可能会站在受评企业的立场上优化评级，而不是站在公允的立场上进行客观公正的评级；从评级业务扩展的角度分析，评级机构会开发大量的辅助性业务，如评级前的预评估、风险管理和企业咨询，这会进一步加大利益的倾斜程度，使与评级要求的公正性冲突加剧。发行人对购买辅助性业务是否会影响到信用评级结果的担忧，促使其购买各类附加业务。评级机构向企业提供了预评估、咨询等服务，会使得最终的评级结果依从于这种隐性的承诺。由于以上的利益冲突问题会影响到信用评级结果的客观性和公正性，除了要求信用评级机构自律外，还需要制定相关的法律制度对信用评级业进行规范管理。

此外，金融机构出于自身利益及应对监管的目的，会迫使评级机构调高其所持金融工具的等级。大型金融机构通常都是评级机构的重要客户，可以对信用评级机构施加影响，提升他们所持金融工具的等级，等级越高越有利于债券的销售。在这种情况下，评级机构给出的评级结果就可能失去真实性与公平性。而投资者大多依赖于信用评级机构的评级报告，如果评级结果不真实，会严重影响投资者的判断。因此，在资产证券化产品的推进过程中，如何保持评级机构的独立性，以保证评级结果的真实与公平是一项艰巨的任务。针对这一状况,周小川指出可考虑由投资者方面出资的评级机构或机制,不排除政府性质或社会性研究机构参加,比如前些年就有中国社科院对地方政府的信用状况进行尝试性的评价。

信用评级业的发展与金融市场成熟度紧密相关,中国金融市场尚处于不断发展和完善的过程之中,信用评级在短时间内难以充分发挥其区分金融产品信用质量差异的专业功能,从而影响了评级结果公信力的建立。当前中国信用评级业的整体公信力不强,规模较大的全国性评级机构只有大公、中诚信、联合、上海新世纪四家,并且这些机构的核心竞争力和业务特色不足。信用评级业的业务特色在某种程度上可以转化为竞争优势,比如美国的穆迪、标准普尔的业务集中在资本市场中的债项评级,A. M. Best 公司对保险公司的评级独树一帜,Lace 金融服务公司擅长金融机构评级,Egan - Jones 公司则专为机构投资者服务,这种差异化竞争在某种程度上也体现了各个评级机构的核心竞争力。而中国的评级机构则缺乏真正的特色产品和核心竞争力,也没有真正经得起市场考验的产品评级方法,这显然不利于评级机构的长远发展,也影响了评级结果的公信力。

3.2.3 信息披露制度不健全使风险扩大化

资产证券化产品的信息披露主要通过发行人和信用评级机构两个参与方进行。信息披露的形式主要有:①发行人向投资者和信用评级机构发布定期报告;②信用评级机构根据 SPV 结构、标的资产、行业和宏观经济情况对资产证券化产品的信用评级做出报告。在发行阶段,对投资者进行披露的内容主要包括发行人的招募说明书和信用评级机构出具的信用分析和等级报告。在交易阶段,发行人有责任通过服务商将发行机构的经营情况向投资者和信用评级机构进行披露。

资产证券化过程中存在信息不对称的问题,对于基础资产的价值和风险状况等关键信息,由于资产证券化本身的高度专业化运作和自身能力的限制,投资者往往严重依赖于发起人及发行人对资产池的信息披露、信用评级机构的评级报告等。如果不对信息披露制度严加规定,投资者往往无法了解资产证券化产品的真实情况。

信息披露制度贯穿于资产证券化产品的发行和交易全过程,不仅是投资者决策的依据和权利保障的重要屏障,而且是维护证券市场秩序和金融市场稳定的重要手段。我国虽然相继出台了《信贷资产证券化试点管理办法》《资产支持证券信息披露规则》《商业银行资产证券化风险暴露监管资本计量指引》等一系列规章制度来对资产证券化的信息披露做出规定,但还是存在一些不足:①对基础资产的披露不完全,虽然一定程度上可预测基础资产所产生的未来现金流,但对其风险如何进行评估和基础资产的定价依据并未进行披露;②对评级的信息披露不完全,从已经公布的报告资料中可以看出,其缺少对风险因素进行压力测试的详细解释说明,也缺少必要的评级方法及模型选择的信息披露和说明。信息披露制度的不健全会扩大资产证券化的风险,以美国为例,信息披露制度的不健全也是引发次贷危机的一个原因。因此,我们应该完善对资产证券化产品相关信息披露的要求,建立起专门的资产证券化产品信用评级标准和评级流程披露标准,提高信息披露的效率,以更好地保护投资者的利益,促进资产证券化产品在我国的发展。

3.3 市场障碍分析

3.3.1 利率市场发现价格能力过弱使产品定价困难

我国资本市场二十多年的发展一直存在重股票市场、轻债券市场的现象，两个市场在交易规模、交易品种以及衍生工具的发展上都存在较大差距。据统计，2008 年至 2010 年三年间，公司债累计发行 1534.4 亿元，而同期股票融资规模却达到 18750.53 亿元，是公司债融资规模的 12.22 倍，股票融资在直接融资中占据主导地位。而从美国等成熟市场的情况看，债券融资的比重远远大于股票融资。我国企业对股票融资的偏好造成了债券市场严重滞后状态，债券品种、期限结构、风险结构的配比缺陷阻碍了利率市场化进程。债券市场最重要的功能就是利率发现，这对资产证券化产品的定价和风险管理至关重要，一个成熟的债券市场不但能提供较为完善的无风险收益率结构，还能提供有效的市场风险补偿结构。针对我国债券市场存在的主要缺陷，对可能影响资产证券化产品推行的主要障碍因素归纳如下：

1. 缺乏完备的基准收益率曲线

从欧美等发达国家的资产证券化市场上可以看出，资产证券化的基础资产来源丰富，包括期限较短的企业应收款、中长期的基础设施收费、长期的住房抵押贷款等，因此证券化产品的期限、风险差异十分大。而我国已发行的信贷资产证券化产品的期限从 6 个月到 32 年不等，企业资产证券化产品的期限从 3 个月到 5 年不等，因此需要一个涵盖短、中、长期的完整的利率期限结构作为基准的利率参考，尤其是以不同期限的国债收益率作为无风险收益率的参考。在我国金融市场体系构架中，处于核心地位的利率尚没有完全市场化。目前的国债收益率与银行存款利率挂钩(例如浮动利息国债的利率是在每个计息日的银行存款利率的基础上浮动一个值)，存款利率又受到一定的行政管制，因而国债收益率并未真正反映出市场的资金供求情况，在反映无风险利率时存在一定的误差，最终会造成债券估值的失准。并且我国国债市场也存在着期限结构单一的问题：大部分为 3 年、10 年、15 年期的中长期产品，一年以下的短期(如 3 个月、6 个月、182 天、273 天等)以及超长期(20 年、30 年)的国债发行量较少，这种不完全的期限结构难以形成一个连续完整的国债收益率曲线，不能为期限结构丰富多样的资产证券化产品提供合理的定价基础(图 1－5)。

2. 缺乏有效的风险价格发现机制

风险的价格是依据资本资产定价模型对不同的证券及资产组合按风险大小所进行的收益补偿，市场对风险的估量决定了收益补偿的大小。我国债券市场发展的严重滞后尤其是利率的行政管制造成了风险与收益的不对称。这一方面导致了证券化产品定价的困难，另一方面也阻碍了资产证券化风险配置功能的发挥。

我国资本市场的风险结构分布呈现两极化的局面：银行间债券市场上以主权级债券(即由政府支持的机构发行的债券)为主，如央票、国债和政策性金融债，三者发行量合计约占发行总量的 80％(图 1－6)；交易所市场上则以风险较高的股票为主。而资产证券化产品的风险、收益水平介于国债和股票之间，所以市场上现有的收益率曲线

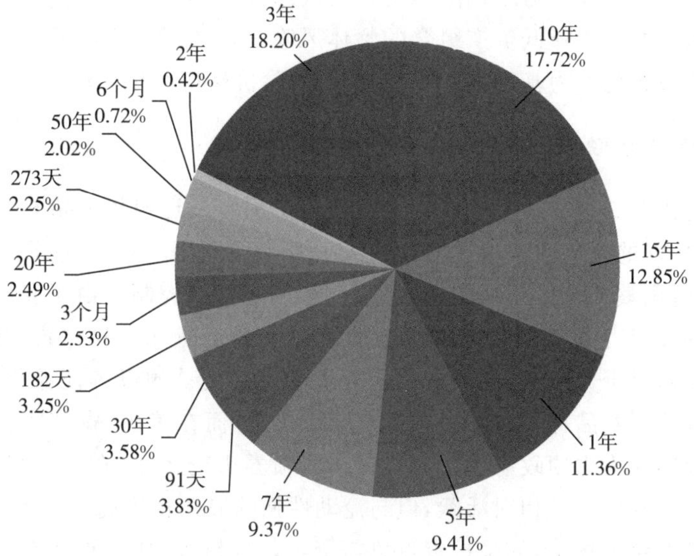

图 1-5　2006—2010 年不同期限的国债发行总量占比

资料来源：中国债券信息网。

无法代表资产证券化产品的收益风险状况。同时，资产证券化产品作为一种信用敏感的固定收益产品，对其风险的定价集中表现为对基础资产信用风险的度量。我国的市场利率机制尚未形成，市场利率对资产的信用质量不太敏感，导致信用评价体系不完善、金融机构风险定价能力不足、投资者缺乏识别来自基础资产的信用风险的意识，这都对资产证券化产品风险的合理定价造成了困难。

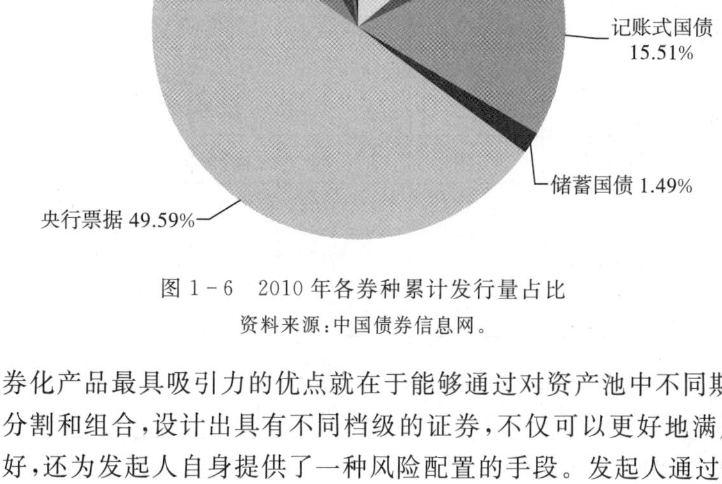

图 1-6　2010 年各券种累计发行量占比

资料来源：中国债券信息网。

资产证券化产品最具吸引力的优点就在于能够通过对资产池中不同期限、风险的现金流进行分割和组合，设计出具有不同档级的证券，不仅可以更好地满足各类投资者的不同偏好，还为发起人自身提供了一种风险配置的手段。发起人通过恰当地构造资产池可以为其资产提供与之期限结构相协调的资金，满足自身对于现金流的需要，并通过不同风险的对冲降低资产组合的整体风险。资产证券化产品这一功能的发挥必须以利率的市场化作为基础，利率管制下的风险价格扭曲是无法实现该功能的。

3.3.2 二级市场缺乏流动性制约了供给与需求

流动性是指在二级市场上能以较少的交易费用和接近市场的价格迅速转让的能力，市场保持较好的流动性使得投资者购买了资产证券化产品后，能根据自身资金的运转情况，及时调整资金投向结构，确保收益和风险得以控制。由于我国资产证券化市场上现有的投资者数量和种类有限，并且受到交易场所和交易方式的限制，当然二级市场的交易情况十分冷清：在银行间债券市场进行交易的资产证券化产品，交易量和换手率与其他债券品种相比相差甚远（表 1－5）。而在美国，资产支持证券的活跃程度仅次于以国债为主的政府债券。与银行间债券市场相比，在沪、深证券交易所交易的企业资产证券化产品相对活跃，但与流动性强的股票相比仍有相当大的差距。在这样的资产证券化市场中，如果投资者急需资金，二级市场成交不活跃不能立即找到下家，投资者会面临很大的风险。这样投资者就会要求提高利率来弥补，从而增加了发起人的筹资成本，影响了发起人进行资产证券化的动力。同时，二级市场较差的流动性使得投资者购买证券化产品的信心不足，因为一旦购买便失去了根据自身需要及时调整资金方向的自由度，一些潜在的投资者会偏向于选择流动性较好的国债、金融债或者股票。

表 1－5　2008 年第三、四季度银行间债券市场现券交易情况

类　别	2008 年四季度			2008 年三季度		
	交易量/亿元	占比/%	换手率/%	交易量/亿元	占比/%	换手率/%
国　债	7502.75	6.34	16.59	10224.62	9.04	23.12
央行票据	72409.91	61.23	170.9	70681.95	62.5	166.88
政策性银行债	23816.55	20.14	67.72	19338.08	17.10	59.12
商业银行债	859.36	0.73	22.21	546.63	0.48	14.28
非银行金融机构债	43.02	0.04	11.9	32.08	0.03	8.87
短期融资券	7451.46	6.30	177.28	8286.05	7.33	240.34
中期票据	3130.95	2.65	187.26	2390.44	2.11	325.23
企业债	2965.74	2.51	52.73	1574.72	1.39	34.47
资产支持证券	82.90	0.07	17.57	20.94	0.02	5.47
外国债券	0.10	0	0.33	—	—	—
合　计	118262.74	100	85.08	113095.51	100	85.27

资料来源：中国债券信息网。

3.3.3 金融机构专业服务水平和投资管理能力欠缺

除了上节提到的信用增级和评级机构，作为资产证券化业务重要参与者的证券公司以及机构投资者同样也存在一些不足。

1. 证券公司的专业服务水平较低

《关于通报证券公司企业资产证券化业务试点情况的函》中，监管层明确提出了券商参与资产证券化试点业务的门槛。选择试点证券公司主要有以下要求：一是分类评价在A级以上，具备证券资产管理业务资格，最近12个月净资本不低于20亿元；二是最近3年没有重大违法违规行为；三是建立健全包括项目选择、产品设计、系统测试、产品推广、信息披露、后续管理、档案管理和监督检查等业务环节的管理制度，确保资产证券化业务的各个环节具有制度保障；四是各项风控指标符合监管规定，具有完善的合规和风控制度及风险处置应对措施，能有效控制业务风险；五是对试点做了充分的研究准备，有适量能够从事资产证券化业务的专业人员。2011年7月14日，中国证监会公布了2011年证券公司分类评级结果，106家证券公司中仍无AAA级券商，但包括AA级和A级在内的A类券商达到40家，占比超过四成。资产证券化业务作为一种创新业务，对于证券公司的经营能力、创新能力和风险控制能力要求较高。我国资产证券化的实践较少，即使达到A类标准的券商由于缺乏开展资产证券化业务的经验，习惯于对发行债券的企业本身的经营状况和信用水平进行了解，缺乏了解基础资产本身质量水平的这种意识，更缺乏对风险进行合理定价的能力。另外，从国外投资银行的情况看，它们还发挥着为发行人设计证券化交易结构的作用，并根据潜在投资者的投资偏好设计资产支持证券的品种，我国券商也应该加强这方面的业务能力，以满足资产证券化发展的需要。

2. 机构投资者的投资管理能力不足

由于资产证券化产品的专业性强、规模大，很少有个人投资者能够进入这个领域，该市场中的投资者绝大部分都是机构投资者。目前，我国的监管层也规定资产证券化产品只能面向机构投资者，因此，机构投资者的数量、种类以及参与水平对于资产证券化的发展有着重要意义。从国外发达的资本市场上来看，机构投资者的行为对市场效率和市场稳定有着不可或缺的重大影响，主要表现在：①机构投资者由于具有资金规模优势和专业化的价值评估技术，在资本市场的股票IPO、各种企业债、信用债包括资产证券化产品的价格确定中具有强大的谈判能力，机构投资者通过与投资银行竞争，使股票和债券市场的定价、交易更加有效率，对于推进股票、债券的价格发现具有不可忽视的作用。②那些机构投资者持有大量份额的证券在发行中，发行差价得以大幅度下降。并且机构投资者在进行证券交易时，一般是大宗交易，交易成本较低，因此机构投资者队伍的壮大使证券发行中营销及监督成本得以降低。③机构投资者自身的分散化投资和套利交易有助于增强市场的流动性，而流动性是规模经济的一种形式，机构投资者参与更多的交易，通过对长期资产的需求为资本市场提供长期资金供给，扩大了资本市场的规模，增强了资本市场的流动性。

我国目前的资产证券化产品投资者大多集中在商业银行、基金公司、证券公司、财务公司、信用社等机构，其中商业银行是最主要的投资者。我国的机构投资者队伍经过近20年的发展和培育,已经具有一定的规模,但是还存在结构不合理、投资行为相对同质化等问题。一方面,不同投资者群体在债券市场中的力量对比和地位并不均衡。商业银行占据绝对主导地位,不仅是债券的重要买家,而且还是重要的公开市场一级交易商、做市商、结算代理人等,而保险公司、基金公司、证券公司等中介机构的市场地位则偏低。另一方面,机构投资者的投资理念、投资行为明显趋同,比如一只好的股票或债券往往被多个机构持有,机构就变成了大散户。拿基金来说,我国目前已经上市的基金中,成长型基金就占了67%,它们的投资理念非常相似,往往看好的都是同样的几只股票或者债券。在现有的资产证券化产品市场上,大多数机构投资者是配置型投资,一般选择对证券化产品持有至到期日,二级市场的交易行为很少。而例如对冲基金这样的投机型、套利型市场参与者则严重缺乏或尚未发挥应有作用。

资产证券化产品作为一种金融创新工具,它的发展需要机构投资者发挥应有的推动作用,在扩大市场规模、增强市场流动性、提高市场效率等方面产生积极影响,而我国现阶段机构投资者的专业水平难以满足资产证券化产品发展的需要,这对于资产证券化产品的长期健康发展是十分不利的。

第4章　国外资产证券化经验借鉴

4.1　美国资产证券化经验借鉴

4.1.1　美国资产证券化发展的特点

资产证券化作为20世纪重要的金融创新工具之一，极大地活跃了美国经济和金融市场。美国资产证券化市场是全球资产证券化规模最大、最有活力的市场，其领域覆盖了几乎所有可产生现金流的资产，且交易产品种类繁多，金融创新及衍生产品不断推出。概括起来，美国资产证券化主要有如下特点：

1. 市场规模庞大

2004—2007年，美国的资产证券化规模大幅度增加，2004年的发行规模为26575亿美元，2007年的发行规模为45406亿美元，增长率高达70.86%。次贷危机爆发后的两年内，资产证券化规模开始大幅度下降，2009年下降到33474亿美元。但从2009年末开始，资产证券化市场突发增长，2010年全年发行规模达到惊人的101929亿美元，创造了历史新高。可见，次贷危机并没有使美国的资产证券化步伐停滞，相反在一定程度上说明，只要运用得当，资产证券化可以对经济复苏产生积极作用。

2. 成立有政府背景的专业服务机构

自20世纪30年代以来，美国政府为刺激经济，拉升有效需求，先后成立了许多为抵押贷款提供担保服务的准政府机构，例如1938年美国政府根据国会通过的《国民住宅法》创立了联邦国民抵押协会(FNMA)——一家担负着公共目标的政府信用机构，负责为联邦住宅管理局和退伍军人管理局担保的抵押贷款提供交易市场或直接购买抵押贷款合同；1968年，FNMA分立为两个机构：联邦国民抵押协会(FNMA)和政府国民抵押协会(GNMA)；1970年，由政府发起并经国会特许设立了联邦住宅抵押贷款公司(FHLMC)，负责购买联邦住宅管理局和退伍军人管理局担保的抵押贷款，并发行抵押贷款支持证券。GNMA通过为私人实体发行的证券提供担保来实现他们的目标。这些私人实体将抵押贷款组合在一起，然后将这些抵押贷款用作所出售证券的担保。为了给住房抵押贷款创造一个可流通的二级市场，提高金融储蓄机构的资产流动性，1970年GNMA首次推出了"抵押贷款证券"金融工具，标志着资产证券化的正式诞生。抵押贷款证券最初只是由美国政府创办的三个金融机构发行，在私人金融机构参与后，市场开始趋于活跃。

3. 具备完善的法规体系

20世纪30年代至40年代，是美国证券立法的关键时期。政府相继出台了《证券法》(1933年)、《证券交易法》(1934年)、《信托契约法》(1939年)和《投资公司法》(1940年)，这些法律对证券发行交易的各环节进行了规范，也为资产证券化的发展起到了基本保障作用。20 世纪 70 年代后期开始,资产证券化市场迅速发展,金融体系也因此发生了巨大变化,信用、税收、法律制度等已无法适应资本市场尤其是资产证券化市场的发展要求。在这一背景下,《税收改革法》(1986 年)、《小企业就业保护法》(1996 年)、《金融服务现代化法》(1999 年)等制度分别对税收、信用、破产、金融服务等方面进行了更为详细的规定,使资产证券化有了适宜的法律环境。另外,作为典型的判例法国家,法院在具体案例的判决中对资产证券化法制的建立和完善起到了重要的促进作用。美国财务会计准则委员会发布了公认会计准则以及一系列调整合同关系和信托关系的判例法,对资产证券化过程中涉及的会计处理、信托关系判定等给出了一定的依据。尽管美国没有针对资产证券化专门立法,但是上述一系列法规已形成相互补充、相互依托的资产证券化法规体系。

4. 基础资产种类丰富,衍生产品不断创新

美国资产证券化的基础资产种类有:商业和工业贷款(包含商业不动产抵押贷款),汽车销售贷款等消费贷款,计算机、办公楼、机器等设备租赁应收款,信用卡、转账卡应收款和贸易应收款等,几乎涵盖了所有金融与工商企业现金流资产的各个方面。在华尔街流传着一句名言:“如果有一个稳定的现金流,就将它证券化。”这足以说明美国资产证券化的基础资产范围非常广阔。迅速发展的创新衍生产品和日趋成熟的资产证券化技巧也被广泛应用于金融资产上,其中最引人注目的是保险的证券化。隶属保险公司的 SPV 发行证券筹资,为其母公司提供再保险,而投资者的收益则来源于母公司付给 SPV 的保费和 SPV 自身的投资收益。其次是资产的再次证券化,被证券化的对象是早已以证券形式存在的资产。20 世纪末,许多能产生可预见稳定现金流的资产都已被证券化,不仅包括现实的资产还包括未来的收益,例如出口收入,航空机票收入,收费公路以及桥梁等基础设施收入,航空或铁路客运收入,税收或财政收入,石油、天然气、矿藏储备和林地收入等。1997 年,David Bowie 对其拥有的音乐版权的未来版税收入进行证券化,使得证券化的对象从有形资产形态拓展到了无形知识产权上。金融创新产生风险的证券化资产被再次证券化,基础产品衍生出更多、更新的产品,从而使市场的产品种类更加丰富,金融创新能力得到不断提升。

5. 实行表外资产证券化模式

根据 1997 年 1 月生效的美国财务会计准则第 125 号《转让和经营金融资产及债务清理的会计处理》的规定,鉴于被证券化的资产已经以真实出售的方式过户给特设信托机构,原始权益人也已放弃对这些资产的控制权,因此允许原始权益人将证券化资产从某资产负债表上剔除并确认收益和损失。这就从法律上确认了早已实际运用的以表外方式处理资产证券化交易的原则。一方面,表外资产证券化实现了真实出售与风险隔离,通过在发起人的资产负债表中对出售的资产进行账务处理,将出售的资产与发起人本身的信用风险分离,实现了风险的转移,从而保证资产证券化过程中不涉及发起人的违约破产风险。这在一定程度上使得发起人对其已经出售的基础资产质量不用再跟踪监测,减少了发起人在基础资产方面的继续投入。另一方面,发起人对已证券化的资产质量并不关心,关心的是如何将资产证券化并创造资产转移收益,这会使市场增加信用风险,因而各国在选择表外还是表内运行模式上非常谨慎。美国次贷危机的警示给我国资产证券化过程中的风险控制及监管水平的提升提出了许多待研究的问题。

资产证券化之所以在美国得到迅速发展，主要得益于其完善的法律规范、表外运作模式实现了风险隔离，同时大量的创新产品吸引了众多的参与者，并且基础资产的质量及风险监管亦是维系金融安全的基本保障。

4.1.2 美国资产证券化的经验借鉴

1. 金融创新与法制建设同步发展

美国资产证券化产品作为最重要的金融创新工具，随着产品设计的不断复杂化，其种类日益繁多，衍生产品不断变化，甚至出现了风险的证券化和资产的再次证券化。市场的信用风险、利率风险、流动性风险等相关风险不断加大，金融监管和法制监管方面也出现了一些漏洞，为此美国相继制定了《税收改革法》《小企业就业保护法》《金融服务现代化法》等一系列法律，使资产证券化在完善、规范的法制体系下更加健康地发展。我国在资产证券化发展过程中难免会出现各种问题，如何在问题出现后加以规范，使法制建设的进程紧跟金融创新的步伐，从而为资产证券化等金融创新产品的发展提供制度保障，我们应该学习美国法制建设的经验值得我们学习。

2. 交易结构及产品特征符合市场需求

以需求为导向设计资产证券化产品是市场化运作的必然要求，发起人和投资者分别代表融资与投资需求，他们的积极性在推动资产证券化的进一步发展中起到了关键作用，并决定着资产证券化产品的市场前景。美国资产证券化采取表外运作模式，这是由美国商业银行对资本充足率与存贷款业务增长之间的矛盾决定的。而成熟的债券市场培育了许多有不同风险偏好的投资者，"真实销售"和"风险隔离"使得发起人和投资者利益从不同角度都得到了保障。资产证券化产品给投资者提供了大量的新型投资产品选择空间，并使符合市场风险需求的衍生产品不断产生，达到了吸引投资者及活跃市场的目的。我国在推进资产证券化的过程中，应以市场需求为基础，在系统研究市场融资与投资两方面的需求后，综合发展市场容易接受并对双方参与者都有吸引力的资产证券化产品，使交易结构及产品特征符合市场需求，才能使资产证券化市场繁荣发展。

3. 提升金融服务机构的专业水平

资产证券化产品的发行与交易离不开金融服务机构的支持，一批高水准的金融服务机构是资产证券化市场得以大力发展的关键因素。美国资产证券化产品不断创新，衍生产品不断推出，这主要得益于金融服务机构的整体素质、服务质量以及一批高素质的金融创新人才。因此，我国资产证券化在今后的发展过程中，应不断提升金融服务机构的整体素质和服务质量，并注重创新人才的培养，从而为我国资产证券化市场的长远发展提供保障。

4.2 欧洲资产证券化经验借鉴

4.2.1 欧洲资产证券化发展的特点

1. 金融机构的内在需求推动英国资产证券化产品市场发展

英国的资产证券化规模仅次于美国，且以住房抵押贷款证券化为主。2008 年金融危机期间，美国资产证券化产品发行规模大幅下滑，英国却并没有停止步伐，其发行额高达1622亿欧元(其次是西班牙的416亿欧元及意大利的382亿欧元)。英国政府并没有采取强有力的政策法规去扶持与刺激资产证券化业务，其产品和市场主要因金融机构在盈利机会的诱惑下自主形成。1985—1986年，在金融机构的共同协作下，形成了全国住宅贷款协会(NHL)、英国抵押公司(TMC)和家庭抵押公司(HMC)三大住房抵押贷款机构，由此也奠定了英国资产证券化市场以MBS为主要产品的基本格局。金融机构共同参与的三大住房抵押贷款机构以其强有力的信用基础，不但拥有作为MBS发起人的资格，而且赢得了市场投资者的认可。英国政府在管理贷款抵押市场过程中对其进行了一定程度的规范，使市场有了相对较严的风险监管和规范管理制度，抵押贷款市场仍因缺少政府的信用支持而使发展显得极不稳定。自1987年第一笔MBS发行之后，资产证券化市场以年均61%的速度增长，其发行额在1989年达到了高峰后呈现波动式下降的趋势。至1993年资产证券化产品发行速度加快，但仍低于1988—1991年的水平。1995年英国的资产证券化重陷低谷，全国只有七笔证券化交易，市场余额下降了10%。到1995年末，住房抵押贷款证券市场的余额已接近4000亿英镑，占英国证券化市场发行额的80%。直到1996年，资产证券化市场不断萎缩的态势才得到扭转。由于产品创新力度加强，资产证券化市场开始重新崛起，成为欧洲第一大金融产品市场。

2. CB模式成为德国、挪威、丹麦等国家资产证券化的主要模式

由于金融体制与美国不同，欧洲各国的资产证券化模式均存在差异，资产证券化在各国之间发展并不均衡。欧洲大多数国家属于大陆法系，如德国、挪威、丹麦等，这些国家的证券化发展有着自己的特点。

(1)表内证券化模式

与美国的表外资产证券化不同，许多欧洲国家的银行进行的是资产的表内证券化，即发起人不需要将资产出售给SPV，资产仍留在发起人的资产负债表上，没有实现“真实销售”和“破产隔离”，一旦出现问题，投资者既可要求处置担保资产，又可以向发起人求偿。这种以住房抵押贷款和公共设施贷款等低风险的资产为担保发行的债券，实质上是一种“担保融资”，发行的担保债券被称为CB(Covered Bond，表内双担保债券)。CB有如下特点：有专门的立法，次贷危机之后各项法律法规不断地被修改、完善；有固定的利率，本息到期一次性偿还，其利率介于政府证券和非担保优先级债券；监管标准高，有后续跟踪监管；风险未完全转移，资产仍留在发起人的资产负债表上，银行仍要承担贷款风险。

次贷危机爆发后，全球金融市场急剧动荡，CB市场也受到很大影响，如发行量下降、风险溢价提高、债券期限缩短等。欧洲各国纷纷采取措施，一方面完善相关法规，另一方面改善交易机制，增强市场流动性。2008年初以来，美国金融监管层多次表示，表外模式加剧了信贷危机，应大力推动CB的发展，这有利于增加低成本的房地产长期融资来源，激活低迷的房地产市场，维护经济和金融稳定。

(2)银证业务融合模式

以德国为例，由于德国不承认信托的概念，因此美国的资产证券化模式无法移植到德国。德国的证券化主要是基于大陆法上的担保制度，目的在于实现抵押担保资产

的再担保价值。德国实行的是商业银行与投资银行业务相融合的银证交叉模式，与美国的资产证券化操作架构相比，具有结构简单、成本较低的特点。但同时这种操作架构也有风险过于集中、不能实现“真实销售”和“破产隔离”的缺陷。

(3)中小企业资产证券化融资平台

为解决世界性的中小企业融资难问题，自2000年以来，德国中小企业银行开始联合各类银行开展资产证券化业务，促进了中小企业资产证券化平台的建立，以资产证券化的方式为中小企业提供有效的融资渠道。

4.2.2 欧洲资产证券化的经验借鉴

1. 推进法制体系的完善

欧洲的表内模式有专门的立法，并在次贷危机爆发之后对相关法规进行了完善。由于我国相关法规对资产证券化产品发行交易及结构安排的规定尚不统一，分别进行修订又难以与其他相关条款协调，而专门立法具有效率高、针对性和可操作性强的特点。且我国与欧洲许多国家同属于大陆法系，借鉴欧洲成熟的CB相关法律法规的建设，更为方便、充分、有效。

2. 加强资产池的后续监管

CB担保资产的状况经常受公共部门或其他独立机构的监督、测试，需要在数量、质量上进行动态调整。例如在相关房贷被提前偿还或质量下降等情况下，发债银行要及时补充更多资产来保障投资者的权益不受损害。我国在证券发行时要同时公布发行招募书和信用评级报告，在资产证券定级后，要以法律方式规定评级机构进行跟踪监督的义务，并根据经济形势、发起人、发行人的有关情况，基础资产的履约情况，信用增级情况以及提供信用增级的第三者的财务状况变化等，定期做出监督报告，并对外进行公布。

3. 加强风险管理

表内模式最大的优点在于实现融资功能的同时，将风险处于可控之中，使得风险不至于被传导到资本市场。第一，在表内模式下，资产仍留在发起人的资产负债表上，银行仍要承担贷款风险，因此可以避免银行出现道德风险甚至欺诈行为；第二，投资者有双重追索权，一旦出现问题，投资者既可要求处置担保资产，又可以向发起人求偿。而发行机构除了可以处置抵押品外，还可以继续向借款人追索。在发债前，发行机构还特别留出充足的高质量担保资产，债券投资者对这些资产有优先求偿权。即使发行机构因资不抵债进入破产程序，担保资产也要优先用于CB本息的偿付。我国资产证券化处于刚起步阶段，证券市场尚不成熟，市场对风险的发现能力较低，为更好地保障投资者的权益，欧洲CB模式推广的一些成功经验值得我们借鉴。

4.3 日韩资产证券化经验借鉴

4.3.1 日韩资产证券化发展的特点

1997年东南亚金融危机以来，资产证券化在日本、韩国等国家得到了快速发展，并逐渐渗透到经济领域的各个方面。日韩资产证券化快速发展的主要推动因素有：与国际投资银行良好的业务合作、政府提供较好的政策环境以及培养资产证券化领域的高级人才。

1. 公司型与信托型模式共同推动不动产证券化发展

不动产证券化(REIT)是未来金融市场发展的重点,是金融体制改革和金融工具创新的主要内容之一。不动产具有不同于一般资产的显著特性:资产专用性强,需单独定价,导致在交易过程中必须借助于中介机构,不但耗时、费力,而且转移手续繁杂、交易费用高、流动性差。另外,不动产投资的周期长、规模大、收益高,对参与者的专业水平有较高要求。证券化可以有效地体现不动产价值,尽可能地把不动产的收益和风险分散。由于证券可以在二级市场上自由交易,不动产的流动性大大提高。而且不动产位置固定的特性极大地增强了融资的信用等级,明显降低了融资成本。日本的REIT 市场近年来发展迅速,资产运用型证券化不同于资产流动型证券化的先有不动产然后发行证券,它是先募集资金然后投资不动产。2000 年 5 月日本将《特定目的公司法》修正为《资产流动化法》,扩大了资产证券化的不动化资产标的范围。这一立法为资产运用型的不动产证券化发展提供了法律支持,并有效推动了二级市场的建立。修正后的法律引入特定目的信托制度(SPT),与原先特定目的公司制度(SPC)并行,并允许特定目的信托及特定目的公司可以将记名现金债权、不动产、信托受益权及一般财产权作为资产流动化的标的资产。自此,公司型与信托型投资模式兼采,成为日本不动产证券化的主要制度特征。

随着 REIT 的不断成熟和相关制度的完善,越来越多的筹资者希望通过更广泛的证券化方式进行融资,在既定的法律框架下,金融产品的创新围绕着适应制度与降低成本不断展开,结构也日趋复杂。资产证券化的品种早就不限于资产支持证券 ABS (Asset Backed Securities)和住房抵押贷款证券 MBS(Mortgage Backed Securities),担保债务凭证 CDO(Collateralized Debt Obligation)和其他产品所占比例总和已经超过 10%。CDO 市场的发行量从 2000 年几乎为零以惊人的速度成长至 2004 年的 3 兆余日元,新产品中以无形资产为标的的证券也开始发行,如 2002 年发行了一例以专利抵押的资产支持证券,松下电器的附属公司计划用其研发的专利——声音合成器的未来收益为抵押发行证券,所筹资金被用于新产品的研究。这项无形资产支持证券在政府宽松的政策环境和国际投资银行的积极合作下取得了成功,显示出日本资产证券化发展的基础资产多样性和不断创新的趋势。

2. 统一立法与多种信用增级方式培育了资产证券化的基础环境

韩国市场的发展经历了三个阶段:①初始阶段(1999—2000 年),主要是资产管理公司利用发行 ABS 处理其所持有的不良资产,以及银行通过发行 ABS 来处理不良贷款,改善财务结构,提高资本充足率。②发展阶段(2001—2002 年),随着不良资产的大量处置,发行 ABS 已经不再作为处理不良资产的主要手段,而是成为专门贷款机构和一般企业的筹资手段。以信用卡相关债权为基础资产的 ABS 以及资产抵押商业票据的发行比重开始大幅增加。③成熟阶段(2003 年至今),资产证券化的产品品种迅速增长,包括信用卡应收款支持证券、住宅抵押贷款证券、公司债券抵押证券(CBO)、未来收入支持证券等在内的 30 多个品种。金融危机爆发后,为阻止大企业的连续破产以及由此产生的金融机构不良债权的增加,韩国对资产证券化进行了统一立法,制定了《资产证券化法案》和《住房抵押债权证券化公司法》，这两部法律的实施有效地控制了金融产品创新过程中的信用风险。在初步建立起资产证券化的法律体系同时，充分发挥政府的主导作用，这是韩国资产证券化迅速发展的两股主要推动力量。除此之外，韩国的信用增级方式日趋多样化，为降低基础资产的信用风险，韩国采取了超额担保、对基础资产打折、卖出期权、货币调期等多种方法对资产证券进行信用增级。在不良资产证券化的过程中，通过对发起人高比例持有的具有剩余索取权性质的次级债券来提升优先债券的信用级别，优先类债与次级债的比例大约为 65∶35，次级债的比例为 35%，远远超过 20%的正常比例。虽然过高的信用增级比例会导致重新定性风险，影响资产转移的真实销售界定。但是不良资产的真实价值远远低于账面价值，且价格的不确定性很大，所以这种做法得到了法律的豁免。除了内部增级的手段多样化外，韩国还通过政府信用对产品进行外部信用增级。韩国政府专门成立了各种具有政府背景的基金，如不良债权处理基金、信用保证基金、技术引用保证基金等，向优先类债权投资者提供一定额度的损失担保或者向承担信用增强服务商业银行提供一定的信用支持。政府提供信用支持、统一立法与信用增级方式的多样化共同培育了资产证券化市场的基础环境。

4.3.2 日韩资产证券化的经验借鉴

1. 在法律框架内适当扩展基础资产的范围

我国可证券化的基础资产来源广泛，许多基础资产都有着稳定可靠的现金流，但还有一些现金流不稳定、可预见性不高、风险比较大的基础资产。这些风险较大的基础资产也有一定的市场价值，我们可以做一些积极的尝试。比如，不良资产中有一些具有价值的资产，如不动产抵押贷款，可以将不良资产中相对质量较好的资产组合打包成资产池，使现金流在一定程度上具有确定性和可预测性，从而对部分不良资产进行证券化。这对于快速处置不良资产、化解银行危机及促进资本市场的良性发展能产生重要的促进作用。

2. 在市场有效性较低阶段，尽量做到对投资人的保护优于对发起人的保护

我国证券市场有效程度较低，市场难以发现风险价格。风险隔离是资产证券化成功运作的重要条件，根据风险隔离原理，证券购买者只承担基础资产的风险，不连带承担基础资产所有者的其他风险。风险隔离原理在证券发行人和投资者之间构筑了一道坚实的"防火墙"。我们应该通过各种信用增级方法和手段，提高证券的信用等级，以确保能按时、足额地向投资者支付利息和本金，从而保障投资者的利益，减少资产证券化的风险。

3. 结构设计与基础资产的风险相匹配

韩国的不良资产支持证券分层次进行结构设计的创新给予我们一定的启示：优先/次级比率的构成要体现基础资产的风险大小，经过风险切割后的证券能适应不同投资群体，也有利于发起人吸纳风险。我国可证券化的基础资产范围广阔，如何针对不同大小的风险选择不同的分层结构，韩国的操作方式值得我们借鉴。我国应该逐步尝试分层次的结构设计，使产品结构更符合基础资产的信用风险，并具有层次和特色，以满足不同投资者的偏好。同时，依据丰富的市场投融资需求，通过恰当的产品设计来解决不良资产的流动性问题。

第5章 我国资产证券化产品发展策略

5.1 基础资产的选择

从国内外资产证券化的实践经验中可以发现，具有下列特征的资产容易实现证券化：①资产可以产生稳定的、可预测的现金流收入；②原始权益人持有该资产已有一段时间，且信用表现记录良好；③资产应具有标准化的合约文件，即资产具有很高的同质性；④资产抵押物易于变现，且变现价值较高；⑤债务人的地域和人口分布广泛；⑥资产的历史记录良好，即违约率和损失率较低；⑦资产的相关数据容易获得。

结合适宜证券化的资产特点和我国实际情况，课题组总结了目前可证券化的基础资产种类，如图1-7所示。

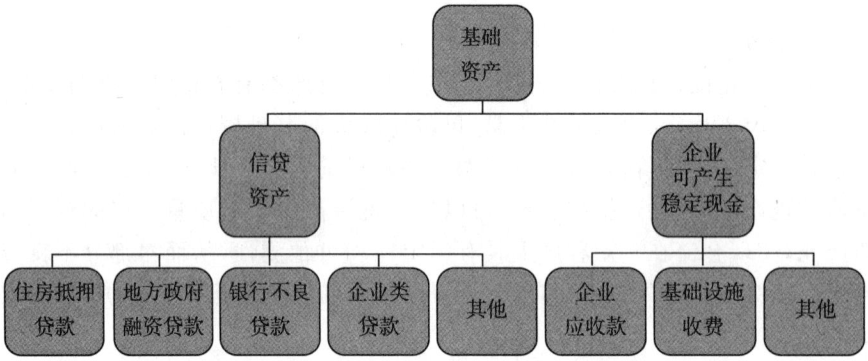

图1-7 可证券化的基础资产种类

根据不同的基础资产在规模、现金流稳定性、信用水平等方面的差异，我们将几类主要基础资产的特征进行了比较，见表1-6所列。

表1-6 主要基础资产特征比较

基础资产 \ 比较项目		规模	现金流的稳定性	债务人信用水平	合约形式	资产质量	资产分散程度	主要风险
信贷资产	住房抵押贷款	大	稳定	较好	标准化	好	分散	早偿风险
	企业类贷款	大	较稳定	较好	相对固定	较好	较分散	违约风险
	银行不良资产	较大	不稳定	差	不同质	较差	较分散	违约风险
	地方政府融资贷款	大	较稳定	较好	相对固定	较好	较集中	违约风险

（续表）

基础资产＼比较项目		规模	现金流的稳定性	债务人信用水平	合约形式	资产质量	资产分散程度	主要风险
企业可产生稳定现金流资产	企业应收款	较大	较稳定	较好	相对固定	较好	较分散	违约风险
	基础设施收费	大	较稳定	好	无合约（现金支付）	好	分散	现金流不稳定风险

虽然理论和实践证明“只要能产生现金流的资产都可以被证券化”，但考虑到我国资产证券化尚处于起步阶段，证券市场尚未发展成熟，市场对风险的承受能力较弱，所以应当优先选择质量较好的基础资产，即对现金流较稳定、信用风险较低、法律障碍容易规避的基础资产优先实施证券化。其理由如下：①现金流稳定的资产是相对便于监控的资产，我国证券市场存在微观监控难以到位的问题，更需开发便于宏观监控的产品。另外，基于我国债券市场基础性缺陷，现阶段应以固定利率债券设计为主；②信用风险较低的资产不仅监控难度相对较小，风险的流动也非常有限，在成功经验不足时是较好的选择；③资产证券化要与制度保障同时进行，首先要寻找现行法制允许的运行空间下的切入点，通过实践摸索形成有效的法制体系。

通过对主要基础资产特征的综合比较，课题组认为基本符合上述要求的基础资产包括：住房抵押贷款、优质企业类贷款、地方政府融资贷款、基础设施收费、企业应收款等。虽然这些资产的适应性仍有不少问题，但相比之下可能产生的问题较少。但这并不表示我国可证券化的资产仅限于此，例如汽车销售贷款、信用卡应收款、不动产、知识产权等资产通过创新设计，未来也都可以逐渐实现证券化。

5.2　交易结构设计

5.2.1　会计处理方式选择

在对我国资产证券化的现状分析中，我们总结了现行的会计处理方式都是表外模式。无论是金融机构通过信托型 SPV，还是企业通过专项管理计划都可以达到将发起人资产剥离出资产负债表，从而实现风险隔离的目的，并且这种“表外化”处理的优势在中国建设银行第二期的个人住房抵押贷款支持证券发行中得到了充分体现。把一部分贷款清理出资产负债表，使发起人获得了一部分新的贷款额度。但是发起人风险和收益的不匹配可能导致对资产质量的不负责，美国次贷危机就给我们一个很好的启示——表外模式并不是唯一的理想模式。

相比于表外模式，表内模式的运作相对稳健，有利于风险的控制。采用表内模式的发起人更加关心基础资产的质量，还会提取一定的资本金来保护基础资产，可以更好地维护投资者的权益。比如欧洲的 CB 模式就是利用表内模式，一旦出现问题，投资者不仅可以要求处置作为担保的基础资产，还可以向发起人求偿。只是采用表内模式的基础资产未能实现风险隔离，在发起人破产时投资者的利益可能会受到损害。但如果发起人本身信用等级较高，那么这种可能性就比较小，比如我国四大国有商业银行是国家控股，信用等级很高，符合表内模式的风险控制要求，还可以规避现行法律制度的约束，操作简单，较为可行。准表外模式是通过设立子公司SPV来进行证券化的，在一定程度上实现了资产的风险隔离，但我国现行法律限制了商业银行设立SPV，交易结构也比较复杂，设立SPV还需要突破税收、会计等方面的较多障碍。表内模式和准表外模式各有利弊，均需从法律、制度和监管等方面进行规范。

我国尚处在资产证券化试点阶段，证券市场是基础资产风险的最终承载处，证券市场的规模与效率决定了模式选择的方向。表外模式需要有一个丰富且高效的证券市场进行配合，而表内与准表外两种模式对市场有效性的要求相对较低，所以这两种模式应该成为今后很长一段时期内资产证券化的主要模式，并且需要针对基础资产的特点选择不同的会计处理方式。

(1)如果基础资产稳定、安全性高，资产本身可作为优质担保的资产证券化产品设计可借鉴欧洲的CB(表内双担保债券)模式。比如部分国有控股商业银行的住房抵押贷款，不但规模大、覆盖面广，而且是属于违约率低的优良资产，资产留在表内对银行资本金率的提升要求不高，且能保留银行对该部分资产的超额收益权，而资产表外化意味着收益的让渡。由于CB模式无须转移基础资产，正好可以规避在试点阶段个人住房抵押贷款证券化转移中出现的工作量大、程序复杂、耗时较长的缺点。在具体操作上，我国与欧洲大部分国家同属于大陆法系，更便于借鉴相关的操作程序和方法。

(2)如果基础资产的同质性较差，且有一定的违约风险，适宜采用表外模式。比如：企业贷款合同就是针对不同的借款人签署不同合约，并且存在较大的违约比例，从银行转移风险、提升资产质量、降低资本金率的要求角度分析，可采用表外模式，将基础资产剥离到发起人的资产负债表外。而针对投资者难以发现的基础资产违约风险、银行因风险转移而放松对资产风险的控制等风险，可以由银行自己购买高比例的次级债来弥补，尽量保证投资者不会因基础资产出现问题而承担过多的风险。

(3)如果基础资产现金流不稳定但资产价值稳定，适宜采用表外或准表外模式。比如：基础设施收费的现金流只是预计的未来收入，没有合同约定一定有人支付，未来现金流不足或不稳定是一种常态。因此使用固定收益证券融资加大了发起人的风险，而收益的相应浮动则要求实现资产的真实出售与风险隔离，采用表外模式可以防范发起人对收益的隐匿，更好地起到保护投资者的作用。

5.2.2 SPV组织形式选择

SPV按照组织形式的不同，主要有公司、信托、合伙三种形式。其设立需要根据基础资产性质、投资者情况、制度约束等条件，选择运作成本最低的设计。

(1)对于公司型SPV(以下简称SPC)，地方政府融资贷款和基础设施收费的证券化可以采取政府设立SPC的方式，比如设立国有独资公司的方式；外币计价的进出口企业应收款的证券化可以采取跨国设立SPC的方式，比如在开曼群岛注册SPC的方式。

根据前面的法律障碍分析，我国目前设立SPC面临着注册资本高、发行债券的主体资格条件过于苛刻等问题，因此由股份有限公司和普通的有限责任公司来充当SPV并不合适。而目前法律不允许商业银行设立SPC，所以商业银行无法成立SPC。国外成熟的做法是由政府出资设立SPC，这种SPV不但有政府信用做担保，还可以享受一定的税收优惠，是一种操作简捷、节约成本的方式，我国在推行资产证券化初期可以借鉴这种方式。以《中华人民共和国公司法》中有关国有独资公司的规定为依据，国有独资公司有发行公司债券的资格，因此该模式很具有现实性和可操作性，基本上不存在法律障碍。尤其是针对我国巨额的地方政府融资贷款，采取政府设立SPC的方式可以强化政府在证券化过程中的主导作用，并能赋予SPC很高的资信等级，使其发行的地方政府融资贷款支持证券更容易被投资者接受。另外，对于基础设施收费权（如高速公路、港口等收费权），设备交通工具的租赁费来说，基础设施建设由于周期长、规模巨大，单纯依靠财政、银行和股票融资难以满足资金需求。而我国大多数基础设施建设项目的经济效益比较好，有稳定的现金流，受到中央政府和地方政府的支持，风险较低，是进行资产证券化的优良资产。我国政府对这些资产的管理已渐趋企业化，赢利目的很强，公益目的弱化，因此资产证券化能将投资收益回报于公众并让公众参与资产管理过程的监督，这是兼顾收益性与公益性的良好尝试。综上所述，由政府设立SPC并发行证券是很好的选择。

对于以外币计价的对外贸易和服务等进出口企业应收款、跨国经营企业在境外子公司的金融资产来说，如果对其进行跨国资产证券化，可以避免货币兑换风险，同时缩短进出口企业应收款的回收期限，提高了资金的流动性。跨国设立SPC能够更好地实现风险转移功能，通常将SPC设在免税区，如英属维尔京群岛、开曼群岛等，也是我国可以借鉴的模式。

(2)对于信托型SPV(以下简称SPT)，企业类贷款和企业应收款的证券化，可以采取主信托SPV的模式，直接由信托投资公司或金融资产管理公司来充当SPV，通过信托财产的独立性来达到风险隔离的目的。

我国目前尚处于资产证券化的起步阶段，各项法律还不完善，采取“真实销售”模式成本过高，信托财产的独立性可以起到一定的风险隔离作用。因此，我国近期仍应采取信托模式。在我国，企业应收账款的期限一般不超过3年，企业类贷款中流动资金的贷款期限最长为3年，固定资产投资和项目贷款也不超过10年。对于这类周期性较短的基础资产可以采取主信托SPT的模式，即以一定的资产组合为基础建立信托机构，以发行证券来为这些资产融资。其特点是发起人能灵活地增加信托机构的资产，同时增加发行以这些资产为支持的证券。因此设立一个主信托机构可以陆续发行多笔企业应收款或者企业贷款支持证券，降低了发行成本，解决了企业应收款或企业贷款由于期限较短而导致发行费用相对过高的问题。

(3)对于合伙型SPV，目前我国的《合伙企业法》不允许成立有限责任合伙公司，使得我国暂无组建有限合伙SPV的法律条件。但对于众多的中小企业应收账款，中小商业银行的信贷资产都存在极大的信用风险问题，而合伙型SPV解决了信用不足的矛盾，因此可以在条件成熟时，推进有限合伙SPV的模式在中小企业及中小银行资产证券化中的应用。

5.2.3 信用增级方式选择

信用增级分为内部信用增级和外部信用增级。内部信用增级方式主要有:优先/次级结构、超额抵押担保、储备金账户、直接追索权等。外部信用增级方式即第三方担保,主要有:银行担保、专业担保机构担保、政府担保等。优先/次级结构是最常用的内部信用增级方式,因为优先/次级结构不需要借助第三方的信用,甚至也不需要依靠发起人的信用,通过改变资产本身的结构就可以达到资产证券化所需信用等级,并且成本很低。超额抵押担保、储备金账户、直接追索权等内部信用增级方式可作为优先/次级结构的辅助增级方式,以便得到更好的信用等级。外部信用增级方式仍无法获得政府信用支持,只有用银行担保、专业担保机构担保等方式对基础资产提供外部信用增级。

资产证券化试点过程中的信用增级方式存在一定的问题,根据本专题第 3 章的障碍分析可得出,我国的资产证券化应该选择内、外信用增级方式相结合的模式,以达到资产证券化所需的信用级别。下面针对具体的基础资产选择适合的增级方式。

1. 住房抵押贷款

住房抵押贷款是银行的优质资产,通常违约率很低。在信用增级前,首先要估计住房贷款资产池的风险,以计算出为达到一定信用等级住房抵押贷款证券所需的信用增级幅度。根据所需要的信用增级幅度,可确定信用增级方式和信用增级水平。并且在可接受的成本费用范围内,信用增级可以采用优先/次级结构、储备金账户等内部信用增级方式,并辅以保险、信用证和现金担保账户等外部信用增级方式。

2. 基础设施收费

基础设施收费规模大、回收期长,适合采用的信用增级方式比较多:如优先/次级结构,即 SPV 发行优先级证券和次级证券,优先/次级结构可以满足对风险——收益不同偏好的投资者的不同需求;储备金账户,即由信托人管理,可以投资于国债及其他信用评级较高的债券,以便于该账户保值、增值;第三方担保,即由专门的担保公司或金融机构对发行的基础设施收费证券向投资者按时、按量还本付息做出保证。

3. 企业应收款

企业应收款质量较好,现金流稳定,规模也较大。但由于企业信用水平参差不齐,因此一般采用外部信用增级方式,如第三方提供信用支持,即第三方承诺担保部分或全部的信用风险,以满足资产证券化的信用需求。

4. 企业类贷款

企业类贷款规模大,现金流较稳定,债务人信用水平一般较高。信用增级主要采用优先/次级结构,并辅以利差账户、第三方担保的增级方式。

5. 地方政府融资贷款

地方政府融资贷款有地方政府的信用作为基础,资产质量较好,也比较集中,并且现金流较稳定。在资产证券化过程中,SPV 获得融资平台项目贷款的债权后,通常利用内、外部增级多种形式提高资产的信用级别。内部信用增级主要通过优先/次级结构、直接追索权等方式进行,外部信用增级可以由专业担保机构提供担保,在未来政府担保获得法律允许的情况下,采用政府提供担保方式是理想选择。

5.3 利率结构设计

5.3.1 利率形式选择

利率形式有固定利率和浮动利率，其选择要根据基础资产的现金流特点，如期限、稳定性、收益率等来确定。如何对基础资产的现金流进行分拆、重组等处理以符合市场对固定利率和浮动利率的特点要求是资产证券化产品设计的核心，从我国已有产品的利率设计来看，以不良资产和短期企业应收款为标的的证券化产品以固定利率为主，以信贷资产和基础设施收费为标的的证券化产品以浮动利率为主。

固定利率债券在发行时规定利率在整个偿还期内不变，不考虑市场变化因素，因而其筹资成本和投资收益可以事先预计，不确定性较小。企业的短期应收款规模相对较小，采用浮动利率所获得的利差收入不足以弥补筹资、设计的成本，并且短期的现金流可预测性较好，因此适合采用固定利率发行。中长期的贷款类证券化产品，若采用优先/次级的内部增级方式，其优先偿付的 A 级证券期限短、现金流稳定，也可以采用固定利率发行。折价进行处理的不良资产证券化，因为其资产情况比较复杂，现金流回收的不确定性大，风险难以预测，为了便于投资者分析和判断，也可以选择固定利率发行。

浮动利率债券是指发行时规定债券利率随市场利率定期浮动的债券，也就是说，债券利率在偿还期内可以进行变动和调整。采取浮动利率债券形式可以避免债券的实际收益率与市场收益率之间出现任何重大差异，使发行人的成本和投资者的收益与市场变动趋势相一致。但债券利率的这种浮动性，也使发行人的实际成本和投资者的实际收益在事前带有很大的不确定性，从而导致较高的风险。由于信贷资产本身的利率受市场利率波动影响较大，尤其是我国当前实行浮动利率的住房抵押贷款，因此以信贷资产为标的的证券化产品适合以浮动利率发行。而基础设施收费的期限长、规模大，并且在不同时期的获利能力有显著差别，比如投入初期获得的现金流收入较少，设施成熟之后收入会显著增多，因此适合采取浮动利率发行。

5.3.2 利率空间设计

资产证券化涉及原始权益人、托管人、特殊目的机构、承销商、信用增级机构等，资产证券化的顺利进行和长远发展，需要每个部门都能从证券化过程中获取收益。下面以信贷资产证券化和企业应收款证券化为例，在简化相关条件的情况下设计证券化产品的利率空间。

1. 信贷资产证券化产品的利率空间

假设资产池由 n 个贷款组成，市场利率为 R，第 i 个抵押贷款的金额为 k_i，其贷款年利率为 R_i，则资产池贷款总额 $k=k_1+\cdots+k_n$，平均贷款利率为 $r_1=\sum_{i=1}^{n}R_i\frac{k_i}{k}$，此资产池持续期为 Y，则特设机构的收入的现值为

$$PV_1=\sum_{i=1}^{Y}\frac{kr_1}{(1+R)^i}+\frac{k}{(1+R)^Y} \qquad (1-1)$$

下面分析特殊目的机构的支出费用。假定特设机构设计的证券序列由 m 个证券组成，则证券序列融资总额应该等于 k，而且持续期也应该为 Y，发行利率为 r_2，则特设机构支付给投资者的本息的总现值为

$$PV_2=\sum_{i=1}^{Y}\frac{kr_2}{(1+R)^i}+\frac{k}{(1+R)^Y} \qquad (1-2)$$

同时设 c_1 为在证券化中一次性的支出费用率，c_2 为在证券化中每年平均需支出的费用率，则特设机构的费用支出的现值为

$$PV_3=\sum_{i=1}^{Y}\frac{kc_2}{(1+R)^i}+kc_1 \qquad (1-3)$$

若设 $M=\sum_{i=1}^{Y}\frac{k}{(1+R)^i}$，便可得特设机构的净收入 $L=PV_1-PV_2-PV_3$，则

$$L=kM(r_1-r_2-c_2)-kc_1 \qquad (1-4)$$

对于特殊机构来说，最低底线追求的是 $L\geqslant 0$，所以可以推导出

$$r_1-r_2\geqslant\frac{c_1}{M}+c_2,$$

$$即\ r_2\leqslant r_1-\frac{c_1}{M}-c_2 \qquad (1-5)$$

但是考虑到投资者的需求，r_2 应该大于一般银行存款利率 R_s 和普通国债利率 R_n，所以得出发行利率的空间为

$$\max(R_s,R_n)\leqslant r_2\leqslant r_1-\frac{c_1}{M}-c_2 \qquad (1-6)$$

2. 企业应收款证券化产品的利率空间

假设市场上无风险利率为 r_0（一般指同期的国债收益率），应收款支持证券的利率为 r_1，发行费用为 c_0，应收款为 Q，根据以往经验测算的坏账率为 q，应收款的风险为 $\lambda(0<\lambda<1)$，证券的期限为 T，面值为 P。

如果资产支持证券无风险，则投资者到期的预期收益为

$$V_1=P(1+r_1)^T \qquad (1-7)$$

如果资产支持证券存在风险 λ，则投资者到期的预期收益为

$$V_2=P(1+r_1)^T\cdot(1-\lambda) \qquad (1-8)$$

如果投资者投资无风险债券，则投资者到期的预期收益为

$$V_3=P(1+r_0)^T \qquad (1-9)$$

根据无套利原则，投资者不可能不承担风险而获得比无风险利率 r_0 更高的收益，

即 $V_2<V_3$。而如果资产支持证券无风险，则其账面到期收益应该比无风险利率高，即 $V_1>V_3$，因此可以得出

$$P(1+r_1)^T \cdot (1-\lambda)<P(1+r_0)^T<P(1+r_1)^T \tag{1-10}$$

整理得

$$r_0<r_1<r_0-\frac{\ln(1-r)}{T} \tag{1-11}$$

由于所发行证券的本息之和小于应收款减去基本坏账和证券化费用的余额，因此有

$$P(1+r_1)^T<Q-Q\cdot q-C_0 \tag{1-12}$$

整理得

$$r_1<\frac{\ln[Q(1-q)-C_0]-\ln P}{T} \tag{1-13}$$

所以只有当 $r_0-\frac{\ln(1-r)}{T}<\frac{\ln[Q(1-q)-C_0]-\ln P}{T}$ 时，式(1-11)才有意义。因为 $\frac{\ln[Q(1-q)-C_0]-\ln P}{T}$ 中的各个变量在发行证券之前就已确定，是一个定值，并且 $\frac{\ln[Q(1-q)-C_0]-\ln P}{T}$ 是原始权益人和 SPV 进行资产证券化的最大临界条件，所以就必须要求 $r_0-\frac{\ln(1-r)}{T}<\frac{\ln[Q(1-q)-C_0]-\ln P}{T}$。

由以上分析可以看出，企业应收款支持证券的利率空间为：

$$r_0<r_1<r_0-\frac{\ln(1-r)}{T} \tag{1-14}$$

式中，$r_1<\frac{\ln[Q(1-q)-C_0]-\ln P}{T}$，$T$ 和 P 可根据情况决定，当 λ 能正确测算时，便可根据上式确定企业应收款支持证券的利率范围。

以上是从资产证券化的一般流程出发，简要介绍了利率范围的计算。在具体的实施过程中，需要针对不同情况进行具体分析，并对相关风险进行准确的测量。综合考虑发起人、中介机构以及投资者的多方利益，制定合理的利率，保证各参与方均有利可图。并通过合理定价实现资产证券化产品应有的价值和竞争优势，保证其收益率不低于同期的存款利率和国债收益率，同时又不会过多地增加发行人的成本。在资产证券化的起步阶段，更要重点考虑投资者的利益，通过法律制度的完善，避免发行、交易程序的烦琐以及重复征税现象，并加强中介服务机构的市场化竞争以实现合理的中介收费，综合降低资产证券化的运作成本，扩大投资者的利润空间。

5.4 支付结构选择

发起人在向投资者发放债券前，对资产池的现金流处理方式和证券的支付结构是

不同的，主要有以下三种架构：过手架构、分层架构和切块架构。课题组对这三种架构进行了简单介绍，并提出适用于每种结构的基础资产。

1. 过手架构

(1)支付结构概述

过手架构是一种最简单的偿付结构。它的基本思路是指 SPV 在收到基础资产的现金流收入后，将其直接传递给投资者。采用这种结构可以有效地分散 SPV 持有基础资产所面临的风险，但对于投资者来说，基础资产的风险完全由他们承担。这种支付结构比较简单，不需要对基础资产产生的现金流进行例如重组、分拆等特别处理，所以操作简单，设计成本较低，但不能很好地满足不同风险偏好的投资者需要。

(2)适用的基础资产

基础设施收费：由于我国资产证券化产品还处于起步阶段，很重要的一点就是要向投资者推广质量较好、风险较低的产品，以此来吸引投资者的兴趣。采用过手架构的证券将风险全部交由投资者承担，所以课题组不建议在我国证券化市场尚未成熟的阶段选用该架构。待市场发展成熟后，在投资者对证券化产品有一定的认识，对高风险的证券化产品敢于尝试的情况下，再将较高固定利率和短期限的过手架构产品推向市场。目前，对于以基础设施收费为标的的证券化产品来说，由于发起人为政府或政府控股的大型基建企业，信用风险和违约风险小，所以课题组建议基础设施收费支持的证券化产品可以使用过手架构，以降低设计成本并易为投资者接受。

2. 分层架构

(1)支付结构概述

分层架构的处理方式是以一组抵押贷款为担保发行多组债券。各组债券的期限不同。现金流收入全部来自贷款产生的本息，中介机构在收到本息之后，依照各组债券相应的条款向投资者分配现金流。目前我国信贷类证券化产品大都属于分层架构，下面以建元一期的证券支付结构(表 1－7)为例介绍其操作原理。

表 1－7　建元一期的证券支付结构

资产支持证券	发行额占比	首个计息期间的票面利率	信用支持
A 组	88.5%	2.52%	11.5%由 B 级、C 级和次级证券提供
B 组	6.75%	3.12%	4.75%由 C 级和次级证券提供
C 组	1.75%	4.22%	3%由次级证券提供
Z 组(次级债券)	3.00%	NA	0%

资料来源：根据中国建设银行公开信息整理所得。

对于建元一期的贷款组合，中介机构将其设计成四组债券，分别是优先组(A 组、B 组、C 组)和 Z 组(次级债券)，所占比率分别是 88.5%、6.75%、1.75%和 3.00%，且前三组债券的票面利率依次增高，见表 5－2 所列。这四组债券的现金流均来自住房抵押贷款组合，当抵押贷款组合收到本金与利息并扣除服务费后，即配发利息给予 A、B、C 三组债券，如果还有剩余，则作为次级证券的收益。但是整组住宅抵押贷款的本金，包括应付本金与提前还本，都先拨付给 A 组。由于分层架构的处理方式是以整个贷款组合的本金收入来偿还A组的本金,因此A组很快就清偿完毕。B组与C组在A组被清偿之前只能收取利息,待A组得到清偿之后,B组立即接手领取整个贷款组合的本金收入。而C组依然只能领取利息,等到A、B两组都被清偿后,C组才开始领取本金。当三组优级债券本息都清偿完毕,再清偿次级债券的本息。另外,有的分层架构将A组、B组和C组债券的期限分别设计成短期、中期和长期债券,以满足投资者对于期限的不同需要。除了期限不同,对于这三组债券来说,A组债券的提前偿还风险最大,但是由于有B组和C组债券作为保护,因此信用风险最小;C组债券提前偿还风险最小,但是承受的信用风险最大;B组债券的提前偿还风险和信用风险则处于这两组债券之间。

企业应收款虽然不属于信贷资产,但是也可以采用分层架构的方式。因为对于企业应收款支持证券来说,只不过是没有利息的支付,我们可以将不同信用级别的应收款进行分组,以低级别的应收款支持证券担保上一个级别的证券,这里不再赘述。

(2)适用的基础资产

① 住房抵押贷款:目前我国的住房抵押贷款大多为10～20年,考虑到投资者的心理预期变化和利率变动,可以采用分层架构,将期限组合分为1～3年、3～5年、5～10年这三类"常规"到期债券和"剩余"类债券。时间划分得比较短,一方面利率风险相对较小,投资者比较容易接受;另一方面,利率可以设计得较低,从而降低融资成本。

② 企业类贷款:企业类贷款包括地方政府融资贷款,其发起人可以将企业类贷款按照贷款企业的信用、期限的差异进行现金流的重组,采用分层架构的方式进行偿付。

③ 企业应收款:发起人收到不同类型的应收款,可以先对应收款进行信用评级,然后按照评级结果分成若干组,利用分层架构原理进行现金流重组及证券偿付。

3. 切块架构

(1)支付结构概述

与分层架构不同,切块架构的处理方式对现金流收入的分配不是按比例进行的。最典型的一种切块架构是直接将住房抵押贷款支持证券应收的本息切割成两部分,设计成纯本金组债券(Principal Only,PO)与纯利息组债券(Interest Only,IO)。购买PO的投资者可以得到该抵押贷款支持证券的本金部分,购买IO的投资者可以得到该抵押贷款支持证券的利息部分。PO的投资者希望尽早收到购买的本金,其能实现的收益率取决于提前偿还的速度,提前偿还的速度越快,投资者的收益率就越高;IO的投资者则希望得到更多的利息收入,本金如果偿还完毕,就无法收到利息了,因此与PO的投资者相反,IO的投资者希望提前偿还速度越慢越好。由于IO的投资者获得的利息只来源于未偿还的本金,当发生提前偿还时,投资者所获得的利息会减少,因此在某种极端情况下,如果提前偿还进行得过快,IO的投资者甚至有可能无法收回购买IO所支付的成本。

在实行固定利率和浮动利率的情况下,IO和PO曲线的波动趋势是不一样的。只有在实行固定利率的情况下,购买IO－PO证券才能起到对冲风险的作用。例如在美国绝大多数的住房抵押贷款是按照固定利率发行的,当市场利率下降时,抵押贷款人倾向于提前偿还。这对于PO的投资者有利,因为PO的购买者可以提前获得投资回报;当市场利率上升时,提前偿还速度放慢,对于IO的投资者有利,因为提前偿还的速度减慢后，购买IO者可以在较长的时间内享受利息收入。由于PO与IO是从住房抵押贷款转付证券中切割出来的产品，因此其价值之和应该等于该住房抵押贷款转付证券的总价值，所以投资者可以利用PO与IO进行避险。然而目前我国住房抵押贷款实行的是浮动利率，当利率下降时，并不会出现债务人提前偿还行为的增加；相反利率升高时，才会出现提前偿还情况。所以IO曲线在没发生降息之前和一般债券的曲线斜率相近。而利率上升时，债券下降的幅度将大大超过一般债券，不仅起不到和一般债券对冲风险的作用，反而加大了风险。所以在实行浮动利率的情况下，理性投资者不会选择购买IO债券。

(2)适用的基础资产

实行固定利率的信贷资产：优质的固定利率企业贷款。未来在我国实行固定利率房贷的情况下，也可选用这种支付结构。

5.5 产品结构设计表

综合以上产品结构各要素的比较分析，课题组将优先发展的几类基础资产适用的证券化结构归纳如下，见表1-8所列。

表1-8 产品结构设计表

基础资产	会计处理方式	SPV组织形式	风险隔离	内部增级	外部增级	利率设计	支付结构
住房抵押贷款	表内	不设立SPV	担保融资	优先/次级结构储备金账户	保险/信用证/现金担保账户	浮动利率	分层架构
优质企业贷款	表外	主信托SPT	信托财产独立性	优先/次级结构利差账户	担保公司/金融机构担保	浮动利率（期限较短的优先级可采用固定利率）	浮动利率：分层架构 固定利率：切块架构
地方政府融资贷款	表外	政府出资设立SPC	真实销售	优先/次级结构直接追索权	专业机构担保/未来可实现政府担保	浮动利率	分层架构
基础设施收费	表外	政府出资设立SPC	真实销售	优先/次级结构储备金账户	担保公司/金融机构担保	浮动利率	过手架构
企业应收款	表外	跨国SPC/主信托SPT	真实销售/信托财产独立性	无	第三方担保	浮动利率（期限短且风险低的可采用固定利率）	分层架构

第6章　资产证券化产品发展保障措施

6.1　完善法律制度

6.1.1　简化资产转让手续

由于我国地域广，并且人口分布差异大，因此如果要求发起人在转让债权时必须通知所有的债务人，就意味着要增加一笔庞大的开支，这将大大增加资产证券化的成本费用，不利于资产证券化产品的推行。为了解决这个问题，很多国家都开始采用登记的方式。美国采取的就是登记的方式，即债权的转让无须经过债务人同意，也无须通知债务人，只要在相关机构进行登记即可。而我国在资产管理公司处理不良资产时也采用类似的做法。因此，为了便于债权转让操作，可以在指定的公开出版物或其他媒介上公布债权转让，代替目前的通知要求。

6.1.2　明确真实销售条件

对资产是否真实出售的判断不能仅仅依靠会计标准，还要为其提供法律依据。在资产证券化发展初期，就应当通过法律形式明确资产“真实销售”的条件，包括当事人对资产转让的意图，资产价格、资产权益转移的情况，对发起人的追索权，各种资产的赎回权，发起人剩余利润的抽取，发起人充当服务人管理资产等方面。这样既规范了资产证券化的操作，也使得发起人有明确的表外融资操作依据。

6.1.3 规范监管协调会议制度

在目前情况下，金融行业直接由分业监管转变为混业监管不太现实，为应对资产证券化这样的金融创新给监管带来的冲击，可以考虑维持在中国人民银行、证监会、原银监会和原保监会的监管体制下的协调会议制度。由于各监管主体处于平行地位关系，并且对跨领域、跨行业的问题认识不一致，使得监管协调会议的决策效力不够，不能取得实际的监管效果。因此需要对会议制度从以下几个方面进行完善：①明确会议地位，由国务院下发文件，规定要求各个金融监管部门召开会议；②提升会议层次，由国务院领导出席会议，并要求中国人民银行、证监会、原银监会、原保监会及相关的金融监管部门共同参加会议；③制定会议的组织制度、议事程序和议事规则，设立会议常设机构来组织会议的定期召开；④设立人员交流制度，如高级干部的流动任职制度和不同层次的定期协商会议制度。这样的改革成本低，阻力小，易于实现，而且不需要重新建立一个组织机构，大大降低了行政成本。

6.1.4　完善信息披露制度

目前我国对信息披露制度的规定都是沿袭传统思路，没有反映资产证券化交易自身的特点，因此应尽快建立适合我国资产证券化发展的信息披露制度。在资产证券化的发展过程中，应该借鉴巴塞尔委员会有关资产证券化信息披露的规定，重点在以下几方面进行信息披露：资产池的组成情况及替代资产的条件、转移资产后保留权益的情况、证券化结构的特点、所有证券化参与方的情况、证券化所获得的信用增级、流动性便利以及证券所获得的信用等级、引发提前偿付证券权益的条件等。

6.2 优化市场结构

6.2.1 协调发展债券市场与股票市场

相比于我国的股票市场，债券市场发展缓慢。为了促进资产证券化产品的健康发展，应该大力发展债券市场。首先，要丰富债券市场的产品种类，推出不同风险、收益水平和不同期限的债券品种，不仅为投资者提供多种选择，还为金融创新产品的定价奠定基础。其次，要结合当前的宏观调控，优化企业资本结构对企业债券市场的发展要求，协调发展国债市场与企业债市场，形成具备一定深度和广度的债券市场。最后，完善债券市场的发行与交易机制，提高市场的效率，增加二级市场的流动性。

6.2.2 建立资产证券化产品交易平台

随着资产证券化产品的不断创新、品种的不断增多，未来应逐渐建立起专门的资产证券化产品交易平台，使证券化产品能在银行间市场、交易所市场和场外市场(OTC)进行统一的交易和转让。

首先，根据资产证券化产品的标准化程度和特点，发展多样化服务模式的交易平台，满足不同产品的交易需求；其次，通过设置专门的固定收益证券电子交易系统，既可以为资产证券化产品提供透明、高效的交易服务，也可以为投资者提供专业的投资理财服务；最后，市场组织者在构建交易服务平台过程中，应将交易产品的信用等级作为交易系统的重要参数，推动信用评级等相关机构职能的发展，并在交易监管中将定期的信用评级报告作为提供交易服务的重要条件，充分保障投资者的权益。

6.2.3 规范发展金融中介机构

资产证券化产品是一种信用类债券，因此对证券化资产进行信用评级是必不可少的。但是目前我国的证券评级业运作很不规范，信用评估不深入，评级透明度不高，没有一个统一的评估标准。而且很多评级机构都与政府、企业、银行、证券公司等有着密切联系，因此很难做到独立、公正地评估。同时，为了吸引更多的投资者并降低发行成本，SPV还需要对整个证券化交易进行信用增级。金融担保是提高证券信用级别的一个有效方式，但是目前我国的担保机构也很缺乏金融担保并且业务水平较低，所以应该加大监管力度，规范发展担保与评级等金融中介服务机构。

6.2.4 培育成熟的机构投资者

需求是资产证券化能否顺利进行的一个决定性因素。从发达国家的资产证券化产品发展来看,机构投资者是证券市场的主要参与者,更是资产证券化产品主要的需求力量。而目前我国机构投资者的情况却不容乐观:不仅自身的规模不够壮大,而且有一部分机构投资者对资产支持证券的投资受到了法律的严格限制,并且机构投资者自身参与金融创新产品的专业水平也有待提升。由于缺少机构投资者的有效参与,资产证券化产品的市场需求严重不足。国家应逐步放开对机构投资者的准入限制,并且重点培育成熟、理性的机构投资者,使机构投资者逐步成为我国证券市场的主要支撑力量。

6.3 政府政策推进

6.3.1 优化税收体系

我国资产证券化产品发展过程中实行的税收政策,总体上满足了证券化试点的需要,也为下一步有关税收制度的建设奠定了基础。但是由于资产证券化在我国仍然是一项创新金融业务,相关的税收政策还需要在实践中探索,进一步调整和完善。对此,我们有以下几点建议:

1. 坚持税收中性的原则,避免重复征税

资产证券化作为一项复杂的交易结构,涉及多个参与主体,经过多环节的周转,因此,税制安排应尽量避免重复征税。虽然目前的规定基本上体现了税收中性的原则,但营业税还存在一定程度的重复征收,应该进行调整。

2. 把资产证券化的税收政策纳入整个税收制度之内

税收制度是一个完整的体系,资产证券化的税收政策作为整个税收制度的组成部分,应与整个税收制度相互协调,以获得良好的整体效应。比如资产证券化税制应该与信托税制、涉外税制等相协调。

3. 进一步完善资产证券化相关的税收制度

具体而言主要有以下几点:①明确规定 SPV 采取的形式和税收性质。政府可规定 SPV 无须缴纳实体水平的所得税,以避免双重税收。②减轻资产转移过程中的税收负担。政府有必要对发起人转移资产提供税收优惠,如免征营业税和印花税,规定资产转移过程中发生的损失可从应税收入中扣除等。③对投资者投资资产支持证券提供税收优惠。如政府可以规定投资者投资资产支持证券可暂时享受和投资国债相同的税收待遇,即免征印花税和交易所得税,以刺激投资者对资产支持证券的需求。④在预提税方面,政府可以采取的最好办法是和有关国家签订避免双重税收的条约;政府还可以直接为证券化当事人提供税收优惠,即规定豁免证券化交易过程中的预提税。这两种做法都是为了降低证券化海外融资的成本。

总之,政府积极主动地参与税收制度安排的创新,可减少证券化过程中存在的不确定性,降低社会成本,增强金融体系的稳定性。

6.3.2 政府提供信用担保

西方发达国家和地区开展的资产证券化,都离不开政府的大力支持,其中很重要的一个原因就是政府以其信用为资产支持证券提供担保。政府提供信用担保是我国资产证券化产品发展中不可或缺的一种外部增级方式，尤其是在发展的起步阶段，政府更应该发挥强有力的信用担保功能。但是目前我国政府提供信用担保受到了法律限制，因此首先应对现行法律进行修订，允许政府为证券化资产提供信用担保，并从以下几方面发挥其职能：

1. 以自身信用提供担保

由于基础设施项目的投资资金庞大、回收期长，项目实施存在诸多风险因素，因此对于以基础设施收费和地方政府融资贷款为标的的证券化，政府应该以自身信用为其提供担保，以高标准的信用吸引非政府投资者参与其中。同时，还可以起到减少增级费用、降低运作成本的作用，大大提高了证券化的效率。

2. 发起设立全国性抵押债券公司

在美国、加拿大和我国香港地区，住房抵押贷款证券化都是由政府发起设立的公司推动进行的。政府发起设立的公司信用等级高、实力强，是一般金融公司的信用等级和资金实力所无法比拟的。这样不仅可以降低发行抵押贷款证券的成本，还可以使住房抵押贷款更适合进行证券化，因为全国性抵押债券公司的贷款组合被扩大到全国，避免了贷款组合收入的现金流受到区域经济的影响。当商业银行资金短缺时，抵押债券公司购买银行的贷款，从而缓解住房资金不足的状况和降低银行的流动性风险；当银行资金充裕时，抵押债券公司就反向操作，这正体现了政府对住房抵押贷款证券化的参与和扶持。

3. 促进国内外担保机构开展合作

政府出面促成国内外担保机构开展合作，不仅为资产证券化提供了更有效的外部增级方式，还可以在合作的过程中积累操作经验，为提高我国担保中介机构的服务水平提供借鉴。

参考文献

[1] 尹龙．资产证券化：动力、约束与制度安排[J]. 金融研究，1999(2)：59－64.
[2] 肖世优．西方银行业的资产证券化及其影响[J]. 金融与经济，1992(4)：46－48＋1.
[3] 杨郁青．资产证券化是作为银行实施资产负债管理的一种策略[J]. 国际金融研究，1993(8)：16－18.
[4] 马宁．资产证券化的一颗明珠[J]. 证券市场导报，1995(3)：51－52.
[5] 黄育华．我国推行资产证券化的战略研究[D]. 北京：中国社会科学院大学，2000.
[6] 沈沛．资产证券化的国际运作[M]. 北京：中国金融出版社，2000.
[7] 李曜．资产证券化：基本理论与案例分析[M]. 上海：上海财经大学出版社，2001.
[8] 吴翔江．实施我国银行资产证券化的理性分析与现实选择[J]. 金融研究，2001(5)：71－76.
[9] 朱崇实，赖继红．证券化的若干基本问题[J]. 现代法学，2001(5)：117－123.
[10] 王光友．论我国 SPV 的设立模式[J]. 国际金融研究，2001(12)：47－51.
[11] 何小锋．资本证券化：中国的模式[M]. 北京：北京大学出版社，2002.
[12] 何小锋，黄嵩，刘秦．资本市场运作教程[M]. 北京：中国发展出版社，2002.
[13] 于凤坤．资本证券化：理论与实务[M]. 北京：北京大学出版社，2002.

[14] 施方．可调利率住房抵押贷款证券化研究[J]. 外国经济与管理,2003(5):36-39.
[15] 陈裘逸,张保华．资产证券化定义和模式的检讨——以真实出售为中心[J]. 金融研究,2003(10):53-62.
[16] 杨玉明．资产证券化理论的新进展[J]. 经济理论与经济管理,2003(10):70-74.
[17] 谭政勋,姜丽群．资产证券化的收益分析与优化决策[J]. 统计与决策,2003(12):17-18.
[18] 洪艳蓉．资产证券化法律问题研究[M]. 北京:北京大学出版社,2004.
[19] 艾毓斌．国内资产证券化运作模式研究[D]. 武汉:华中科技大学,2004.
[20] 高保中．中国资产证券化的制度分析[M]. 北京:社会科学文献出版社,2004.
[21] 邢宏波,陈向东．美日资产证券化制度比较及借鉴[J]. 经济论坛,2004(8):117-118.
[22] 马达．我国住房抵押贷款证券化的路径选择[J]. 中央财经大学学报,2004(11):40-42.
[23] 李平．对资产证券化信用问题的研究[J]. 现代管理科学,2004(12):108-109.
[24] 吴群．资产证券化与证券化会计[M]. 北京:经济管理出版社,2005.
[25] 王志诚．金融资产证券化:立法原理与比较法制[M]. 北京:北京大学出版社,2005.
[26] 何小峰,韩广智．资本市场理论与运作[M]. 北京:中国发展出版社,2005.
[27] 谭中明．社会信用管理体系:理论、模式、体制与机制[M]. 合肥:中国科学技术大学出版社,2005.
[28] 法博齐．固定收益证券手册[M]. 北京:中国人民大学出版社,2005.
[29] 吴晶妹．从我国信用交易水平看资信评估发展[J]. 金融研究,2005(2):59-68.
[30] 周天芸．利率风险与资产证券化的拆息证券设计[J]. 山西财经大学学报,2005(5):114-116.
[31] 李文泓．资产证券化的资本充足率框架及其对我国的启示[J]. 金融研究,2005(8):99-111.
[32] 慕刘伟,张晓怡．资本约束条件下中国银行业证券化资产的选择[J]. 金融研究,2005(12):107-117.
[33] 戴维森．资产证券化:构建和投资分析[M]. 北京:中国人民大学出版社,2006.
[34] 古川令志,张明．资产证券化手册[M]. 北京:中国金融出版社,2006.
[35] 刘少波,张霖．金融创新中的信用增级及其定价问题——以资产证券化为例[J]. 金融研究,2006(3):131-137.
[36] 李大鹏．住房抵押贷款证券化的证券品种设计研究[J]. 金融教学与研究,2006(4):26-28.
[37] 汪思冰．我国不良资产证券化信用增级方法研究[J]. 经济论坛,2006(4):45-46.
[38] 付敏．我国资产证券化问题讨论综述[J]. 经济理论与经济管理,2006(4):75-79.
[39] 沈炳熙．资产证券化与金融改革[J]. 金融研究,2006(9):104-117.
[40] 郭颖真．资产证券化下税收问题的比较研究[J]. 特区经济,2006(11):106-107.
[41] 张泽平．资产证券化法律制度的比较与借鉴[M]. 北京:法律出版社,2008.
[42] 王琳．浅析我国资产证券化融资中信用增级方式的选择[J]. 科协论坛(下半月),2008(10):112.
[43] 沈炳熙．资产证券化中国的实践[M]. 北京:北京大学出版社,2009.
[44] 何韵．中国资产证券化问题研究[D]. 成都:西南财经大学,2010.
[45] 高峦,刘忠燕．资本证券化研究[M]. 天津:天津大学出版社,2009.
[46] 梁志锋．资产证券化的风险管理:中国的模式[M]. 北京:经济管理出版社,2009.
[47] 王莹．由美国经验审视我国资产证券化市场的发展之路[J]. 华北金融,2009(4):33-35.
[48] 王春峰,曲万成．资产证券化的税收问题与税收政策[J]. 西安电子科技大学学报(社会科学版),2009,19(5):111-114.
[49] 宣昌能,王信．金融创新与金融稳定:欧美资产证券化模式的比较分析[J]. 金融研究,2009(5):35-46.

[50] 丁童．资产证券化中的信用增级[J]. 企业改革与管理，2009(6)：11－12.
[51] 孔小伟．资产证券化与中国的金融发展[J]. 南方金融，2010(1)：60－62.
[52] 赵旭．日韩资产证券化发展的经验与借鉴[J]. 亚太经济，2010(4)：72－76.
[53] 李海洪．资产证券化主要环节的中外比较分析[J]. 财会研究，2010(6)：74－75.
[54] 尹音频，辜红帆．我国资产证券化税制评析与重构[J]. 税务研究，2010(6)：45－48.
[55] 张长全，杨红伟，贾将贤．我国资产证券化信用增级模式研究[J]. 学术界，2010(7)：66－74＋286.
[56] 孔小伟．基准利率、国债市场与资产证券化发展分析[J]. 商业时代，2010(19)：61－62.
[57] 洪艳蓉．重启资产证券化与我国的发展路径[J]. 证券市场导报，2011(9)：4－13＋23.
[58] Lynn M, LoPucki. The Essential Structure of Judgment Proofing. 1998, 51(1): 147－160.
[59] SIEMANS C F. Asset-Backed Securitization in Singapore: Value of Embedded Buy－Back Options, Journal of Real Estate Finance and Economics, 27; 2, 173－189.
[60] Green, Christopher J. Understanding Financial Markets[J]. Managerial Finance, 1990, 16(6): 1－14.
[61] Paul Joshi J, Swertloff L. A User's Guide to Interest Rate Models: Applications for Structured Finance[J]. Journal of Risk Finance, 1999, 1(1): 106－114.
[62] Seow－Eng Ong, Joseph Ooi, Tien Foo Sing. Asset Securitization in Singapore: A Tale of Three Vehicles[J]. Real Estate Finance, 2000(summer): 47－56.
[63] Cox S H, Fairchild J R, Pedersen H W. Economic Aspects of Securitization of Risk[J]. Astin Bulletin, 2000, 30(1): 157－193.
[64] Gaétan de Rassenfosse. How SMEs Exploit Their Intellectual Property Assets: Evidence From Survey Data[J]. Small Business Economics, 2012, 39(2): 437－452.
[65] Hideki Kanda. Securitization In Japan[J]. Duke Journal of Comparative & International Law, 1998(8): 359－380.
[66] Fan G Z, Ong S E, Sing T F. Moral Hazard, Effort Sensitivity and Compensation in Asset-Backed Securitization[J]. The Journal of Real Estate Finance and Economics, 2006, 32(3): 229－251.
[67] Fan G Z, Sing T F, Ong S E, et al. Governance and Optimal Financing For Asset-backed Securitization[J]. Journal of Property Investment and Finance, 2004, 22(5): 414－434.
[68] Janger, Edward J. Muddy Rules For Securitizations. [J]. Fordham Journal of Corporate & Financial Law, 2002, 7(2): 301－301.
[69] Richard Cantor R, Rouyer S, Another Perspective on Credit Risk Transfer and Asset Securitization[J]. Journal of Risk Finance, 2000, 1(2): 37－47.
[70] Elul R. The Economics of Asset Securitization[J]. Business Review, 2005(Q3): 16－25.
[71] Arner, Douglas. Emerging Market Economies And Government Promotion Of Securitization [J]. Duke Journal of Comparative & International Law, 2002(12): 505－519.

专题二

财富管理产品评价方法与体系研究①

摘　　要

随着中国家庭财富总值的不断上升、居民投资意识的增强以及通货膨胀带来的财富贬值压力,国内居民对财富管理的需求不断上升。2007 年以来财富管理市场得到迅猛发展,相关业务突破了单一化发展瓶颈,一体化的财富管理综合业务平台发展趋势不断显现。

与财富管理业务的高速发展相适应,财富管理产品的评价方法与体系也在各发行主体内部初步形成。国内各大券商、信托公司和大型商业银行借鉴国际著名评级机构所采用的指标相继构建了针对其主营财富管理产品的评价体系,学者们也根据我国国情对财富管理产品的评价方法与体系进行了多方面的探索,但由于相关研究大多是针对具体问题提出相应的解决方案,对于系统建立专业评价体系仍缺乏足够的理论依据和实践支撑。课题组针对我国财富管理产品的发展现状和主要特征,借鉴了部分发达国家的经验,提出了一套具有科学性和可操作性的评价方法体系。其主要研究内容如下:

首先,对财富管理产品概念进行了界定。认为财富管理产品是金融机构在分析客户自身财务状况的基础上,充分分析客户的金融需求和风险偏好,为客户制定财富管理目标,提供资产配置方案,从而实现客户未来预期财富规划目标的一种金融服务。

其次,分析了我国财富管理产品的现状和特征,探讨了财富管理产品评价的关键因素。在按发行主体进行产品分类后,通过对各类产品投资范围和发展状况的整理归纳,提炼出各类产品的主要特征。在借鉴国内外现有财富管理产品评价模式的基础上,构建了适应我国财富管理产品的评价体系,从收益、风险两方面逐一归纳出模型的评价方法,依托评价因素分析中所归纳出的关键要素和主要问题点,构建了一系列的评价指标。在选取指标的过程中,经过一些初步测算以及各指标之间的相关性分析,

① 上海证券交易所联合研究计划项目(2013QTXM0318)
课题组:合肥工业大学证券期货研究所　国元证券股份有限公司
课题主持人:姚禄仕　蔡　咏
课题协调人:上海证券交易所　王振华
课题组成员:王建文　唐运舒　王丽娜　潘立生　杨模荣　吕　海　赖海峰
陈　琦　鹿　叶　张　洁　陈雨虹　孙东梅　王雅璐　徐兴旺　童宣群

进行了指标的重新归类和调整处理，最终确定了评价的五个重要风险因素和与指标相应的计算方法，它们分别是市场风险、管理风险、流动性风险、信用风险和购买力风险。

最后，构建了风险影响下的收益波动模型和以 APT 模型为基础的财富管理产品评价体系。通过新指标 RUP 来衡量各财富管理产品的收益保证程度以及风险溢价和模型系数的计算，进而运用算例进行检验，证实了这两类评价方法适应于对我国财富管理产品的系统评价。

特别提出的是，课题组在研究过程中发现基于现实产品的各类风险评估过于复杂，且各自之间存在一定的关联度，会对最终结果形成一定的误差。因此后续研究中应该持续关注并不断完善评价指标的选取，确保各类风险溢价相互独立。本研究为构建成熟、有效的财富管理产品评价方法与体系提供了坚实的理论基础，对我国财富管理产品的规范发展及系统评价具有重要的智力支持意义。

第1章 绪 论

1.1 研究背景及意义

国外财富管理最早起源于瑞士的私人银行，私人银行家为国际客户提供货币兑换、资金转移、资产管理和票据贴现等业务。二战后，私人银行业务得到快速扩张，法国、英国发展得最快。20 世纪 30 年代，美国的财富管理业务开始崭露头角，最早为保险公司所用，主要内容为投资规划等。20 世纪 80 年代后，美国财富管理业务融合了资产管理、负债管理、现金流管理和投资顾问服务。20 世纪 90 年代中后期，财富管理成为银行增加收入的重要支柱。在 2008 年金融危机爆发前，美国的私人银行服务年平均利润最高能达到 35%。相比于国外，国内的财富管理发展时间相对短暂。富裕阶层的兴起给中国财富管理市场提供了巨大的空间。据中国人民银行统计，2007 年我国城乡居民人民币储蓄存款为 17.25 万亿元，到 2013 年该数字已攀升至 100.91 万亿元。瑞信研究院(Credit Suisse Research Institute)在 2010 年 10 月 8 日发表的首份《全球财富报告》中指出："中国的家庭财富总值共达 16.5 万亿美元，已成为全球第三大财富来源地。2015 年，中国的家庭财富总值将会由现有水平增长 111%，至 35 万亿美元。"这预示着中国财富管理市场的"蛋糕"正在逐渐被做大。在通货膨胀和财富累积的双重压力下，国内居民的财富管理需求与日俱增，各类保值增值的创新产品受到市场追捧。越来越多的人希望获得融资方面的服务，同时对于如子女教育、海外资产配置规划、医疗健康服务等财富管理增值服务的需求逐步显现。总而言之，财富管理并不是一项单一的业务种类，而是要成为承载各项业务的综合平台，核心在于满足客户对财富管理日益增长的需求。

在当前财富管理市场中，财富管理产品的发行商主要包括银行、基金公司、信托公司和证券公司等。其中，银行和信托公司的财富管理产品类型品种相对较多，而基金公司与证券公司的财富管理产品品种相对较少，类型也较单一。与信托业进行对比，2012 年第二季度末，信托业信托资产规模达到 5.54 万亿元，而同期的券商集合理财产品仅 300 多只，资产规模仅 1358.7 亿元。面对国内金融机构提供的理财服务仍以产品销售为主导，产品创新能力弱、缺少特色、服务无差异化等问题，发展更为专业、完善和便捷的一站式金融理财服务成为迫在眉睫的任务。近年来，光大证券、方正证券、中国农业银行、平安银行等金融机构为抢占内地财富管理市场，纷纷推出一站式金融超市概念服务来更好地满足客户需求。未来一站式金融超市可以作为一体化的财富管理综合业务平台，其发展前景不可估量。因此提供一站式的金融服务，打造资本市场的大超市是当前发展财富管理业务的关键，而为一站式金融超市量身打造一套实用的评价方法与体系更是其中重要的一环。

目前，国内外市场上存在的评价方法和指标体系大多是针对某一类金融产品的，例如银行理财产品、基金产品、信托产品等。国外学者对这些金融产品评价方法和体系的研究已经趋于完善，尤其是基金产品的评价体系非常发达，标准普尔、晨星、理格等都是声名卓越的独立评价机构。国内学者对我国市场上财富管理产品的研究大多是在国外学者的相关理论和方法模型的基础上，通过多层次分析和多因素分析等方法，运用风险调整收益模型、T－M 模型、H－M 模型等对我国财富管理产品进行一些实证研究，取得了一定的成果。另外，国泰君安、中信证券等机构也纷纷建立了属于自己的评价体系。尽管如此，我国对财富管理产品评价方法与体系的研究仍旧处在起步阶段，不够成熟，不仅不能够满足缺乏金融知识的投资人群选择财富产品时的指导需求，也不利于发行商根据客户的差异需求有效地评估财富产品。

1.2 财富管理产品的概念

财富管理（Wealth Management）是一个很宽泛的概念。因国外混业经营的背景，财富管理业务在国外通常指私人银行业务。Lvn Bicker（2002）把私人银行定义为："私人银行是为拥有高额净财富的个人提供财富管理、维护的服务，并提供投资服务与商品，以满足个人的需求。"Steven M. Butters（2007）则指出在亚太地区，财富管理业务逐渐向中产阶级延伸，财富管理概念也在向终生的个人财务规划管理延伸。鲁轶（2007）指出，在美国，财富管理是指为可投资资产 100 万美元以上的个人提供资产的保险、增值、避税、继承等个性化服务，并认为财富管理和私人银行基本上是可以相互替代的两种提法。李昕（2009）认为所谓财富管理业务，其实是整合了私人银行业、资产管理与证券经纪等业务，以客户为中心，围绕客户的一生的生活中各个方面展开规划。赵延鸿、马昀（2012）认为财富管理一般指为拥有较高可投资资产的高净值个人和家庭提供的金融服务，包括对客户的资产和债务的管理。其中资产管理服务是其主要特征，但财富管理更着重强调对财富积累、保值、强化和转移等方面的建议。

大多数财富管理市场在初期都是向一般客户推介产品的商业模式，逐步过渡到向高端客户提供整体性、个体性的服务。财富管理的发展在很大程度上取决于当地市场与产品的成熟度、可选择的金融工具等因素，财富管理产品是财富管理业务竞争的战略武器。翟琼（2008）指出，财富管理产品是由客户经理为客户提供一对一服务，根据客户的金融需求和风险态度，为客户量身定制的符合客户个性化需求的金融服务和产品，提供整套的金融解决方案。朱小川（2010）认为财富管理产品是一种具有投资和风险双重特性的增值服务，其投资范围限于指定的金融工具市场，财富管理产品包括但不限于银行理财计划、集合信托计划、证券投资基金、投资性寿险合同、集合理财计划等具体形式。陆敏（2012）认为理财产品是将客户关系管理、投资组合管理、资金管理等融合在一起，向客户提供的综合化、个性化的服务产品。

课题组综合对比国内外学者对于财富管理产品的概念后，认为：财富管理产品是金融机构在分析客户自身财务状况的基础上，充分分析客户的金融需求和风险偏好，为客户制定财富管理目标，提供资产配置方案，从而实现客户未来预期财富规划目标的一种金融服务产品。

1.3 构建财富管理产品评价方法与指标体系的必要性

随着财富管理业务的发展,财富管理产品种类越来越多,纷繁多样的财富管理产品给投资者提供了多样化的选择,同时也使投资者陷入艰难的抉择之中。如何构建一套统一的指标体系和模型方法用以科学地评估这些财富管理产品的收益和风险,无论是对于投资者选择合适的财富管理产品,还是对于金融机构设计和销售合适的理财产品,以至于对建立基于"公平、公开、公正"原则的财富管理市场纪律,都具有至关重要的作用。

1.3.1 国民财富迅速积累,财富管理市场亟待发展

近十几年来,随着人们投资理财意识的提高、城镇居民理财观念的巨大改变、生活水平的持续提高、个人和家庭可支配收入以及财富规模的迅速增长,居民纷纷选择投资银行理财产品、基金、股票等投资方式,打破了储蓄、保险理财的单一格局。特别是经历 2008 年金融危机后,资本市场、外汇、大宗商品价格经常急剧变化,如何管理好自己的财富成为投资者的迫切需求,居民理财的生机和活力开始集中爆发出来。根据西南财经大学公布的《中国家庭金融调查报告》,截至 2011 年 8 月,中国家庭资产平均已达到 121.69 万元,其中城市家庭资产平均为 247.60 万元,农村家庭资产平均为 37.70 万元。在家庭金融资产中,银行存款所占比例最高,为 57.75%;现金其次,为 17.93%;股票为 15.45%;基金为 4.09%;银行理财产品为 2.43%;债券为 1.08%;非人民币资产、黄金及衍生品占比均不超过 1%。家庭金融资产配置如图 2-1 所示。

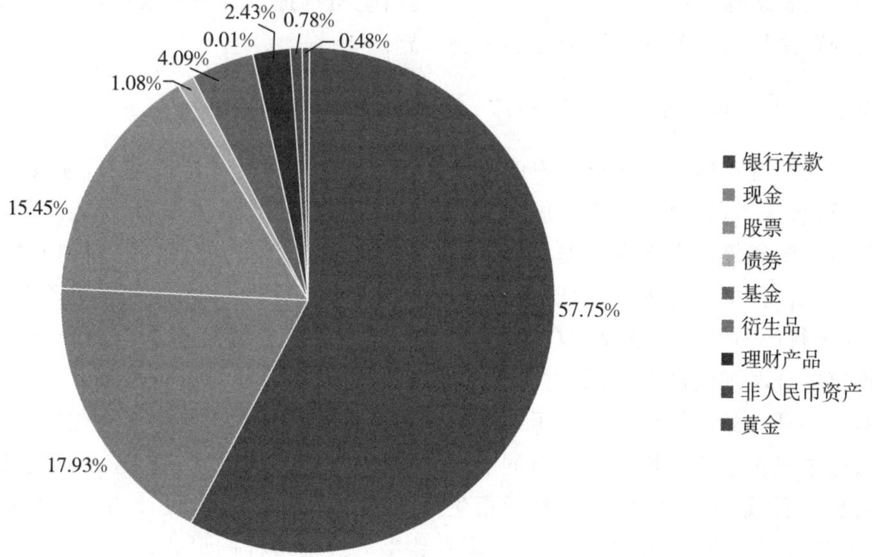

图 2-1 家庭金融资产配置

数据来源:《中国家庭金融调查报告》。

从我国居民家庭金融资产配置比率中可以看出,居民个人理财形式已从单一银行

存款资产形式转变为股票、基金、债券以及各类理财产品等多元化金融资产组合，为满足市场对财富管理的迫切需求，财富管理市场亟待发展，我国金融市场上各类金融机构的理财业务正在国民财富迅速积累、居民理财意识增强的大环境下产生、发展和壮大，各大银行、保险公司、基金公司、信托公司纷纷推出自己的理财产品。但其发展仍受到很多因素的制约，其中一个重要因素就是缺乏一套针对财富管理产品的全面、客观、合理的评价方法和体系，这造成财富管理产品购买者在制订理财计划和挑选产品时有一定的盲目性，政府监管机构不能准确了解各种财富管理产品的收益风险状况，不利于我国财富管理市场的持续健康发展。

1.3.2 财富管理产品推陈出新，评价方法与体系发展滞后

金融创新不断促进着财富管理产品的推陈出新，改变过去产品过于单一、业务高度同质化的现象。在当前财富管理产品中，既有有形的全权委托类金融产品，也有众多无形的金融专业服务类业务，比如投资资讯、咨询服务、理财规划、投行服务等。财富管理产品提供者为满足投资者多元化的需求，在产品的设计和引进中，深入研究客户的投资目的与投资偏好，更加注重产品与客户细分的对应，基于投资门槛、风险、收益、流动性和投资范围等指标构建多品种、多层次、多系列的金融产品库供客户选择。

但是，目前金融市场上的评价方法和指标体系都是只针对某一种或某一类型的金融产品，例如基金、信托、券商集合理财产品等，这远远不能满足财富管理产品综合性与多样性发展的需求，迫切需要一套具有前瞻性、适用范围广、实际操作性强的财富管理产品评价方法与指标体系。并且随着财富管理产品数量的增多、产品类型的推陈出新，以及投资者需求的个性化，如何准确评价财富管理产品的收益状况、风险水平，更好地为投资者量身定做一套财富管理计划，为监管机构提供合理有效的监管指标与数据已成为理论界与实务界共同关注的重要课题。

1.3.3 财富管理业务涉及范围广，产品设计结构复杂

财富管理旨在满足高净值客户的财产保值、增值等一系列管理需求，涉及的业务范围广泛，包含了资源配置、投资规划、金融管理、税收规划、退休规划、保险规划、地产规划和风险管理等多个方面。据可查资料，国内优秀的第三方财富管理机构，如诺亚财富、宜信财富、中天嘉华、展恒财富、利得财富的产品包括资本市场的常见理财、投资产品，并进行产品的筛选以及客户的资产配置，其中诺亚财富还包含与合作金融机构联合推出的金融理财产品，可见财富管理业务涉及范围广泛，综合性较强。

财富管理业务的综合性决定了财富管理业务涉及产品和交易的多个层面，而且随着各大金融机构纷纷加快金融创新的步伐，财富管理产品的设计结构越来越复杂。从结构类型来看，通过嵌入期权、互换等衍生产品，财富管理产品被设计为看涨基础资产型、看跌基础资产型、区间挂钩型、波动率挂钩型等灵活多样的形式。

财富管理业务的广泛性和产品设计的复杂性在为投资者提供了丰富选择的同时也使得多种形式的潜在风险隐藏其中，如市场风险、政策风险、利率风险、购买力风险、金融风险、经营风险、流动性风险和操作性风险等。层次结构多、设计复杂的衍生产品更是随着产品的嵌入和互换产生了诸多繁杂和不可预料的风险。面对如此多且复杂

的潜在风险，如果缺少一套科学合理的风险评估与监控机制，那么在利益的驱使下，财富管理产品的风险将难以被控制，甚至会引发一场金融危机。

1.3.4 投资者缺乏专业知识，风险辨识能力较弱

随着衍生产品市场的发展和市场竞争的加剧，财富管理产品竞争越来越激烈，市场上的产品种类日渐丰富，产品结构也更加复杂，隐藏着多种风险，而现阶段我国普通投资者普遍缺乏金融理论知识。根据深圳证券交易所发布的《2011 年个人投资者状况调查报告》，77％的投资者表示自身需要系统地学习投资知识与投资技能，同时有高达 94％的个人投资者表示在学习财富管理知识与技巧的过程中面临困难，主要表现有：缺少时间与精力进行系统学习，缺少必要的经济学与金融学基础以及缺乏专业人士指导。在面对品种繁多、结构设计复杂的财富管理产品时，由于缺乏专业分析，许多投资者盲目跟风，不能有效选择出符合自己投资需求的财富管理产品。并且，普通投资者对于财富管理产品风险认识不足，对于潜在风险的辨别能力较弱，不能结合宏观经济、市场环境以及产品特点有效预测风险，因此投资风险极大。

有效的评价系统能够为投资者选择、甄别和评估产品提供基本信息支持。准确测定给定投资组合的收益和风险，并根据投资组合风险与收益的特点进行有效的资产分配，是投资者在决策时首先需要考虑的内容。科学的评价能够为投资者提供准确的投资信息参考，引导其正确识别产品投资风格、投资价值，能够充分了解产品隐藏的各种风险以及风险的高低程度，筛选出符合自己投资需求的目标产品。

综上所述，随着我国居民收入的迅速增长、理财投资意识的提高、财富管理市场逐渐完善，财富管理产品趋向个性化、多元化，然而，相应的针对财富管理产品的综合性评价方法与体系的发展却相对滞后，加大了机构监管的难度，增大了缺乏相关知识的投资者的参与风险。因此，建立适合我国资本市场需要的具有可操作性的财富管理产品评价方法与体系无疑具有重要的理论意义和实践价值。

1.4 主要研究内容和研究框架

本研究主要从国内财富管理产品的界定、分类、发行主体、交易结构、制度设计、保障措施、分级与增级等具体内容及方式出发，分别从不同种类产品中归纳评价财富产品应考虑的关键点，总结评价要素，从宏观和微观的视角设计评价指标，借鉴与比较不同的评价方法，最终设计评价的主要内容、评价的机制、评价主体与客体、监管措施等，并提出一套综合性与适用性较高的评价指标体系。

本课题共分为 7 章，每章的研究内容与研究方法如下：

第 1 章是绪论。本章主要介绍研究背景、研究的必要性，以及主要研究内容与逻辑框架。

第 2 章是研究综述。本章从财富管理产品的评价方法和评价指标体系两个层面，对国内外近年来的研究成果进行综述，旨在梳理国内外对于财富管理产品模型构建和相关指标体系建立的研究发展状况，了解目前国内外关于财富产品的研究现状，从中抽丝剥茧，探索本课题的研究方向和研究突破点。

第 3 章是我国财富管理产品发展现状与特征分析。首先通过数据收集处理，整理出我国财富管理产品市场发展态势、发展规模及增速，各类型发展比例的变化情况，并据此详细分析我国财富管理产品发行主体的特点、投资方向的特点、产品特点以及业绩表现，最后归纳出目前我国财富管理产品的发展特征。

第 4 章是国内外现行评价方法与体系经验借鉴。在查阅大量文献资料的基础上，课题组对当前美国、欧洲、日本等发达地区以及我国关于各类财富管理产品的先进评价方法与指标体系进行归纳和总结，为建立我国财富管理产品评价方法与体系提供经验借鉴。

第 5 章是我国财富管理产品的评价因素分析。根据本课题的研究重点，课题组着重对基金、信托和券商集合理财类财富管理产品的评价因素进行分析，主要包括收益因素和风险因素的分析。同时，根据市场财富管理产品的综合分析，课题组将风险来源概括为五类，包括市场风险、管理风险、流动性风险、信用风险、购买力风险。

第 6 章是财富管理产品评价指标体系与模型构建。通过第 5 章对我国财富管理产品评价因素的分析，结合我国财富管理产品的风险特征，进行指标设计与构建评价模型，通过模糊综合评价法和层次分析法，构建出财富管理产品评价指标体系。

第 7 章是案例分析。本章主要通过风险下的收益波动模型和基于多因素模型的财富管理评价体系来进行案例研究和实证分析。第一个案例运用层次分析法确定风险因子权重，并引入虚拟变量提取风险综合值，最终构建出一个新指标 RUP（在风险影响下收益的保证程度）；第二个案例基于对评价模型的理论基础运用多元线性回归的方法对理论收益率与各大风险溢价之间的关系进行分析，最终确定风险溢价的相关系数，构建财富管理产品体系的回归方程，用于比较理论收益与实际收益率或预期收益率的差别，或计算出预期收益率。

本专题的研究框架如图 2－1 所示。

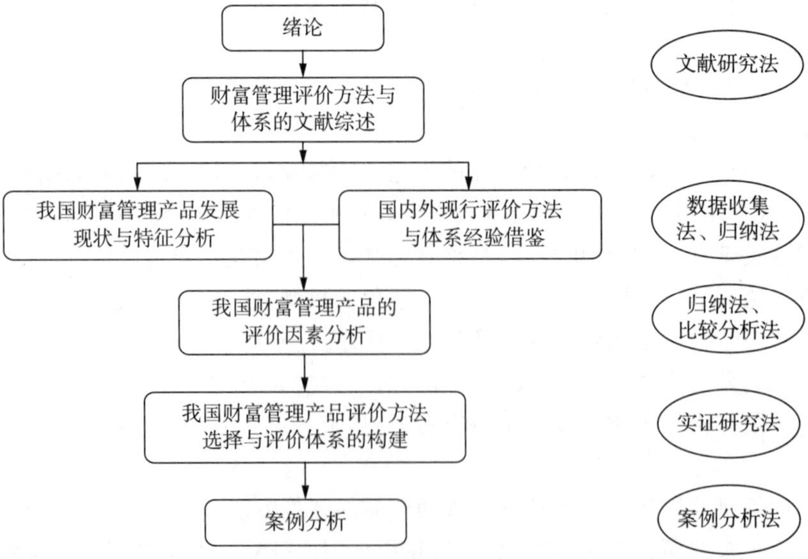

图 2－2　本专题研究框架

第 2 章　国内外财富管理产品评价研究综述

本章从财富管理产品的评价方法和评价指标体系两个层面，对国内外相关研究成果进行综述，旨在梳理国内外专家学者对于财富管理产品模型构建和相关指标体系建立的研究发展状况，从中抽丝剥茧，确定本课题的研究方向，并为本课题的研究提供相关理论依据。

2.1　财富管理产品的评价方法相关研究

国外财富管理产品起步较早，对其评价方法的研究起始于资本资产定价模型(Capital Asset Pricing Model，CAPM)，随后又用多因素模型来代替 CAPM 模型。近年来，对财富管理产品整体业绩评价转入以财富管理产品业绩来源的角度进行业绩分解的研究逐渐成为新趋势，于是择时能力和选股能力模型以及保持财富管理产品业绩持续性的方法应运而生。我国学者则结合国内财富管理产品发展现状将国外的评价方法应用到实证中。下面本课题主要按照财富管理产品评价方法的发展脉络介绍国内外学者对其的研究。

2.1.1　基于资本资产定价模型的单因素评价模型

CAPM 由林特纳(John Lintner)、夏普(William F. Sharpe)和莫辛(Jan Mossin)在 Markowitz 资产组合理论的基础上于 20 世纪 60 年代分别独立提出，该模型描述了在均衡条件下风险与预期收益率之间的关系。他们认为，在均衡条件下，投资者所期望的收益和其所面临的风险的关系可以通过资本市场线(CML)、证券市场线(SML)等公式来说明，即 CML、SML 解释了单个资产的价格与其总风险各个组成部分之间的关系。

由于 CAPM 模型的计算方法在实际运用中太复杂，并且人们意识到用一个单纯的收益率来评价基金的业绩还不够完善，因此学者们试图建立比较适用的基金整体绩效评估模型，把风险和收益率综合在一个评价指标中，提高其应用的广泛性。其中，Sharp(1966)以 CML 作为评估标准，提出了夏普指数。Treynor(1965)依据 SML 提出了以单位系统风险收益作为基金绩效评估的指标，即特雷诺指数。Jensen(1968)利用 CAPM 模型提出了一个衡量基金风险调整表现的经典业绩评价指标，人们称之为詹森指数。

我国财富管理产品起步相对较晚，对于理财产品评价方法的研究多是借鉴国外的研究成果以及结合我国财富管理产品的发展现状进行研究。目前我国常用的三大经典基金绩效考核模型均是以均值-方差 CAPM 为基础的兼顾收益和风险的绩效考核模型。

于光祥(2003)主要应用国外证券投资基金业绩评价中普遍采用的单因素业绩评

价模型对我国的证券投资基金业绩进行实证研究。该文的目的就是在基本消除新股配售对证券投资基金绩效的影响以后，对我国封闭式证券投资基金的整体业绩表现进行较为客观、全面的评价。

张昱(2007)运用基于 CAPM 的双因素詹森阿尔法模型，即分别用股票市场指数和债券市场指数作为基准来计算基金的詹森阿尔法值，对我国股票型开放式基金的业绩进行评价，评价结果表明以詹森阿尔法值表示的开放式基金业绩超越了证券市场平均收益，但是开放式基金在不同时期内的业绩不稳定，这从另外一个角度反映出我国证券市场的市场效率不高，同时说明 CAPM 本身可能易受异常因素的影响。

郑振龙、黄文彬(2009)将零成本负协偏度投资组合因子及零成本正协峰度投资组合因子加入 CAPM 资本资产定价模型，对基金风险-收益平衡关系重新做出解释。该文章运用 Kraus(1976)发展起来的三阶、四阶 CAPM 模型，结合 Harvey(2000)和 Kostakis(2008)的思想，在传统的均值-方差 CAPM 中，加入零成本的负协偏度投资组合和零成本的正协峰度投资组合作为风险因子，构造包含高阶矩风险的绩效考核模型，文章证明了基于高阶矩的模型优于传统 CAPM。

2.1.2 基于 APT 模型的多因素评价模型

由于单因素模型在实证中无法解释按照股票特征(如股票市值、市盈率及过去的收益等)进行分类的组合横截面收益的差异，因此学者们用多因素模型来代替 CAPM 模型，运用多基准模型对基金的总体业绩进行度量和评价，从而将业绩评价从单基准扩展到多基准。其中，Lehmann、Modest(1987)的套利定价模型(Arbitrage Pricing Theory，APT)，Fama、French(1996)的三因素模型以及 Carhart(1997)四因素模型最具代表性。

APT 模型是由 Stephen Ross 于 1976 年提出的一个替代性的 CAPM 的均衡模型。它用套利的概念定义均衡，所需要的假设比 CAPM 更少且更为合理，但同样得到了与 CAPM 类似的结果。相比 CAPM，APT 强调多种因素对证券或投资组合收益率的影响，大大扩大了资产定价的范围。因此在实践中，APT 不但能够更全面地分析证券或投资组合的风险和收益，而且能够有效地区分和判断其业绩归属。Lehmann 和 Modest(1987)首次利用 APT 模型对基金业绩进行评价，比较了不同基准下业绩评价结果的差异，并考察了基准选取的不同对评价结果的影响。

由于公司股票的收益不仅仅受市场指数收益的影响，还与股票规模、公司 B/M(公司的账面价值与市场价值之比)、E/P(市盈率)等资产组合的特征有关，因此，Fama 和 French(1993)在 CAPM 的基础上，将按照特征分类的普通股组合的收益作为多 beta 模型的因素，并将股票规模(小盘股收益与大盘股收益之差 SMB)及 B/M 指标(高 B/M 股收益与低 B/M 股收益之差 HML)作为因素引入资产定价模型，从而提出三因素模型。Carhart(1995，1997)在三因素模型中引入基金所持股票收益的持续性(前期业绩最好的与最差的股票的当期收益之差)对基金业绩的影响，从而解释了 Jegadeesh 和 French(1993)发现的一年期业绩异常现象，并将三因素模型扩展为四因素模型。

基于 APT 模型的多因素评价模型在国内财富管理产品评价方法研究中也逐渐

得到应用。杨炘、王小征(2003)分别使用詹森单因素指数和包括规模因素收益率差异、账面市值比率收益率差异、超额收益的 Fama&Fench 三因素模型对中国证券投资基金进行了绩效评价。通过单因素和三因素模型的实证研究结果可以看出,基金绩效中的大部分包含一定的超常收益,即我国证券及投资基金的平均绩效高于市场平均绩效。

随着现代金融理论不断发展,与统计、数学、计量经济学等学科的交互应用越来越多,一些新的方法被引入财富管理产品评价中,朱波、宋振平(2009)在 Carhart 四因子模型的基础上,选取 2005 年 1 月—2008 年 7 月期间 74 只开放式基金的数据,使用随机前沿分析方法对我国开放式基金的绩效评价问题进行了考察。

唐有瑜(1999)针对我国财富产品发展现状,对比了单因素和多因素模型在我国的适用性。其对于深圳股票市场的研究表明,单因素模型和多因素模型都有一定的适应性。虽然多因素模型的拟合效果要比单因素模型稍好,但由于前者在数据的获取上存在较大困难,而且所选择的回归因素之间存在相关性,因此,从因素的选择及运算的简便性的角度来看,单因素模型要好于多因素模型。

2.1.3 择时能力与选股能力评估模型

近些年来,财富管理产品的评价由整体业绩评价开始转变为以研究业绩来源为出发点进行业绩分解,并逐渐成为财富管理产品评估发展的一个新趋势,因此通过对财富管理产品的财富管理能力进行衡量的择时能力和选股能力模型应运而生。

美国经济学家 Treynor 和 MaZuy 于 1966 年创新性地针对证券投资基金的择时能力与选股能力提出新的研究模型 T-M 并进行相应的实证分析。他俩认为,为了提高准确性应当将二次项加入基金产品业绩评价的模型中。所以模型特征线不再是固定斜率的直线,而是一条斜率会随市场状况改变的曲线。Henriksson 和 Merton (1981)提出了另一种相似却更为简捷的选股能力和择时能力评价方法——H-M 模型。他们假设,在具有择时能力的情况下,投资组合的 β 值在多头与空头时期分别取一个值,并在一般回归方程中加入了一个虚拟变量对择时能力进行估计。

我国对 T-M 模型和 H-M 模型的运用多集中在对于财富管理产品中的基金和券商集合理财产品的择时能力和选股能力的研究上,许多学者选取了我国具有代表性的基金和券商理财产品,并运用 T-M 模型和 H-M 模型进行实证研究。

沈维涛、黄兴孪(2001)运用风险调整收益模型、T-M 模型以及 H-M 模型,对 1999 年 5 月 14 日至 2001 年 3 月 23 日的封闭式基金的业绩进行了实证分析研究,认为基金业绩的良好表现主要是通过一定的选股能力实现的,但是没有足够的证据表明基金经理具备显著的择时能力。姚兴涛(2001)运用 T-M 模型和 H-M 模型,对 2001 年 1 月 1 日至 2001 年 10 月 21 日之间的 33 只封闭式基金进行了市场时机把握能力的研究,同样发现基金经理并不具备显著的择时能力,一些基金经理的择时能力甚至为负。吴世农和李培标(2002)通过应用 T-M 模型和 H-M 模型,并根据我国投资基金混合型的特征,重新调整了投资基金业绩评价的比较基准,分析和评价了 1999 年 5 月至 2000 年 12 月期间的 10 家证券投资基金的选股能力和择时能力。不管是采用 T-M 模型还是采用 H-M 模型,在 0.05 的显著水平下,10 只基金中都没

有显著的 α 值，没有足够的证据支持这些基金具有显著的证券选择能力。

刘建桥、陈方正和孙文全(2007)选取了 2003 年前发行的 15 只开放式基金的周数据并作为样本，分析基于时变的我国开放式基金的择时能力与选股能力，即在 T-M 模型和 H-M 模型的基础上加入 GARCH 效应。研究结果表明这些基金大都具备显著的选股能力，但基本上都不具备择时能力。

陈文秀(2008)将 T-M 模型和 H-M 模型运用到券商集合理财的择时能力和证券选择能力的实证中。从理论上分析券商集合理财自身的优势以及劣势之后，对我国成立较早的 10 只券商集合理财产品进行了证券选择能力和市场时机把握能力研究，分别采用 T-M、H-M 和 C-L 模型进行分析验证，发现三种模型的实证结果较为接近，即均呈现出一定的市场时机把握能力，而在证券选择能力中，T-M 模型的结果最为显著。

2.1.4 业绩持续性的检验方法

财富管理产品是否能够持续地获得超额收益是近年来财富管理产品评价研究的一个热点。财富管理产品业绩持续性是指产品在一段时期内业绩是否连贯和保持一致、能否根据其过去业绩预测其未来业绩的特性。国内外学者对其的研究方法归纳起来大体上可以分为绩效二分法、回归检验法以及逐渐开始发展的数据包络分析(DEA)业绩评价模型。

Grinblatt 和 Titman(1992)利用横截面回归方法对美国 1976—1978 年间共同基金的收益序列进行实证分析，结果显示基金收益具有持续性。之后，Bers(1998)利用横截面回归和交叉积比率检验研究了 1990—1996 年间 101 只美国注册的国际共同基金业绩的持续性，结果显示，基金在 1 年、2 年和 3 年期间内具有一定持续性，评价期间越长，持续性越强。Christopherson(1998)提出利用横截面回归的方法来研究产品前后期的业绩表现是否存在正相关，即将样本考察期分为均等的排名期和评价期，分别回归得出两个时期的 Jensen 指数，从而进行业绩持续性的检验。Muni、Choi 和 Desai(1997)首次提出了无须基准、考虑多种交易费用的基于 DEA 的组合绩效度量(以标准偏差和交易成本作为输入，组合额外收益为输出)，并给出了 DEA 组合效率指数。

我国学者刘红忠(2001)、倪苏云(2002)等运用了绩效二分法和回归系数法进行研究，发现基金的业绩不具有持续性，而且在一定期间出现了反转现象。庄云志和唐旭(2004)采用了回归系数法、绩效二分法和动量检验方法，对中国 22 家封闭式基金从 1999 年 12 月 31 日到 2003 年 6 月 27 日的业绩持续性进行了实证研究，结果表明基金业绩在中长期表现出持续性。肖奎喜、杨义群(2005)运用绩效二分法和横截面回归方法对我国开放式基金的业绩持续性进行了检验，实证结果表明，我国开放式基金从总体上看业绩持续性不强，业绩持续性只是在短期内出现，基金经理不能连续战胜市场。此外，也发现了开放式基金在短期内还有显著的业绩反转现象，说明很难根据基金过去的收益来判断其未来的业绩。韩泽县、刘斌(2003)建立基于 DEA 的业绩评价模型，对 22 家封闭式基金 2000 年至 2002 年间的相对业绩进行比较分析，结果发现多数基金处于无效状态，基金业绩不存在明显的业绩持续性和规模效应，但投资风格与业绩之间具有一定的相关性。李春风、张小磊(2010)运用DEA方法,对券商集合理财计划业绩进行评价,并对其持续性进行研究。在文中建立了三投入、两产出的DEA模型,从集合理财业绩效率、业绩持续性、风格对业绩效率的影响、规模效应来研究券商的集合理财计划在2007—2009年间的业绩表现。

2.2 财富管理产品指标体系的相关研究

对于财富管理产品的一般评价来说,全面性和客观性体现在既要合理评估产品的收益状况,又要正确地分析其潜在的风险,收益和风险两个维度决定了产品的真实投资价值。本节主要对财富产品的收益、风险和流动性等方面分别进行了财富产品评价指标的研究综述。

2.2.1 收益测度研究

综合文献来看,财富产品的收益评价指标主要分为简单收益指标和风险调整收益指标两大类,简单收益指标主要有实际收益率、超额收益率、期望收益率、投资收益率和净值增长率等,风险调整收益指标则包括特雷诺指数、夏普指数、詹森指数、信息比率和M2测度指标等。

1. 简单收益指标

收益率基于其计算简单、评价直观等优点,被国内外学者广泛应用于财富管理产品的收益评价中。

Gruber(1996)和Eltonetal(1996)等人分别将债券收益率和超额收益率作为评价指标,构成评价财富产品的多因素模型,对其风格识别、风格调整的绩效及财富产品的风险调整收益的持续能力进行评估,他们的研究为推动投资风格识别与绩效调整理论研究做出了重要贡献。国内学者则通过对实际收益率、超额收益率和期望收益率的比较,进行收益率的影响因素和偏差分析,进而对产品做出了合理评价。宋军、吴冲锋(2008)运用了Monava的方法细致全面地分析了理财产品的实际收益率影响因素及偏差;徐书洪(2009)从投资者的视角,以花旗银行2007年2月27日在国内发行的"涨跌双赢型"美元1.5年期产品作为案例,采用期望收益率和超额收益率对股票挂钩型产品进行收益评价;王未卿、刘澈(2011)采用统计的方法研究了保本型债券挂钩理财产品的预期与实际收益率现状,并利用时间序列分析和Granger因果检验对影响商业银行理财产品实际收益的宏观因素进行了回归分析;而詹晶(2012)则认为,对理财产品的收益进行定量评价时,一般来说采用"净值增长率"来衡量理财产品的简单收益比较方便。

事实上,目前在我国,《证券投资基金资产净值周报表》中采用"净值增长率"指标来反映基金的运作绩效,此指标也因此成为大众传媒和基金投资者对各基金进行比较和评判的重要依据。而在国际上对基金投资绩效的衡量已有通用的指标,即累计净值增长率指标,又称时间加权收益率(Time weighted Rate of Return,TRR)。Peter Dietz(1966)提出了时间加权收益率法,利用时间加权收益率可计算出单位投资在评估期内的收益率,它消除了现金流对收益率计算的影响,只计算评估期内始终存在的那部分资金的收益，其值可以用于有效地衡量基金经理的实际投资能力。这一个指标自20世纪70年代以来已成为国际著名基金评价公司和基金投资者用以衡量、评价基金实际投资业绩的标准方法，同时也被基金管理公司所普遍接受。李文静、孟昭萍、袁太芳(2007)从不同角度对我国封闭式基金的累计净值增长率进行了分析，结果表明基金规模与累计净值增长率之间存在相关关系。

2. 风险调整收益指标

然而单纯以收益率对基金的业绩进行评价并不是全面的，也容易使财富管理产品管理人片面追求高收益率而忽视产品的风险，尤其在1929年世界经济危机爆发后，风险问题日益得到人们的关注。据此，考虑风险的收益指标应运而生。

在这方面具有代表性的是Treynor(1965)、Sharpe Ratio(1966)和Jensen Measure(1968)提出的三大传统风险调整收益指标——特雷诺指数、夏普比率、詹森指数。国外学者Ippolito(1989)考察了1965年到1984年间143只基金的詹森指数，发现詹森α均值为正，显示基金取得了良好的业绩。国内学者也引进了这三大指标，对财富产品做了实证研究；徐涵江(2000)采用特雷诺指数、詹森指数和夏普指数对上市最早的前10只基金1999年全年的经营业绩进行评价；王学军(2002)按照时间顺序对夏普指数、特雷诺指数、詹森指数、RAROC指数等基金评价理论和方法的贡献和局限进行了客观评论；赵旭、吴冲锋(2004)选择特雷诺指数、詹森指数对基金的相对业绩及可持续性进行了实证研究；李红权、马超群(2004)对夏普指数进行了改进，选用了基金相对收益率和詹森指数及基于主动投资风险度和风险价值的两个新夏普指数，对基金的择时能力与选股能力加以判别，全面衡量了2001至2002年我国证券投资基金绩效；于鹏(2011)分别用产品收益率和夏普指数，从各个券商集合理财计划的管理费及业绩报酬收取方法、自有资金投入比例、近一年来(2010年3月1日—2011年3月1日)市场波动情况、产品的收益状况产品、产品成立年限与产品规模等几个角度对券商集合理财产品的业绩加以评价。

在上述三大经典业绩指数的基础上，经过改进的基于风险调整的常用业绩评价指标——信息比率和M2测度指标相继被提出。Treynor和Black在1973年提出了信息比率，Sharpe(1994)认为信息比率可以看作一个“一般化的夏普指数”，Goodwin(1998)通过基于股票型开放式基金的实证分析对1986年到1995年期间212个积极型基金的信息比率进行了考察，他采用的是基金的季度收益率，并且把基金划分为六种不同的投资风格。Grinold和Kahn(1995)、Jacbos和Levy(1996)研究了信息比率的取值在多大程度上能够反映基金经理的业绩。M2测度指标是由摩根士丹利公司的Leah Modigliani和France Modigliani(1997)提出的一个指标，意在赋予夏普指数数值化解释。

2.2.2 风险测度研究

综合国内外相关文献分析，对于财富管理产品的评价体系构建，在强调其收益性的同时还应兼顾风险性，其风险性主要体现在产品的安全性和流动性上。

1. 安全性指标

根据资本资产定价模型，风险和收益从来都是成比例的，高收益通常伴随着高风险,财富管理产品的收益通常与某种指标相关,风险来自这些指标的变动。国内外学者评价财富管理产品安全性时采用的指标主要分为三类,分别为波动性指标、灵敏度指标和下侧风险指标。

方差或标准差是最为常见的衡量波动性的指标。标准差衡量的是一组数据偏离其均值的程度。通常用一段时期内一系列收益率的标准差来衡量收益率的波动程度,从而反映出风险的大小,这种方法由高斯(Carl Friedrich Gauss,德国,1777—1855)提出。Markowitz(1952)在研究关于投资组合的选择问题时,从资产收益与风险的关系出发提出了均值-方差理论,成为研究相关资产风险的基石。陆敏、王增武和赵湘莲(2011)以23家国内商业银行发行的人民币银行理财产品为样本,建立了产品指标体系,得出自2008年1月1日至2009年12月31日,共有23家商业银行的55款产品到期实现了零收益,有101款产品到期实现了负收益。

Sharpe(1964)、Lintner(1965)和Mossin(1966)在Markowitz的均值-方差理论的基础上,建立了一个以一般均衡框架中的理性预期为基础的投资者行为模型——资本资产定价模型,该模型中的β值就是典型的灵敏度指标,体现了单个股票风险溢价对市场风险溢价的灵敏度。Sharpe研究了单个证券的价格决定因素后,提出用β系数衡量单个证券的系统风险,即其价格波动相对于市场有效组合价格波动的敏感程度。陈学荣(2000)在研究中对1998年第一批上市的五只基金进行实证研究。他以湘财综合指数作为基准组合,将基金的实际投资比例折算成标准化的相对投资比例,从而使得五只基金的计量结果具有可比性。实证结果表明基金整体上具有较强的风险控制能力,基金总体的日系数接近1,这表明从整体上来看基金经理的投资风格趋于稳健。

不同于波动性指标,下侧风险指标反映的是可能发生的损失数量及其可能性。最为典型和常用的下侧风险指标便是"风险价值(Value at Risk)",利用风险价值评估和管理风险方法就是VaR方法。在此基础上由J. P Morgan(1994)推出Risk Metrics风险测度系统,介绍了VaR的计算方法,从此国外VaR方法的统计研究和实证检验就迅速发展起来。1995年巴塞尔银行监理委员会具体论证了VaR模型及其用于风险管理的合理性,要求商业银行用VaR计算方法验证资本充足性。David X. Li(1999)提出利用中心矩阵计算资产组合VaR的半参数模型,通过实证分析证明该模型适用于资产组合收益率的任何分布,并且比J. P Morgan的Risk Metrics模型更加准确。随着科学技术的提高,学者们越来越多地将计算机技术引入交易资产的VaR风险管理中。赵秀娟等(2007)针对中国开放式基金收益率序列明显的尖峰、厚尾性和有偏性,用非对称Laplace分布来拟合收益率分布,计算出单位基金净值收益率的VaR值,选用基金净值增长率指标,使用DEA模型将基金的长期、中期、短期业绩结合给出评价结果。夏传文、张杰(2008)认为证券投资基金绩效评价指标的核心内容是对基金收益和风险的权衡,而目前几种普遍应用的基金绩效评价指标中所采用的风险度量方法存在诸多缺陷,VaR法作为一种新兴的风险度量方法在一定程度上可以克服这些缺陷。在均值VaR投资组合模型基础上构建的两个基于VaR的基金绩效评价指标——报酬VaR比率和VM2测度指标,在我国开放式基金绩效评价的实证研究中取得了较好的应用效果。陈林奋(2009)、毛蕙(2010)等探讨了VaR方法在证券市场以及券商风险管理中的应用,研究了将金融风险控制到最小程度的方法,从而分散社会经济风险，使金融体系支撑社会经济的重要作用更为鲜明地体现出来，据此得出结论：通过 VaR 风险限额内控管理体系，券商不仅能够对所面临的券商风险进行科学的衡量和管理，还能够将所承担的整体风险限额分解，在明确各自风险权限的基础上进行资产组合配置，大大提高了资本的配置效率和风险控制的有效性。

2. 流动性评价研究

财富管理产品的流动性是指在投资者不遭受损失的情况下将财富管理产品转化为现金的能力。

Eeynes(1936)首次指出“如果一种资产比另一种资产可以在短时间内通过出售获得确定的价值，并且不带来价值方面的损失，该种资产的流动性就优于另一种资产”。“流动性”并不存在绝对的标准，它只是一种相对标度，用来对比投资者所持有的不同财富。1999 年国际清算银行(BIS)给出流动性的一个描述性定义，“在一个流动性好的市场中，参与者可以迅速地执行大规模的交易指令，并且不对资产的价格产生很大影响”。

依据流动性的特征和交易数据的类型，O’Hara(1995)、Madhavan(2000)、Biais.(2002)、Harris(2003)和詹场、胡星踢(2000)等人将流动性测度归纳为价格层面、时间层面和交易活跃程度三大类。价格层面的流动性测度以交易对价格的影响程度为度量基础，时间层面的流动性指标以完成交易所需时间为衡量依据，交易活跃程度以交易量的大小为衡量标准。在这三类流动性测度中，以价格层面和交易活跃程度为基础的指标因数据易获取、计算相对容易和成熟的理论基础支撑而成为研究中广泛使用的流动性度量指标。其中，换手率是以交易活跃程度为基础的流动性测度指标中的常用指标，Amihud(2002)的不流动性测度(ILLIQ)和 Pastor-Stambaugh 流动性测度是价格层面的流动性测度指标的常用指标。而王文娜(2008)则认为在银行理财产品评估中，考量流动性不应单从产品协议期限出发，还应将投资者有无条件提前终止、产品的最短赎回期、清算期、质押条款等因素纳入其中。

2.3 研究述评

经过文献梳理，本课题组认为目前国内外专家学者对财富管理产品的评价研究主要存在两方面的不足：

一方面，在研究对象的选择上，国内外对于财富管理产品的评价，都是针对某一类财富管理产品(如基金、信托、券商集合理财、银行理财产品等)进行的，目前尚未提出可以适用于各类财富管理产品的评价体系。同时，国内外学者大多以基金作为研究对象，而鲜有对信托产品、券商集合理财产品、银行理财产品评价方法和体系的研究。

另一方面，在研究方法选择与体系构建方面，评价财富管理产品的常用方法是运用资本资产定价模型及改进后的多因素模型进行风险评价，但对于模型中的风险因素并未深入探究。而以多因素模型为基础的研究理论性强、对学术要求较高，不能满足广大投资者的需求。评价过程中兼用定性、定量指标，但大多都是从收益率等量化指标考虑，而定性指标是财富产品评估指标体系的重要组成部分。

本课题组通过将财富管理产品的研究成果和国内外目前的发展现状相结合，对上述问题进行如下改进研究：

首先，充分了解国内外的理论研究与实践应用的现状，全面考察财富管理产品中几类主要产品的收益和风险状况，并进行风险因素的深入剖析，得到影响财富管理产品收益的五大风险来源，从而据此归纳出财富管理产品的评价因素。

其次，突破了只针对某一种财富管理产品建立评价体系的局限，建立起一个统一的、能够综合评价各类财富管理产品的、完善的评价体系，并采用评级和多因素模型相结合的分析方法验证该体系的可行性和广泛适用性。

最后，创新性地提出 RUP 指标，即风险差异影响下收益的波动程度，来衡量财富管理产品的评级水平，更为直观地反映了综合风险对收益的影响。

第3章 我国财富管理产品现状和特征分析

3.1 我国财富管理产品现状

3.1.1 财富管理业务发展概况

16～18世纪，独立的财富管理业务最早是以私人银行的形式起源于瑞士的，在20世纪90年代时发展壮大于美国，美国的私人理财业务最早是由保险公司开展的，财富管理在国外的领域，不仅有零售银行、二级市场、保险、基金、个人信用服务、信托、按揭，还有客户的医疗以及子女教育，财富管理提供的服务包括资产管理、配置、风险管理、税收和遗产规划、信托服务、离岸金融、研究分析等。

财富管理最初以高净值人群作为切入点，打开了中国的财富管理市场，特别是2008年经济危机以后，财富的保值增值推动了各大金融机构不断开发新产品。2012年6月，中国证券投资基金业协会成立大会暨第一届年会提出发展财富管理对经济转型具有重要意义，财富管理行业在中国大有前途，正处于重要的发展机遇期。财富管理行业的蓬勃发展根植于居民财富积累和金融产品创新的土壤之上，前者提供需求，后者创造供给。梳理财富管理业务的发展，我们需要理解财富管理机构的范畴，国际金融市场对财富管理机构的界定相对统一，1997年美国纽约联邦储备银行（Federal Reserve Bank of New York）公布了《私人银行业务风险管理实务准则》（Guidance on Sound Risk Management Practices Governing Private Banking Activities，GSRMP），指明了财富管理机构不仅包括银行组织，亦包括非银行组织如证券公司（Securities dealers）、资产管理与经纪商（Asset management and brokerage firms）。中国台湾地区于2001年也先后发布《银行办理财富管理业务应注意事项》《订定〈证券商办理财富管理业务应注意事项〉》，明确了商业银行和证券公司开展财富管理业务的合法地位。

在目前的中国财富管理市场上，已经形成了银行、信托、证券、基金、第三方理财"群雄逐鹿"的格局。银行以网点和存量客户众多的优势，纷纷设立私人银行部，占据了最为庞大的客户资源；证券公司和基金公司虽具备较强的资本市场投资能力，但受制于产品投资范围和交易结构设计，近几年在高端财富管理市场的份额有所下降；信托公司依靠灵活的产品设计，以及实体经济领域近几年来的旺盛资金需求，受托管理资产规模一直处于快速增长的态势；同时，第三方理财公司异军突起，成为高端财富管理市场不可或缺的新锐力量。银行在金融机构中最具渠道优势，据Wind统计，截至2012年底，中国境内银行拥有20.51万家营业网点，证券公司共计3531家营业部，保险公司虽然拥有保险代理人335.7万人，但是严重依赖银行渠道，银行渠道保费收入约占总保费收入的一半，基金公司和信托公司的分支机构更少，基本没有自己的独立渠道，通常和银行、券商合作代销。

根据财富管理业务和财富管理机构的界定，可知目前中国财富管理产品包括银行理财产品、信托、保险业理财产品、券商资管和基金等主要以产品为中心的标准化服务，商业银行及其私人银行部门、证券公司、保险公司、信托公司、基金公司以及第三方理财机构都已经在财富管理业务方面，投入了大量的人力、物力，从消费规划到保险保障、从购房贷款到投资通道、从退休年金到教育培训等。保险公司侧重从保障、退休养老、子女教育和遗产继承等方面提供多样化的财富管理方案；基金公司则侧重从投资管理角度提供高投入、高风险、高产出的产品模式；而信托公司则在 2011 年异军突起，借中国货币紧缩信贷调控之东风，托管资产规模大幅增长至 3 万亿元，成为财富管理市场极其重要的一环；证券公司除了投资组合管理与证券交易外，还包括投资银行、资产管理、投资顾问等专业性较强的直接融资与资产增值方面的专业服务。

3.1.2 财富管理产品发展规模

2005 年以来，银行和信托机构深度全面地参与到财富管理市场以后，使过去财富管理仅仅局限在证券、保险、基金等领域的狭窄局面向大资产管理拓展开来，财富管理产品跨行业、跨市场、跨业务的情况持续增加，目前我国已经形成包括银行业、信托、保险业、券商等多种金融机构共同竞争的财富管理市场。根据 Wind 数据库统计，截至 2012 年底，国内财富管理市场资产管理规模达近 30 万亿元，银行理财产品余额共计 7.6 万亿元，基金管理公司管理的资产规模达到了 3.53 万亿元，信托资产为 7.47 万亿元，券商资产管理规模为 1.89 万亿元，保险资产为 7.35 万亿元，各类股权投资基金和风险投资基金的总额超过了 1.6 万亿元。2005—2012 年不同行业财富管理产品发行数量见表 2－1 所列，2005—2012 年不同行业财富管理产品发行规模统计见表 2－2 所列。

由表 2－1 可看出目前我国财富管理产品发展得不平衡，由于政策的限制以及财富管理机构本身业务不同，银行的发行数量处于明显的强势地位，得益于传统的渠道优势和财富增值保值的需求，银行作为最基本的财富管理机构向社会提供必要的金融服务，利用广泛的网点吸引客户主动上门从而全面掌握财富人群财产状况，银行财富管理产品的发行数量远远大于其他产品的总和。

表 2－1 2005—2012 年不同行业财富管理产品发行数量 单位：个

年份	银行理财	信托计划	券商集合理财	基金
2005	645	588	11	55
2006	1391	672	11	88
2007	3118	669	7	57
2008	6509	734	22	102
2009	7688	1204	47	119
2010	13633	2220	97	152
2011	24022	4813	109	103
2012	28239	4937	192	254

资料来源：国泰安数据库、各协会网站。

表 2-2　2005—2012 年不同行业财富管理产品发行规模统计　　单位:亿元

年份	银行理财	信托集合	券商集合理财	基金
2005	2000	531.26	128.3	1018.21
2006	4000	681.45	165.35	4039.73
2007	10000	1108.81	198.26	5229.67
2008	24000	916.52	217.51	1849.64
2009	54000	1358.82	633.70	3797.04
2010	70500	4036.59	828.84	3136.94
2011	164900	8819.77	644.18	2555.35
2012	247100	9327.48	969.71	8184.59

资料来源:国泰安数据库、各协会网站。

《中华人民共和国信托法》出台后国内首个真正意义上的信托产品产生于 2002 年 7 月 18 日,上海爱建信托推行了我国第一个信托计划——“上海外环隧道资金信托”,它改变了一对一的信托业务,使信托公司可以接受两个或两个以上委托人的委托,进行集体管理、使用及处分信托资金。2008 年以来,在 4 万亿元刺激政策及其后续紧缩效应的助力下,银行理财和信托获得迅猛发展。由于股市持续低迷,公募基金缺乏赚钱效应,负利率环境,银根收紧,尤其是地方融资平台和房地产融资的大规模扩张催生了银行理财和信托产品的爆发式增长,信托业进入了高速发展时期,管理资产规模不断刷新,超过保险业且遥遥领先于基金业和证券业,成为仅次于银行的第二大金融行业。2010 年,《信托公司净资本管理办法》推出,从此,信托公司规模扩张的盈利模式受到挑战,以银信合作为代表的平台业务和以融资型房地产信托等为代表的融资类业务受到约束,2012 年以来信托计划发行速度回落。

券商财富管理产品主要来源于资产管理业务,在股票市场成立初期的 20 世纪 90 年代,以代客理财为内容的券商资产管理业务附属于经纪业务,直到 1998 年底颁布的《中华人民共和国证券法》,才将券商资产管理从经纪业务中分离出来成为独立的业务。2003 年 12 月,证监会颁布的《证券公司客户资产管理业务试行办法》明确界定了券商资产管理业务的类型,即定向、专项与集合资产管理业务三项业务,由于专项与定向资产管理业务在信息披露方面的局限,且面对的投资者范围较窄,故课题组在针对券商财富管理产品评价时特指的是集合资产管理业务,即券商集合理财。2013 年 6 月 26 日,中国证监会出台《关于证券公司客户资产管理业务管理办法》(简称《办法》),在《办法》中明确提出证券公司从事客户资产管理业务,应当依照相关规定向中国证监会申请客户资产管理业务资格,同时鼓励证券公司在有效控制风险的前提下,依法开展资产管理业务创新。证券公司的客户资产管理业务进入发展期,开始全方位开展创新活动。2007 年全年证券公司集合理财产品的发行数量仅为 7 只,规模仅为 175.55 亿元;2010 年发行数量已经达到 97 只,规模超过 800 亿元;2012 年全年券商资产管理业务新成立的集合理财产品共计 225 只(包括尚处于募集或计划募集阶段的产品),发行规模达 974.39 亿元。从整体上看,2007 年以来,国内证券公司集合理财产品的发行数量呈现出明显的递增趋势，这种趋势一方面得益于证监会对集合理财产品审批速度的加快，另一方面则是因为证券公司创新能力提升，能够根据市场需求发行不同类型的集合理财产品。

1998 年 3 月，募集规模均为 20 亿元的基金金泰和基金开元两只封闭式基金相继成立，证券投资基金正式走上中国资本市场的历史舞台。2001 年 9 月，中国基金业步入了开放式基金时代，进入稳步发展时期；2007 年，股市行情大涨推动基金发行规模达到 5229.67 亿元；2008 年行情大落导致基金规模大幅下跌至 1849.64 亿元；截至 2012 年底证券投资基金产品的总量为 254 款，除了 42 款是封闭式基金，其余都是开放式基金，发行规模为 8184.59 亿元。2013 年 6 月，《中华人民共和国证券投资基金法》正式实施，明确提出公募和私募概念，并将私募与创投纳入监管范围。允许保险、券商和私募发行公募产品，壮大发行公募的机构投资者队伍。

3.1.3 财富管理产品的管理模式

我国财富管理产品采用的是分业经营与分业监管模式，即以财富管理业务的经营单位和财富管理产品的发行机构为界，由对应的监管部门对相关业务和产品实施监管，原中国银监会负责监管银行、信托公司发行的财富管理产品，中国证监会负责证券公司、基金管理公司发行的产品以及私募股权基金的监督管理，原中国保监会负责保险公司产品的监管。

从表 2－3 关于主要财富管理产品的管理模式来看，各监管部门对理财产品的规定高度不统一，例如在托管方面，有的明确规定需要托管，有的则含糊其词；在信息披露方面，有的详细规定了披露的时间和内容，有的则没有任何要求。除了标准不统一之外，各监管部门管辖的财富管理业务和产品还面临一些基础性的法律问题，如：财富管理产品的法律概念是什么？财富管理业务中各当事机构的法律关系是什么？这种状况已经产生了三个不利后果：其一，分业监管要求不一致导致财富管理产品发展的不平衡，容易引发监管套利；其二，不利于建立统一、有效的投资者保护机制；其三，不利于建立科学、实用的财富管理产品评价体系。而相关监管部门已经发现这一个问题，并就构建基金管理统一标准不断努力。

表 2－3 主要财富管理产品的管理模式

机 构	信托公司	证券公司	基金管理公司	银行	保险公司
财富管理产品	信托计划	券商集合理财	基金	银行理财	保险理财
监管机构	中国银监会	中国证监会	中国证监会	中国银监会	中国保监会
认购起点	计划起点金额每份 100 万元	单个客户参与金额不低于 100 万元	一般公募基金每人 1000 元以上，定期定投可低至 300 元，专户理财不低于 5000 万元（单一客户）和 100 万元（一对多）	一般不低于 5 万元人民币（或等值外币）；适合有投资经验客户的理财产品的起点金额不得低于 10 万	无规定

（续表）

投资者要求	合格投资者	合格投资者	公募基金无特别限制，非公开募集资金应当向合格投资者募集	区分有无投资经验	无特别限制
营销、广告	禁止公开营销、广告	禁止公开营销、广告	公募基金可以公开营销、广告，不可非公开募集资金	可以公开营销、广告	可以公开营销、广告
销售渠道	银行网点	证券公司营业部和银行网点	合作券商、银行网点和独立基金销售机构	信托直销、银行渠道和第三方理财机构	银行、专业保险中介
收益风险	不承诺收益，但是可以预测收益	不承诺收益，但是可以预测收益	不承诺收益，不得预测收益	分为保本收益、保本浮动收益和非保本浮动收益	无规定
资金托管	需由取得基金或企业年金托管资格的商业银行进行托管，且托管人与信托公司无关联关系	需由具有客户交易结算资金法人存管业务资格的商业银行或者证监会认可的其他机构托管	需由取得基金托管行业资格的商业银行托管	无规定	无规定
信息披露	无规定	每季度至少披露一次	公募基金每天或每周公布一次净值，每季度公告一次投资组合	无规定	每月至少评估一次投资单位的价值，并向保单持有人公布；每半年在原保监会指定报纸上披露
评价机制	无	无	有，非约束性	无	无

资料来源：课题组根据相关资料整理。

3.1.4 财富管理产品的投资范围

财富管理产品的投资方向受制于政策的规定，政策的出台离不开金融机构的定位和功能。从表 2－4 看出，财富管理产品的投资方向主要可以分为资本市场、货币市场和实业领域，从各类产品的投资范围可以看出，信托计划只针对合格投资者，并且认购起点很高，为此需要高收益的投资项目与之相匹配，是唯一可以跨实业领域、货币市场和资本市场投资的财富管理产品；银行拥有广泛的资金来源，但是其理财产品的定位主要是资产的保值增值，对于市场波动较大的股票、基金和不动产领域是禁止投资的。2012 年以来，原证监会、原保监会等监管部门针对资产管理市场密集地出台了一系列新政，主题词就是“放松管制”，为券商、保险、基金的资产管理业务“松绑”，促进财富管理产品的创新。

表 2－4　各类财富管理产品的投资范围

投资范围	信托计划	券商集合理财	基　金	银行理财	保险理财
股票二级市场	√	√	√	×	√
债券市场	√	√	√	√	√
货币市场	√	√	√	√	√
新股申购	√	√	√	√	√
金融衍生品	√	√	√	√	×
基金	√	√	√	×	√
信贷产品	√	×	×	√	×
不动产	√	×	×	×	√
基础设施债权	√	×	×	√	√
另类投资	√	×	×	√	×

资料来源：课题组根据相关资料整理。

3.2　我国财富管理产品特征

3.2.1　财富管理产品规模增长迅速，但发展极不平衡

从发行数量来看，财富管理产品总量呈现不断增长的态势，尤其是银行财富管理产品，其发行数量超过信托计划、基金和券商集合理财之和，券商集合理财明显处于劣势地位；从发行规模来看，银行理财、信托计划和基金各占市场一席；而本应该是财富管理主力机构的券商由于受到政策限制，一直处于比较尴尬境地，随着政策的松绑，从 2009 年开始，券商集合理财发行规模逐步稳定上升，财富管理产品的这种发展不平衡性主要受制于渠道和政策的倾斜。

3.2.2　财富管理产品呈现跨行业、跨市场发展态势

跨行业，是指财富管理产品的运行管理涉及银行、信托、基金、券商和保险等多个金融行业；跨市场，则是指财富管理产品的投资标的横跨资本、货币和实业多个市场。在我国金融业“分业经营、分业管理”的体制下，业务的发展与政策的出台密不可分。中国人民银行公布的《2012 年金融稳定报告》提到，在市场竞争和客户多元化金融需

求的推动下，银信、银证、银保、证保等不同行业金融机构间的业务合作不断加强。原先受到政策限制的银信合作信贷资产和票据资产转让业务，已经借道证券公司定向资产管理业务和基金公司专项资产管理计划，获得高速发展。事实上，证券、保险、基金等行业的资产管理"新政"出台后，证券公司定向资产管理业务、基金公司专项资产管理计划投资范围和空间都得以明显拓展，加之信托计划和银行理财产品，不同金融机构的资产管理类产品迅速发展。

金融机构资产管理类产品往往带有明显的跨行业、跨市场特征，也正因如此，金融业正呈现这样一幅图景：以资产管理业务为切入口，交叉性金融产品正在爆炸式增长。财富管理产品这种跨行业、跨市场的特征带来产品结构过于复杂、合同约定责任不清、变相监管套利、跨行业和跨市场的风险传递等各类问题及风险点，不利于建立统一的财富管理产品评价和评级体系。

3.2.3 财富管理业务监管分散，监管标准不统一

财富管理产品的迅速发展弥补了国内标准化产品单一所留下的巨大空档，丰富了金融投资需求，促进了财富管理机构的业务转型，但是目前市场上跨行业、跨市场的复杂金融产品，其种类的多样性、结构的交叉性、发售的灵活性以及跨越目前分业监管架构的特性存在监管真空现象。监管标准不统一则表现为：在财富管理产品发行管理办法、信息披露、资金托管、投资者要求等几乎所有方面，各个监管部门的规定都高度不一致。

第4章 国内外财富管理产品评价方法体系比较及经验借鉴

20世纪90年代起，海外财富管理成为金融服务业发展最快的领域，伴随着财富管理业务的迅速发展，相关的财富管理产品也应运而生，同时也涌现了许多权威、专业的财富管理评级机构，形成了较为全面的财富管理产品评级体系和方法，为构建我国财富管理产品评价体系提供了思想的启发与方法的借鉴。

4.1 国外财富管理产品评价体系概述

国外发达国家的财富管理业务发展较为成熟，评价方法和体系逐渐涌现。美国的专业评级机构中晨星（Morningstar）、标普麦克柏（Micropal）、理柏（Lipper）等针对基金的全方位评级体系趋于成熟；作为信托起源地的英法等欧洲发达国家，英法系下的信托原理更强调行业自律和监管，在完善的信托法律约束下，英法等国际性银行运用三类方法：以统计为基础的方法、有约束的以专家判断为基础的方法和以专家判断为基础的方法进行信托信用评级。而在战后迅速恢复发展的日本，通过主银行体制的实施，在以银行为核心的财富管理产品混业经营中也取得了巨大的成果，三井住友和日本第一劝业银行在银行理财相关产品方面建立了成熟的评价方法与体系。

尽管国外发达国家和地区对于财富管理产品评价方法和体系相对完善，但仍然存在许多不足：

(1)缺乏统一的财富管理产品评价体系

国外相关机构在财富管理产品评价方法与体系的研究中大多依照产品自身特性进行分类分析，缺乏整体的评价方法与体系。究其原因，主要是发行主体的行业状况不同，产品结构、交易方式和组合选择各异，在共同指标的提炼和评价方法的选择上存在困难。

(2)机构评级与产品业绩日后表现关联度低

国外财富管理产品评价体系的构建大多建立在对产品历史数据的分析和研究的基础上，但是伴随着市场变化和政策调整，许多产品的历史表现并不能完全准确地用来预测未来产品业绩状况。同时，随着财富管理产品的多样化，其组合结构、发行交易方式的改变也在一定程度上削弱了产品历史数据的预测能力。持仓比例、申购赎回和交易渠道等的限制，也给财富管理产品未来业绩的预测带来了一定难度。

(3)评级方法存在缺陷

国外评级机构针对财富管理产品评级基准的确定一般是以全部同类产品的总体样本量为基础的，然而不同种类的财富管理产品以及各类细分产品都存在系统性差异，若投资者的投资对象仅限于其中一类细分产品，那么以全部产品作为基准就会形成系统性误差。

4.2 主要发达国家和地区财富管理产品主流评价方法

4.2.1 美国财富管理产品评价方法和体系

1. 核心财富管理产品

截至2013年，美国作为全球个人财富最多的国家，其高净值人群的资产总和以及个人资产在百万美元以上的人数均居世界第一，分别为50万亿美元和130万家庭，对财富管理产品需求较大，财富管理业务平均利润率达到35%，年平均盈利增幅为12%～15%（数据来源于瑞信财富管理机构公布的全球财富手册）。德勤在2012年预测，今后10年美国财富管理市场将迎来一个加速增长时期。

美国的核心财富管理产品为基金，在所有财富管理业务中，基金的发展最为迅猛。从全球范围来看，以美国为首的美洲国家占据了全球共同基金资产的将近55%。美国作为基金产品发展的集大成者，其基金市场发展成熟、市场服务规范、关联法制体系完善、产品品种齐全，并且相关机构对于各种不同类型的基金产品进行了深入调查和详细分析，逐渐形成了较为完善的基金评价方法与体系。

2. 主流评价方法与体系介绍

针对基金发展过程中存在的问题以及相关影响因素，著名基金评级机构晨星、标准普尔麦克柏和理柏分别从不同角度制定了相应的评级体系，旨在能够提供适用范围广的评价方法，更加有效地对各类基金产品做出评价。

(1)晨星公司评级体系

该公司将基金分为债券型（应税与免税）与股票型（国内与国际）两大类，运用定性分析（从基金公司的治理结构、投资理念、激励制度、内控制度、组织结构和公司从业人员的素质等）与定量分析（风险测量和业绩测算两个方面）对基金产品进行综合评级。引用风险度量值和收益度量值的相关公式，计算出二者的值，二者之差即为当期分数，再根据基金成立时间赋予各期数据不同权重，最终给出产品评级标准以及星级划分评级法的实际运用。并且创造出风格箱评级法，即按照基金不同的投资风格（价值型、混合型、成长型）和规模的大小（大盘、中盘、小盘）将基金分为9种类型。其中基金风格按照相对市净率与市盈率之和来确定，小于1.75的视为价值型，大于2.25的视为成长型，介于两者之间的则为混合型。规模划分根据市场资本规模（股数×价格）选出5000只最大股票，前5%为大盘，后面80%为小盘，中间15%为中盘。

(2)标准普尔麦克柏评级体系

该公司只针对业绩表现卓著、值得投资的基金进行评估，运用测算基金业绩表现与研究基金管理水平定量与定性相结合的方法，对业绩与管理水平处在前20%的基金进行评级，制定了一整套基金评级的流程，通过最初的业绩筛选、会晤前对基金背景的审查、面对面会晤进行定性分析、标普星级评定等一系列流程对基金进行持续跟踪评级。整个流程包含了基金业绩的筛选标准、基金资料调查、定性分析核心项目和持续跟踪4个层次。其中对于基金背景的审查步骤包括目前基金过去两年的年度报告与中期报告、基金投资资产组合的价值、基金管理团队的资料、目前股东的相关资料、基金的营销情况以及未来发展前景等；而定性分析内容则包括基金组合管理者、基金管理团队以及基金细节问题三方面，主要运用当面访谈和评价与评分这两种方法；定量分析主要使用相对收益、风险调整后相对收益等相关指标。最终把定性分析与定量分析的权重分别设为60%、40%，从而得到综合评分成绩。

(3)理柏公司产品分类模型

该公司根据基金投资股票的风格和市场资本规模，把开放式基金和各类保险基金划分为15类多元化股票基金，而将封闭式基金划分为普通型、成长型和价值型3类。通过大量的数据搜集制定了市场资本规模分界点，确定了分类的方法和风格分类模型，并运用了边界测试进行分类区分。其中市场规模的分界点是使用标普复合1500指数，按照月计算，将所选择的基金数据库按降序排列，计算每只股票权重以及累加权重，在接近50%时，将最后一只股票分别乘以300%和250%，便能得到大、中、小盘股的上下限。再通过计算市净率、市盈率以及近3年销售额每股增长价值的Z值来划分基金风格，该值小于−0.2的为价值型，大于0.2的为成长型，介于两者之间的为普通型基金。

3. 评价体系在推动财富管理产品发展方面的意义

(1)有助于发现产品风险点，降低产品潜在损失

通过对财富管理产品风险、收益的量化给予产品定位的判定，财富管理产品的评价体系能够更好地被运用于分析研究相关产品的发展状况和前景，金融机构以此作为参考，可以对产品的相关风险点进行跟踪关注，从而避免风险的进一步扩散而给投资者和机构带来不可避免的损失。

(2)参考评级结果，为财富管理产品相关方提供借鉴与帮助

评价体系给出的财富管理产品评价结果和建议，可为财富管理行业政策制定部门提供法律监管与行业约束方面的参考依据，也可为财富管理产品和相关服务的金融机构在产品的组合、发售与运营方面提供建议，使投资者能够根据评价结果挑选更加符合个性化需求的产品组合。

(3)为美国财富管理市场发展历程中出现的问题提供解决方案

①在美国财富管理市场发展初期，产品种类贫乏、发行主体单一，然而随着各大评级机构研究维度的深化，陆续出现了信托型、独立账户型以及有限合伙型等多样化的组织形式，解决了产品关联方利益冲突，顺利构建了全面监管框架，为财富管理发展有序化、多元化繁荣提供了保障。

②在美国财富管理市场成长期，财富管理产品进入成长轨道，在运营机制和产品品种多样化方面均逐渐完善，但财富管理产品分类不清晰、投资标的单一等问题却显现出来，阻碍了该行业的进一步深入发展。财富管理评价体系在财富管理产品分类和投资渠道方面给出了方法和建议，通过投资渠道的组合和资源优化重置，促进财富管理产品效益的提高和业绩的增长。

③美国财富管理市场成熟期，财富管理行业已从迅猛发展阶段步入了稳定成长阶段，该阶段出现了管理运营复杂、投资多元化导致风险不断扩大等问题，金融机构针对多样化的产品缺乏较为合理的绩效评估方式。美国各大评级机构从财富管理产品业绩评价方面考虑，综合投资收益、风险和产品流动性等量化指标进行了分析，为相关方

在产品绩效评价和指标提取上提供建议。

4. 存在的主要问题

(1)评价方法不尽合理

美国基金评级使用加权平均法,而其中平均作用和四舍五入的进位制必然会带来量化结果的误差。因此,需要在指标的合并和评级的标准上进行更为细化的分析,尽量减少误差,保证评级的准确性。

(2)假设前提条件难以满足

在对发行主体进行定性分析和评价的同时,由于缺乏量化度量定性指标的方法,因此为了基金评级的后续处理,在定性指标的设定上进行了很多假设,而假设条件的增加降低了财富管理产品评价的实际应用性,一些条件很难在实际操作中完全得到满足。

4.2.2 欧洲财富管理产品评价方法和体系

1. 核心财富管理产品

瑞信银行 2013 年全球财富手册的资料显示,欧洲拥有 5000 万美元以上净值的达到 24800 人,约占据世界该类人群的 25%。百万富翁的增长率达到每年 7%,是人口增长率的 7 倍之多,有利于财富管理业务的迅速发展。欧洲是信托产品的发源地,由于信托的特殊制度功能和优势迅速被其他地区国家引进并且发展壮大,成为资本市场不可或缺的一部分。英国作为信托业的鼻祖,在信托制度的完善和产品评价体系构建方面较为成熟。作为工业革命和现代金融行业发展的先驱,英国是欧洲大陆信托理念和体制的传播者,在西欧乃至整个欧洲地区财富管理市场均占据举足轻重的地位。

2. 主流评价方法与体系介绍

信托是欧洲的核心财富管理产品,发展较早,相关法律制度和评价体系也相对完善。英国的巴克莱银行(Barclays Bank)、劳埃德银行(Lloyds Bank)、米特兰银行(Midland Bank)和国民威斯敏斯特银行(National Westminster Bank)等 4 家银行的信托部结合了英国信托产品发展过程中出现的问题以及信托产品的独有特性制定了一整套评级体系,旨在更好地推动财富管理产品的发展。

(1)依据产品特性设计信托产品的分类

首先依据不同信托产品的特性分为权益投资类信托、事务管理类信托和融资类及类融资信托产品。通过产品的结构分析得知:权益投资类信托的受益方式和股权类似,在项目投资层面和信托产品层面均不存在违约,产品最主要的风险便是市场风险;事务管理类信托由于受托人完全依照委托人指令操作,风险损失主要掌控在委托人的手中;融资类信托产品兼具普通债项和 ABS 产品的部分特征,但又异于两者,所以其信用评级需建立独立评级体系。

(2)不同产品评价方法的确定

权益投资类信托受系统性风险影响较大,而事务管理类信托则受委托人的专业素养和管理能力的影响较大,在确定不同类型的评价方法和系统时侧重点便不同。对于信托产品的评价一般采用定性分析与定量分析相结合的方法。在定性分析方面,需要考察信托公司的公司治理、资管能力、内部控制、选股择时能力等,此外由于涉及融资方，还需对融资方的资信状况进行定性分析，并且计算违约率。对于整个信托计划的交易结构也需要进行相关定性分析，有效控制计划存在的风险。定性分析运用的方法主要以组织专家凭借经验判断为主，并涉及模糊评价法的使用。图 2－3 定性分析了针对信托公司、融资方及交易结构的相关项目。

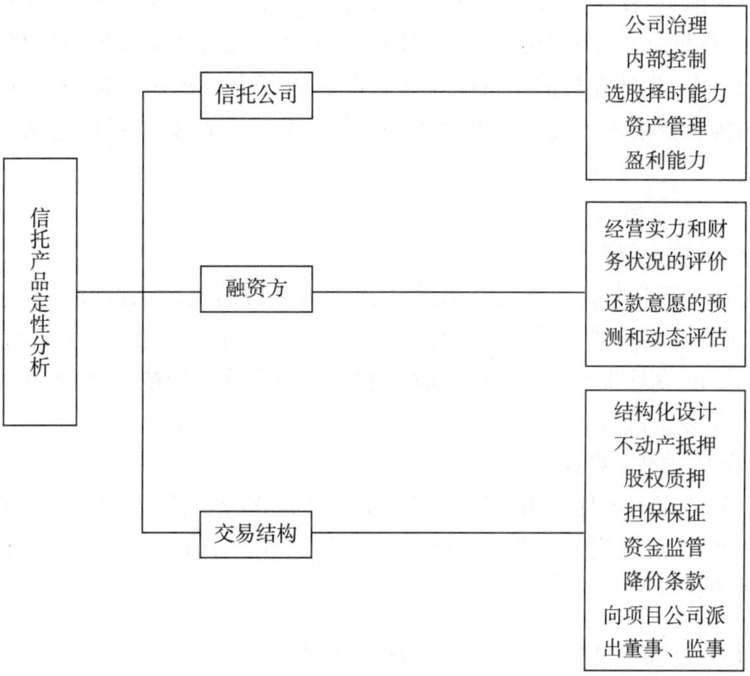

图 2－3　针对信托产品的多维定性分析

在定量分析中，涉及信托计划配置领域和项目现金流的匹配。这一评估通常是对项目现金流进行评估，以偿债覆盖倍数和贷款价值比等因素的测算为基础，考虑到信托产品的流动性风险。通过预期收益率及风险调整后收益来测算信托产品的盈利能力和风险程度。

(3)评价体系的构建

在信托产品评级中一般涉及定性分析（信托公司、融资方/交易对手以及交易结构），定量分析（风险系数、现金流、收益率等），以及相关外部系统性风险的影响分析。因此，在确定上述各类分析的数值之后，欧洲各国普遍使用 50％、40％、10％的权重，形成以定性分析为主、定量分析为辅，参照风险分析的信托产品评价体系。

3. 评价体系在推动财富管理产品发展方面的意义

(1)为产品结构的创新和居民财富管理理念的转变带来帮助

在欧洲财富管理产品发展初期，由于受到传统习惯、相关法律及国民性格等各方面影响，居民商业理财意识较弱，财富管理行业发展缓慢。在这一背景下，私人银行以不断推出新型财富管理产品、创新产品结构以及拓展投资渠道等方式推动财富管理业务的发展。评级机构针对财富管理产品特性提供的分类依据，加快了产品多样化步伐，使多样化的产品结构带动财富管理产品整体的发展，并逐渐由信托和私人银行业务向多功能、全方位的财富管理业务发展，加强投资者理财理念的同时满足他们的投资需求。

(2)为产品的风险评估提供了强有力的保障

财富管理产品投资标的倾向于基础建设及房地产行业,后来逐渐进入证券及股票市场。投资渠道的多元化,使得投资者很难客观把握标的及融资方的资信状况,无法合理预测项目前景,使得产品在运营期的风险不断增加。以英国为代表的欧洲相关评级机构,从财富管理产品发行主体的资管能力、内部控制、公司治理、选股择时能力等方面出发,并进一步计算标的项目的违约状况。为了有效控制风险,整个财富管理产品的交易结构也被纳入了定性分析的行列,在此基础上涉及专家评估法以及模糊评价法。

4. 存在的主要问题

(1)指标设计不够科学

欧洲财富管理产品评价指标体系的选择更多考虑的是产品的预期收益和市场风险,然而预期收益率是伴随着市场变化而变化的,缺乏对风险的详细分析与评估,无法剖析出系统性风险与非系统性风险对收益的变化所形成的影响,这样产生的指标并不能很好地切合实际状况。

(2)评价方法的主观性太强

针对产品的相关定性分析采用专家评估法和模糊分析法,具有一定的权威性和参考价值。然而,缺乏对财富管理产品历史数据的量化分析和处理,在一定程度上削弱了评价体系的评级能力。

4.2.3 日本财富管理产品评价方法和体系

1. 核心财富管理产品

截至2013年,日本资产管理总额为14万亿美元左右,拥有百万美元以上资产的居民高达265万人,资产大于5000万美元的超高净值人群占到全球的3%,可见日本财富管理市场将面临前所未有的发展机会。日本是世界第二大财富管理市场,年均资产管理额以2%的速度递增,尽管其增长率较低,但国际众多机构对其发展均持较好预期,其原因在于日本投资于基金的资产管理额规模发展潜力巨大,并且由于日本在财富市场的高度管制,使得外来机构进入门槛较高。

在日本财富管理行业发展的历程中不难发现银行体制的影子,银行在日本社会和经济的发展中具有不可替代的作用,也是财富管理产品主要的发行主体。作为核心财富管理产品,日本的银行理财产品市场发展较为成熟、法制完善、产品类型多样化,其专业化的管理团队和完善的产品评价体系为财富管理业务的拓展奠定了坚实的基础。

2. 主流评价方法与体系介绍

日本现行的法律制度是大陆法系,银行理财产品作为其核心财富管理产品在发展中遇到的问题以及形成的评价体系对于构建财富管理产品评价方法与体系具有重大参考价值。并且,我国的法律制度也类似于大陆法系,在选择产品评价方法与构建体系的过程中,日本的财富管理产品评价体系具有重大借鉴意义。

(1)三井住友银行(Sumitomo Mitsui Banking Corporation)评级方法

对银行财富管理业务及产品实行定性与定量相结合,采用百分制打分的信用评级方法(权重为定量70%、定性30%),该评级主要包括对发行主体的信用评级以及产品的风险评估两部分。对于相关机构整体信用评级分为两次评级:首先采用定量财务指标(资本总额、财务比率、机构规模指标、现金流量、负债筹措等),运用电脑系统建立模型自动评级,从而划分出11个等级(A++、A+、A、B++、B+、B、B-、C、C-、D、E);之后结合定性指标(经营面、业务面),引入美国以倒闭率为基础的金融机构评级模型,通过分析相关机构的发展历史、行业前景、经济周期等方面,将首次定量评级结果调整为两个级别;而在产品的风险评估方面的定量分析主要运用净值增长率、β值的测算、风险调整收益及下行风险DNV。

(2)日本第一劝业银行(Dai-Ichi Kangyo Bank)评级方法

使用百分制的评级方法,将发行主体定性分析权重设置为30%,产品定量分析权重设置为70%。定性分析包括产品特性(评价产品的稳定性和成长性,其中稳定性分五个等级,成长性分六个等级),经营绩效(该金融机构在整个行业中的市场地位、竞争能力和重要的内外部关系),管理团队(领导能力、专业素养、人才培养)等方面,对产品发布主体进行评价,其中的市场地位从金融机构在行业中的市场份额和变化趋势来分析,竞争能力从企业发展战略、营销能力、开发能力来分析,分五个等级;定量分析则将收益性、安全性、流动性相结合,并且对预期增长率、VAR值,以及产品市场占有率等进行测量。

3. *评价体系在推动财富管理产品发展方面的意义*

(1)稳定财富管理行业发展秩序,提高专业人才素养

进入21世纪后,日本财富管理业务变得繁荣,业务经营范围广泛。然而,理财经理在对顾客进行产品介绍时,并没有一套合理的评估体系去深入了解客户需求,一味介绍高收益新型理财产品,从中抽取高额回扣,导致财富管理行业发展秩序紊乱。三井住友银行和日本第一劝业银行针对产品发布主体进行评价以及构建整套流程,通过两大金融机构在有关发行主体管理团队方面的培养,日本财富管理行业发展渐入佳境,市场规模位居亚洲第一。

(2)在产品风险和量化分析上提高了产品评价的有效性

伴随着财富管理产品组织结构的复杂化,众多发行主体在同投资者签约时并没有完全揭示产品潜在风险,并且缺少衡量产品绩效的相关方法与体系,致使顾客在产品未达到预定心理收益时与相关机构产生纠纷,严重影响了发行主体的声誉以及财富管理行业的发展前景。通过两大银行公布的理财产品分析数据,客户能够根据自身需求去综合考虑收益、风险与流动性等的权重,选择合适的理财产品,并规避不必要的风险成本,进一步提高了产品评价的效率,避免了不必要的纠纷和矛盾。

4. *存在的主要问题*

(1)未能客观地反映产品内在价值

在产品的定量分析中,仅仅运用单一指标来衡量收益、风险和流动性。这样,不仅仅怀疑指标选择的科学合理性,这些单一指标也很难代表各类特性的具体影响因素,相关费用和成本的发生没有被纳入进来,形成的评级结果也只能仅供参考,无法全面地反映产品内在价值。

(2)产品评价体系的理论支撑较低

产品评价并没有较为广泛深入的理论研究做基础,这使得评价体系只能从实际出

发，造成了体系并没有丰富的理论进行支撑，在新问题出现时，缺乏理论解决的思路，只能凭借在财富管理领域的从业经验来试图解决。

4.3 我国现行财富管理产品评价体系

随着财富管理产品的发展，国内财富管理行业已囊括商业银行、证券公司、信托公司、保险公司、第三方理财机构等，其中商业银行和证券公司是投资者主要的财富管理机构，其份额分别为60%、20%。

各大理财机构和第三方的评级部门纷纷推出针对各类产品的评价方法与体系。晨星中国、国金证券、中信证券等机构在基金产品评价方法上形成了一整套体系，平安信托、用益、鼎级以及和讯理财工作室在信托方面构建了评价体系，众禄基金研究中心在券商集合理财产品方面提出了相关评价体系，IFB公布了银行理财产品评价体系等。各大机构推出的财富管理产品评价体系都在不同角度对相关产品进行了分析和研究，推动了我国在财富管理产品评价体系构建方面的发展。

但是，以上评级体系只针对单一产品，难以满足对多种产品均通用的绩效评估需求，这就产生了现有的评价方法与体系和投资者对多维的统一财富管理评价方法与体系迫切需求之间的矛盾。课题组希望能够基于国内财富管理市场发展现状和相关问题，构建出公正客观的财富管理产品评价方法与体系。

4.4 国内外财富管理产品评价方法体系比较及经验借鉴

通过对国内外财富管理产品相关评价体系的学习和思考，我们在核心产品、评价主体、评价体系以及配套法律制度上进行比较，汇总出表2-5。

表2-5 国内外财富管理产品评价体系的比较

国家和地区	核心产品	评价主体	评价体系	配套法律制度
美国	基金	晨星、标准普尔等评级机构	选择风险调整后收益相关指标在定性与定量分析、专家打分基础上的评价体系	《投资公司法》《证券法》《证券交易法》《威廉斯法》等
欧洲	信托	巴克莱等银行发行主体	在偿债覆盖倍数和贷款价值比等因素的选择上，以专家经验评估和模糊分析法为主体的评价体系	《金融服务法》《金融服务与市场法》《合同签订前信息披露法规》《加强投资者保护法》等
日本	银行理财	三井住友等银行发行主体	将定量分析纳入定性分析中，设定指标评级和权重构建评价体系	《金融体系改革法》《证券投资信托法》《金融商品交易法》等
中国	银行理财	相关研究单位和学者	将星级评级法和定性与定量相结合，着重从风险、收益和流动性来考虑体系的构建	《证券投资基金法》《商业银行个人理财业务管理暂行办法》《信托投资公司资金信托管理暂行办法》

资料来源：课题组归纳整理。

通过总结发达国家在财富管理产品评价方法与体系构建的经验，分析我国财富管理评价方法和体系与发达国家的不同，我们认为以下几点值得借鉴和学习。

(1)构建财富管理产品数据库，确保产品分类合理

国外财富管理产品在评价体系构建中关于产品分类和指标计算的方法较为成熟，国内财富管理市场发展迅速，相对于国外，产品种类过于单一，财富管理产品的分类标准和方法尚不完善。因此，在产品分类上可以借鉴国外评级机构在财富管理产品分类上的方法，并进一步通过相关指标的计算进而构建出现有财富管理产品的评价指标数据库。

(2)选用适当指标对财富管理产品进行科学评价

国内在财富管理产品评价体系的指标选择上过于复杂，国外大多将收益与风险相结合，选取代表性较强的指标进行产品的量化分析；国内在该领域的评价标准不够权威，评价指标少，针对产品发行主体信用状况可以借鉴国外相关机构运用定性与定量结合的分析方法，也可以结合各大权威评级机构针对财富管理产品的综合评级来界定各类产品的信用风险程度。国外评级机构在选择具有普遍代表性的指标上对于国内财富管理产品评价体系的构建将提供参考价值。

(3)灵活运用体系构建方法

国内财富管理产品指标设计和体系构建过于理论化，而国外则更注重体系的实际应用性。以下几点仅作参考：将发行主体相关定性分析渗入风险测量中的管理风险和信用风险；将产品相关设立门槛和变现成本等作为收益的抵减项目；将风险影响因素通过层次分析法确定权重，并形成风险值，运用风险调整收益模型将产品收益与风险拟合为统一指标；动态调整产品评级，保证评价的持续性。这样旨在更好地整合产品内部指标，构建多维的客观评价体系。

(4)在共同指标的选择上，切勿将指标设计得过于复杂化，导致不易评价

针对统一的财富管理产品评价方法与体系，参考的指标应当具备代表性和应用性。由于各类财富管理产品在监管部门、发行主体、投资范围、组合方式以及风险点上存在差异，可能为共同指标的提取带来困难。然而，通过研究发现，财富管理产品具有共同的风险因素，可以将系统性风险与非系统性风险相结合，最终在多因素模型的框架中构建收益与风险的评价模型。

(5)基于加入门槛、退出成本及相关风险的考虑，确定产品是否符合客户需求

财富管理产品的加入门槛、退出成本和产品所产生风险，是投资者决定是否购买该产品的重要参考因素。例如信托产品，或许其基本风险收益指标能够满足投资者的需求，但100万元的加入门槛，使许多中小投资者望而却步；或者该财富管理产品预期投资收益大，但是相关风险过大也同样会使得一部分风险规避型客户放弃投资。在建立评级体系时，我们需要针对不同产品的转换成本和风险进行分析，并且为投资者提供相关数据，使投资者可以针对自己的资产情况选取合适的财富管理产品。

第5章　财富管理产品评价因素分析

随着财富管理产品数量的增多、产品类型的增加，以及投资者需求的多样化，投资者在选择财富管理产品时应该关注产品的哪些因素，或是如何准确评价财富管理产品的收益状况、风险水平，更好地制订一套财富管理计划，已成为财富管理市场发展所面临的重要问题。财富管理产品的基本特性一般包括收益、风险方面，同时产品的复杂性促使我们不能只关注这些简单指标，产品的稳定性和成长性、管理团队的才能都应该在考虑的范围之内。因此，课题组以投资者为导向，分别对几种典型的财富管理产品进行深入的研究，归纳出财富管理产品的评价因素。

财富管理产品是风险定价和金融创新的结合，财富管理产品是通过承担风险获取收益的，因此，在评价财富管理产品时，必须为高于无风险利率的收益部分寻找风险来源。根据市场财富管理产品的综合分析，风险来源主要概括为五类，包括市场风险、管理风险、流动性风险、信用风险、购买力风险。根据资本资产定价模型理论，财富管理产品的实际收益率等于无风险利率与风险溢价之和，评价财富管理产品时需要衡量产品的风险，并计算相应的风险溢价。

根据这种思路，许多著名的学者都为之做了深入的研究。资本资产定价模型是William F. Sharpe、John Lintner和Jan Mossin在投资组合理论和资本市场理论基础上形成发展起来的，主要研究证券市场中资产的预期收益率与风险资产之间的关系，以及均衡价格是如何形成的。资本资产定价模型给课题组的研究奠定了评价的理论基础，它亦是现代金融市场价格理论的支柱。我国也有许多学者研究这个问题，宋军、吴冲锋(2008)运用了MONAVA的方法细致全面地分析了理财产品实际收益率影响因素及偏差；徐书洪(2009)从投资者的视角，以花旗银行2007年2月27日在国内发行的“涨跌双赢型”美元1.5年期产品作为案例，采用期望收益率和超额收益率对股票挂钩型产品进行收益评价；王未卿、刘澂(2011)采用统计的方法研究了保本型债券挂钩理财产品的预期与实际收益率现状，并利用时间序列分析和Granger因果检验对影响商业银行理财产品实际收益的宏观因素进行了回归分析。上述几位学者都是采用多元回归的方法对收益以及影响收益的因子的相关关系进行回归分析的。

此外由于现今财富管理产品设计的复杂性，挂钩产品联结的对象也日趋多样化，其中包括股票、指数、商品价格、选择权等，发行方将这些风险因素进行组合、搭配、消减，并根据各种风险因素在市场中的定价，合理确定产品的定价水平，从而设计出不同的财富管理产品。从这个角度看，风险因素的分析与评价是财富管理产品评价的重要组成部分。同时，财富管理产品的实质是风险定价和金融创新的结合体，发行方必须能够有效识别产品风险，识别客户风险承受能力，为不同风险偏好的客户确定恰当风险的产品组合，并从这种创新中实现自身的利润。

综上所述，大部分学者在评价无论是基金还是券商集合理财计划这种财富管理产品时，都采用了以资本资产定价模型为基本依据的多因素模型。财富管理产品从市场交易的角度可划分为可公开市场交易的财富管理产品和非公开市场交易的财富管理产品,这两类产品的收益率的性质不尽相同。课题组认为,针对可公开市场交易的财富管理产品,因它们收益率随业绩的好坏而变动,我们可通过多因素模型算出产品的预期收益率,以期给投资者参考。针对非公开市场交易的财富管理产品,通过建立模型,衡量出在既定的风险下,某个财富管理产品的理论收益率,然后与实际的收益率进行比较,衡量出这个财富管理产品是被高估还是被低估,以这样的结果指导投资者进行投资。

资产定价模型运用的关键在于计算预期收益率和各风险因子的风险溢价,课题组需要对收益因素和风险因素进行更详尽的分析。

5.1 收益因素

综合文献来看,财富产品的收益评价指标主要分为简单收益指标和风险调整收益指标两大类,简单收益指标主要有实际收益率、超额收益率、期望收益率、投资收益率和净值增长率等,风险调整指标则包括特雷诺指数、夏普指数、詹森指数、信息比率和M2 测度指标等。

事实上,目前在我国《证券投资基金资产净值周报表》中就是用"净值增长率"指标来反映基金的运作绩效,该指标也因此成为基金投资者对各基金进行比较和评判的重要依据。而在国际上对基金投资绩效的衡量已有通用的指标,这就是累计净值增长率指标,又称时间加权收益率(Time weighted Rate of Return,TRR)。Peter Dietz (1966)提出了时间加权收益率法,利用该指标可计算出单位投资在评估期内的收益率,以有效衡量基金经理的投资能力,其可取之处在于它避免了现金流对收益率测算的影响,只计算评估期内始终存在的那一部分资金的收益。自 20 世纪 70 年代以来,这一个指标已逐渐成为国际著名基金评价公司和基金投资者用来衡量、评价基金实际投资业绩的标准方法,同时也已被多数基金管理公司接受。

5.2 风险因素

5.2.1 市场风险因素

投资者在确定财富管理产品的投资目标和投资对象时常常会面临市场风险。由于我国的财富管理产品(如股票型财富管理产品等)追求的目标通常为长期的资本增值或短期的投资套利,因此市场风险是我国财富管理产品面临的主要风险,投资基金的主要投资对象为我国资本市场上的货币、股票、债券、外汇等金融工具,这些金融工具的价格波动常伴随着资本市场的波动,因而财富管理产品面临的风险也主要是由于资本市场波动而产生的市场风险。市场风险的出现是多种因素共同作用的结果,比如说经济因素、政治因素、投机因素等,这种种因素导致了资产价格的变动,从而产生了市场风险。

市场风险主要包括:利率风险和汇率风险。由于我国现在实行的是分业经营的金融政策，目前经营状况暴露出银行理财产品单一、同质性严重等缺陷，这就造成了各家银行进行恶性的价格竞争，此时，一旦市场利率向不利于银行投资的方向变化，银行将面临相当大的利率风险。就外汇理财产品而言，我国外汇体制改革正逐步向前推进，政策变化也日新月异，而外汇产品自身的市场价格都会受到来自国际政治、经济等各方面因素的影响，使得汇率风险重要性上升，该风险不容忽视。

市场风险导致的后果不容小觑，以金信信托为例，金信信托投资股份有限公司是由1991年成立的金华市信托投资公司于2002年更名成立的，然而2005年末，浙江省银监局、金华市政府分别发布公告，宣布金信信托因“违规经营和经营不善，造成较大损失”，即日起停业整顿，许多手中持有金信信托推出的金信资金信托计划的投资者都面临兑付危机，这就是喧嚣一时的“金信信托案”。简单地说，金信信托的经济模式就是挪用募集的信托资金，大举进入二级市场炒作，也因此而一度拥有“浙江第一猛庄”的称号。然而在2001年6月到2005年6月长达4年的“熊市”中，市场风险显露无遗，金信信托反其道而行，最终在二级市场中接连惨败，股票交易长期亏损，被挪用的信托资金无法兑付，并欠下巨额银行债务。而后，金信信托为维持企业运作，隐瞒损失，继续向投资者推出高收益承诺的金信资金信托计划等财富管理产品，所得资金用来返还委托人到期的本金和收益，同时金信信托还不断对投资股票斩仓，用以维持资金运转。到停业整顿之时，金信信托手中几乎没有股票，而二级市场亏损高达34亿元，最终导致金信崩盘。这一不可挽回的严重后果归根结底是因为金信信托没有充分研究投资项目的市场风险，借新还旧、非法吸存，从而形成恶性循环。

上述案例中金信信托就是因市场非预期的非系统风险导致难以运营的。现阶段我国财富管理业务的市场风险具有其特殊性。主要是因为我国现阶段实行的是有管理的浮动利率，并未全面实行利率市场化，汇率相对较为稳定，同时发行方对外投资的有效渠道也相对匮乏。因此，目前资产管理业务所托管的资金主要被投资于我国的证券市场，所以现阶段我国财富管理的市场风险主要是来自证券市场价格波动风险。然而目前我国证券市场仍存在较大的风险，这与我国证券市场发育程度紧密相关。我国证券市场发育尚不完善，未能形成有效的价格形成机制，投机气氛浓厚，股价的运行经常脱离价值基础，其具体表现在以下四个方面：一是市场不完全，金融投资品种有限且缺乏全面完善的做空机制，使得发行方不能通过构造有效的证券组合来充分避险；二是我国的上市公司未建立有效的内控和运营机制，并非真正意义上的市场主体，缺乏良性的激励和约束机制，这就提高了市场的非系统性风险；三是市场中现有的中介机构并非独立的机构，不能从外部对市场主体进行有效监督和控制，这就加大了市场投资者的信息鉴别成本和交易成本，并改变了投资者的预期形成机制；四是市场本身固有的价格风险，最终导致市场风险的不断积累和放大。

对于不同的财富管理产品，市场风险对其的影响程度是有所差别的。债券的收益分为利息收入和投资收益，一般是固定收益。因此，对于投资标的多为债券的财富管理产品受市场波动的影响较小，此类财富管理产品市场风险也就较小，比如说信托产品以及银行理财产品就是这种情况。相对于基金、券商集合理财产品，投资标的多为股票、票据等收益率波动较大的产品受资本市场的平均收益影响较大，相应市场风险也较大。

5.2.2 管理风险因素

管理风险是指管理运作过程中因信息不对称、管理不善、判断失误等影响管理水平。管理风险主要体现在构成管理体系的人员素质能力和制度等细节上，可以分为以下几个部分：管理者的素质及能力、行为的合法合规性、管理制度建设及执行力、信息披露、管理过程等。规避财富管理产品管理风险的意义在于保证财富管理产品的特定资产运行严格遵守国家有关法律法规和合同规定，以及确保特定资产的稳健运行和受托财产的安全完整，禁止和防范可能存在的利益输送行为，确保公平对待各类资产，最后，保证管理人的能力和素质能够胜任一定规模的资产管理，防止受托资产的损失。

管理风险多为人为因素导致，吉林信托作为最早成立(1985 年)的一家国有企业，在 2011 年发生了一起违约事件，该事件始于一款名为“吉信 · 长白山 11 号南京联强集合资金信托计划”的财富管理产品(以下简称“吉信 11 号”)。吉信 11 号于 2011 年 3 月 30 日成立，在发行期间接受 86 个自然人和 1 个机构投资者的委托，共募集资金 2 亿元。该信托计划为一年期，2012 年 3 月 30 日到期，并应在 10 个工作日内兑付本金、利息和收益，然而事实上，吉林信托于 4 月 23 日才发布清算公告，比预定兑付期晚了 8 天，严格来说已属违约。其直接原因是销售不力导致临近信托到期才发现融资方无法还款付息，但为何直到临近期限才发现支付问题？追根溯源，该违约事件与信托管理资产的迅速扩张带来的信托管理能力不足不无关联。2009 年以后，国家收缩信贷政策规模，严格控制银行发放房地产开发贷款，规模空前的房地产融资市场给刚刚换发新的业务牌照在信托公司带来了契机。信托管理资产短时间从无到有，由少到多，然而扩张的同时也显露了信托公司管理风险的问题，“小马拉大车”“违规超载”现象愈加明显，信托产品的后续管理缺失、不能及早发现并解决问题等缺陷相继暴露。尽管信托公司在产品设计时都安排了担保措施，但也只能规避信用风险，而对于管理风险却难以驾驭，尤其近几年信托公司粗放经营和快速扩张，给信托公司的资产管理能力带来了新的考验。

财富管理产品的管理风险主要分为三个方面：第一，在财富管理产品的投资运作过程中，产品管理人会因自身的知识、技巧、经验等主观因素，根据其接收到有关宏观经济形势、行业发展趋势、企业相关公告、证券价格走势的预测等各方面的信息做出不同投资判断和决策，从而影响产品的收益水平；第二，产品的托管人和管理者的管理技巧与管理方式也是影响产品收益水平的因素之一；第三，管理者在面对多方利益冲突时违反了相关法律法规的规定，从而影响产品收益水平。

1. 财富管理机构内部治理存在缺陷，直接影响财富管理产品的业绩水平

产品管理团队、产品托管人和持有人共同构成了财富管理产品运作中最关键的当事人。财富管理机构管理水平的高低和机构内部控制的有效性都将直接影响财富管理产品的业绩水平，从而影响财富管理产品的价格水平。在财富管理产品的管理中，管理团队专业知识的掌握程度、对市场经验的丰富程度、市场走势的准确判断、分析决策能力的强弱、投资水平的高低以及个人诚信品质等都会影响其对经济形势、证券价格走势的专业判断，从而进一步影响财富管理产品收益水平。这种由于财富管理产品管理团队素质所引起的投资财富管理产品收益的不确定性，就是所谓的“管理风险”。

一个高水平、经验丰富的财富管理产品管理团队往往能盘活一只乃至几只财富管理产品,但水平低下、经验欠缺的财富管理产品管理者在竞争残酷、风险巨大的证券市场上则鲜有成功机会。

有些有内部治理缺陷的财富管理产品投资公司缺乏有效的外部监督,使得公司面临巨大的管理风险,管理人员利用职权之便,将财富管理财产据为己有或为自己谋私,主要表现在:一是与关联方进行不当交易,抽逃资本金,对实际控制人输送利益,以期达到掩盖风险的目的。所谓的“与关联方进行不当交易”就是与关联方进行财富管理财产、固有财产的交易时,未经委托人和受益人的同意,采用不公平价格,且不进行充分的信息披露。二是不按照财富产品持有人的意愿进行管理,私自挪用财富管理资金进行其他投资,为自己谋取利益。三是不严格按照规定收取费用,而将超过财富管理合同约定产生的财富管理财产收益化为财富管理投资公司的收益,占有产品持有人的收益。一般来说,财富管理投资公司是按财富管理收入的1%或采取分级收取的方式收取费用作为财富管理报酬,如此一来,除去管理财富产品中需要花费的成本,财富管理业务只会给财富管理投资公司带来微薄的收益。而大多数委托人和受益人往往将财富管理产品的预期收益率误认为固定收益率,一些财富管理投资公司就利用此点把超过财富管理合同的本应属于受益人的实际收益据为己有,转化为固有财产。

此外,托管人不具竞争性、缺乏独立性、过分依附管理人从而不能对其进行有效的监督也在客观上纵容了管理人操作风险的激增。

2. 自主研发和定价能力不足,导致财富管理产品竞争力不强

相对于个人投资者,财富管理机构的投资管理具有一定的优势,这主要表现在:从产品信息上来说,国内外有多家大型的财富管理机构致力于财富管理产品的研究工作,为财富管理产品的发展提供可靠的专业数据,同时财富管理机构的研究人员能从全国各地乃至偏远省市获得实地调研资料,深入研究财富管理产品,而个人投资者通常很难做到这一点。从人员上来说,财富管理机构科学的运作模式、巨大的资金规模和良好的发展前景将引来更多优秀人才,现如今财富管理机构的竞争就是人才的竞争,大量的优秀人才的聚集和组织将有效挖掘财富管理产品的价值,增强财富管理产品的竞争力,从而推动机构的发展,使其能够达到更专业的财富管理水准。从资金上来说,财富管理机构不仅拥有巨大的资金量,在交易中相对减少交易佣金压缩交易成本,同时还可以通过集合投资分散投资的多种投资方式来降低投资风险。

然而目前我国财富管理机构的研究部门规模普遍较小,投资经理的操作往往还要借助公司之外的财富管理机构、基金和咨询机构的研究力量。这样会存在一些问题:一是由于不是第一手资料,投资经理难以就上市公司的销售、利润、竞争、成本控制和行业发展趋势等获得最新信息,无法迅速对市场变化做出反应;二是风险较大,比如财富管理机构的研究机构推荐的股票可能正是该财富管理机构的自营盘正在跟踪或已经操作的股票,其风险可想而知。

同时,就我国财富管理业务近年来的发展现状来看,体现出三点不足:首先,产品同质现象严重,产品缺乏创新,表现在一家推出一种集合资产管理计划,其他财富管理机构立刻复制,不具备产品的核心竞争力,同时,由于前一家的客户招揽,产品的吸引力减弱,投资者减少,发行规模自然会大打折扣;其次,只是简单地扩展投资领域,并没有真正做到交叉产品的开发和销售，没有从延伸对客户的服务期限、增强与客户的联系和沟通等方面形成覆盖面广、多层次的金融理财体系，以至于无法满足社会公众需求；最后，有定价能力的财富管理机构将会对抵御通胀产生良好的指导作用，但是事实上，财富管理机构诸多行为未能体现出专业机构应该具备的专业素质和价值评估能力。由此可见，财富管理机构自主研发和定价能力有待提高。

综上所述，对于财富管理机构财富管理产品的投资经理的专业知识和管理技能的评价迫在眉睫。对于此类因素，我们可采用调查问卷的形式对投资经理的特征进行了解和分析。

3. 由于信息不对称，管理团队存在操作风险和道德风险

英国银行家协会(British Banker's Association)对操作风险做出的定义是，操作风险是“由于内部程序、人员、系统的不完善或失误，或外部事件造成直接或间接损失的风险”。财富管理机构在运营过程中，可能会由于工作人员的品德素质问题出现越权、越级操作业务，或本身专业技能不足却承担一些程序复杂、风险较高的业务，从而给金融机构带来损失，这就是操作风险之所在。金融机构的几乎所有业务环节都可能伴随着操作风险，从产品、技术、人员、规章制度到整个系统的稳定，都应给予高度关注。

我国财富管理业务正处于发展的关键时期，从财富管理产品的设计到销售整个过程中都应高度重视风险管理的重要性。尤其在产品的销售过程中，财富管理机构为客户确定所选的财富产品时，应根据客户的各项需求、资金规模以及风险承受能力等各方面因素来综合判断，以降低操作风险。财富管理业务自身的特性也决定了其在实际操作过程中不仅需要面对市场风险，还要防范操作本身隐含的操作风险。例如，财富管理机构不仅在承担管理业务时要向客户收取管理费用，同时还会收取买卖手续费，由于利益的驱使，管理机构可能为增加手续费收入而增加交易频率，让客户支付一些不必要的费用；又如，由于自营业务的存在，可能出现不同的资产管理账户之间或资产管理账户与自营账户之间存在关联交易的情况，此时财富管理机构就不能保持完全独立进行公平交易；再者，在自营业务和资产管理业务同时存在的情况下，财富管理机构可能会因为前者收益高于后者，而将自营业务优先于资产管理业务进行交易，给客户造成损失。

凡此种种，虽然在2013年修订的《证券公司客户资产管理业务管理办法》(以下简称《管理办法》)中都是被禁止的行为，但是证券交易的复杂性决定了在实际执行过程中，对以上行为通常较难界定。例如，《管理办法》规定，财富管理机构不得以获取佣金或者其他利益为目的，用客户资产进行不必要的证券交易，但是通常很难界定所谓“不必要”的交易。

5.2.3 流动性风险因素

流动性是指资产在市场中，按照其价值或接近其价值出售或变现的可能性，是资产变现能力的综合反映。“金融资产流动性”是由James Tobin(1958)首先提出的，他认为，资产持有者希望立即出手或变现自身持有的资产时可能会承担一定的损失，这种可能的损失程度代表该资产流动性的好坏，就是所谓的流动性风险。

流动性体现在金融产品上就是指财富管理产品管理人在面对赎回或转让压力时，将其所持有的资产在市场中变现的能力。当财富管理产品缺乏足够的流动性时，该产品无法在短时间内以尽量小的损失变现，会面临两个方面的风险：一是财富管理产品为了应付流动性压力，以不合理的市场价格出售，对资产进行变现而给资产带来损失的风险；二是财富管理产品在赎回过程中，因无法及时在适当时间内变现产生无法对投资者实现支付的风险。支付危机的频频发生会使投资者产生恐慌，对产品管理者失去信任和信心，管理者和投资者之间的委托关系的基石将会非常不稳固。一旦出现这种情况，该财富管理产品将会面临资产迅速缩水的状况，严重的会导致清盘。

由于我国特殊的市场环境及市场投资者的投机心理，若基金公司所持有的资产流动性不强，那么这些很容易引发赎回危机。本节就从开放式基金的赎回压力和基金公司流动性资产持有两个方面进行案例分析。

表 2－6 分别选取长信银利、嘉实成长和长城久泰三只开放式基金 2006 年上半年的赎回比率并进行比较，这三只基金的赎回比率分别为 14.88％、20.3％和 18.5％，三只基金的平均赎回率达到 17.89％。从赎回比率来看，三只基金都面临着较大的赎回压力。

表 2－6　2006 年上半年开放式基金赎回比率情况表

基金名称	资产净值(亿元)	赎回资金(亿元)	赎回资金/资产净值(％)
长信银利	28.69	4.27	14.88
嘉实成长	31.67	6.43	20.3
长城久泰	30.43	5.63	18.5

资料来源：基金中期报告整理

从深层次分析，基金管理公司面对巨大赎回压力的原因在于基金份额持有人没有长期投资基金的理念。基金公司为满足自身强烈的扩张欲望，不顾逐渐萎缩的市场需求，一味地追求基金规模，不惜以短期固定投资回报协议等非市场化手段招揽客户，然而巨额的“捧场资金”的直接后果就是巨大的基金泡沫和严重的赎回风潮。回顾 2005 年三季度基金赎回情况，有 18 只开放式基金的净赎回比例水平达到 28.34％，随后赎回压力才因大市的好转而得以舒缓，直到 2006 年 3 月份部分基金相继出现净申购现象。从持有期限来看，基金的大部分投资者都属于普通投资者，他们通常没有长期持有的愿望，在基金净值恢复到基金面值以上收益率后就会进行赎回交易，并且在后续过程中也不会重新申购，追求的都是短期投资收益，缺乏长期持有的理念。

为降低此类风险，在设计财富管理产品时，一般会规定一些产品在特定的投资期限内投资者不得提前赎回或终止。反之，对于那些可以提前赎回或是终止的产品，市场利率或其他宏观因素变化可能会导致产品的大规模赎回，这必将影响该产品资金的流动性，从而使流动性风险陡升。因此，券商或其他金融机构为了减少由此带来的损失，可能会对投资者赎回或终止产品的请求加以限制，导致投资者可能会无法赎回，即使可以赎回也只能获得较低的收益或付出较大的成本。现实中，一些发行量较少、信用评级较低、近期评级下调、发行公司信誉不高的财富管理产品往往会因交易量较少而存在较大的流动性风险。

1. 巨额赎回导致资金缩水，投资后继乏力

不同财富管理产品的流动性具有较大的差异，开放式基金可以随时赎回，券商集合理财产品在开放期内也可以随时赎回，若由于某种原因出现了大规模赎回，将会给财富管理产品带来巨大的影响。巨额赎回是指当集合资产管理计划的当日净赎回量(赎回申请总数扣除申购申请总数后的余额)超过其规模的10%时的状况。大规模赎回会给财富管理带来以下问题：

(1)可用资金减少，财富管理产品价值投资"后继乏力"。充足的资金是应对行情的必要条件，当财富管理机构由于巨额赎回造成大量的现金流出时，可用资金将急剧减少，面对新的行情只能是心有余而"金"不足。目前财富管理产品做资产组合、资产配置时主要分三大块：股票、债券、现金。财富管理产品按要求维持一定比例的现金，如果现金不够用，就要卖股票和债券，而持股集中度较高会给卖股票增加困难。

(2)规模不稳定，投资经理面对大行情操作受制约。巨额赎回也会给投资经理的操作带来隐患，面对较好行情时，若不存在巨额赎回现象，投资经理可以持续放大仓位来获取更高收益；而如果存在赎回现象，即使市场存在较大行情，投资经理也会因为巨额赎回产生的不安全感而不敢全仓介入，错过一些较好的投资机会，财富管理产品的收益率也会受到影响，无法实现持有人利益最大化。

(3)削弱价值投资理念，对市场造成负面影响。时刻面临的赎回压力会加剧财富管理产品波段操作行为，价值投资理念也随之变得更加脆弱。如果赎回压力不能被有效抑制，财富管理产品将成为市场的不稳定因素。财富管理产品可以按照规定定期申购和赎回，其风险之一就在于如何妥善处理投资人的巨额赎回问题。为了确保财富管理产品能够对投资者履行赎回义务，必须制定相关的规定来缓和大面积赎回可能带来的冲击。

2. 存续期内清盘风险，产品面临"三输"困境

根据最新的《证券公司集合资产管理业务实施细则》的规定，在券商集合计划存续期间，存在客户少于两人、计划存续期满且不展期、计划说明书约定的终止情形以及法律法规和中国证监会规定的其他终止情形，集合计划应当终止。

华泰紫金智富集合资产管理计划在2011年8月2日遭清盘，成为首个未到期就不得不清算的集合理财产品。拥有顶尖财富管理人才的财富管理机构何以未能阻止财富管理产品的清盘，究其原因，是由于市场正处于低迷状态，同时新发产品扩容速度远远不及老产品缩水快，导致基金净值大幅缩水，基金规模不断降低，致使投资工具无法满足存续条件时，就不得不面临终止计划的清盘风险。集合理财计划规模少于1亿元的状况出现并不意外，或有更多产品面临清盘风险，一旦清盘，财富管理产品的相关当事人均会遭受损失，对于监管部门、证券公司、投资者来说将是一个"三输"的局面。

3. 委托管理资金的时限过长，风险无法及时转移

委托理财周期短，到期日集中，证券公司运作难度大，这些是券商集合理财产品不可避免的问题。证券公司受托投资管理的初始封闭期大多为半年或一年，在资本市场整体系统风险较大，投资品种单调并缺乏有效避险机制和避险工具的情况下，要在如此短的时间内获得良好回报，证券公司难以制订出稳健、周密的投资计划。这种急功近利的短期化投资，很难取得稳定回报并常常伴随着高风险。一旦到期资金运作不

佳,回赎困难,容易发生客户挤兑,并有可能导致证券公司资金链断裂。

而信托产品缺少灵活约定信托收益权的退出转让制度。由于信托法仅规定信托受益权可以依法转让和登记,但是没有细则性的规定,转让双方签订信托受益权转让协议后,信托受益权在哪一时点移转给受让方,受托人又应该以何种形式予以确认都是非常重要的问题。在信托登记制度建立之前,主要通过各方的协议约定予以解决。一个考虑信托受益权将来可能转让的信托合同通常都会对此有约定,但由于法律没有明文规定,相关约定也五花八门,但在一般约定可以转让的情况下,均需要到受托人处办理信托受益权转让登记。但对于如何登记,通常没有明确约定,有些信托合同约定了各方应提交的资料。对于转让登记的效力,有些信托合同约定信托受益权转让自完成登记之日起生效,有些信托合同约定如未进行登记则不能对抗受托人等。可见信托受益权的权利移转和信托受益权的登记有很大的关联性,很多信托受益权转让协议约定,自完成信托受益权转让登记之日起,信托受益权变更为受让方。但由于没有信托受益权登记的明确法律规定,各方对受托人如何进行信托受益权转让登记没有话语权,导致一个信托受益权的归属可能长时间处于不确定状态,从而引发纠纷。所以,信托产品受益权的转移时点离信托受益权转让登记时点越近,信托产品变现越快,流动性风险越小。

5.2.4 信用风险因素

近年来,信托产品风险事件频发。2012 年 4 月 12 日,吉林信托爆发首个房地产信托违约项目,“吉信长白山 11 号 · 南京联强集合资金信托计划”到期,但因南京联强项目资金困难未按时兑付,在华融资产接盘下才得以延期 8 天兑付。2012 年 6 月,华澳国际信托将大连实德诉诸法庭,成为近年来房地产信托爆发式增长后上诉法院的首例金融借款合同纠纷案。2012 年 12 月,因无法偿还中融-青岛凯悦地产信托计划,凯悦中心部分资产被司法拍卖,被媒体称为“信托投资资产拍卖第一例”。实际上,从 2012 年至今,信托已曝出多款产品遭遇兑付危机。除房地产信托外,在矿产、基建领域均已出现信托风险事件。尽管系统性风险基本不会出现,但违约事件的背后却暴露出信托产品存在不容忽视的信用及运营风险。表 2 - 7 所列为 2012 年以来被报道信托兑付危机事件汇总。

表 2 - 7　2012 年以来被报道信托兑付危机事件汇总

报道时间	信托计划	风险事件
2012 年 2 月	国投信托-山西泰莱能源信托贷款集合资金信托计划	媒体曝光泰莱连续三年营收为零,没有公开的采矿权及经营行为,信托资金被挪用,延长民间借贷链条
2012 年 4 月	吉林信托-长白山 11 号 · 南京联强集合资金信托计划	项目方违约,吉林信托推迟兑付信托计划
2012 年 5 月	中融信托-鄂尔多斯伊金霍洛旗棚户区改造项目集合资金信托计划	项目停工近一年,销售不畅影响回款,资金有被挪用偿还民间借贷之嫌

（续表）

报道时间	信托计划	风险事件
2012 年 5 月	吉林信托-松花江 78 号南山建材项目收益权集合资金信托	融资方为了偿还欠债，涉嫌编造项目从吉林信托骗取贷款，并遭到逮捕，产品兑付遭遇危机
2012 年 6 月	华澳信托-长盈 11 号集合资金信托计划	实德董事长涉嫌经济案件，兑付遭质疑，华澳信托起诉大连实德
2012 年 7 月	中融-廊坊海润达股权投资集合资金信托计划	两项目均未动工，开发进度严重落后
2012 年 8 月	安信信托-浙江金磊房地产股权投资信托计划	项目实质控制人私自挪走信托资金偿还高利贷，被迫提前终止
2012 年 12 月	中融信托-青岛凯悦中心信托贷款集合资金信托计划	因项目方销售不力融资方违约还款，中融信托申请法院拍卖抵押物
2012 年 12 月	中信信托-聚信汇金煤炭资源产业投资基金 1 号集合资金信托计划	融资方旗下部分煤矿已停产，洗煤厂 2010 年全年营收为零。集团负责人遭到美国证券管理机构起诉
2012 年 12 月	华鑫信托-希森三和集合资金信托计划	融资方无力支付最后一期利息导致信托产品仓促清算、未支付最后一笔应付利息，投资人不满投诉华鑫信托
2012 年 12 月	中信信托-三峡全通贷款集合资金信托计划	资金被用于帮助交易对手偿还信贷贷款，项目公司停产、拖欠工资，已濒临破产，无力偿还
2012 年底	中泰信托-高远控股有限公司单一信托	拖欠第三、四期利息，融资方陷入危机、濒临倒闭
2012 年底	新华信托-上海录润置业股权投资集合资金信托计划	项目工程进度严重滞后，担保方陷入债务危机形成诉讼，录润置业卷入其中
2013 年 1 月	中信信托-舒斯贝尔特定资产收益权投资集合信托计划	项目公司工程严重停滞，中信信托司法申请拍卖抵押土地
2013 年 3 月	四川信托-洋城锦都置业特定资产收益权投资集合资金信托计划	项目处在停建状态，回款并不足以偿还信托
2013 年 3 月	安信信托-昆山·联邦国际资产收益财产权信托计划	融资方资金周转困难，且由于存在多处法律法规争议，融资方拒绝还款付息
2013 年 4 月	安信信托-温州“泰宇花苑”项目开发贷款集合资金信托计划	项目楼盘停工近一年，融资方民间借贷过度，公司负责人逃离出境
2013 年 4 月	陕国投-裕丰公司二期建设项目贷款集合资金信托计划	2012 年底裕丰公司陷入债务危机，引发资金链断裂，还款困难
2013 年 7 月	五矿信托-荣腾商业地产投资基金信托计划	项目销售不力，融资方回款困难，对应抵押物存在其他第一顺位债权人

资料来源：公开资料，中债资信整理。

信用风险又称违约风险，是指交易一方违约不履行合约造成的风险，包括集合资产管理计划在交易过程中发生交收违约，或者集合资产管理计划所投资债券之发行人出现违约、拒绝支付到期本息，或者上市公司信息披露不真实、不完整等，以上因素都可能导致集合资产管理计划资产损失和收益变化。

财富管理产品的信用风险，是指由于金融机构的信用情况改变导致财富管理产品在赎回日的给付发生变化。一般而言，投资者是金融机构的无担保一般债权人。当金融机构资不抵债，面临信用风险时，有担保债权人比无担保一般债权人对资产享有优先受偿权。一旦遇到这类情况，投资者可能出现一定的投资收益损失，甚至本金也会出现一定的亏损。由于很多券商没有自身推出财富管理产品的能力，他们会选择从境外一些更大的投资银行购买相关的财富管理产品（如结构性票据或产品）。这些境外发行人也可能会在利息支付或本金返还义务上发生违约。境外发行人信用评级的变化可能会使相关境外投资工具的价值随之变化，甚至其母公司或关联公司的信用评级都会影响投资工具的价值。

1. 交易一方因生产经营不善导致履约能力低下

基于套期保值或投资等目的而参与财富管理产品交易的机构在生产经营过程中，因投资、生产和销售等决策失误或管理不善而导致盈利下降或亏损甚至是破产或其他的财务问题，致使其履约能力下降甚至丧失，这种情况一旦出现，融资方或管理机构就不可避免地发生违约，从而导致信用风险的产生。

一旦境外发行人申请破产或进行债务重组等类似程序，可能大幅缩减或延迟境外投资工具的应付款项。因此，境外发行人违约会导致投资者面临投资本金发生较大损失的风险。

2. 交易一方因信用风险的连锁反应而导致其发生违约

信用风险具有滚球式的扩大效应，能产生较大的危害。一个交易者因多种原因违约，会使其交易对手也发生违约，进而违约风险就像瘟疫一样在整个金融市场传播，严重扰乱正常的市场经济秩序，甚至导致总体经济风险。尤其是那些实力雄厚、资信优良的大型金融机构，虽然具有财富管理产品技术性强、交易程序复杂、定价难度大等特征，但是他们有能力依赖先进的专业技术人才顺利地创新设计、发行销售这类产品并成为最主要的交易者，具有很大影响力，一旦发生违约，将给整个证券市场带来严重信用危机。

3. 刚性兑付的信托行业特殊潜规则日益受挑战

此前，众多投资者未对信托风险给予足够的重视，是因为坚信信托的“刚性兑付”。所谓“刚性兑付”，指的是信托产品到期时，若信托产品不能如期兑付或兑付困难时，信托公司需要兜底处理。实际上，“刚性兑付”并不是一个明文规定的法定义务，而只是信托业的一个长期潜规则。“刚性兑付”将风险与投资者隔离，使投资者获得高收益却并未完全承担对应的高风险，这是信托产品受到市场狂热追捧的不可忽视的因素。然而“刚性兑付”本身是违背市场规律的。尤其是随着风险爆发增多，特别是系统性风险累积到一定程度，超出信托公司本身所能承受的范围时，那么实质性的违约将不可避免，且不少信托公司也在尝试打破该惯例。

5.2.5 购买力风险因素

购买力风险是指财富管理产品的利润将主要通过现金形式来分配，而可能因为通货膨胀、货币贬值的影响而导致现金购买力下降，从而使基金的实际收益下降，给投资者带来实际收益水平下降的风险。

比如某一种产品的年利率为3%，在存在通货膨胀的情况下，3%是名义利率；假如通货膨胀率为5%，则实际利率为负。当人们持有100元人民币时，年终价值为103元；但若持有100元的商品，年终价格为105元，即年初的100元可以买到的商品到了年终却买不到了，这就是说货币的购买力下降，或者货币在对内贬值。

Fisher(1930)认为，实体经济和货币部门是独立的，因此假设利率的预期实际收益由实际部门决定，即实际利率由资本的生产率和消费者的时间偏好决定，因此利率的预期实际收益率和预期通货膨胀率不相关。该假说很容易延伸到任一个实物资产的收益率。譬如股票，即实际收益率等于名义收益率减去通货膨胀率，当通货膨胀率发生变化时，资产名义收益率会相应做出等幅调整，通货膨胀率的增加或者减少完全能够通过资产的名义收益率体现出来，从而导致资产的实际收益率发生变化。

第 6 章 财富管理产品评价指标体系与模型构建

6.1 财富管理产品评价指标体系

通过对文献进行综述以及比较国内外各种财富管理产品的评价体系，课题组认为在建立我国财富管理产品体系时，需要针对财富管理产品自身特点、风险结构等要素，构建符合中国国情的财富管理产品的评价方法与体系。设计这样的财富管理产品的评估指标体系，并非旨在将其作为财富管理产品评估的唯一标准，而是为各评估机构或部门提供一个基本的参考。在实际操作中可根据财富管理产品性质的不同特点加以调整，以取得更符合实际情况的评估结果。

针对财富管理产品种类繁多、结构复杂的特点，课题组认为对其评估不能单纯采用主观打分的评估方法，应以对财富管理产品的评价影响因素分析为基础，运用评价模型，采用数理统计方法，对与财富管理产品风险和收益水平相关的宏观经济和市场变动及其发展趋势进行分析，得出最终的财富管理产品的评估指标体系。

财富管理产品是一种非标准化的产品，面对这些种类繁多的财富管理产品，一个统一的评价体系显得尤为重要。财富管理产品评估指标的选取，应该能够全面、综合地反映财富管理产品收益能力与风险结构特征，并与财富管理市场的现实相符合。

6.1.1 评价指标体系的设计原则

财富管理产品的评价指标体系的设立是为了应用各级指标进行评价，最终目的是要求能够应用于实际操作。因此，指标的选择需要从实际出发才能够为投资者的决策提供参考。本课题组在理论基础上，结合实际情况，制定以下四种设计指标体系的原则：

(1)可测性。建立指标体系是为评价方法服务，评价指标体系要能够测量，无论是定性指标还是定量指标，在评价方法中都要以数量的形式进行表示，所以要求评价指标具有可测性，要易于数据的收集，这样更有利于实际应用。目前国内尚无统一的权威具体标准来评价各种财富管理产品，主要是由财富管理产品本身结构的复杂性和多样化所决定的。此外，由于多数理财产品最初发展的形式与基金类似，因此很多财富管理产品的评判标准都会借鉴基金绩效评价。虽然这些方法对于评价财富管理产品有一定参考价值，但对于财富管理产品的独特特征测定则略显不足。我国财富管理产品评价指标体系和评价标准，既要注重吸取国内外财富管理产品有益的量化标准，也要借鉴能够反映产品特征的量化指标，并使用综合评价指数方法与模型来进行综合测定，使指标体系和评价标准在市场上能具有通用性。

(2)科学可行性。选取和设立的指标体系，应该科学地、准确地反映财富管理产品的特征和要求，对于评价给出的结果要求能提供比较准确的综合评价结果。可行性标准指的是新建立的财富管理产品指标体系和评价标准，必须具有可操作性。一是指标数据便于收集整理；二是与现行统计评价方法相衔接；三是适宜于经常性动态监测；四是指标体系简单明了，指标不能太多，换算不能太复杂。

(3)客观时效性。在对风险因素的评价衡量中，大多数指标体系都带有较强的主观因素，都是在凭借经验或借鉴别人成果的基础上建立起来的，虽然可以通过一定的数学方法对指标进行筛选，但主观因素还是很明显。这就要求评价者在确定指标体系时要客观、公正，应尽量减少加入个人的主观意愿，并且随着金融市场的不断发展，财富管理产品也在不断地发展和丰富，指标体系的设计要考虑产品自身变化的动态性，不同阶段的指标体系可能会有不同，要注意市场的时效性。

(4)结构严谨性。指标体系的设计既要全面和综合，又要避免指标体系过于复杂，避免指标之间出现重复现象。尤其在对风险指标进行选取和设计时，避免指标之间出现协同关系，从而导致风险衡量出现协同效应，使结果偏离过大。设计指标体系时要把财富管理产品看成一个系统，从整体去把握各个影响因素，全面、综合地反映被评价对象的整体情况。同时也要注意指标体系的结构，弄清因素间的联系和区别。虽然指标体系简洁明了可以增强指标体系的可操作性，但同时也要保证指标体系的完备性，根据财富管理产品的风险点来完善分析，给出相对应的指标，杜绝出现漏选现象。

总之，在遵循上述原则的基础上，对具体评价指标要仔细权衡，既要简洁又要完整。同时，还要不断地对建立的评价指标体系进行反复研究，经过不断筛选后，确定最合理的评价指标体系。

6.1.2 财富管理产品评价指标的选取

课题组认为，优秀的财富管理产品评价体系不仅应为投资者提供优秀的单只产品，更应该在产品的种类和层次上给投资者更多的选择。因此在对财富管理产品的测评中除了考虑产品的基本表现外，还应兼顾考虑产品的丰富性和多样性。评价财富管理产品真实投资价值的标准主要有收益指标和风险指标，从这两个方面投资者不仅可以了解到财富管理产品的综合水平，也可以根据自身需求清晰地选择在分类产品市场上表现优秀的财富管理产品。

根据第5章对我国当前的各种财富管理产品的评价因素分析，以及对指标选取原则的探讨，课题组建立了表2-8的财富管理产品评价指标体系：

表2-8 财富管理产品评价指标体系

一级指标	二级指标	三级指标
收益	—	净值增长率
风险	市场风险	贝塔值(β)
	管理风险	T-M模型的alpha和gamma水平
		集中分散程度
		管理机制设置
	流动性风险	组合换手率
	信用风险	期望损失EL
	购买力风险	GDP增长率
		通货膨胀率(CPI)

我们将在下文对指标体系构建的理论基础及计算公式进行详细说明。

1. 收益指标

在财富管理产品的产品池中，每种产品的收益影响因素不完全一样，但都会不同程度地受到费用收取模式、投资资产规模以及投资管理人等各种因素的影响。

在将风险因素引入财富管理产品绩效评价之前，产品投资业绩主要由“单位净值”“净值收益率”“净值增长率”这几个无风险调整的指标来衡量。在国内外很多文献中，学者多采用净值增长率指标构建多因素模型评价财富产品的绩效和持续性。该指标能较直观地反映某段时间内产品资产的变动及管理效率。由于计算简便，投资者很容易理解，该指标一直以来作为财富管理产品评价的基础指标，被广泛采用。

在本课题组研究的基础上，我们选用净值增长率作为我们衡量收益的指标。该指标运用基础指标进行整合，计算方便，更易操作，更适合用于评估财富管理产品在某一个时期内的业绩表现。净值增长率的计算方法如下：

$$R_{p,t}=x=\frac{MAV_{p,t}/Z}{NAV_{p,t-1}-D_{p,t}}-1 \qquad (2-1)$$

式中，$MAV_{p,t}$为t 日理财产品 p 的单位净值；T 为理财产品评价期间；$D_{p,t}$为理财产品在t 日的单位收益分配额；Z 是份额折算比例。

我们可据此计算每日、每周、最近一个月、最近三个月、最近六个月、今年以来、成立以来，或是任意时间段的净值增长率。

2. 风险指标

在风险因素分析的基础上，我们分别从市场性风险、管理风险、流动性风险、信用风险及购买力风险五个角度，选取风险衡量指标，对财富管理产品进行风险衡量。

(1)市场性风险指标

在所有财富管理产品存在的风险中，市场风险是最重要的系统性风险因素，是在经营管理活动中必然要面对的风险之一。根据诱发风险的原因可以将风险分为利率风险、汇率风险、股票价格风险和商品价格风险。

由于我国的财富管理产品尤其是股票型产品大都以追求长期的资本增值为目标，所以我国财富管理产品面临的主要风险就是市场风险。投资标的主要为我国资本市场上的股票、债券、外汇、货币等金融工具，这些金融工具的价格随着资本市场的波动而波动，因而财富管理产品面临的风险也主要是由于资本市场波动而产生的市场风险。市场风险的出现是许多因素共同作用的结果，比如说经济因素、政治因素、投机因素等，这种种因素导致了资产价格的变动，从而产生了市场风险。

由于市场风险在整个风险研究中的重要性，因此国内外学者都对此进行了大量研究，其中较为常用的就是贝塔值(β)、标准差以及后来提出的 VaR 模型。其中，VaR (Value at Risk)是一种以规范的统计技术综合衡量市场风险的方法，揭示了不同类别资产的风险状况及其对整个资产组合的风险贡献。但 VaR 值计算较复杂，常用在对市场风险的专项研究中。由于本课题是针对多种财富管理产品进行研究，站在可测性及科学可行性的角度，因此在本课题中我们选择贝塔值对财富管理产品的市场风险进行衡量。

(2)管理风险指标选择

根据上一章的阐述,课题组将管理风险主要划分为团队管理人才、业绩管理以及管理机制三个方面内容,下面分别对三个方面选取指标进行衡量。

① 团队管理人才风险衡量

目前市场上存在的财富管理产品的管理关系基本可以被归纳为一种委托代理关系,这种关系下的代理方的管理能力在很大程度上影响着委托方(即投资者)的收益水平,这种风险表现为财富管理产品预期目标可能无法实现。

根据近年对各种财富管理产品的投资业绩统计结果,产品计划不太可能总为投资者赢取超出市场平均的业绩与回报。影响财富管理产品业绩的因素尽管比较多,但能被人所控制的是财富管理产品投资经理的投资才能。其中,证券选择能力及市场时机把握能力是影响财富管理产品业绩的重要因素,如果财富管理产品投资经理具有较高的证券选择能力,并能在适当的时机进行投资操作,就会在一定程度上分散财富管理产品的投资风险,从而提高财富管理产品的业绩。因此,对于财富管理产品来说,影响产品业绩最关键的因素当属投资经理的证券选择与市场时机把握能力。

证券选择能力体现在投资经理能否识别那些相对于整个证券市场而言被低估或被高估的证券,市场时机把握能力体现在投资经理能否较准确预测市场走势。也就是说,投资经理可以通过成功分辨并投资于某些定价偏低的证券而获得优秀业绩;同时,也可以通过正确估计市场走势而进行投资组合定位,从而取得优秀的业绩。当投资经理预计市场将出现下滑趋势时,可以通过扩大投资组合中固定收益资产的头寸或降低股票资产的头寸来修改投资组合;反之,则进行相反的操作。以此思路为基础衍生出了众多的理论模型,在目前研究的基础上,对这方面评估应用最为广泛的主要有特雷诺和玛泽的 T-M 模型(Treynor & Mazuy,1966)、亨里克森和莫顿的 H-M 模型(Henriksson & Merton,1981)及查恩和莱维伦的 C-L 模型(Chang & Lewellen,1984)。

综合我国研究学者对财富管理产品业绩评价研究中以上三种模型的比较,发现用 T-M 模型验证的结果最为显著。因此,本课题组采用 T-M 模型对投资经理的选股择时能力进行衡量。T-M 模型即为

$$r_{p,t}-r_{f,t}=\alpha+\beta_1(r_{m,t}-r_{f,t})+\beta_2(r_{m,t}-r_{f,t})^2+\varepsilon_{p,t} \tag{2-2}$$

式中,α 为证券选择能力指标;β_1 为市场时机把握能力;β_2 为基金组合所承担的系统风险;$r_{f,t}$为无风险收益率;$r_{p,t}$为基金在各时期的实际收益率;$r_{m,t}$为市场组合在各时期的实际收益率;$\varepsilon_{p,t}$是随机误差项。

特雷诺和玛泽认为,如果 β_2 大于零,则表示基金经理具有市场时机把握能力。另外,如果常数 α 值大于零,表明基金经理具备证券选择能力。而且 α 值越大,这种证券选择能力也就越强。

② 业绩管理风险衡量

一个财富管理产品的价值取决于投资经理对其资产份额的经营成果,也就是业绩水平。这种由于产品业绩不稳定而出现的风险,我们称之为业绩管理风险。如果投资经理对产品的资金份额管理不善,其净值增长降低或较同类其他财富管理产品收益较

少，就会使该产品的业绩下降。

针对这样的风险，本课题组建议采用投资标的的集中度来衡量。财富管理产品投资标的集中或分散程度对组合的风险影响很大，当分散程度高时，组合充分降低了单个投资标的非系统风险，但同时承担了较大的系统风险，并且投资成本也较高；当集中程度高时，投资成本较低，通过选择投资标的可以在一定程度上降低系统风险，但同时承担了较大的个股的非系统风险，并且承担了较大的流动性风险。因此，需要对集中分散程度对投资标的组合风险的影响进行深入分析。为此，用分散度来考察集中分散程度。

设某一类财富管理产品在某日收盘后对每种投资标的的持有资产量为 M_i；$i=1,2,\cdots,n$。资产比例为m_i，$i=1,2,\cdots,n$。则

$$m_i=\frac{M_i}{\sum_{i=1}^{n}M_i} \tag{2-3}$$

令

$$H=-\sum_{i=1}^{n}m_i\times \ln m_i \tag{2-4}$$

式中，H 是投资标的资产分布的分散度。

同样，在众多财富管理产品中，有一部分属于分级类理财产品。对于分级理财产品，投资者在购买前需要认真了解产品的投资风险，包括收益目标、收益分成规定等。在分级产品中虽然有一些产品的年化收益率甚至能达到 15%，杠杆比例相当高，但杠杆率过大，市场一旦波动，优先级很难确保收益。在本课题中，由于样本的多样性，在此不再单独对分级产品进行特殊分析处理。

③ 管理机制风险衡量

由上一章对管理机制风险的详细描述，我们知道风险监管是管理财富管理产品成败的关键，健全的内部风险控制制度是保护投资者利益的根本手段。

完善的财富管理产品风险管理体系首先必须具备一个结构清晰、分工明确、相互牵制的风险管理组织结构，并在此基础上建立起覆盖整个投资管理机构的风险管理流程、制度和各类风险性质相一致的风险管理框架，确定不同职位的人员在风险管理中的具体职责。在风险管理过程中，除了建立分工明确、结构清晰的内部风险管理组织结构，保证风险的管理框架能够覆盖所有的相关领域外，还应当建立严密清晰的，覆盖基金风险的识别、评估、缓释、监控、报告等基本环节的风险管理和报告程序。

针对这样的风险，本课题组建议引入虚拟变量，如果管理机构（或托管机构）风险管理体系非常完善，将虚拟变量设置为 0，具有一般化风险控制体系的取 0.5，有很大的缺陷和问题导致风险漏洞很明显的则赋值 1。

(3)流动性风险指标选择

流动性风险在整个市场财富管理产品中的表现主要分为两种：一种是完全流动的产品，一种是不完全流通的产品。

在整个市场财富管理产品中，开放式基金相对来说流动性较好，合同可以随时终

止和续存，可以随时按基金净值赎回，也可以进行股票型基金和货币基金间的转换。定期公布业绩报告，还会公布持仓变化情况，如果觉得其持有的股票风险过大，可以及时赎回，从而规避风险。并且投资金额也不受限制。所以从流动性上来看，开放式基金相较于其他财富管理产品更胜一筹。

而集合资金信托产品按投资方向主要分为房地产信托、基础设施建设信托和证券投资信托三类。而根据其投资方向的不同，主要通过两种方式实现其流动性。一种是柜面交易，房地产信托和基础设施信托的投资者，一般采用该类方法实现产品转让，是指投资者自己寻找转让的对象，双方一起在信托公司的营业部签订转让协议，流动性较差。信托计划的流动性则由于其往往投资实业项目等原因，受到信托收益权转让不便利等影响导致其流动性相对较差，并且进入门槛金额比较高。按照现有的转让模式：加入资金信托计划的投资者要转让手中的信托合同，必须由投资者自己寻找买方，双方谈妥后，再到所购买信托产品的信托投资公司营业大厅办理过户手续。另一种是申购赎回，证券投资信托的投资者一般通过该种方式实现流动性。首先是设置一个封闭期，封闭期内赎回需支付赎回费用。封闭期结束后，按照一定的频率设置赎回日，投资者可以在赎回日进行赎回或申购，流动性相对好一些。

目前我国的券商集合理财计划流动性设置与证券投资信托相似，一般有数月至一年的封闭期，期间无法通过交易、转让的方式提前收回投资，如果提前赎回要面临一定的损失，但之后投资者就可以自由退出。

在本课题中，我们对流动性风险衡量选择组合换手率作为衡量指标。为此，定义组合平均换手率为

$$组合换手率=组合成交量之和/组合流通量之和 \tag{2-5}$$

$$组合平均换手率=n\,日组合成交量之和/n\,日组合流通量之和 \tag{2-6}$$

在以上概念的基础上，我们对组合变现速度等进行延伸。以成交量或换手率的20%作为不对市场价冲击的上限，定义组合变现速度（天数）为

$$\begin{aligned}组合变现速度&=组合持有量/(20\%\times n\,日组合平均成交量)\\&=组合量占流通股比率/(20\%\times n\,日组合平均换手率)\end{aligned} \tag{2-7}$$

于是，每日变现的资金量为

$$每日变现的资金量=组合股票资产/组合变现速度 \tag{2-8}$$

如开放式基金的流动性风险主要体现为股票组合的变现资金、债券变现资金加现金能否满足赎回的要求，以10%最高赎回率为上限，定义开放式基金流动性风险为

$$\begin{aligned}流动性风险(Risk)=&(组合股票资产/组合变现速度\\&+现金)/基金资产-10\%\end{aligned} \tag{2-9}$$

当 Risk>0，则没有流动性赎回风险；当 Risk<0，则存在流动性赎回风险。

(4)信用风险指标选择

信用风险又称违约风险，包括财富管理产品计划在交易过程中发生交收违约，或

者产品计划所投资项目之经营者违约、拒绝支付到期本息，或者上市公司信息披露不真实、不完整等，以上因素都可能导致财富管理产品计划资产损失和收益变化。

财富管理产品的信用风险来源于投资方、管理机构及托管机构的违约可能性。对于财富管理产品的信用风险衡量，我们借鉴其他机构的信用风险衡量标准，用违约风险敞口、违约频率和违约损失率的乘积来表示。

我们在评估财富管理产品的信用风险时，可以运用市盈率作为参考，其与发行主体的信用状况成反比。虽然市盈率越高，投资者在名义上能够获取越多的投资收益，但是由于发行主体信用风险较大，当风险突破一定的警戒线指标后，不仅收益会降低，甚至会危及本金的收回。在信用风险方面重点考虑发行主体信用风险、基础标的资产、现金比率、投资关联资产情况等指标，将这些影响因素综合到一个信用风险指标上。而最终针对信用风险可以进行信用评级，设置成多个级别的信用状况，用最高层信用级别表示信用风险，以此递减。

因此，本课题组采用期望损失 EL 来衡量财富管理产品的信用风险，公式见表 2－9 所列。

表 2－9　信用风险

期望损失 EL	$EL=DP\times CE\times LGD$
违约概率（DP）	违约事件发生的可能性大小
信用风险敞口（CE）	如果违约事件发生会产生的损失金额
违约损失率（LGD）	由于违约而发生损失的比率

（5）购买力风险指标选择

购买力风险又称为通货膨胀风险，指财富管理产品的利润将主要通过现金形式来分配，可能因为通货膨胀的影响而导致现金购买力下降，从而使财富管理产品的实际收益下降。购买力风险不同于利率风险和市场风险，因为投资者有可能在其价格持续上升的情况下丧失购买力，许多投资者错误地认为货币越多越富裕，这种货币幻觉使投资者忽视了通货膨胀的问题。投资者只有把注意力集中在实际收益率而非名义收益率上，才能解决货币幻觉问题，而且只有当实际收益率为正值，即名义收益率大于通货膨胀时，购买力才真正有增长。

因此，本课题组主要采用 GDP 增长率与通货膨胀率（CPI）表示通货膨胀风险，即购买力风险。

6.2　财富管理产品评价模型的建立

为了尽量全面地反映财富管理产品的情况，课题组决定采用 RUP 指数和套利定价模型来综合衡量。本课题组认为任何一个单独的指标都不能反映某财富管理产品的全部情况，通过单一指标得出的结论也是不准确的。RUP 指数考察的是单位收益承担的风险，也就是财富管理产品的绩效，而套利定价模型的意义在于通过此模型算出财富管理产品的理论收益率（非公开市场交易的产品）或预期收益率（公开市场交易的产品)，以期对产品做出评价。

6.2.1 财富管理产品评价模型的理论基础

1. RUP 指数的理论基础

1965 年 Treynor 在《如何评价投资基金的管理》一文中提出，如果有效的资产组合完全消除了单一资产的非系统风险，那么，其系统风险就能较好地刻画基金的风险，单位系统风险的超额收益率可以作为评价基金业绩的指标，即特雷诺指数，其计算公式为

$$T_{p,t}=\frac{R_{p,t}-R_{f,t}}{\beta_{p,t}} \tag{2-10}$$

式中，$T_{p,t}$代表反映基金业绩的特雷诺指数；$R_{p,t}$代表基金样本期基金的期望报酬率；$R_{f,t}$代表无风险收益率；$\beta_{p,t}$代表基金样本期基金的β系数。

特雷诺指数是以 SML 作为基准的一种风险调整绩效测度方法，衡量了单位系统风险带来的超额回报，特雷诺指数越大，基金业绩越好。

1966 年，夏普在《共同基金业绩》一文中提出共同基金的业绩是指承担单位总风险而获得的回报，是基金经理投资才能的综合反映，可以通过超额收益与总风险之比来衡量，即夏普指数，其计算公式为

$$S_{i,t}=\frac{R_{p,t}-R_{f,t}}{\sigma_{p,t}} \tag{2-11}$$

式中，$S_{i,t}$表示夏普指数；$R_{p,t}$代表基金样本期基金的期望报酬率；$R_{f,t}$代表无风险收益率；$\sigma_{p,t}$表示基金投资组合收益率的标准差。

夏普指数反映了基金投资组合承担每单位风险基金净值增长率超过无风险收益率的程度。夏普指数越大，说明基金单位风险所获得的风险回报越高。

1968 年美国经济学家詹森发表了《1945—1964 年间共同基金的业绩》一文，提出通过计算基金的超额收益来衡量基金投资业绩优于基准的程度，即詹森指数。通过下面的回归方程得到：$R_{p,t}-R_{f,t}=\alpha_{p,t}+\beta_{p,t}(R_{m,t}-R_{f,t})+\varepsilon_{i,t}$，式中$\alpha_{i,t}$即为詹森指数。

而本课题所采用的 RUP 指数的思想正来自这三个指数。

2. 套利定价模型的理论基础

1964 年威廉·夏普在组合证券理论的基础上提出了著名的资本资产定价模型(CAPM)，模型使用资产的预期收益率与β系数的关联描述收益与风险间的关系，从而大大简化了运算，也成为众多组合投资理论的基础。

1976 年，套利定价理论的提出使得资本资产定价模型进一步发展。这个理论相对于资本资产定价模型所不同的一个显著观点就是，证券的实际收益并不仅仅地受市场风险变动的影响，经济活动中的许多因素变动都可能对其产生影响，即它假定证券i的收益率是由以下因素模型生成的：

$$r_i=r_f+\beta_{i1}I_1+\beta_{i2}I_2+\cdots+\beta_{in}I_n+\varepsilon_i \tag{2-12}$$

式中，I_j是影响证券i收益率的第j个指数的值，$j=1,2,\cdots,n$；β_{ij}是证券i的收益率对

第 j 个指数的敏感度，$j=1,2,\cdots,n$；r_f是影响证券 i 收益率的所有指数值，即 I_j 都为 0 时证券 i 的预期收益水平；ε_i 是随机误差项，满足 $E(\varepsilon_i)=0, V(\varepsilon_i)=\sigma^2$。

同时，公式(2-1)还满足以下两个条件，这也是套利定价理论的前提假设：

(1)$\mathrm{Cov}(\varepsilon_i,\varepsilon_j)=0, i\neq j$(任意两种证券收益率的随机误差项是互不相关的)；

(2)$\mathrm{Cov}(\varepsilon_i, I_j)=0, j=1,2,\cdots,n$(证券 i 收益率的随机误差项和任一个指数是互不相关的)。

尽管斯蒂芬·罗斯提出的套利定价理论(APT)是基于证券投资提出的，但是本课题组认为在满足假设的情况下，这个理论同样适用于财富管理产品。当然，不同的财富管理产品的影响收益风险因素并不相同，课题组建议可通过对 β 赋值的改变来适应实际情况。

根据套利定价理论(APT)的假定条件，两个风险相同的财富管理产品或财富管理产品组合不可能提供不同的预期收益。因为一旦出现与上述相反的情况，套利者就有机可乘，他可以卖空预期收益率低的财富管理产品，同时买入预期收益率高的财富管理产品，从而不花一分钱，不承担任何风险而获取利润。而这种情况在均衡条件下是不可能的，所以，财富管理产品 i 的均衡收益率为：

$$E(r_i)=r_f+\beta_{i1}[E(I_1)-r_f]+\beta_{i2}[E(I_2)-r_f]+\cdots+\beta_{in}[E(I_n)-r_f]+\varepsilon_i \tag{2-13}$$

式中，$E(r_i)$是财富管理产品 i 的预期收益率；r_f是财富管理产品无风险收益率；β_{ij} 的含义同公式(2-12)；$E(I_j)-r_f$是指数 I_j 的风险溢价。公式(2-13)就是套利定价理论模型，它将财富管理产品的预期收益率与经济活动中多个风险因素的关联关系描述为资产的收益-风险之间的关系，给出了均衡条件下资本市场上各种资产的价格风险关系。基于这个公式，本课题组讨论五种对财富管理产品收益率有重大影响的风险：市场风险、管理风险、购买力风险、信用风险及流动性风险。

6.2.2 财富管理产品评价模型建立的思路

财富管理产品的绩效度量一般采用夏普指数、特雷诺指数、詹森指数三大指数。这三大指数的核心都是为了计量出一个考虑风险情况下的收益。本课题组也认为只有给出考虑风险情况下的收益，才能使投资者避免沉浸在财富管理产品发行方给出的收益率中而忽略了风险，从而做出更理性的选择。

同时，在各风险指标选取的基础上，课题组以套利定价理论 APT 为基础建立财富管理产品评价模型。在第 5 章我们提到现在大部分针对如基金、信托、集合理财等财富管理产品的评价模型都是建立在资本资产定价模型(CAPM)之上的，而套利定价理论作为对资本资产定价模型的发展也有着广泛的应用。通过构建模型，课题组旨在对非公开市场交易性的财富管理产品，衡量出其在既定的风险下的理论收益率，与承诺的实际收益率进行比较，得出该财富管理产品是被高估还是低估的结论，并以这样的结论指导投资者进行投资；而对于公开市场交易性的财富管理产品，本课题组希望通过模型计算出其期望收益率。

6.2.3 财富管理产品模型的构建

1. RUP 指数的构建

(1)考虑风险情况下的收益指数 RUP 的提出

通过对夏普指数、特雷诺指数、詹森指数三大指数衡量公式的对比，课题组发现特雷诺指数和詹森指数衡量的仅仅是系统性风险，而夏普指数衡量的是全部风险，通过对三大指数的变形应用，课题组选取总风险作为被调整项，并将其置于分子位置，提出了基于三大指数的变形衡量指数 RUP。

$$\text{RUP}=\frac{\text{总风险}}{\text{产品净值增长率}} \tag{2-14}$$

RUP 指数使用净值增长率代表收益大小，它衡量的是财富管理产品每获得一个单位的收益所要承担的总风险大小。在这个指标中产品净值增长率可以从财富管理产品计划书中找到，所以总风险的度量是这个指数计算的重点。

(2)总风险的衡量

通过第 5 章的描述，课题组发现某些风险无法被量化，而针对这种情况，理论界普遍采用的是主成分分析法和层次分析法。这两种方法并没有优劣之分，层次分析法在操作上更为简便，所以本课题组建议使用层次分析法来得到总风险的一个评分。

层次分析法(AHP)是在对复杂的决策问题的本质、影响因素及其内在关系等进行深入分析的基础上，模仿人们思维的基本特征，对所研究的问题进行分解、判断与综合，把决策过程层次化、数量化，合理地把定性与定量决策结合起来。这种方法通过建立判断矩阵的过程，将决策者对复杂系统的思维数量化，简化了系统分析和计算工作，使得人们思维条理化，有助于决策者保持思维过程与决策原则的一致性，在面临比较复杂的问题时便于迅速地做出决策，从而为多目标、多准则或无结构特性的复杂决策问题提供简便的决策方法。AHP 决策大体经过下列五个程序：

① 建立系统的指标递阶层次结构模型

根据研究目的，按目标的不同和实现功能的差异，用 AHP 法把需要研究的问题条理化与层次化，构造指标递阶层次结构分析模型。本节将系统分为两个层次：

A. 最高层。在这一层次中只有一个元素，即需要研究及分析问题的目标或理想结果，又称目标层。本节中的目标层是基金产品的综合风险指标。

B. 底层。这一层次从不同侧面对基金产品风险状况进行分析，选定 β 系数、换手率、T－M 模型、CPI 和信用评级等五个指标反映基金市场风险、流动性风险、管理风险、购买力风险和信用风险五个方面的风险高低。

② 构造两两比较判断矩阵

A. 构造比较判断矩阵。当一个递阶层次结构建立以后，需要确定递阶结构中相邻层次元素间相关程度，即确定上层某元素 Z(除底层外) 所支配的下层若干元素 X_1，X_2，…，X_m 关于 Z 的排序权重。权重 P_1，P_2，…，P_m 常常表示为百分数，即满足 $0 \leqslant p_j \leqslant 1$，且 $\sum_{i=1}^{m} p_i = 1$。

AHP 法用两两比较的方式建立判断矩阵，判断矩阵反映各风险因素之间的相互关系，设受上层元素 Z 支配的 m 个元素为 $X_1, X_2, \cdots, X_m, i, j=1,2,\cdots,m$，以 a_{ij} 表示 x_i 和 x_j 对 Z 的影响之比，得到矩阵 $\mathbf{A}=(a_{ij})n\times n$，$\mathbf{A}$ 称为两两比较的判断矩阵。

根据判断矩阵 $\mathbf{A}$ 相互比较的特点，很明显地可以看出判断矩阵 $\mathbf{A}$ 具有如下特征：

$a_{ij}>0; i,j=1,2,\cdots,n$，即判断矩阵中不会出现负数；

$\mathbf{A}_{ij}=\dfrac{1}{\boldsymbol{a}_{ij}}$，它是一个互反数矩阵，根据设定的相对重要性比例尺度，可以看出，如果 $\mathbf{A}_1$ 比 $\mathbf{A}_2$ 绝对重要，系数为 9，那么反过来 A_2 比 A_1 绝对不重要，系数为 1/9，所以，判断矩阵中以对角线为轴的对称位置的比较值均互为倒数；

$\boldsymbol{a}_{ij}=1$：对角线上的系数均等于 1。

B. 关系矩阵分类。本课题中风险评价指标关系矩阵，是总风险评价的关系矩阵，用 $\mathbf{A}$ 来表示，即基金的总风险评价关系矩阵，由 β 系数、换手率、T－M模型、CPI 和信用评级五个指标构成，它反映各个底层指标对总指标的重要程度。

③ 各关系矩阵中关系值的确定方法

在不同风险测度决定的风险综合指标中，决策人往往难以直接确定每个指标或每类指标的权重。本节主要采用专家打分的办法，邀请对基金风险评价预测有一定研究和具有一定实践经验的专家对各项指标进行比较打分。具体经过以下步骤：

第一，确定专家的邀请范围。为了保证专家打分的全面、科学和客观性，专业人士应该包括来自证券监管部门的相关人员、证券公司高层管理人员及相关部门的业务骨干等。

第二，确定专家人数。为了能够消除偶然因素对专家打分结果的影响，同时也为了保证关系矩阵的一致性，应该邀请一定数量的专家进行打分。

第三，对专家打分情况进行检查分析。将直观上明显不符合一致性的调查表返回进行重新打分，直到符合条件为止。

第四，对各关系矩阵进行汇总平均，计算关系矩阵的关系值。

④ 判断矩阵的一致性检验

由于客观事物的复杂性及对事物判断比较时的模糊性，很难构造出完全一致的判断矩阵。事实上，当矩阵不严重违背重要性的规律，在判断时多半还是可以接受的。在构造 AHP 法时，用最大特征值和矩阵阶数的接近程度作为一致性程度的尺度。本节将专家打分后的矩阵输入 yaahp 软件，得出一致性检验结果。

⑤ 计算各种风险因素的权重

计算各风险因素权重系数只需要求出判断矩阵最大特征值的标准化特征向量即可，将专家打分的具体数据进行处理，具体步骤是：

第一，求出各个关系矩阵的最大特征值及最大特征值的特征向量。最大特征值和最大特征向量，是通过数学软件 yaahp 软件计算的，具体计算过程这里不再赘述。

第二，对最大特征向量进行标准化处理。由于特征向量是一组权重向量，必须消除绝对数的影响，为此，需要进行标准化处理，即将各个分量除以分量的和就可以。如对特征向量 $\boldsymbol{u}=(u_1,u_2,\cdots,u_n)$ 进行标准化，先计算分量的和，再用各分量除以分量的和。

第三，计算综合权重系数。综合权重系数是指一个具体指标对基金总风险的影响程度，不同指标的权重系数与指标值相乘求和，便得到综合指标。

通过层次分析法，课题组得到了一个关于总风险的值，这个值本身并没有实际意义（因为它不是风险），RUP 的含义也与传统的三个指数出现了较大的偏差，所以本课题组设立的 RUP 指数指的是一个对承诺收益的保证程度。RUP 值越低，财富管理产品越优良。

课题组预想通过将市场上的所有财富管理产品的 RUP 值进行计算，找出最高和最低的 RUP 值，将这两个的 RUP 值作为边界，具体来说就是以最高和最低的 RUP 值作为 0%～100%的保证程度区间，那么任意一款财富管理产品收益的保证程度＝1－[1%×（该产品 RUF 值－市场上现存产品最低 RUP 值）/每 1%保证程度所体现的 RUP 值]。通过 RUP 值及保证程度，投资者可以初步判断某财富管理产品的品质如何。

（3）财富管理产品套利定价理论评价模型的提出

基于套利定价理论，本课题组给出财富管理产品评价衡量的套利定价理论模型。

$$E(r_i)=r_f+\beta_{i1}M_1\mathrm{RP}+\beta_{i2}M_2\mathrm{RP}+\beta_{i3}\mathrm{LRP}+\beta_{i4}\mathrm{CRP}+\beta_{i5}\mathrm{PRP}+\varepsilon_i \qquad (2-15)$$

式中，$E(r_i)$是财富管理产品 i 的预期收益率；r_f是无风险财富管理产品收益率；β_{ij} 的含义同式（2－1）；M_1RP 是市场风险溢价；M_2RP 是管理风险溢价；LRP 是流动性风险溢价；CRP 是信用风险溢价；PRP 是购买力风险溢价。此模型中计量的重点在于各个风险溢价的衡量。

① 市场风险溢价衡量。市场风险作为财富管理产品最重要的风险，已经被国内外广大学者广泛研究。本课题组在充分了解前人成果的基础上，决定采用广泛应用于投资组合风险评估、业绩评价、投资决策等领域的 β 值来衡量市场风险。

作为衡量基金系统风险的指标，β 值是指通过基金组合将非系统风险最大限度抵消之后剩下的系统风险程度，也指基金收益率的整体波动程度中与市场基准组合收益率协同变化的风险程度。

② 管理风险溢价衡量。在著名的选时择股模型 TM－FF3 中，已明确给出了风险溢价的衡量公式，即

$$\alpha+\beta_1(R_m-R_f)+\beta_2(R_m-R_f)^2+\beta_3 SMB+\beta_4 HML+\varepsilon_i \qquad (2-16)$$

式中，α 为选股能力指标，α 值大于零，表明基金经理具有选股能力，其值越大表明这种能力越强；β_1为基金组合所承担的系统风险；β_2为反映市场时机把握能力的系数；SMB 为规模因子；HML 为价值因子。如果 β_2大于零，说明基金经理能够通过正确预测市场走向而及时调整投资组合，基金经理具有强的择时能力；反之，则不具有择时能力。

如前所述，本课题组在公式（2－16）的基础上引入一个虚拟变量 D，它是对公司风控机制是否有效的评价指标，如果管理机构（或托管机构）风险管理体系设置非常完善，设置虚拟变量为 0；具有一般化风险控制体系的取 0.5；有很大的缺陷和问题导致风险漏洞很明显，赋值 1。

综上所述，本课题组提出的管理风险溢价公式就是

$$\alpha+\beta_1(R_m-R_f)+\beta_2(R_m-R_f)^2+\beta_3\mathrm{SMB}+\beta_4\mathrm{HML}+\beta_5(R_m-R_f)D+\varepsilon_i \qquad (2-17)$$

各指标的意义同(2-15)。

③ 流动性风险溢价衡量。毋庸置疑,不同的市场环境中财富管理产品的流动性自然不同,流动性风险也一直是广大投资者关注的重点之一,因此财富管理产品的流动性也是我们衡量财富管理产品的一个重要方面。流动性风险和收益具有一定的相关关系,这一关系可以通过相关系数来衡量。在本课题组提出的多因素模型中,通过多元回归得到的这个 β 就是流动性风险溢价对收益的影响程度,也可以说是由于流动性不足对收益的补偿,也就是流动性风险的价格(单位流动性风险应该付出的收益代价)。由于不同的财富管理产品的流动性风险的价格不同,在此我们无法针对具体的产品来进行计算,只提供计算的方法。

本课题组这里对流动性风险溢价衡量采用的是流动性调整资本资产定价模型(LCAPM)。假设市场上一共有 I 只财富管理产品,其中第 i 只财富管理产品的总份额为 S_i,在时间 t,支付 D_t^i 红利后价格为 P_t^i,同时还存在一个流动性成本 C_t^i,则资产的期望收益可以表达为:$r^i=\dfrac{D_t^i+P_t^i}{P_{t-1}^i}$。它依赖于自身的相对流动性成本 c_t^i,市场收益 r_t^M 和相对的市场流动性成本 c_t^M,这三者分别为:

$$c_t{}^i=\frac{C_t^i}{P_{t-1}^i},r_t^M=\frac{\sum_i S_t^i(D_t^i+P_t^i)}{\sum_i S_t^i P_{t-1}^i},c_t^M=\frac{\sum_i S_t^i C_t^i}{\sum_i S_t^i P_{t-1}^i} \tag{2-18}$$

由此得到 LCAPM 的条件期望表达式:

$$E_t(r_{t+1}^i-c_{t+1}^i)=r_f+\lambda_t\frac{\operatorname{cov}_t(r_{t+1}^i-c_{t+1}^i,r_{t+1}^M-c_{t+1}^M)}{var_i(r_{t+1}^M-c_{t+1}^M)} \tag{2-19}$$

式中,$\lambda_t=E_t(r_{t+1}^M-c_{t+1}^M-r_f)$ 表示流动性风险溢价。相应地,上式可以分解成如下等式:

$$E_t(r_{t+1}^i-r_f)=E_t(c_{t+1}^i)+\lambda_t\frac{\operatorname{cov}_t(r_{t+1}^i,r_{t+1}^M)}{var_i(r_{t+1}^M-c_{t+1}^M)}+\lambda_t\frac{\operatorname{cov}_t(c_{t+1}^i,c_{t+1}^M)}{var_i(r_{t+1}^M-c_{t+1}^M)}$$
$$-\lambda_t\frac{\operatorname{cov}_t(r_{t+1}^i,c_{t+1}^M)}{var_i(r_{t+1}^M-c_{t+1}^M)}-\lambda_t\frac{\operatorname{cov}_t(c_{t+1}^i,r_{t+1}^M)}{var_i(r_{t+1}^M-c_{t+1}^M)}$$

即
$$E_t(r_{t+1}^i-r_f)=E_t(c_{t+1}^i)+\lambda_t\beta_1+\lambda_t\beta_2-\lambda_t\beta_3-\lambda_t\beta_4 \tag{2-20}$$

式中,$\operatorname{cov}_t(c_{t+1}^i,c_{t+1}^M)$ 说明资产流动性与市场流动性之间的协方差效用,该项前面的正号表明该效用是正向的,即如果一种资产的流动性和市场的流动性同向变化,那么持有该资产的投资者就需要获得收益上的补偿;其次,$\operatorname{cov}_t(r_{t+1}^i,c_{t+1}^M)$ 说明了资产期望收益与市场流动性之间的协方差效用,该项前面的负号表明资产在市场流动性较低的时候反而有较高的期望收益,这表明投资者为了使手中的资产与市场流动性之间敏感性保持较为稳定的状态,而愿意付出收益上的代价;最后,$\operatorname{cov}_t(c_{t+1}^i,r_{t+1}^M)$ 说明了资产流动性与市场收益之间的协方差效用,前面的负号则说明,在市场收益率较低的时候,资产能有较高的流动性,因而投资者乐意为此付出一定的成本,因为在熊市的情况下,往往难以出售资产,而且由于投资者财富的减少,此时他们手中所持资产的迅速变现能力(即流动性)也就更有价值。

利用基本的概率等式 $E[\mathrm{cov}_t(X,Y)]=\mathrm{cov}[X-E_t(X),Y-E_t(Y)]$ 可以得到无条件的 LCAPM 等式，即：

$$E_t(r_t^i-r_t^{\ f})=E_t(c_t^i)+\lambda\beta^{1i}+\lambda\beta^{2i}+\lambda\beta^{3i}+\lambda\beta^{4i} \qquad (2-21)$$

式中，$\beta^{1i}=\dfrac{\mathrm{cov}(r_t^i,r_t^M-E_{t-1}(r_t^M))}{var(r_t^M-E_{t-1}(r_t^M))-[c_t^M-E_{t-1}(r_t^M)]}$

$$\beta^{2i}=\frac{\mathrm{cov}(c_t^i-E_{t-1}(c_t^i),c_t^M-E_{t-1}(c_t^M))}{var(r_t^M-E_{t-1}(r_t^M))-[c_t^M-E_{t-1}(r_t^M)]}$$

$$\beta^{3i}=\frac{\mathrm{cov}(r_t^i,c_t^M-E_{t-1}(c_t^M))}{var(r_t^M-E_{t-1}(r_t^M))-[c_t^M-E_{t-1}(r_t^M)]}$$

$$\beta^{4i}=\frac{\mathrm{cov}(r_t^i-E_{t-1}(r_t^i),r_t^M-E_{t-1}(r_t^M))}{var(r_t^M-E_{t-1}(r_t^M))-[c_t^M-E_{t-1}(r_t^M)]}$$

$$\lambda=E(\lambda_t)=E(r_t^M-c_t^M-r_f)$$

在中国市场，财富管理产品的流动性更是不可忽略的。通过对市场上的财富管理产品和一些固定收益产品的研究对比，本课题组发现流动性与收益成反比，而且流动性溢价非常大，这主要归因于我国是一个初级、低效、定价能力比较弱的市场，当投资者需要财富管理产品实现价值的时候，因为流动性弱可能会产生一定的损失，所以流动性风险成了广大投资者不可能回避的风险。本课题组在这里进行的一些分析和提供的方法，归根到底是将影响流动性的各个因素的表现形式，如换手率、价格波动率、交易渠道和申购赎回机制及费用等都归纳到一起，融合成一个大的综合指标，这也就是我们上文所提到的流动性溢价的计算方法的基本思想。

④ 信用风险溢价衡量。由于信用并不是一个连续的过程，其量化分析很难，现有的对信用风险的衡量大多通过产品评级来实现。在美国，产品评级区分度很大，级数越低收益率越高，但其中信用问题很大，这需要考虑本金是否能赎回。信用等级的划分不仅牵扯到发行的财富管理产品的运行情况，还牵涉到公司内部财务状况，被标普、穆迪等国际评级公司评级很好的公司，其发行的股票市盈率只有 20 倍左右，一般情况下信用级别很好的公司发行的财富管理产品的收益率也很低。而收益风险大的，市盈率有时候很高，有时候很低。从收益上来说不能代表信用风险价格高低，而且信用问题存在警戒线，突破了警戒线不仅没有收益还会影响本金。所以本课题组在模型中假设将财富管理产品定义在某个级别内以此来设定信用风险。在这里面重点考虑发行主体信用风险、基础标的资产、现金比率、投资关联资产情况等指标，综合为一个信用风险。显然在找出这些指标和因素之后，每一个量化都是很复杂的东西，必然需要将某些因素理想化。比如说基础资产可能存在不赚钱的状况，A 公司修了一条公路，这个公路修完后，又在附近修了一个高速公路，那么原公路的现金流就很难收回来。

根据上文对信用风险的定义，课题组认为信用风险主要考虑四个风险因素：违约概率（PD）、违约损失（LGD）、违约敞口（DEA）、持有期限（M）。

设 q_τ^d 表示财富管理产品预期某笔信用级别为 τ 投资财富管理产品 d 发生违约的概率，其中信用级别 τ 为 AAA、AA、A、BBB、BB；记 φ_τ^d 为该笔投资违约后的挽回率（即实际收到的金额与应收到的金额的比率），则 $(1-\varphi_\tau^d)$ 为违约损失率 LGD。

在上述假设下，信用级别为 τ 的财富管理产品 d 的信用风险溢价（即财富管理产

品的风险价差补偿)应该为

$$S_\tau^d=\frac{R_\tau^d(1+R_f)}{1-R_\tau^d} \tag{2-22}$$

式中，$R_\tau^d=q_\tau^d(1-\varphi_\tau^d)$，$R_f$为无风险利率。

模型中的预期违约率由财富管理产品的管理人的风险预警系统计算得出，违约挽回率由银行根据相关财富管理产品的备付金担保情况综合权衡得到，本课题组根据各个管理人的实际操作经验估计预期违约概率为5%，一旦违约则违约后的挽回率为30%。

在产品分析中，课题组建议直接给予信用风险等级，可以把信用风险定为五个档次，若在最高档次信用风险为零。

⑤ 购买力风险溢价衡量。上文已经详细解释了购买力风险的含义，由于购买力风险的存在，使得财富管理产品的实际收益要低于名义收益，只有名义收益率大于通货膨胀时，购买力才真正有增长。因此，课题组选用实际收益率来表示通货膨胀风险(即购买力风险)，购买力风险溢价即为实际收益率－无风险利率。

在确定了各个风险的溢价之后，我们就可以针对具体的财富管理产品进行衡量和评价了。这里需要指出的是虽然本节提出的是一个针对整个财富管理产品提出的评价体系，但在实际的操作过程中，本课题组认为不能将整个财富管理产品作为整体来衡量，因为每个财富管理产品的子类都有其不同的特点，在运作过程中所遇到的风险不尽相同，就算是同一种风险，对于不同的产品，其重要性也不同，一味进行整体回归也可能会脱离实际的情况，所以在进行回归的过程中，本课题组建议针对不同类型的财富管理产品(例如基金、信托、券商集合理财)进行不同的回归，得到属于本子类的β值，然后再进行具体情况的比较。

第7章　案例分析

7.1　案例一：风险影响下的收益波动模型

7.1.1　案例研究方法简述

本案例筛选现有任意一款财富管理产品，通过层次分析法对该产品五大风险（市场风险、信用风险、管理风险、流动性风险和购买力风险）赋予影响权重，并引入虚拟变量，设立五大风险虚拟变量的取值标准，最终形成产品风险的综合值 *R*。通过该风险值的大小与产品净值增长率（*NR*）的比值，形成一个全新的指标 *RUP*＝*R*/*NR*：风险差异影响下收益的波动程度称为风险对收益的干扰程度。将目前市场上存在的财富管理产品运用上述方法形成 *RUP* 构建数据库，该数据库存在取值区间（财富管理产品的 *RUP* 越低，说明该产品收益的保证程度越高）。以最高和最低的 *RUP* 值作为 0%～100%的保证程度区间，那么任意一款财富管理产品收益的保证程度＝1－[1%×（该产品 *RUF* 值－市场上现存产品最低 *RUP* 值）/每 1%保证程度所体现的 *RUP* 值]。

7.1.2　权重的确定和变量标准的确定

1. 权重的设定

通过上述研究中形成的五大风险及其特定影响因素，运用 yaahp 层次分析法软件构建结构模型，见表 2－10 所列。

表 2－10　财富管理产品风险结构模型

决策层	中间层		备选方案		
财富管理产品风险值	市场风险	利率	基金	信托	券商集合理财
		汇率			
		证券投资风险			
	信用风险	政府干预			
		金融监管			
		机构评级			
	管理风险	投资经理能力			
		公司业绩水平			
		管理机制			
	流动性风险	二级市场发育程度			
		投资工具流动性			
	购买力风险	宏观经济发展水平			
		价格水平波动			

模型构建完毕之后，通过德尔菲法(即专家打分的方式)对财富管理产品风险各大因素的影响程度进行评定，重要性程度评定分为九个等级(1～9)，包括同等重要、稍微重要、比较重要、十分重要和绝对重要。而五大风险、各风险与其内部影响因素、备选方案与各大影响因素之间都需要进行重要性程度的评定。通过重要性程度的评定以及一致性检验通过后，得出五大风险权重，见表2-11所列。

表2-11 管理产品风险权重值

风险	在总风险中的权重	一致性检验(*CR*)	最大特征值(λ_{max})
市场风险	0.1659	0.0911	3.0948
信用风险	0.2305	0.0521	3.0541
管理风险	0.5002	0.0518	3.0539
流动性风险	0.0429	0	2
购买力风险	0.0605	0	2
总风险	1	0.0696	5.3117

2. 虚拟变量风险标准的设定

在得到各大风险在财富管理产品中所占权重后，需要引入虚拟变量来代表风险程度。本案例引入0(无风险)、1(低风险)、2(中风险)、3(高风险)、4(极度风险)来代表不同产品不同风险的程度。而在此需要对各类风险程度的标准进行界定和基于一定理论基础的划分。各类指标计算后对标准的界定依据晨星公司的产品权重界定标准来划分，分别为10%、22.5%、35%、22.5%和10%。

(1)市场风险

课题组引用β值作为财富管理产品市场风险的衡量指标。通过国泰安数据库选取2012年638只基金在9个不同时间点的β值，通过样本一致性检验，得到497只基金的数据，最终测算每只基金β值的年平均水平，得到如下标准，见表2-12所列。

表2-12 风险程度划分标准

$\lvert\beta\rvert$	0～0.06	0.06～0.64	0.64～0.98	0.98～1.2	>1.2
风险程度	无风险	低风险	中风险	高风险	极度风险
注：若β值为负，则说明其变化方向与整个市场(大盘)相反；$\lvert\beta\rvert$越大，波动越大，风险越大。					

(2)信用风险

财富管理产品的信用风险可以依据各大评级机构和证券公司定期的信用评级来衡量，部分产品评级数据目前正在形成中。期望损失*EL*是目前国际上公认的衡量信用风险的主要指标，然而在该指标形成过程中违约概率和损失率数据很难获得。因此，课题组选用晨星中国公布的基金星级评级法来界定信用风险，见表2-13所列。

表 2－13　风险程度划分标准

星级	★★★★★	★★★★	★★★	★★	★
风险程度	无风险	低风险	中风险	高风险	极度风险

（3）管理风险

衡量该风险的指标时我们使用的是选股择时 T－M 模型，选股能力 alpha 和选时能力 gamma 来表示财富管理产品在管理风险上的风险程度。而基于管理风险的两大指标选股和选时能力以 1∶1 的权重进行配比。通过国泰安数据库选取 2012 年 638 只基金在 9 个不同时间点的 T－M 指标，通过样本筛选，最终得到 497 只基金的数据，得到如下标准，见表 2－14 所列。

表 2－14　风险程度划分标准

风险状况	选股能力 alpha	选时能力 gamma
无风险	＞0.1442	＞0.1431
低风险	－0.198～0.1442	0.074～0.1431
中风险	－0.43～－0.198	0.012～0.074
高风险	－0.61～－0.43	－0.033～0.012
极度风险	＜－0.61	＜－0.033

数据来源：国泰安数据库

（4）流动性风险

流动性风险依据换手率指标来进行衡量，在此使用该指标是由于组合换手率可能在数据处理上会面临较大的困难，并且存在数据缺失和原始数据收集困难的问题。因此，在此使用简化的换手率指标来衡量流动性风险。通过海通证券 2012 年证券基金换手率研究报告得知，选取 480 只基金样本的整体换手率结构，见表 2－15 所列。

表 2－15　2012 年基金换手率状况

基金数量	基金换手率	样本中所占比例
40	＞700％	8％
16	600％～700％	3％
22	500％～600％	5％
38	400％～500％	8％
63	300％～400％	13％
116	200％～300％	24％
142	100％～200％	30％
43	＜100％	9％

数据来源：海通证券 2012 年证券基金换手率研究报告

依据前面所述虚拟变量权重界定标准得到项目组有关流动性风险的衡量标准，见

表 2－16 所列。

表 2－16　流动性风险程度划分标准

换手率	大于 600%	330%～600%	190%～330%	100%～190%	<100%
风险程度	无风险	低风险	中风险	高风险	极度风险

(5)购买力风险

可以通过通货膨胀状况来表达购买力风险程度，课题组认为采用 CPI 增幅能够较为合理地反映通货膨胀状况。而目前理论界认为 CPI 增幅进入 3%即进入了通胀阶段，而超过 5%则出现严重通胀(在此不多去阐述结构性通胀和阶段性政策导致的 CPI 变化)。因此，可以运用 CPI 指数来表示购买力风险程度，见表 2－17 所列。

表 2－17　购买力风险程度划分标准

CPI 增幅	小于 2%	2%～3%	3%～4%	4%～5%	>5%
风险程度	无风险	低风险	中风险	高风险	极度风险

7.1.3　样本实证研究

课题组选用广发聚瑞(270021)作为样本来进行案例分析，通过资料查找该基金相关指标：年净值增长率为 11.75%，年换手率为 171.56%，T－M 模型中 alpha＝－0.01、gamma＝0.129，晨星中国给予该基金三年期评级★★★★★，β＝0.556。结合目前国内 2012 年全年 CPI 增幅 2.6%的现状分析，可得该基金的风险综合值：

$$
\begin{aligned}
R &= f(M_1R, CR, M_2R, LR, PR) \\
&= \beta_1 M_1 R + \beta_2 CR + \beta_3 M_2 R + \beta_4 LR + \beta_5 PR \\
&= 0.1659\times 1 + 0.2305\times 0 + 0.5002\times(1\times 50\% + 1\times 50\%) \\
&\quad + 0.0429\times 3 + 0.0605\times 1 = 0.8553
\end{aligned}
$$

$$RUP = R/NR = 0.8553/0.1175 = 7.279 \tag{2-23}$$

而每 1%保证程度所体现的 *RUP*＝(市场上现存产品最高 *RUP* 值－最低 *RUP* 值)/100，那么任一产品收益保证程度＝1－[1%×(该产品 *RUP* 值－市场上现存产品最低 *RUP* 值)/每 1%保证程度所体现的 *RUP* 值]。在此，课题组提取 2012 年 150 只基金样本依照上述方法测算其 *RUP* 值，并汇总形成如下表格(表 2－18)，由于样本数量有限，故仅供参考。由于市场基金数量众多，数据收集有限，在此，只探讨该方法的使用，而暂时无法取得市场现存产品最高和最低 *RUP* 值。

表 2－18　基金产品 *RUP* 参考投资值

产品状况	最低值	最高值	样本区间(100%，共 150 只基金)
投资价值高	5.95	11.82	10%(15 只基金)
投资价值较高	11.82	22.30	22.5%(34 只基金)

（续表）

产品状况	最低值	最高值	样本区间(100%,共 150 只基金)
投资价值适中	22.30	41.59	35%(52 只基金)
投资价值较低	41.59	152.26	22.5%(34 只基金)
投资价值很低	152.26	2491.77	10%(15 只基金)
注:由于风险与收益成正比,投资承担的风险越大,获得的风险补偿和回报可能越多。在参考产品预期收益率之前,风险综合值 R 可以为不同投资意愿的客户提供多样化选择。风险回避者适合投资 $0\leqslant R<2$ 的产品,风险中立者适合投资 $2\leqslant R<3$ 的产品,而风险追求者则可选择 $3\leqslant R\leqslant 4$ 的产品。			

而依照表 2-18 所求得的 RUP 取值范围,可得每 1%保证程度所体现的 RUP 值为(2491.77－5.95)/100＝24.8582,那么案例中所选基金广发聚瑞(270021)收益保证程度＝1－[1%×(7.279－5.95)/24.8582]＝99.947%。则该基金的收益保证程度与目前市面上现存基金相比,已经趋向完全保证。

7.2　案例二:基于多因素模型的财富管理产品评价体系

7.2.1　模型研究方法简述

基于 APT 模型衍生的多因素模型能够充分反映财富管理产品理论收益率与风险溢价之间的关系,而该模型最关键的是求出溢价对于收益的相关系数,即影响程度权重(Beta),通过不同溢价与收益率的相关系数的差异,结合无风险利率最终求得各产品的理论收益率。上述研究思路需要通过多元线性回归方法的运用,将收益率(因变量)与风险溢价(自变量)相关数据录入 SPSS 统计软件进行回归分析。上文已经就不同溢价给出具体公式,然而由于风险种类繁多,风险溢价目前并没有统一的定理与公式,故课题组在溢价数据的获取上根据数据获取的可能性以及样本量的说服力上进行考虑和斟酌,最终通过下列方法采集和筛选数据,并进行后期的处理和分析。

7.2.2　数据筛选和处理过程

1. 时间区间

收集基金在 2008—2012 年 5 年共 20 个季度的区间数据,并进行筛选和后期处理,得到各风险溢价数据。

2. 风险溢价数据获取方法

(1)市场风险溢价:通过计算各时间区间内现存基金的平均季度净值增长率与无风险利率(3 个月银行定存利率)的差异,最终获得 20 个市场风险溢价数据。在此,需要注意银行 3 个月定存利率在 2008—2012 年进行过多次调整。因此,需要根据当期具体利率进行比较求差,更能反映不同时期的溢价水平。

(2)管理风险溢价:根据案例一中 T-M 模型的 alpha 和 gamma 水平和划分标准作为评价基金管理能力的标准,结合各时间区间基金的 alpha 和 gamma 的风险管控能力，提取区间内管理风险最低的前20%基金收益水平与管理风险最高的后20%基金收益水平并进行比较，最终得到20个管理风险溢价数据。

(3)流动性风险溢价：在收集20个季度的基金数据后，通过基金换手率＝期间内买入或卖出量的孰低值/期间产品平均净值这一个公式，得出各时间区间流动性优的前20%基金收益数据和流动性差的后20%基金收益数据并进行比较，提取20个流动性风险溢价数据。

(4)信用风险溢价：根据晨星中国在2008—2012年20个季度期末的信用评级，采集不同区间信用评级前20%的基金收益水平与评级后20%的基金收益水平进行比较，得出20个信用风险溢价数据。

(5)购买力风险溢价：由于通货膨胀水平的波动属于系统性风险研究范畴，期间内所有财富管理产品都产生效应，因此可以归纳入市场风险溢价水平中。并且从客观上说购买力风险溢价的数据获取难度较大，目前还未形成业内公认的该溢价测算方法。

(6)收益率：作为模型研究的因变量，收益率应该采集与上述四大风险溢价相对应时间区间的季度收益率平均水平作为基金当期市场整体状况，可得20个平均收益率数据。

上述期间收益水平、净值状况及基金交易量和T－M模型相关数据均来自国泰安数据库基金市场研究系列，信用评级状况取自中国基金网晨星信用评级。

7.2.3 实证结论

将获取的上述数据通过SPSS软件进行多元线性回归，最终得到以下结果，见表2-19、表2-20所列。

表2-19 相关系数

变量		收益率
Pearson相关性	收益率	1.000
	市场风险溢价	0.999
	管理风险溢价	−0.521
	流动性溢价	0.630
	信用风险溢价	0.325
Sig.(单侧)	收益率	0
	市场风险溢价	0.000
	管理风险溢价	0.009
	流动性溢价	0.001
	信用风险溢价	0.081
N	收益率	20
	市场风险溢价	20
	管理风险溢价	20
	流动性溢价	20
	信用风险溢价	20

表 2-20 回归系数

模型		非标准化系数		标准系数
		B	标准误差	
1	(常量)	0.023 *	0.001	
	市场风险溢价	0.975	0.016	1.012 *
	管理风险溢价	−0.006	0.020	−0.005 *
	流动性溢价	−0.029	0.038	−0.013 *
	信用风险溢价	−0.054	0.032	−0.022−
注：***，**，* 分别代表在 1%，5%和 10%的显著性水平下显著；"—"表示不显著				

由上表可知，各变量相关系数显著性较高（sig<0.5 为显著），person 相关性数值表示因变量收益率与自变量风险溢价相关程度高（绝对值越接近 1 越相关）。将收益率设为 Y，市场风险溢价、管理风险溢价、流动性风险溢价及信用风险溢价分别为 X_1、X_2、X_3和 X_4。由表 2-20 可得收益率与风险溢价构建的多因素模型回归方程：

$$Y=0.023+1.012X_1-0.005X_2-0.013X_3-0.022X_4 \tag{2-24}$$

该模型中产生的管理风险溢价、流动性溢价和信用风险溢价标准系数为负，根据目前财富管理市场发展状况，有以下几点理由说明：

(1)产品的管理风险溢价越大，其所承担的管理风险也就越大，以 T-M 模型来看，若管理能力越弱，其承担的管理风险也就越大，那么基金的收益保障程度也就越低。

(2)产品的流动性风险溢价越大，所承担的流动性风险也就越高，流动性也就越差，产品无法更好地实现交易或变现成本较高，导致产品收益率下降。

(3)产品的信用风险溢价越高，则其承担的信用风险越高，那么实现预期收益率的保证程度越低，违约的概率也就越大，因此收益率也就无法保障。

(4)针对模型中管理风险溢价、流动性风险溢价和信用风险溢价与理论收益率负相关，课题组认为虽然风险溢价与收益成正比，高收益必然伴随着高风险，但是风险突破界限后，会对产品收益造成负增长的效果。并且，本实证中上述三大风险溢价与理论收益率之间的影响系数很低，不会对最终的理论收益率形成较大变化。

7.2.4 实证结果的算例检验

在此，我们选取国泰上证 180 金融 ETF(510230)作为样本案例来对上述基于多因素模型所得方程进行检验。检验时间为 2012 年，市场风险溢价基准(M_1)为现存基金当年平均净值增长率，管理风险溢价基准(M_2)为基于 T-M 模型检测所得当年管理能力居中的 60%基金的平均净值增长率（剔除前 20%和后 20%管理能力最优和最差的基金数据），流动性风险溢价基准(L)为当年换手率居中的 60%基金平均净值增长率（剔除前 20%和后 20%流动性最优和最差的基金数据），信用风险溢价基准(C)为当年晨星中国年末信用评级居中 60%的基金平均净值增长率（剔除前 20%和后

20%信用评级最优和最差的基金数据)。

$Y=0.023+1.012X_1-0.005X_2-0.013X_3-0.022X_4$,为市场发展平均状态下的收益与风险溢价回归模型,0.023代表市场平均无风险利率,而实际2012年无风险利率为0.03(银行一年定存利率),并且根据上述假设计算所得当年$M_1=0.05123$、$M_2=0.04633$、$L=0.07762$、$C=0.04331$,该基金2012年净值增长率为21.68%。那么根据该模型所得理论收益率$Y=0.03+1.012(0.2168-0.05123)-0.005(0.2168-0.04633)-0.013(0.2168-0.07762)-0.022(0.2168-0.04331)=19.11\%$。

而由此验证所得该基金理论收益率偏低于当年实际收益率,这可能是由于该基金作为国内首只单一行业指数基金,能够直接反映金融股的走势,而当年市场金融服务业发展出色,金融股走势较强,带动了国泰上证180金融ETF的强势反弹,当年实际收益率略高于理论收益率。

由于财富管理评价体系在多因素模型应用领域中研究较少,模型中原始数据的采集不尽科学精细,因此,所构建的模型旨在提供方法和思路上的拓展,并用于初期的研究。伴随着财富管理产品在国内的迅速发展,其必将引起众多金融领域专家和学者的关注,而后的深入研究也会在构建评价体系方面不断得到完善。

7.3 案例分析的结论与展望

7.3.1 研究的不足与局限性

(1)财富管理产品评价体系从收益与风险角度出发,可能无法满足各相关方评价的多样化需求。本研究所提供的风险影响下的收益波动模型和以APT模型为基础的财富管理产品评价体系,均是站在收益与风险的角度,考虑财富管理产品面世后所产生的收益与风险关系,并尽可能地找出风险源,规避风险,降低损失。而作为监管层、发行方以及客户,除了考虑产品的收益与风险之外,可能还会涉及宏观经济环境分析、产品设计、发行模式和风险防范机制等因素的评价。

(2)案例分析所检验的财富管理产品样本量不足,涉及面尚不足以代表财富管理全部产品。本研究提出了两大财富管理产品评价体系,并运用相关基金历年数据进行案例分析检验,最终得出的相关结果具有一定的代表性和说服力。然而由于无法全面、真实地获取信托产品、券商集合理财等财富管理产品的历史数据,因此使用了相对更为成熟、数据更为完善的基金产品进行案例检验。同时,无论归属于哪类财富管理产品,其本身所存在的收益和风险关系是客观存在的,研究方法也正是基于这一点来展开的。各大财富管理产品数据获取难度的降低,将会对各类产品使用本评价体系进行验证。

(3)针对突发事件的发生以及产品评价因素的迁移,评价体系仍需不断完善改进。评价体系除了要检验财富管理产品在市场正常运行时期的表现,还必须考察它在市场非常时期(如战争、自然灾害、政策等完全不可预测或预期时间极短同时对金融市场产生重大影响的突发事件)的表现。同时,影响财富管理产品评价的因素很多,而且随着时间的推移,这些因素也会发生变化,这就使得评价模型与现实情况出现不一致,若继续使用原有模型就会得到错误的评价结果，进而误导投资者。因此，本研究所提出的财富管理产品评价体系并不是万能公式，需要根据金融环境的变化进行修正和完善，以进一步提高体系本身评价的科学性。

7.3.2 研究的创新与展望

本研究对我国财富管理产品的现状和特征进行了深入细致的研究，依托评价因素分析中所归纳出的关键要素和主要问题点，在借鉴国内外现有财富管理产品评价模式的基础上，建立了适应我国财富管理产品特征的评价指标体系，从收益、风险两方面面逐一归纳出模型的评价方法，构建了风险影响下的收益波动模型和以 APT 模型为基础的财富管理产品评价体系，并对我国财富管理产品进行了算例检验，证实了这两类评价方法适应于我国财富管理产品的系统评价。

众所周知，财富管理业务关联行业领域广泛、涉及具体产品种类众多，并且由于不同产品设计各异、投资方向不一，差异化的产品特性使得目前只限于针对某一种具体财富管理产品进行评价，公布的评价体系虽然针对性较强，但是应用范围不够广泛、指标权威性不够。因此，课题组旨在针对本次课题进行更为大胆的尝试和创新——构建统一的财富管理产品评价体系，这样的尝试在国内尚属首例，我们致力为该领域的研究进行前瞻性的探索。当然，构建财富管理产品评价方法与体系不可一蹴而就，是一个循序渐进的过程。未来伴随着我国财富管理市场的发展与成熟，需要更多的机构与学者加入进来，丰富完善我国财富管理产品评价方法与体系。

参考文献

[1] Markowitz H. Portfolio selection[J]. The Journal of Finance, 1952, 7(1): 77 - 91.

[2] Treynor J, Mazuy K. Can Mutual Funds Outguess the Market[J]. Harvard Business Review, 1966, 44(4): 131 - 136.

[3] Henriksson R D, Merton R C. On Market Timing And Investment Performance. II. Statistical Procedures for Evaluating Forecasting Skills[J]. Journal of business, 1981: 513 - 533.

[4] Chang E C, Lewellen W G. Market Timing and Mutual Fund Investment Performance[J]. Journal of Business, 1984, 57(1): 57.

[5] Treynor J L. How to Rate Management of Investment Funds[J]. Harvard Business Review, 1965, 43(1): 63 - 75.

[6] Sharpe W F. Mutual Fund Performance[J]. Journal of Business, 1966: 119 - 138.

[7] Jensen M C. The Performance of Mutual Funds in the Period 1945—1964[J]. The Journal of Finance, 1968, 23(2): 389 - 416.

[8] Ross S A. Return, risk and arbitrage[R]. Wharton School Rodney L. White Center for Financial Research, 1973.

[9] Modigliani F, Modigliani L. Risk-adjusted Performance of Funds[J]. The Journal of Portfolio Management, 1997, 23(2): 45 - 54.

[10] Carhart M M. On Persistence in Mutual Fund Performance[J]. The Journal of Finance, 1997, 52(1): 57 - 82.

[11] Droms W G, Walker D A. Performance Persistence of International Mutual Funds[J]. Global

Finance Journal,2002,12(2):237 - 248.
[12] Berk J B,Green R C. Mutual Fund Flows and Performance in Rational Markets[R]. National Bureau of Economic Research,2002.
[13] Ippolito R A. Efficiency with Costly Information:A study of Mutual Fund Performance,1965—1984[J]. The Quarterly Journal of Economics,1989,104(1):1 - 23.
[14] Syfiopoulos T. Risk Aversion and Portfolio Allocation to Mutual Fund Classes[J]. International Review of Economics and Finance,2002,11(4):427 - 447.
[15] Sharpe W F. Asset allocation: Management Style and Performance Measurement[J]. The Journal of Portfolio Management,1992,18(2):7 - 19.
[16] Fama E F,French K R. Multifactor Explanations of Asset Pricing Anomalies[J]. The journal of finance,1996,51(1):55 - 84.
[17] Gruber M J. Another puzzle:The Growth in Actively Managed Mutual Funds[J]. The journal of finance,1996,51(3):783 - 810.
[18] Chen H L,Jegadeesh N,Wermers R. The Value of Active Mutual Fund Management:An Examination of the Stockholdings and Trades of Fund Managers[J]. Journal of Financial and quantitative Analysis,2000,35(3):343 - 368.
[19] Patel J,Zeckhauser R,Hendricks D. Investment Flows and Performance:Evidence from Mutual Funds,Cross - border Investments and New Issues[J]. Japan, Europe and the International Financial Markets:Analytical and Empirical Perspectives,1994:51 - 72.
[20] Grinblatt M,Titman S. A study of Monthly Mutual Fund Returns and Performance Evaluation Techniques[J]. Journal of Financial and Quantitative Analysis,1994,29(03):419 - 444.
[21] Elton E J,Gruber M J,Blake C R. The Persistence of Risk-Adjusted Mutual Fund Performance [J]. Journal of Business,1996. 69:133 - 157.
[22] Anonymous. Innovations in Wealth Management[J]. Orange Country Business Journal,2011, 34:p28.
[23] Avery, Helen. The Private Banking and Wealth Management Survey 2012: Sum Parts Are Bigger Than Others[J]. Euromoney,2012. 42(514):1 - 1.
[24] Reichenstein, Horan, William, et al. Two Key Concepts for Wealth Management and Beyond [J]. Financial Analysts Journal,2012:70 - 77.
[25] Goss R P, Sullivan N E. What Can We Learn from Canada S Financial Planning Experience [J]. Journal of Financial Planning,2000:104 - 120.
[26] Geoger Kinder,Susan Galvan. A life Planning Methodology for the Coming Revolution in Client Relationships[J]. Journal of Financail Planning,April 2005 V01. i8 Issue 4:p46 - 55.
[27] Darrell Duffie, Nicolae Garleanu. Risk and Valuation of Collateralized Debt Obligations[J] . Financial Analysts Journal,2001,57(1):41 - 41.
[28] Merton R C. Financial Innovation and Economic Performance[J]. Journal of Applied Corporate Finance,1992,4(4):12 - 22.
[29] Consiglio A,Zenios S A. Designing Portfolios of Financial Products Via Integrated Simulation and Optimization Models[J]. Operations Research,1999,47(2):195 - 208.
[30] Baks K P,Metrick A,Wachter J. Should Investors Avoid All Actively Managed Mutual Funds? A Study in Bayesian Performance Evaluation[J]. The Journal of Finance,2001,56(1):45 - 85.
[31] 姚禄仕,王璇,宁霄．银行信贷资产证券化效应的实证研究[J]. 国际金融研究,2012(9): 71 -78.

[32] 杨火斤,王小征．中国证券投资基金业绩评价因素模型实证研究[J]. 系统工程理论与实践,2003(10):30－35.
[33] 李红权,马超群．中国证券投资基金绩效评价的理论与实证研究[J]. 财经研究,2004(7):56－65.
[34] 龙子泉,赵红艳．中国证券投资基金绩效实证研究[J]. 统计与决策,2005(2):107－109.
[35] 王守法．我国证券投资基金绩效的研究与评价[J]. 经济研究,2005(3):119－127.
[36] 王学军．基金业绩评价研究[D]. 厦门:厦门大学,2002.
[37] 夏传文,张杰．基于 VaR 的证券投资基金业绩评价指标及其实证研究[J]. 湖南商学院学报(双月刊),2008(3):94－99.
[38] 朱波,宋振平．基于 SFA 效率值的我国开放式基金绩效评价研究[J]. 数量经济技术经济研究,2009(4):105－116.
[39] 郑振龙,黄文彬．基于高阶矩的基金绩效考核模型[J]. 厦门大学学报:哲学社会科学版,2009(4):72－78.
[40] 邓超,袁倩．基于动态 DEA 模型的证券投资基金绩效评价[J]. 系统工程,2007,25(1):111－117.
[41] 赵秀娟,张洪水,黎建强,等．一个基于非对称 Laplace 分布和 DEA 的证券投资基金评价方法[J]. 系统工程理论与实践,2007,27(10):1－10.
[42] 杨大楷,蔡锦涛．基于 DEA 方法的开放式证券基金业绩评价[J]. 安徽大学学报:哲学社会科学版,2008,32(2):128－135.
[43] 朱宏泉,李杰,马晓维．流动性,流动性测度与预期收益——基于 A 股市场的实证研究[J]. 中国金融评论,2009,3(1):1－20.
[44] 陈劲．券商资产管理业务任重道远[N]. 中国证券报,2008－07－29.
[45] 李丽丽,陈启书．银行个人理财产品开发的供需分析[J]. 新金融,2007(7):53－55.
[46] 中国社科院金融所“理财产品评价项目组”. 2006 年银行理财产品发展及评价报告[R]. 零售银行,2007.
[47] 中国社科院金融所“理财产品评价与设计团队”. 2007 年银行理财产品发展及评价报告[R]. 2008.
[48] 刘毓．商业银行理财产品的模式变迁,发展瓶颈与突破之路[J]. 中央财经大学学报,2008(5):32－37.
[49] 任敏,陈金龙．保本型股票挂钩结构性外汇理财产品定价研究[J]. 国际金融研究,2008(12):64－70.
[50] 刘红忠．证券投资基金效绩评估与风险度量的实证分析[R]. 上海:上海证券交易所研究报告,2001.
[51] 孔亮亮．券商集合理财计划的分析与定价[J]. 中国高新技术企业,2008(4):16－20.
[52] 娄静．构建我国多层次的基金评估体系[J]. 同济大学学报:自然科学版,2005,33(2):255－259.
[53] 吴航．证券投资基金中委托代理关系链的分析及对策[J]. 商业经济与管理,2004(10):46－48.
[54] 殷剑锋．2004—2009 中国理财产品市场发展与评价[M]. 北京:中国财政经济出版社．2010.
[55] 鲁轶．财富管理在美国[J]. 金融管理与研究,2007(4):33－34.
[56] 李昕．财富管理中顾客关系信任的影响因素研究[D]. 杭州:浙江大学,2009.
[57] 翟琼．我国商业银行发展私人银行业务问题研究[D]. 重庆:西南大学,2008.
[58] 于光祥．证券投资基金绩效评估模型及其实证应用[J]. 华东经济管理,2003(5):110－112.

[59] 张昱．基于詹森阿尔法的开放式基金业绩评价[J]．财贸经济，2007(7)：35－38．
[60] 唐有瑜．对单指数模型与多因素模型适应性的比较与实证研究：以深圳股票市场为例[J]．投资研究，1999(7)：30－37．
[61] 沈维涛，黄兴孪．我国证券投资基金业绩的实证研究与评价[J]．经济研究，2001(9)：22－30．
[62] 刘建桥，陈方正，孙文全．基于时变的我国开放式基金选股和择时能力定量分析[J]．华中师范大学学报(自然科学版)，2007(2)：299－303．
[63] 陈文秀，王诗才．券商集合理财证券选择和市场时机把握能力研究[D]．武汉：华中科技大学，2008．
[64] 庄云志，唐旭．基金业绩持续性的实证研究[J]．金融研究，2004(5)：20－27．
[65] 肖奎喜，杨义群．我国开放式基金业绩持续性的实证检验[J]．财贸研究，2005(2)：55－59．
[66] 李春风，张小磊．基于 DEA 方法的券商业绩评价和持续性研究[J]．商业时代，2010(27)：55－57．
[67] 徐书洪．基于投资者视角的股票挂钩型产品评价[D]．天津：天津大学，2009．
[68] 王未卿，刘澂．保本型理财产品收益率实证研究[J]．中国证券期货，2011(01)：20－21．
[69] 李文静，孟昭萍，袁太芳．封闭式基金累计净值增长率分析[J]．科技和产业，2007，7(11)：95－96．
[70] 于鹏．我国券商集合理财产品绩效与契约内容研究[D]．成都：西南财经大学，2011．
[71] 陆敏，王增武，赵湘莲．商业银行理财产品绩效评价研究[J]．上海金融，2011(2)：42－44．
[72] 夏传文，张杰．基于 VaR 的证券投资基金业绩评价指标及其实证研究[J]．湖南商学院学报，2008(3)：94－99．
[73] 陈林奋，王德全．基于 GARCH 模型及 VaR 方法的证券市场风险度量研究[J]．工业技术经济，2009(11)：128－137．
[74] 王志军．当代国际私人银行业发展趋势分析[J]．国际金融研究，2007(11)：34－41．
[75] 邢彬．银行结构性理财产品的定价和风险管理研究[D]．上海：复旦大学，2010．
[76] 崔海蓉，何建敏，胡小平．规避通胀风险的结构性理财产品设计与定价[J]．管理科学，2012，25(2)：105－111．
[77] 李剑，顾孟迪．券商集合理财产品选股和择时能力研究[J]．科学技术与工程，2009，9(3)：785－789．
[78] 卫红．国外著名基金评级体系简介[J]．中国城市金融，2004(1)：23－25．
[79] 许正．我国券商集合理财产品业绩评价研究[D]．大连：东北财经大学，2010．
[80] 王永．我国证券投资基金评价体系研究[J]．商业时代，2005(27)：71－72．
[81] 蓝洁．商业银行个人理财产品评价指标体系与评价方法研究[D]．武汉：武汉理工大学，2008．
[82] 王文娜．我国银行理财产品评估体系的构建研究[D]．成都：西南财经大学，2009．
[83] 郭晓晓．商业银行个人理财产品特点分析[J]．商业文化(上半月)，2011(8)：291．
[84] 鲁悦．英国信托制度起源综述[J]．大江周刊(论坛)，2013(6)：145－146．
[85] 刘晶．中国基金业与美国基金业发展的历程比较——看中国基金治理结构的问题[J]．商业文化(学术版)，2008(2)：38＋35．
[86] 张玉祺．英美法系的商业信托原理在大陆法系框架下的适用[J]．法制与社会，2013(7)：5－6．
[87] 刘华．国外个人理财业务的发展现状及经验借鉴[J]．中国城市金融 2003(11)：50－52．
[88] 车维汉．日本主银行体制研究述评[J]．东北亚论坛，2006(2)：93－99．
[89] 王燕，黄家琳．信用风险评估模型[J]．北京工商大学学报(自然科学版)，2006，24(1)：42－45．
[90] 龚朴，何旭彪．信用风险评估模型与方法最新研究进展[J]．管理评论，2005(5)：8－16．
[91] 吴万华．论我国证券资产管理业务的风险控制[J]．江西社会科学，2009(7)：94－97．

专题三

我国场外金融衍生品业务发展路径研究①

摘　要

场外金融衍生品市场在资本市场中的地位愈发重要。中国资本市场正在向国际接轨，然而近年来我国场外金融衍生品业务虽然发展迅速，但与国际水平仍存在较大差距，在理论与实践方面的研究缺乏指导意义，这在一定程度上减慢了我国多层次资本市场建设的步伐，削弱了金融体系对国民经济发展的支撑作用。为了能够更加有效地满足我国场外金融衍生品市场参与各方的需求、提高我国资本市场的竞争力，我国场外金融衍生品业务发展路径研究兼具时代的重要性与紧迫性。

本专题在借鉴前人理论和经验的基础上，深入分析我国目前的现状及问题，采用案例分析的方法对美国"次贷危机"和当时我国"杠杆危机"等问题进行了剖析，并构建我国场外金融衍生品业务要素框架，运用问卷调查、AHP分析法等方法实证研究了未来我国场外金融衍生品业务中各要素的相对重要性，结果表明：产品品种最为重要，尤其是股指类场外金融衍生品，利率类、汇率类场外金融衍生品次之；区域性场外金融衍生品市场备受专家的青睐；要减少政府统一监管，加强自律管理；定价机制观点不统一，需进一步研究。

综合实证结果，结合进一步的规范性分析，本专题给出具体路径：逐步有序地丰富场外金融衍生品品种；以全国性市场带动发展，最终形成各区域性市场联动发展的市场结构；采用以做市商制度为主的混合型定价机制；形成政府引导、行业自律、市场参与者自控的多层次监管模式。同时在以下几方面给出了场外金融衍生品业务发展的

---

① 中国证券业协会2015年重点课题(2015SACKT023)，被评为中国证券业协会2015年重点课题研究"优秀课题"。

课题组：合肥工业大学证券期货研究所　国元证券股份有限公司
课题负责人：姚禄仕　蔡　咏
课题组成员：吕　海　孙　强　赖海峰　姚元嘉　苗金南
刘　涛　王华峰　王　园　李　苹　严　瑾　汤　瑜

配套措施:加快推进利率市场化与汇率自由化改革;鼓励场外金融衍生产品创新,并加强监管、防范风险;建立中央集中清算机制,完善交易信息库制度;加强信息披露制度,规范相关法律法规;加强投资者队伍建设,培育成熟、理性的投资者;加强培育专业化人才,提升中介人员、机构水平。

本专题的主要创新之处有:①运用 AHP 分析法实现场外金融衍生品业务实证研究零突破;②深入分析当时我国发生的"杠杆危机",对其成因有独到见解;③分析全面深入,观点鲜明,突破常规,对行业实践有重要参考意义。

第1章 绪 论

1.1 研究背景及意义

随着资本在全球范围内流动性的不断加强，金融产品不断丰富，监管方式、金融制度持续创新，国际金融衍生品市场整体处于发展阶段。由于经济一体化程度逐渐加深，场外金融衍生品市场在金融体系中的地位愈发重要。从20世纪80年代起，我国场外金融衍生品业务的发展一直在摸索中曲折前进，至今没有形成统一规范的发展模式。21世纪初，"新三板"的启动和天津股权交易所的建立，标志着我国场外金融衍生品市场建设再次兴起。尤其是我国外汇衍生品交易量以较快速度增长，其中2014年外汇和货币掉期市场累计成交额达4.72万亿美元，较2013年增长35.4%，截至2015年5月，外汇和货币掉期市场成交额为2.61亿元；2014年远期外汇市场累计成交5979亿美元，较2013年下降1.1%，其中，银行间远期市场累计成交529亿美元，较2013年增长63.5%。近年来我国场外金融衍生品业务发展迅速，品种不断丰富，但与英美等国际成熟市场相比，我国的场外金融衍生品市场发展起步晚，交易品种丰富度不足，产品结构过于单一，无法达到风险控制的要求，导致市场交易量偏小，流动性较低，整体市场仍处于初级发展阶段。关于场外金融衍生品业务的理论研究，从总体上讲缺乏全面性和系统性，场外金融衍生品业务的发展缺乏理论指导，这在一定程度上减慢了我国多层次资本市场建设的步伐，削弱了金融体系对国民经济发展的支撑作用。因此，本专题拟有选择性地借鉴境外的发展经验，结合我国本土实际提出建设我国场外金融衍生品业务的发展路径。本专题的贡献在于既能丰富我国场外金融衍生品业务发展的理论研究，也能为政府决策者提供参考依据，推动我国场外金融衍生品业务发展，完善我国多层次资本市场体系，促进国民经济持续、健康、平稳地发展。

1.2 积极发展场外金融衍生品业务的必要性

场外金融衍生品市场在金融体系中具有举足轻重的地位，因此积极发展场外金融衍生品业务不仅能维护本国金融市场的平稳运行，还能推动国民经济健康发展。近几十年来，从欧美等发达国家到韩国、新加坡等新兴市场国家的场外金融衍生品市场都获得了迅猛发展。发展我国场外金融衍生品业务是企业规避风险、满足投资者多样化需求和提高金融竞争力的必然要求。同时，其套期保值和价格发现的作用便于我国日益增长的外汇资产的保值增值管理，其风险转移的作用能为外汇、借贷、信用市场的参与者提供风险管理的途径。

1.2.1 企业规避风险的需要

20世纪70年代布雷顿森林货币体系的崩溃，标志着国际金融市场进入浮动汇率时代。由于各国经济发展的不均衡以及货币政策的差异,货币利率也开始剧烈波动。作为金融市场的基本要素,汇率和利率的严重不稳定性加剧了金融市场的风险。金融资产的价值波动频繁,国际贸易和投资面临巨大风险,企业需要借助新的金融产品进行风险控制和管理。因此,场外金融衍生品是企业因规避风险而必然选择的重要工具。

1.2.2 投资者多样化投资的需要

自改革开放以来,我国国民经济持续高速发展,城镇居民"金字塔型"的收入结构正逐渐转化为"两头小,中间大"的橄榄形结构。从国际经验来看,伴随着这种橄榄形结构的形成,不同风险爱好者的投资队伍将会逐渐壮大,社会财富大量积累,公众对个人财产的保值增值产生了巨大需求,而传统的金融市场无法满足广大投资者日新月异的投资需求,就必然要求有不同种类的衍生品产生,场外金融衍生品的创新恰好符合我国投资者多样化投资的需要。

1.2.3 提高金融竞争力的需要

随着金融全球一体化程度的加深,国际金融市场的联系愈发紧密,金融风险的传播速度极快。对于国际市场而言,我国的金融体系效率较低,金融竞争力薄弱,对金融风险的防范能力严重不足。因此,发展场外金融衍生品业务对提高我国金融效率、增加避险能力及巩固国际竞争地位意义重大。从国外实践来看,发展场外金融衍生品业务往往是新兴市场国家与地区经济发展的战略选择。新加坡、韩国为我国场外金融衍生品业务发展提供了很好的例证,这些国家通过构建国际金融中心,加快对金融衍生品的开发和运用,提高了金融市场的竞争力,促进了国家经济的快速发展。

1.3 "发展路径"的界定

1.3.1 场外发展路径

场外金融衍生品既包括利率互换和汇率远期等传统金融衍生品,也包括信用衍生品等新兴金融衍生品。随着全球金融业的日臻完善,场外金融衍生品种类也不断丰富。按照合约标的资产的不同,场外金融衍生品可以分为利率类衍生品、汇率类衍生品、股指类衍生品、原材料类衍生品以及信用类衍生品。目前,我国场外金融衍生品主要有利率类衍生品和汇率类衍生品。利率类衍生品有债券远期、利率互换和远期利率协议;汇率类衍生品有外汇远期、外汇掉期和外汇货币掉期。

1.3.2 市场结构发展路径

目前有三种观点,一是全国范围内只建立一家全国性场外交易市场,或建立两家地位相当的全国性场外交易市场。二是建立一个全国性场外交易市场和若干个区域性市场,并以全国性市场为中心,相互联通、统一交易规制和监管。三是由多个区域性市场形成网状的市场结构,协调发展。

1.3.3 定价机制发展路径

证券市场定价机制总体上可分为竞价制度、做市商制度和混合定价制度。竞价制度的特征：开市价格由集合竞价形成，随后交易系统对不断进入的投资者发布交易指令，按价格优先与时间优先原则排序，将买卖指令配对竞价成交；做市商制度是由具备一定实力和信誉的法人充当做市商，不断向投资者提供买卖价格，并按其提供的价格接受投资者的买卖要求，以其自有资金和证券与投资者进行交易；混合定价制度又称混合型做市商制度，是指在做市商制度中引入竞价制度或在竞价制度中引入做市商制度。

1.3.4 监管发展路径

监管是维护投资者利益和保证证券市场公正、透明、高效的重要保障机制。从发达国家资本市场的发展实践来看，场外金融衍生品市场的监管模式一般包括国家统一法律监管、交易所或行业自律监管以及政府监管，可以采取单一监管模式，也可以采用不同监管模式相结合的方式。

1.4 研究思路、方法与创新

本专题第一部分论述发展我国场外金融衍生品的必要性。第二部分梳理与场外金融衍生品业务相关的理论文献，为后续论证奠定基础。第三部分阐述发达国家及新兴国家发展场外金融衍生品业务的发展路径及经验借鉴，并以美国 2008 年次贷危机为例论证场外金融衍生品在金融危机中具有稳定市场、风险控制的作用。第四部分分析我国目前场外金融衍生品业务发展存在的问题和原因，并针对我国 A 股市场发生的“杠杆危机”进行了原因剖析。第五部分采用层次分析法，根据问卷调查结果来定量分析我国场外金融衍生品业务的发展要素。由于样本的局限性，我们还需根据实证结果，借鉴欧美发达国家或新兴国家的场外金融衍生品业务发展模式，结合中国实际进行补充性规范分析，最终提出对策与建议。

本专题采用理论研究与实证研究相结合、定性分析与定量分析相结合、案例分析等多种方法，系统研究了我国场外金融衍生品业务的发展路径。另外，针对我国场外金融衍生品业务深入多家证券公司进行问卷调查，并采用层次分析法重点分析了我国场外金融衍生品业务的发展要素，作为后文研究我国场外金融衍生品业务发展路径的基础。

本专题的创新之处有：

(1)深入银行、证券公司、信托机构进行问卷调查，运用层次分析法对调查结果进行综合分析，使场外金融衍生品业务实证研究实现零突破。

(2)深入分析当时我国 A 股市场发生的“杠杆危机”，对其成因有独到见解。

(3)结合境外经验和本国实情提出我国场外金融衍生品业务最重要以及最优先发展的应是股指类产品，为我国金融市场实践提供新的发展路径。

第2章　文献综述

2.1　关于场外金融衍生品品种

卫亚(2011)认为当前在我国国情下应重点发展的场外金融衍生品主要是股指类、利率类、外汇类衍生产品三大类,远期利率协议、远期外汇合约、利率互换、货币互换等产品都是在市场中经常可以看到的产品;Remolona E(1992)在分析金融创新的快速崛起时强调了丰富场外金融衍生品品种的重要性,他认为丰富的场外金融衍生品可以极大地满足投资者进行风险对冲的需求。Richard Christopher Whalen(2008)提出在金融创新领域有标志性意义的产品有股指期货、债券期货以及外汇期货,我们可以看到在开展金融衍生品业务的时候,产品的品种都是以上述三大品种为基础的,然后围绕着不同的标的物和工具进行搭配和完善,在场内和场外分别推动起来;刘汉兴(2014)在第一届期货中国(国际)论坛的演讲上提到目前场外市场具有非常大的发展潜力,并简要地介绍了当前需要发展的三大市场,包括以利率掉期的利率市场、占比大概9%的外汇市场以及管理公司违约风险的公司信贷市场。与此同时,也有一部分学者为了更好地研究场外金融衍生品,也开始对比研究场内与场外市场,姚兴涛(1999)从衍生品的品种、结构、产品定价方式等方面进行了对比;陈晗(2008)认为交易所市场是标准化的,监管程度相对较高,而场外衍生品则是非标准化的,监管程度相对比较低。场外市场的优势在于满足了不同投资者的个性化需求,同时也为市场参与者提供了风险管理的工具。

2.2　关于场外金融衍生品发展模式

George Testsekos(1997)创新性地采用了实证分析的方法,认为资本市场应该依次发展股指类、利率类、外汇类衍生品;Fratzscher(2006)提出我们应该重视衍生品市场的外部环境因素,比如考虑会计税收政策是否发挥最大的宏观调控作用,政府监管力度是否到位;国外的学者运用经济学原理解释了衍生品的发展模式,Stein Hull(2001)认为可以把其发展的过程归结为制度的变迁,这一理论可以很好地解释衍生品的发展历史。陈晗(2008)总结出了两种主要的发展模式:一种是以英美成熟市场为典型的自发性发展模式;另一种是以韩国、新加坡新兴市场为典型的干预性发展模式;自发性的发展模式是指随着市场的不断深化发展而自发出现的金融衍生产品,成熟市场往往更倾向于这种自由化程度高的发展模式。干预性的发展模式是指在衍生品的发展过程中政府起着相当大的推动作用,而新兴市场更偏向于该模式。吴炳华(2004)认为发展场外金融衍生品,一方面要推进金融衍生品市场化改革,同时要分层次、分步骤开拓场外金融衍生品种;王春英、姜盈盈(2005)提到场外金融衍生品的有序发展需要市场化改革的不断深化，他们还提到政府干预少的市场往往能得到更充分的发展；刘力耕(2002)也提到了市场化程度这一重要的标准，应根据不同市场化程度进行试行，在稳步推进了场内的期货交易后，可尝试推动以金融远期为主的场外交易，在远期期货市场取得一定成功后，再逐步发展期权和互换市场。卫亚(2011)提出了我国场外金融衍生品市场的发展步骤，首先发展基本条件成熟的产品品种，通过不断的积累与学习，再逐渐地形成品种丰富、监管到位的场外市场，他还提出场外市场的发展模式应考虑我国的国情，并学习借鉴发达国家的发展模式，然后逐步走出有中国特色的衍生品发展路径。

2.3 关于场外金融衍生品的监管问题

2008年金融危机爆发，多位学者开始专注于研究金融危机产生的原因。有很大一部分学者认为金融衍生品的泛滥以及监管力度的不够酿成了这场悲剧。David McCormick(2008)认为归根结底是因为在享受金融创新带来的巨大利好的同时，忽略了对其的监管，进而造成了这次危机的爆发；胡俞越(2008)也提出了金融创新虽然给资本市场带来了新的活力，满足了机构投资者对冲风险的需求，但是它同时也有消极的一面，比重虽不大，却成为这次重大金融危机产生的根源；中国社会科学院经济学部赴美考察团(2008)认为这次危机的导火线是利率调整和房地产价格泡沫破灭，但根本原因还是监管体制不够完善。正是这次危害极大的金融危机让国内外学者开始专注于研究金融创新工具的监管问题。Goldstein. D(2002)提到在目前发达国家的监管模式中，行业监管往往占非常重要的地位，并在一定程度上辅以政府监管。他提倡采用专业化的方式规范场外金融衍生品的发展；Merton. H(2007)强调对衍生品的监管对其健康有序的发展有着相当重要的作用，在关注衍生品市场的外部环境监管的同时，也应该加强对衍生品的内部控制；祁东(2009)认为英美的监管模式有很大的借鉴意义，采用政府监督行业自律组织、自律组织直接监管市场、以社会中介组织为补充的外部监管体制，他还强调了发展与监督应同步进行，在有序健康发展中加强监管，以监管促进持续发展；初昌雄(2009)认为混业经营使得监管对象难以按照监管机构的类别来区分，导致监管有漏洞出现，应成立国家层面的监管协调机构，以加强监管机构之间的协调与配合，同时还要发挥国际监管的协助作用。

2.4 研究述评

总的来看，国内外学者基于不同思路对金融衍生品业务的产品选择、产品估值、风险控制、监管进行了全面的探讨。但是针对场外金融衍生品的发展路径研究较少，并且尚未有一个系统高效的、尤其适合我国国情的对场外金融衍生品业务发展和监管的解决方案，课题组在已有研究成果的基础上，从我国资本市场的实际情况出发，借鉴境外国家的发展经验，深入分析我国场外金融衍生品业务发展现状及问题，通过专家打分的方法来探讨我国场外金融衍生品业务发展路径。

第3章　境外场外金融衍生品发展路径经验借鉴

3.1　美国场外金融衍生品发展路径选择与经验

在场外金融衍生品市场发展路径方面，欧美国家已处于成熟阶段，而美国更是成熟市场的典型代表之一。美国场外金融衍生品市场的发展是“先场外后场内”，从场外市场逐步演化分离成各类场内市场和场外市场，美国最早发展的场外金融衍生品交易是股票期权和远期交易。19世纪初，场外金融衍生品发展已相对完善，利率、汇率、信用评级类衍生品以及场外结构性产品等层出不穷，1971年纳斯达克(NASDAQ)在美国成立，为场外市场的证券进行报价，这是美国第一个电子化股票交易市场。按照基础产品的不同进行分类，美国最早推出的金融衍生产品是外汇类衍生产品，随后是利率类、国债类、股票类衍生产品，最后是信用类衍生产品。

美国的场外金融衍生品市场发展模式是以市场诱导为主，采取先发展市场，后制定法律的制度。美国的OTC衍生品市场没有固定、集中的场所，它是一个无形的、分散的交易市场，并且其交易通常是在独立经营的衍生品机构与机构的投资者间进行的。在美国，OTC市场中所交易的金融衍生品包括由银行或其他非银行金融机构(保险公司、基金公司等)之间的外汇期权和利率互换等。从参与者结构的角度看，金融机构是参与主体，其中银行占90%以上，银行积极拓展产品创新和业务，大量介入场外交易，但在次贷危机之后美国降低了银行在场外金融交易中的参与度。从组织结构上看，美国场外金融衍生品市场由传统的两层结构转变为现在的多层次结构。场外金融衍生品市场的交易机制以做市商制度为主，由投资者直接与金融衍生品经营机构进行交易。做市商制度的特色是通过协议价格来买卖与交换合约，OTC衍生品都是根据客户的特殊要求来定制的，个性非常鲜明，为了规避风险，往往会进行风险对冲或套期保值。

从监管模式来看，次贷危机前美国实行的“分业监管、场外市场清算”模式在2008年之后转变成“中央清算，统一监管”的金融监管体系，2010年7月后美国颁布了《华尔街透明度和责任法》，这项专门用以针对场外金融衍生品的法律按品种和交易，将场外金融衍生品进行了分类，同时分配了不同的监管权限，强调通过强制的协调与磋商机制来实现统一监管的目标。

3.2　韩国场外金融衍生品发展路径选择与经验

与西方成熟市场相比，亚洲国家的场外衍生品市场在短期内发展和完善，更能为我国OTC市场的发展提供范例。作为新兴市场的代表之一，韩国场外金融衍生品市场发展迅速，韩国政府通过政策引导积极推进场外金融衍生品市场的发展，向海内外投资者开放市场，鼓励产品创新，但在2012年韩国场外衍生品市场停滞不前，是由利率的下降、外汇市场的波动以及长期的欧元危机造成的。韩国场外衍生品的名义金额占衍生品市场99%的份额，监管机构同时将寻求一些场外衍生产品交易所。

韩国的场外金融衍生产品的市场发展模式是政府供给型，其制度建设是由政府先规范法律，再来发展市场。场外金融衍生产品的品种主要包括利率类衍生品、股权类衍生品、货币类衍生品、商品类衍生品、信用类衍生品，其中利率类衍生品推出远期利率协议、利率互换以及利率期权。在韩国，汇率类衍生品要高于其他，近年来利率类衍生品发展迅速，其中利率互换交易量的比重较大。2008年次贷危机之后，韩国政府强化了对场外金融衍生品市场的限制政策和监管措施，加强了外汇管制，减少了场外市场的外汇期货和掉期交易，外汇类和信用类衍生品所占比例有所下降。

韩国场外衍生品市场中占据最大市场份额的当属商业银行，但证券公司所占比例也在同年增加，与股票挂钩的相关衍生品种类更加齐全，而信托和保险公司占的比例较小。韩国的金融机构和企业在场外衍生品市场进行外汇套期保值，但在2008年韩元暴跌以后，中小企业在场外衍生品交易中遭受了由外汇期权带来的重大损失。2012年11月韩国国会根据改革后的法律要求通过了中央对手方清算制度，并受到场外衍生工具市场的显著影响。在组织结构方面，韩国发展场外金融衍生品市场是多层次结构的。从交易机制上看，韩国的场外衍生品市场与多数国家一样，主要以做市商的交易量为主导，在做市商中又分为国内和国外两部分，分别在不同的场外金融衍生品业务中发挥着主导的作用。韩国场外衍生品市场的发展多借鉴欧美的经验，它的市场监管是以法律监管为主、自律监管为辅的，在政府监管下强调行业和交易所的自律，韩国对证券公司的监管机构有中央银行和金融监管机构，其自律组织是韩国证券交易商协会。境外场外金融衍生品业务发展路径如图3－1所示。

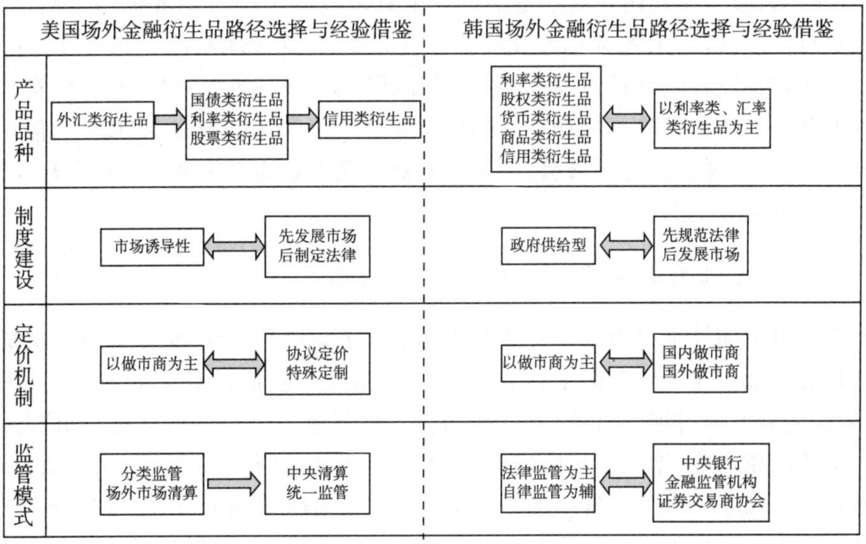

图3－1　境外场外金融衍生品业务发展路径

资料来源：根据相关资料整理所得。

3.3 次贷危机给发展场外金融衍生品业务的启示

3.3.1 次贷危机产生的原因

2008年美国次贷危机的爆发导致全球经济体受到了严重的影响，危机产生的直接原因是信用类衍生品的快速发展助推了信贷市场的繁荣，导致对房屋的过度投机。究其根本原因是场外衍生品市场监管措施不到位，交易机制存在弊病，市场的复杂性和有限的透明度增强了机构投资者潜在的过度冒险行为。当今许多学者或非专业人士将引发金融危机的原因仅归结至场外金融衍生产品市场的迅速发展，甚至把场外金融衍生品与金融危机画上等号，这些都是片面的。

3.3.2 场外金融衍生品在次贷危机中的作用

境外场外金融衍生品在20世纪80年代开始快速发展，其发展原因是标准化的衍生品已经不能满足投资者对于风险管理的需求，而科学技术的创新以及相关法律条文的出台，又为场外市场的发展提供了良好的平台，导致场外金融衍生品市场快速发展，其规模远超过场内市场。场外金融衍生品的发展具有两面性：一方面场外金融衍生品市场健康、有序的发展不仅会给金融市场注入更多的资金，还会给广大的投资者带来更多的机遇，从而推动整个金融市场的繁荣与发展；另一方面当市场缺乏监管和过度投机时，场外金融衍生产品的杠杆作用会加剧市场经济的泡沫化，从而导致整个虚拟经济被严重破坏。所以我们需要适当地发展场外衍生品市场，不能矫枉过正。

首先，场外金融衍生品的发展源于市场的需求，它具有合约灵活性、个性化的特点，可以满足不同投资者的投资需求，所以场外金融衍生品在次贷危机中发挥着积极的作用：一是风险对冲作用。场外金融衍生工具可以为机构投资者提供个性化、多样化的风险对冲工具，用来弥补标准化场内衍生品的风险管理功能。二是资产配置作用。一方面，通过场外金融衍生品交易可以降低风险，提高风险报酬的比率，实现机构投资者多资产和跨市场的目标；另一方面，场外金融衍生品市场监管的缺乏、信息披露制度的不健全、交易信息的不透明、产品过于复杂等因素确实为金融市场带来了风险，给投资者造成了一定的损失。

3.3.3 次贷危机后发展场外金融衍生品的启示

次贷危机中场外金融衍生品交易被认为增加了系统性风险，但是假设在次贷产品打包出售的过程中有足够多的工具来转移风险，那么金融危机爆发的概率就大大降低了，所以我们需要通过加强对场外市场的监管、改善存在弊端的内在运行机制来降低交易对手的信用风险，增强市场的流动性，提高市场的透明度。金融危机过后这几年，原本被认为导致了金融危机发生的场外衍生品并没有被市场取缔，相反各个国家都采取各种举措来推动场外金融衍生品市场健康有序的发展，政府加强了对场外市场的准确定位以及严格监管，市场对于投资者准入的合格要求更加严厉，清算制度也被强制要求中央清算，这些举措都对完善场外金融市场发挥着重大的作用。G20峰会在匹兹堡提出了完善场外金融市场的三个举措，美国制定以《多德-弗兰克法案》为代表的金融监管法案，将场外交易逐步标准化并集中清算、统一监管，美国联邦储备局和其他监管机构都加强了对市场的监管并且强调以更好的监管来激励基础设施的改善。所以我们认为引发金融危机的原因并不仅仅是场外金融衍生品的发展，而是产品的市场监管体系不健全、信息披露制度不完善等种种外部因素，场外金融衍生品在健康的市场经济环境中能起到风险管理作用，有助于增强金融体系的流动性。

3.4 对我国发展场外金融衍生品的启示

相对于国外而言，我国场外金融衍生产品市场发展仍然存在很多不足之处。场外市场规模较小、种类单一、投资者不成熟、基础设施不完善、法律体系不健全等都是我国在发展场外金融衍生品市场道路上存在的问题。我国场外金融衍生品市场的发展路径选择应当从产品品种、交易机制和监管模式等方面向国外学习，在理解场外市场的特点的同时加强对场外金融衍生品市场的风险控制，推进场外市场统一清算制度的推行，提高市场的透明度。目前，中国的 OTC 衍生品业务在国内尚处于初始阶段，我们可以通过借鉴先进国家的经验，开拓国内的场外衍生品业务。首先在国内金融市场推出适合我国国情的衍生品类型，等达到一定规模时再推出其他标的的衍生品，逐步有序地丰富场外金融衍生品品种，采取以做市商制度为主的定价机制，形成政府引导、行业自律与市场参与者自控相结合的监管模式，由全国性市场带动区域性市场发展，努力探索适合中国发展的场外金融衍生品的发展路径。经过以上对境外场外金融衍生品市场的经验的总结，我们知道发展场外金融衍生品市场必须有发达的现货市场、强烈的市场需求、成熟的机构投资者以及有效的监管体系。

第4章　我国场外金融衍生品业务发展问题与原因分析

4.1　我国场外金融衍生品业务发展存在的问题

通过总结相关文献的观点，分析有关部门公布的数据，对比国外场外金融衍生品业务的发展程度，在结合我国场外金融衍生品业务的发展现状的基础上，本章将我国场外金融衍生品业务发展存在的问题归为以下几点：

(1)产品种类单一，规模较小，产品设计、创新和风险管理能力不足；

(2)机构投资者参与程度不高、发展经验不足，从业人员配备不足、业务能力不强；

(3)个人投资者投机性较强，风险意识薄弱；

(4)法律体系不健全，监管体系不完善；

(5)与其他国家金融衍生品业务方面的交流与合作较少，国际化水平较低。

4.2　我国场外金融衍生品业务发展的问题分析

4.2.1　交易产品品种方面

(1)我国现货市场规模的不匹配。衍生品具有派生性，衍生品市场良性发展离不开完备成熟的现货市场的支持。合理的现货市场规模往往能够带动市场价格的合理化，同时也会对市场价格机制和远期市场价格定价产生重大的影响。任何一个市场，如果其容量过小，那么市场价格就容易被人为控制，市场也会更容易被人为操纵。当前我国的现货市场规模过小，制约着我国场外金融衍生品业务的发展。

(2)场外金融衍生品的创新不足。场外金融衍生品的基本功能是满足投资者对风险进行转移和规避的需求。创新是金融衍生品的生产力所在，任何一个业务的突破和发展都必然依赖于自身不断地创新，失去创新能力的业务将会永远滞留在所处的“瓶颈”阶段，停滞不前，失去发展的动力和对客户的吸引力，无法满足市场的多元化需求，从而丧失自身的竞争力，被市场和消费者所抛弃。场外金融衍生品交易最大的特点在于需要在合约设计方面获得足够的自由度，而目前国内的产品不仅在设计方面存在缺陷，且现有的创新机制也在制约和阻碍着场外金融衍生品业务的自由化发展，这种现状难以满足场外金融衍生品市场成长需追求自由化和多样化的要求。此外，对比境外的金融机构，它们的金融创新领域主要集中在金融产品和业务方面，而我国的金融创新多着眼于创造概率性的品牌效应和抢占市场份额方面。创新对象的范围过窄、深度不够，也是影响我国场外金融衍生品业务发展的因素之一。

(3)基础产品类型较少。基础产品的规模化是衍生品品种创新和开发的重要保证。我国银行间市场的衍生品包括两大类共五个品种:债券远期、利率互换、远期利率协议、外汇掉期和外汇远期。由于我国场外金融衍生品在期权类和信用类方面涉及较少,基础产品的种类不够完善,场外金融衍生品业务的交易品种的创新和发展也因此受到制约。

(4)产品定价机制的不健全。我国现有场外金融衍生产品大多投机性较强,场外市场的深度不够,这使得场外金融衍生品市场本身的价值发现功能难以发挥。另外,如果每一个衍生产品都可以被其他在交易市场交易的衍生产品所复制,且其复制的成本是唯一的,那么衍生产品的价格也就由此产生。场外金融衍生产品的定价机制形成也是基于这些假设和理论的推导。由于场外市场的有效性和完备性的缺失,金融衍生品的价值往往难以得到准确的评估。

4.2.2 机构投资者方面

场外金融衍生品交易源于特定的机构投资者以及高净值客户特殊的风险管理和投资需求,证券公司作为市场参与者中一支重要的生力军、机构投资者的代表,在场外金融衍生品业务发展过程中的重要性不言而喻。因此,本节从证券公司的角度对存在的问题进行分析。

(1)专业交易对手方参与程度不足。交易对手方的高度同质化不但不利于场外金融衍生品业务的推广,而且也使得业务的受众单一,从而影响市场的活力,制约资金的流动性。目前,国内的证券公司开展交易业务的对手大多数是非专业机构,这些机构的资产规模相对较小,且其交易的目的多数为杠杆融资,真正的风险管理需求较小,而境外的金融机构,其交易的对手方往往是具有同等规模的专业机构。因此,我国证券公司的市场参与程度不高。

(2)盈利模式单一且效益不高。做市商制度主要以券商作为金融衍生品交易买卖双方的交易中介来实现交易,买卖价差的收入为其利润的来源。做市商制度之所以能够在境外的场外金融衍生品市场占据主导地位,是因为它能够很好地为整个金融市场提供流动性和即时性。由于做市商制度在国内的场外金融衍生品市场还没有得到广泛的应用,大多数证券公司也因此没有在场外金融衍生品交易业务中形成有效的盈利模式,这也大大降低了证券公司从事场外业务的主动性和积极性。

(3)信用风险的识别和管理能力不足。信用风险即合同违约风险,是由交易对手违约所带来的风险。相对于场内交易而言,场外交易的信用违约风险更大。在场外交易中,只要一方违约,合约便无法进行,能否如期履约完全取决于交易双方的信用。金融衍生品场外交易市场是以双方的信用为基础的,金融机构的信用是场外金融衍生品市场的基础。我国证券公司当前对交易对手的履约保障能力测评比较粗犷,难以有效地掌握交易对手在其他公司的违约事项,对交易的信用风险评估不足,无法实现信用风险的集中管理。

(4)专业人员配备不足,信息技术系统建设的发展滞后。操作风险的产生来自人为错误、系统故障、不正当的程序等信息系统的失灵或者内部控制的缺失。与基础的金融产品相比,金融衍生品的多样性和复杂性使其面临着更大的操作风险。场外金融衍生品是定制产品,其灵活性、专业性更强,对于从业人员的要求也更高。为了降低操作风险，进行场外金融衍生品交易的主体必须雇用专业的技术人员，运用先进的管理模式，建立起完善的内部控制系统。证券公司目前从事中后台场外衍生品业务的相关人员配备不足，且缺少业务管理的经验，难以准确掌握业务开展各环节中存在的风险。另外，由于证券公司前台交易、中台风险控制、后台财务与结算等部分电子信息化程度不高，也存在着操作风险。这些问题不利于公司对业务风险的管理和控制，也阻碍着场外金融衍生品业务的拓展。

4.2.3 个人投资者方面

(1)我国的个人投资者整体风险识别能力较差。个人投资者的综合投资能力相对较弱，受限于专业知识能力和资金容量，对整个市场的认识能力和整体把握能力不足，往往会造成整个金融市场的非理性化。场外金融衍生品产品本身具有复杂性和专业性，且目前在我国的发展还处于相对滞后的状态，国内的个人投资者对金融衍生品的场外交易性质缺乏认知，对场外金融衍生品的投资领域也知之甚少，这种现象致使个人投资者常常无法依靠自身能力对投资的风险进行有效的识别和规避。“老鼠仓”现象的屡见不鲜更是从侧面反映了我国个人投资者的道德风险。

(2)我国个人投资者的投机性强。以套期保值为目的的场外金融衍生品交易只是锁定成本，规避风险。然而由于场外市场宽松的监管环境，场外金融衍生品的高杠杆性能带来巨大的收益，因此许多个人投资者往往难以保持理性的头脑，冷静地进行投资，反而会倾向于套利交易，从而导致投资风险的无限扩大化。

4.2.4 法律体系与监管制度方面

(1)我国在金融方面的法律体系不健全。我国现行的与金融衍生产品有关的法规，基本上为部门规章，是中国人民银行、原银监会、证监会、外汇局等各监管机构针对具体的衍生产品制定的。国内目前既缺少一部统一的专门针对整个场外金融衍生品市场交易的相关法律，也缺乏监管机构对从事场外金融衍生品业务的金融机构的统一监管立法。虽然部分法律的空缺暂由一些临时性的规章制度或文件代替，但这些规章的条文中往往大多数是限制性和禁止性的规定，引导性、鼓励性的内容较少。这些过于严苛的法律规章不利于推动场外金融衍生品业务的开展。除此之外，与我国金融衍生产品的发展相比，我国相关法律制度的健全略有滞后，由于缺乏对衍生产品交易和风险管理的相关指引，这些法律规章难以满足我国场外金融衍生品业务发展的需要；在与其他国家进行金融方面的合作与交流时，由于部分国际先进的基础性制度安排与我国现行法律规章契合度不高，金融衍生品交易盯市和控制风险功能难以得到有效发挥，对场外金融衍生品市场的纵向发展产生了不利影响。

(2)我国的政府机构监管制度不完善。良好的市场环境离不开监管。金融衍生品交易规模庞大，技术复杂，而其中场外产品的跨机构、跨市场的特性更是决定了其监管的复杂性。监管体系也会面临着更多的新对象和新问题。我国目前的金融机构体系是以中国人民银行为中心，由原银监会、证监会、原保监会分业进行监管的格局，但随着金融市场的不断发展和扩大，银行、证券和保险等行业逐步形成了混业经营方式，这种局面使得原有的以机构类型确定机构对象、划分机构领域的模式无法发挥出有效的作用。过度强调市场规模的重要性，致使当前我国在场外金融衍生品交易上缺乏强有力的监管；此外，当前市场缺乏全国统一的监管体系和相应的监管机构，在日常的监管过程中多头管理、交叉管理和管理真空的现象时有发生；而且场外金融衍生品市场的信息披露机制也不够完善，信息评级制度的独立性和透明度不高，导致市场中的交易信息不但难以被获取，而且使用价值不高。

(3)我国的行业自律组织监管不足。①对交易对手主体资格要求过严。我国对于场外金融衍生品业务的参与者的要求十分严格。《证券公司金融衍生品柜台交易业务规范》第十二条规定，证券公司交易对手方应限于机构。高净值个人客户不能直接参与金融衍生品交易。另外，证券公司、基金公司和期货公司的资产管理计划也不能直接参与场外衍生品交易。这些硬性的规定制约了交易参与主体的扩大。②风险控制指标计提缺乏合理性。目前行业的相关指标计算没有充分地考虑金融衍生品业务的风险对冲特点，难以实现风险的敞口抵消。另外，行业内部的一些指标的规定过于严格，并且带有强制性(如自营权益类证券及证券衍生品的合计额不得超过净资本的100%)，使得机构参与者难以达成，这不利于提高参与者的积极性。③缺乏行业规范发展统一的规则。在场外市场的发展过程中，对于金融衍生品从业人员的资格审查、交易规则、风险披露等方面还没有现成的规则和条例。这些规则的缺失不利于我国金融衍生品从业人员道德素质和风险管理意识的提高，也会加剧金融衍生品市场的过度投机现象。

(4)我国场外市场的信息披露制度不健全。我国对于金融价格的管制一直较为严格，因此金融衍生品市场化程度不太高，国家的相关政策对于金融衍生品交易的作用较大，而且金融衍生品自身的价格受到利率、汇率等基础性的金融产品价格的左右，所以信息披露制度在金融衍生品业务过程中处于至关重要的地位。由于金融衍生品所具有的复杂性，其信息披露的内容的专业性也会使投资者产生阅读困难和理解障碍。信息披露制度的不健全，导致了广大金融机构无法做到真正的信息披露，这也会导致场外金融衍生品市场无法健康有序地发展下去。目前，我国缺少场外金融衍生品交易信息的披露规则，对于是否需要进行信息披露，需要披露哪些内容，披露工作应由哪一方进行等事项的规定并不明确。此外，各个金融机构在进行金融产品创新的过程中，往往将一些与创新工作相关的信息视为商业机密，因此并不愿意也不重视信息披露，所披露的信息内容也较为局限。

4.2.5 国际交流与合作方面

随着全球经济一体化进程的加速，各国之间的交流与合作也进一步加强，我国的场外金融衍生品市场和业务还处于发展的初级阶段，与境外发达国家和新兴国家的接触不多，开放程度不高。当前，我国的场内金融衍生品市场只对本国投资者开放，场外金融衍生品市场则只对部分本国金融机构开放。金融衍生品市场开放条件的限制，不仅使得我国场外金融衍生品业务的对外交流与合作受限，更导致了我国大部分金融衍生品的交易价格对国际市场金融衍生品的定价影响力较弱，对于其他国家和地区金融衍生品市场的影响力更是微乎其微，这种状况严重阻碍了我国场外金融衍生品市场的国际化程度以及我国在国际贸易中的定价权。长此以往，我国将无法借助经济全球化的影响，推动国家整体虚拟经济的发展，而且也会逐渐丧失依靠实体经济发展所获得的与自身经济实力相匹配的话语权。

4.3 A股杠杆危机爆发的原因分析

4.3.1 危机爆发的背景

2015年7月上旬，A股迎来了史上最为黑暗的一段时光，千余只股票连续几天跌停，万亿股民的资产瞬间蒸发。国家救市方针层出不穷，但收效甚微，各界人士不禁感叹："牛市"已经终结，A股已经崩盘。

本轮"牛市"于2014年7月底启动，随着年末央行的首次降息而加速上涨，社会媒体推波助澜，广大群众参与股市的热情空前高涨，股市开户人数的记录每天都在被刷新，市场的融资量也屡创新高，整个社会笼罩在"全民炒股"氛围之中，股市也开始了"疯牛"的节奏。截至2015年5月底，沪指年内的涨幅已逼近40%，创业板、中小板的表现更为强势，远远超过同期全球各大主要股指。

随着6月份的到来，A股的猛烈涨势开始略显疲软，出现了股指上涨、中小盘股下跌的趋势。虽然这些隐忧被中国核电等优质新股的先后公开发行和A股总市值达到70万亿元人民币的各种利好消息所掩盖，但从6月15日起，A股开启了暴跌模式。沪指一路下滑，短短两周下跌了1500点，跌幅更是达到了惊人的28%。截止到7月3日，沪深两市的市值迅速缩水至42万亿元人民币，在这短短的14个交易日中，A股的总市值蒸发了28万亿元人民币，幅度高达40%。证监会、央行、财政部先后出台了一系列的政策，采取各种措施，动员各种力量进行救市，但效果并不显著。除了主板四大行和"两桶油"之类的蓝筹股逆势上涨以外，其余的个股几乎毫无例外的全线跌停，创业板更是损失惨重，除去涨停的新股、停牌股，所有个股全部跌停。在空方势力强劲的打压之下，A股近一半的上市公司选择了停牌避险。A股出现了罕见的"千股跌停，千股停牌"场面，整个股票市场陷入了空前的恐慌之中。

4.3.2 危机爆发的诱因

社会各界在积极为救市纷纷献策之时，也在反思这场股灾的诱因。本章总结了各种观点，并联系A股盘面波动和股指期货等场外市场的交易状况，将此次危机的诱因归为以下几点：

1. 高杠杆融资、配资所带来的巨大隐患和风险

"水能载舟，亦能覆舟。"杠杆性的融资、配资是一把双刃剑，它会在股市持续上涨时推波助澜，也会在股市暴跌时釜底抽薪，并且会将这种趋势无限放大，当初的涨势有多凶猛，未来的跌势就有多惨烈。

本轮"牛市"启动的直接原因是央行全面降息的放水货币政策。发布该项政策的目的是希望以此鼓励投资者进行投资，增强市场上资本的流动性，从而为难以融资的实体经济提供充足的发展资金。然而真正运用到实体经济体的货币信贷资金经营之中的比例少之又少，反而大批量地流入了股票市场，刺激了股市的持续上扬，这种持续

的大规模资金的流入对A股市场的上涨起到了关键性的作用。"杠杆"作为趋势的催化剂和加速器，在此番行情的舞台上扮演着重要的角色。各种专家学者等业内人士一致将此轮"牛市"定义为"杠杆牛市"。

正所谓"成也杠杆，败也杠杆"。自2014年6月份以来，整个资本市场的融资余额从4000亿元增至1.1万亿元，融资交易额的占比已经高达32%，此外，P2P网贷高杠杆配资、银行和保险等理财产品、信托等机构的股市配资融资、民间私募的参与，使得整个市场的高风险、高杠杆融资占比达到了惊人的50%。截止到2015年6月15日，A股股流通总市值的7.47%为杠杆资金，约为4.2万亿元人民币。场内的融资规模已经超过了2万亿元人民币，而场外的配资额更是高达4万亿元人民币，规模如此庞大的融资、配资，使得A股市场上涨犹如"钢丝上的舞蹈"，美好却又危机四伏。这种高风险的疯狂上涨隐含着巨大的危机：股市不可能永远单边上涨，一旦行情不好，股市处于下行之中，就会发生无法控制的踩踏事件，如同银行的挤兑，甚至将波及实体经济，引发金融危机。

2. A股的估值过高，整个市场泡沫化严重

本次行情的资金来源包括：①企业资金，目前市场上的投资难度和不确定性增加，使得公司的投资决策越来越难以制定。部分上市公司受到本轮股市上涨的刺激和诱导，纷纷将闲置资金投向二级市场，这也是推动本轮行情上涨的主力；②高净值人群，由于房市的持续低迷，黄金价格的不断下跌，中产阶级也陷入了投资难的困境，而此时股市的持续上涨，使得部分中产阶级纷纷将投资标的转向二级市场；③券商融资，其他途径的加杠杆资金以及股市持续上扬带动了双融业务的发展，各大金融机构也陆续推出各种相关的投资理财产品，这也使得券商等机构投资者的盈利能力得到了提升。

就在大规模资金持续不断地流入股市，推动着A股市场的股价近乎疯狂上涨的同时，作为股票价格实际载体的实体企业，其经济增速并没有跟上股价发展的趋势。"股神"巴菲特曾指出，由于股市总市值的增速与国民经济的增速应保持一致，因此证券化率在任何时候都是衡量股市估值水平的最佳单一指标。在美国等较为成熟的证券市场中，其股市的证券化率的最佳范围为70%～80%，而新兴市场和发展中国家的证券市场的证券化率可能会稍微偏高。

然而我国目前A股市场的股票市盈率则普遍过高。截止到2015年6月15日，上证综合指数的市盈率达到了22倍，深证成分指数的市盈率为54倍，中小板的市盈率为86倍，而创业板的市盈率更是高达128倍。对比同期国际上的其他国家，我国的A股估值远远超过了警戒线，泡沫化已经非常明显，股票的涨幅过大，超出其合理价值的几倍，甚至是十几倍。

商品的价格不可能无限上涨，其价格是围绕着价值上下波动的，股票也属于商品，它的价格迟早要回归到合理的估值。这种过高的估值在创业板上的表现尤为突出，高市盈率的个股比比皆是。这种仅仅依赖高市盈率，完全没有业绩支撑的高价股，只是"空中楼阁"，这样持续高涨的股市就如同"庞氏骗局"，其价格的上涨完全依赖于新入资金的拉动，先入者的获利源于后来人的投入资金。这种情况非常不稳定，一旦资金链断裂，其下滑的速度和趋势将无法遏制，往往会引发大范围、大规模的踩踏事件，危及到整个国家金融体系的稳定和国民经济的健康发展。

3. 公司股东大规模减持，新股入市数量庞大

进入6月份，上市公司中期报告披露日期也就临近了，广大投资者也将关注点由“概念股”转向了真正的“绩优股”，公司的发展能力和盈利能力越来越成为投资者关注的焦点。此外，随着股票发行的注册制改革不断深化，投资者的投资理念也将从根本上得到转变，当前这种疯狂热炒小盘股的现状也会得到缓解。投资者在进行投资决策的时候会更多地将公司的价值、业绩和未来的发展能力纳入比较分析的范畴。中期报告的披露和注册制改革使得前期被疯狂炒作的“概念股”和“小盘股”面临着严峻的考验，也使得一些“黑天鹅”公司惴惴不安。这些上市公司一旦遭受大规模撤资，之前堆积的资金泡沫将会瞬间化为乌有。

基于对本轮股市疯狂上涨所隐含的深层危机的担忧或者是对既得利益的满足，许多上市公司的大股东开始了大规模的减持。据统计，截止到2015年5月末，已有1120家上市公司的股东进行了减持，累计总市值达到了惊人的3852.59亿元，这已经远远超过2014年全年的减持规模2514.41亿元。此外，除了已经实施的减持之外，一些上市公司也陆续公布拟减持预告，其规模之大也让人瞠目结舌。

IPO数量和规模的持续增加，严重影响了整个股市资金的流动性。截止到2015年6月4日，中国证监会受理首发企业562家，其中，已过会35家，未过会527家。当年的IPO募集资金金额达到1049.06亿元，增幅超过了50%。这些不断发行的新股使得市场的资金供应处于更加不稳定的状态。

一边是个人投资者热情高涨，新的资金不断流入市场；另一边，公司高管、机构投资者大规模减持套现，大规模新股不断地发行，这样巨大的反差，暴露了整个市场的危机，也放大了杠杆融资所带来的不稳定因素。

4. 股指期货空头势力强劲，券商无奈强制平仓

股指期货市场是股票的价格发现者，对股价的波动产生重大的影响。当前我国的期货市场还处于发展的初级阶段，现有的场内金融衍生品品种不多，交易规则也并不完善，对于场内金融衍生品的监管也不太严格，这些使得空方的做空成本相对较低。此外，10%的保证金比例、裸空卖出、“T+0”的交易制度等优惠政策，使得股指期货市场存在着巨大的套利空间，极易被投机者利用。然而一旦股指期货市场被空头抢占，多方将会遭受重大打击，其每天都会面临着大规模平仓、赎回的压力。后市隐含着巨大的风险。

爆发本轮股市危机的根本原因是高杠杆的融资、配资，在资金疯狂流入股市的背后，大股东的减持和新股的发行加大了危机爆发的可能性，股指期货的不断做空直接诱发了股市的暴跌，而公司的过高估值将这次危机持续的时间不断拉长，由此引发了市场的恐慌，个人投资者不断地抛售、杀跌，机构投资者持续地大规模平仓，甚至是强制平仓，使得整个股市的环境迅速恶化，普通投资者难以保持信心，这又会给空方带来可乘之机。这种情况下，政府的救市措施如果不能彻底缓解当前的危机，反而会加剧股市的动荡，造成大规模的踩踏事件，将对整个国家的金融体系、实体经济造成巨大的破坏并带来毁灭性的打击。

4.3.3 危机的启示

(1)机构投资者应实时关注自身的融资、配置情况，建立完善的风险管理控制制

度，对高杠杆业务的规模和客户要进行认真的认证和审核，控制好各项业务中的杠杆比例，对高杠杆用户收取较高的保证金，以避免过高杠杆引发的危机。

(2)机构投资者应加强对双融客户的风险防范教育，提高客户的风险管理能力和应对能力。在危机爆发后，为客户提供必要的建议，及时通知客户的头寸情况，在强制平仓前多次提醒客户，使客户能够清楚地分析当前的局势，做出理性的选择，努力帮助客户将其损失降到最低点。

(3)个人投资者应在“牛市”中保持冷静的头脑，理性地分析和投资，不要随意追高杀低，在股市动荡的环境中，更要对局势有着清醒的认识，对国家政府等各个部门发布的政策、举措进行实时的关注，始终保持着足够的信心。

(4)证监会等监管部门应该修补金融体系中存在的漏洞，不给投机者可乘之机。此外，监管部门应对股市的变动进行实时的关注，不仅是暴跌，对于股市的暴涨，也要分析其产生的原因和可能存在的隐患和问题。对于整个市场的不正常上涨，采取一些政策进行遏制；对于新股的大规模发行，进行限制和控制；对于机构投资者开展的高杠杆业务，进行定期的检查；对于投机者的恶意做空进行严惩，提高其做空成本；对于股市的暴跌，即时发布公告进行说明，平复市场的恐慌情绪，恢复投资者的信心，并且采取相应的措施进行引导，为资本市场的稳定运行保驾护航。

第5章　我国场外金融衍生品业务发展路径要素框架分析

当前我国场外金融衍生品业务发展正处于初级阶段，场外衍生品业务发展的相关数据也不完善，为了探寻适合我国国情的场外金融衍生品业务发展路径，课题组在总结境外场外金融衍生品业务成功发展经验、结合我国当前发展现状的基础上，初步构建我国场外金融衍生品业务发展路径要素框架，并设计相关问卷，搜集国内专家意见，运用AHP分析法对各要素的重要性进行排序，分析我国场外金融衍生品业务发展路径的关键要素。一方面，避免了模型解释变量的数量限制，能够更加全面地考虑各个要素；另一方面，也为最终形成我国场外金融衍生品业务发展路径提供切实可行的依据。

5.1　构建我国场外金融衍生品业务发展路径要素框架

我国场外金融衍生品业务发展包含多个方面，产品种类的不断丰富、交易市场层次结构的逐步深化、定价交易机制的趋于合理以及监管效率的不断提升，诸多要素的有机整合与进步推动我国场外金融衍生品业务不断发展。产品种类的不断丰富是场外金融衍生品业务发展的直接体现，与经济市场化程度息息相关，也是推动市场结构逐步深化的催化剂，同时，交易市场结构的深化能够满足不同市场主体的投融资要求，优化资源配置，而定价机制的合理性更是决定场外金融衍生品市场运行效率的重要因素。当然在这一个过程中，有效的市场和法律监管也起着不可或缺的作用，它是有效防范场外金融衍生品业务各类风险，维护广大投资者利益，保证场外金融衍生品市场正常运行的重要制度保障。

基于上述认识，课题组初步构建了我国场外金融衍生品业务发展路径要素框架，具体从产品品种、市场结构、定价机制和监管模式四个维度考察我国场外金融衍生品业务发展路径要素。其中，产品品种主要依据基础产品的不同进行分类，包括利率类场外金融衍生品、汇率类场外金融衍生品、股指类场外金融衍生品、原材料类场外金融衍生品和信用类场外金融衍生品。市场结构主要依据交易市场覆盖的区域范围，分为全国性场外交易市场、“1＋N”混合型场外交易市场（以全国性场外交易市场为主导，区域性场外交易市场试点）和区域性场外交易市场。定价机制部分主要考虑到其特点和功能，包括做市商制度、竞价交易制度和混合交易制度。监管模式则基于监管主体的不同，涵盖了政府监管、行业自律和市场参与者内控。

我国场外金融衍生品业务发展路径要素框架的具体内容见表3－1所列。

表 3-1　我国场外金融衍生品业务发展路径要素框架

产品品种	利率类场外金融衍生品
	汇率类场外金融衍生品
	股指类场外金融衍生品
	原材料类场外金融衍生品
	信用类场外金融衍生品
市场结构	全国性场外交易市场
	“1+N”混合型场外交易市场
	区域性场外交易市场
定价机制	做市商制度
	竞价交易制度
	混合交易制度
监管模式	政府监管
	行业自律
	市场参与者内控

5.2　运用 AHP 分析法确定要素权重

使用 AHP 分析法确定要素权重的具体过程如图 3-2 所示。

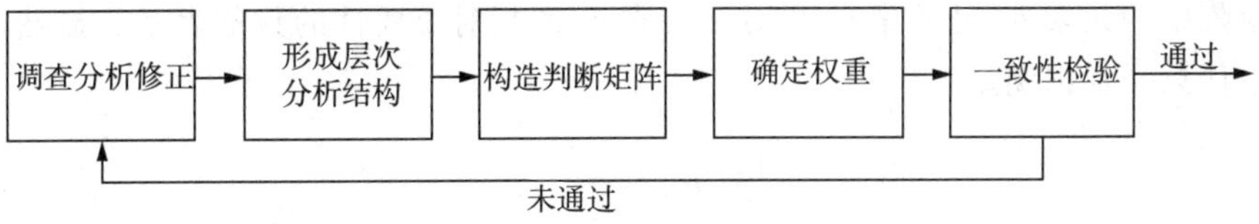

图 3-2　使用 AHP 分析法确定要素权重的具体过程

5.2.1　形成层次分析结构

将系统进行层次分解，形成若干层次要素构成的多层结构，即目标层、中间层和要素层。目标层 A 即总体目标——探寻我国场外金融衍生品业务发展路径；中间层 B 则是为了实现总目标而考虑的主要方面；要素层 C 是由各个主要方面的具体要素组成的基础层。

我国场外金融衍生品业务发展路径要素框架将复杂的路径问题分解，按照各要素的相互关系和隶属关系形成不同层次，每一个层次中的要素既决定了下一个层次中的各个要素，又受到上一个层次的支配。课题组分别从四个维度探寻我国场外金融衍生品业务的发展路径，因此设立四个二级要素，在各项二级要素下再设相应的三级要素。课题组充分考虑了要素的覆盖性、合理性和可操作性，保证了最终结果的有效性、可靠性，构造的层次分析结构如图 3-3 所示。

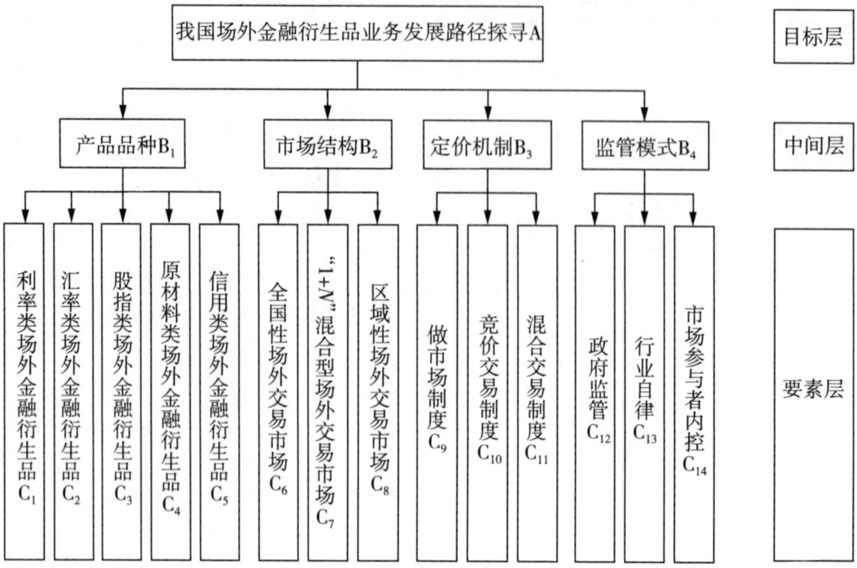

图 3-3　层次分析结构图

5.2.2　构造判断矩阵

课题组采用调查问卷与实地访谈等方式，征询了证券公司、银行、信托等机构的有关专家、高管以及主管部门的意见，采用加权平均法确定同一个层次各项指标之间的相对重要性的两两比较数值，进而利用这些数值来构造中间层和要素层的判断矩阵。判断矩阵中的元素 R_{ij} 是要素 r_i 相对于要素 r_j 的相对重要性的数值表示。显然，判断矩阵中任意元素都满足：

$$R_{ij}=\frac{1}{R_{ji}}$$

对 R_{ij} 的具体赋值含义见表 3-2 所列。

表 3-2　对 R_{ij} 的具体赋值含义表

赋　　值	含　　义
1	要素 r_i 与 r_j 要素相比，具有同等重要性
3	要素 r_i 与要素 r_j 相比，r_i 比 r_j 稍微重要
5	要素 r_i 与要素 r_j 相比，r_i 比 r_j 明显重要
7	要素 r_i 与要素 r_j 相比，r_i 比 r_j 强烈重要
9	要素 r_i 与要素 r_j 相比，r_i 比 r_j 极端重要
2,4,6,8	以上相应判断的中间情况
1～9 的倒数	表示 r_i 与 r_j 比较的赋值等于 r_j 与 r_i 比较的赋值的倒数

1. 中间层 B

根据调查结果利用加权平均法分别计算产品品种、市场结构、定价机制和监管模式四个要素的相对重要性数值构成判断矩阵 **B**：

$$\boldsymbol{B}=\begin{bmatrix}1 & 3 & 3 & 5\\ 1/3 & 1 & 1 & 3\\ 1/3 & 1 & 1 & 3\\ 1/5 & 1/3 & 1/3 & 1\end{bmatrix}$$

2. 要素层 C

按照与中间层 B 相同的计算方式，分别计算产品品种、市场结构、定价机制和监管模式各自对应的基础要素之间的相对重要性数值构成的判断矩阵 $\boldsymbol{C}_i(i=1,2,3,4)$：

$$\boldsymbol{C}_1=\begin{bmatrix}1 & 3 & 1/3 & 7 & 5\\ 1/3 & 1 & 1/5 & 5 & 3\\ 3 & 5 & 1 & 9 & 7\\ 1/7 & 1/5 & 1/9 & 1 & 1/3\\ 1/5 & 1/3 & 1/7 & 3 & 1\end{bmatrix};\boldsymbol{C}_2=\begin{bmatrix}1 & 3 & 1/3\\ 1/3 & 1 & 1/5\\ 3 & 5 & 1\end{bmatrix};$$

$$\boldsymbol{C}_3=\begin{bmatrix}1 & 9 & 5\\ 1/9 & 1 & 1/5\\ 1/5 & 5 & 1\end{bmatrix};\boldsymbol{C}_4=\begin{bmatrix}1 & 1/5 & 1/5\\ 5 & 1 & 1\\ 5 & 1 & 1\end{bmatrix}$$

5.2.3 确定权重，并作一致性检验

1. 确定权重

利用 Matlab 2012 软件计算判断矩阵的最大特征值和对应的归一化特征向量，得到各个矩阵对应的同一个层次指标的权重向量如下：

中间层：$\boldsymbol{W}_b=(0.52,0.20,0.20,0.08)^{\mathrm{T}}$；

要素层：$\boldsymbol{W}_{c_1}=(0.26,0.13,0.51,0.03,0.07)^{\mathrm{T}}$；

$\boldsymbol{W}_{c_2}=(0.26,0.10,0.64)^{\mathrm{T}}$；

$\boldsymbol{W}_{c_3}=(0.74,0.06,0.20)^{\mathrm{T}}$；

$\boldsymbol{W}_{c_4}=(0.10,0.45,0.45)^{\mathrm{T}}$。

2. 一致性检验

一致性检验的一般步骤如下：

① 计算异质性指标 $CI=\frac{\lambda(\boldsymbol{R})-n}{n-1}$，$\lambda(\boldsymbol{R})$ 为矩阵 $\boldsymbol{R}$ 的最大特征值；②找出相应的平均随即异质性指标 RI，平均随机一致性指标 RI 见表 3-3 所列；③计算一致性比例 $CR=\frac{CI}{RI}$。

表 3-3　平均随机一致性指标 RI

n	1	2	3	4	5	6	7	8	9
RI	0	0	0.58	0.90	1.12	1.24	1.32	1.41	1.45

当 CR 值小于 0.1 时，认为矩阵 $\boldsymbol{R}$ 具有较好的一致性，赋权合理；否则就需要调整判断矩阵，直到获得满意的一致性指标为止。

经计算，中间层 $CI_b=0.01$，$RI=0.90$，$CR_b=0.02<0.1$，则矩阵 $\boldsymbol{B}$ 通过一致性检验；要素层 $CI_{c_1}=0.06$，$RI=1.12$，$CR_{c_1}=0.05<0.1$，则矩阵 $\boldsymbol{C}_1$ 通过一致性检验；要素层 $CI_{c_2}=0.02$，$RI=0.58$，$CR_{c_2}=0.03<0.1$，则矩阵 $\boldsymbol{C}_2$ 通过一致性检验；要素层 $CI_{c_3}=0.06$，$RI=0.58$，$CR_{c_2}=0.1009>0.1$，则矩阵 $\boldsymbol{C}_3$ 没有通过一致性检验；要素层 $CI_{c_4}=0$，$RI=0.58$，$CR_{c_4}=0<0.1$，则矩阵 $\boldsymbol{C}_4$ 通过一致性检验。

5.2.4　实证结果分析

具体实证结果见表 3-4 所列。经过上述计算及一致性检验可以发现，首先，我国场外衍生品业务发展最重要的是产品品种（权重为 0.52），适宜的产品品种以及有效的产品创新是场外金融衍生品业务发展的主要任务，其中在当前最被专家看好的是大力发展股指类场外金融衍生品（权重为 0.51），辅之以利率类（权重为 0.26）、汇率类（权重为 0.13）场外金融衍生品，而原材料类（权重为 0.03）和信用类（权重为 0.07）场外金融衍生品目前并不被看好。其次，是我国场外金融衍生品市场的市场结构（权重为 0.20），其中区域性场外金融衍生品市场（权重为 0.64）备受专家的青睐。再次，对于场外金融衍生品定价机制（权重为 0.20）应该给予一定的关注，但是由于矩阵没有通过一致性检验，说明目前专家们对于场外金融衍生品业务应选择哪种定价机制的观点不统一，需进一步探讨。最后，对于场外金融衍生品市场的监管，专家们没有给予足够的重视（权重为 0.08），认为尤其要减少政府监管的力度（0.10），而应该注重加强行业自律（权重为 0.45）和市场参与者自控（权重为 0.45）。

表 3-4　实证结果

中间层		要素层		一致性检验
二级要素	权重	三级要素	权重	
产品品种	0.52	利率类场外金融衍生品	0.26	通过
		汇率类场外金融衍生品	0.13	
		股指类场外金融衍生品	0.51	
		原材料类场外金融衍生品	0.03	
		信用类场外金融衍生品	0.07	

（续表）

中间层		要素层		一致性检验
二级要素	权重	三级要素	权重	
市场结构	0.20	全国性场外交易市场	0.26	通过
		“1＋N”混合型场外交易市场	0.10	
		区域性场外交易市场	0.64	
定价机制	0.20	做市商制度	0.74	未通过
		竞价交易制度	0.06	
		混合交易制度	0.20	
监管模式	0.08	政府监管	0.10	通过
		行业自律	0.45	
		市场参与者内控	0.45	

第6章 我国场外金融衍生品业务发展路径设计

综合前文分析，当前我国资本市场上对于风险管理的需求非常强烈，虽然存在着一定的缺陷，在一定程度上限制了场外金融衍生品市场发展的规模和速度，但无论如何，场外金融衍生品市场在套期保值、风险转移和价格发现方面的优势决定了建立并发展我国场外金融衍生品市场是必然趋势。在借鉴境外场外金融衍生品业务发展的经验、综合我国目前的市场情况并参考国内专家意见的基础上，总结出我们认为的适合我国国情的场外金融衍生品业务发展路径。

6.1 我国场外金融衍生品业务发展最终目标

场外金融衍生品市场作为资本市场体系的重要组成部分，对于正处于经济转型期的我国而言，其发展的必要性不容忽视，适宜、丰富的场外金融衍生产品是发展的基础，以全国性市场带动发展、最终形成区域性市场联动发展的市场结构是持续发展的前提，合理、高效的定价机制是发展的动力，公平、公正、透明的监管体系与信息披露制度是健康发展的保证。因此，我们要在此基础上构建一个以场外场内互相联动均衡发展、发展路径创新多样合理、产品种类多样、经营运作广泛规范、监督管理到位为目标的既符合中国国情又适应国际发展的场外金融衍生品市场。

6.2 我国场外金融衍生品业务发展路径设计

6.2.1 逐步有序地丰富场外金融衍生品品种

我国场外金融衍生品品种的不断丰富要建立在适应经济金融改革的进程、满足市场强烈需求的基础上，逐步实现品种上由少到多、结构上由简到繁、风险上由低到高的目标。首先，从境外经验来看，外汇类和利率类场外金融衍生品在境外市场上占了极大比重，但是一方面考虑到我国目前汇率自由化、利率市场化程度还有待提高，风险管理控制能力不足，另一方面我国股票市场经过多年的发展已逐步成熟，因此，我国场外金融衍生品业务首先要发展股指类场外金融衍生品，这既能够帮助投资者实现套期保值和风险转移，又能够促进股市做空机制的建立与发展，稳定资本市场；其次，随着我国利率市场化程度的不断提高，利率风险逐渐增大，风险管理需求强烈，要推出利率类场外金融衍生品；最后，由于目前多家商业银行都把外汇代客理财业务作为重点，规避汇率风险需求大，因此在汇率自由化得以逐步实现、商业银行等机构拥有足够的交易技术和风险控制能力的前提下，可适当发展外汇类场外金融衍生品。在当前的市场环境下不适合发展原材料类和信用类场外金融衍生品，它们的发展需要市场更加成熟、投资者更加理性、信息披露更加透明的环境。

6.2.2 全国性市场带动发展，各区域性市场联动为最终目标

首先，毋庸置疑，场外金融衍生品市场是我国资本市场的重要组成部分，全国性场外金融衍生品市场核心地位的确立能够有效促进场外金融衍生品市场的形成和发展，明确场外金融衍生品市场在我国资本市场中的重要地位。其次，为了推动区域经济战略性调整，推动产业结构升级，在具有区域经济优势的地区建设和发展大区域性场外金融衍生品市场，形成“$1+N$”中国场外金融衍生品市场分布格局，与全国性场外金融衍生品市场交相呼应，实现从全国到区域的有效过渡。最后，我们要逐步以区域性场外金融衍生品市场为主要市场，形成具有统一的市场准入、交易机制、业务操作流程及监管制度的场外金融衍生品市场结构，尽可能多地满足不同层次的客户的需要。

6.2.3 采用以做市商制度为主的混合型定价机制

我国场外金融衍生品定价机制的合理选择是场外金融衍生品业务发展的重要组成部分，直接决定了场外金融衍生品市场的整体运行效率。总结境外场外金融衍生品市场交易模式的演变历程，结合当前我国场外金融衍生品市场现状，我国应该采用以做市商制度为主的混合型定价机制。一方面能够避免因做市商少而出现的价格操纵现象，另一方面解决了场外交易市场交易零散、有限、流动性差等问题对竞价交易制度产生的限制。

6.2.4 形成政府引导、行业自律、市场参与者自控的多层次监管模式

有效的市场监管是维护投资者权益，预防各类风险，市场公平、高效运行的重要保证。我国目前正处于场外金融衍生品业务发展的初级阶段，市场环境与基础设施建设均不完善，需要由政府统一监管，完善相关法律与监管制度。随着我国场外金融衍生品市场发展逐步成熟、结构逐步深化，政府职能应发生转变，减少行政干预，充分发挥引导和调节的作用，而自律组织及各市场参与者要充分发挥监管职能，最终形成政府引导、行业自律、市场参与者自控的高度协同的多层次监管模式。

6.3 我国场外金融衍生品业务发展配套措施

6.3.1 加快推进利率市场化与汇率自由化改革

实物商品的价格市场化有利于充分竞争，使商品的价格最终符合它的价值，利率市场化和汇率自由化（也称市场化）的目标也是一样的。利率是资金的价格，汇率是货币的价格，若想提高利率、汇率的利用效率，就要让能有效利用它们的人来使用，淘汰

不能有效利用它们的人。市场化的利率和汇率能将市场上的资金价格更准确地反映出来，为人们做决策提供根本依据。利率市场化可概括为三个内容：一是让利率由市场决定；二是完善市场利率体系和利率传导机制；三是商业银行等金融机构能够按照央行的利率目标进行调控。目前我国在利率市场化改革方面有很多措施，但还没有成功，我们仍需加强推进。另外，随着汇率自由化的深入改革，增加人民币汇率的弹性和汇率定价市场化均已取得较大进步，但实现汇率自由浮动仍有一些难度，实现资本项目完全可兑换也还有一段路要走。

6.3.2 鼓励场外金融衍生产品创新，并加强监管、防范风险

场外金融衍生品市场是由创新而来的市场，它的生命和成长均来自创新，创新使其保持鲜活的特性和积极的发展。新产品创新能够带来新的发展机会，实现交易手段和盈利模式的创新，能促进交易量积极增长。我国场外金融衍生产品的发展，需要在鼓励创新的同时，加强监管并防范风险。场外金融衍生产品的创新，一方面可以参照其他市场的经验，研究出适合我国的场外金融衍生品品种，丰富交易品种和类型；另一方面，在相对成熟的市场条件下，保持风险的可控性，积极发展和丰富相关产品。

6.3.3 建立中央集中清算机制，完善交易信息库制度

一方面，建立中央集中清算体制，将清算规范化。场外金融衍生品的交易往往是一对一交易，是根据交易双方的需求确定的，没有中央对手方，交易和清算由双方直接达成，无论是信用风险还是资金风险都很大，不利于场外金融市场的健康发展。2014年1月，我国银行间债券市场参与者已达成了人民币利率互换等场外金融衍生产品集中清算机制。这标志着我国集中清算制度已开始开展，中央集中清算后续会继续扩展至各个金融衍生品种。另一方面，清算组织必须建立每日的业务保存记录，交易执行设施也需对每日业务进行保存，两者均应按期向监管者以特定的方式提供信息，以便监督管理的需要。清算组织机构必须公开交易双方、交易合约条款、保证金设置方法、大小和构成等信息，交易执行设施必须公开的信息主要包括交易价格、交易数量及规模等。根据收集和整理的每日交易数据信息，将所有场外金融衍生工具分模块分类别、分阶段建立一个全面的数据库。这个场外金融衍生品交易信息的仓库，可以为市场参与者提供咨询服务，也可以为市场参与者提供价格参考。

6.3.4 制定信息披露制度，规范相关法律法规

信息披露是市场监管的必要要求和有效手段，也是最经济的监管方式。场外金融衍生品市场在我国发展较晚，市场很不规范，监督管理起来有较大难度。针对场外交易市场，我国应当制定统一的信息披露标准和格式规范，明确规定信息披露的内容，明确信息披露的法律责任，明确信息披露的处罚机制，建立权威的信息披露渠道，保证交易的透明度。作为有效的融资工具，场外金融衍生品交易能够增加市场的流动性。但从金融稳定性来看，场外交易相对于场内交易更容易引发逆向选择和道德风险，这主

要是由场外交易的合约性和市场信息的不对称性导致透明度不高所决定的。而逆向选择和道德风险会导致参与者(主要是交易方和中介机构)产生损失甚至整个市场发生混乱,会诱发一系列连锁反应,一个金融机构的破产往往会导致更多的金融机构破产,或遭受巨大的损失,最终会使整个金融体系陷入危机。加强信息披露不但有利于共同监管各交易方,而且能降低场外金融衍生品交易的风险,也是保护投资者利益的重要措施。

《中华人民共和国证券法》是针对场内交易市场颁布的相关法律,在证券发行、上市、交易等方面均做出了详细规定。低层次的场外交易市场容量巨大,但是目前尚没有制定出明确的法律文件,而相关的法规及规章也处于松散凌乱的状态。法规体系的不健全必然会导致一系列的问题,也会使监管内容存在盲区,同时也不利于构建我国的多层次资本市场体系,因此,应尽快出台相关法律、法规,对场外交易市场,特别是场外金融衍生品市场的法律性质、交易方式、功能定位、上市标准、监管制度等问题做出明确规定。

6.3.5 加强投资者队伍建设,培育成熟、理性的投资者

一方面是进一步加强建设个人投资者队伍。我国证券市场上约有 90%是个人投资者,个人投资者对我国衍生金融市场的发展有着不能忽视的作用,如果能设计出符合个人投资者需求的金融衍生产品,充分满足他们的需求,金融衍生产品市场将会迸发出出乎意料的活力。而个人投资者又有很明显的投资弊端,他们投机性强且并非理智投资,相关知识薄弱,很大程度上的投资都具有一定的随机性,而加强对他们的培训教育,提高他们的知识、素质,有助于构建稳定的场外金融市场。另一方面是进一步丰富机构投资者类型,解决市场参与者同质化问题。引导机构投资者建立健全内部控制机制,完善风险管理制度,大力改善投资者的治理结构,加强对机构投资者的教育,提高其投资运作水平,并做好投资者相关信息备案的工作。

6.3.6 加强培育专业化人才,提升中介人员、机构水平

场外金融衍生品交易对中介人员和中介机构的要求较高,在从事场外金融衍生品交易、管理和监管中,需要金融知识面广、专业知识更新速度快、具有较强技术性的专家型人才。而场外金融衍生品市场的发展速度太快,致使没有充足的时间实现人才储备,目前市场的发展急需一批专业人才队伍,他们既需熟悉国际场外金融衍生品市场运行的规则,又需深刻认识我国金融市场的特点。这支人才队伍应包含三个方面能力,即衍生品市场交易、市场风险控制和市场监管,并同时将以上专家型人才向中介机构输出。提高中介人员和中介机构的水平,是建立有效场外金融市场的必要手段。这支队伍可以通过我国自主培养,也可以通过国外引进的方式,一方面利用高校的教育资源,从理论上进行人才培养;另一方面,对交易员建立培训制度,提升交易员自身知识素质水平。同时,从国外引进优秀的交易员,利用他们丰富的实战经验,带动国内交易员发展。

我国场外金融衍生品业务发展路径设计如图 3-4 所示。

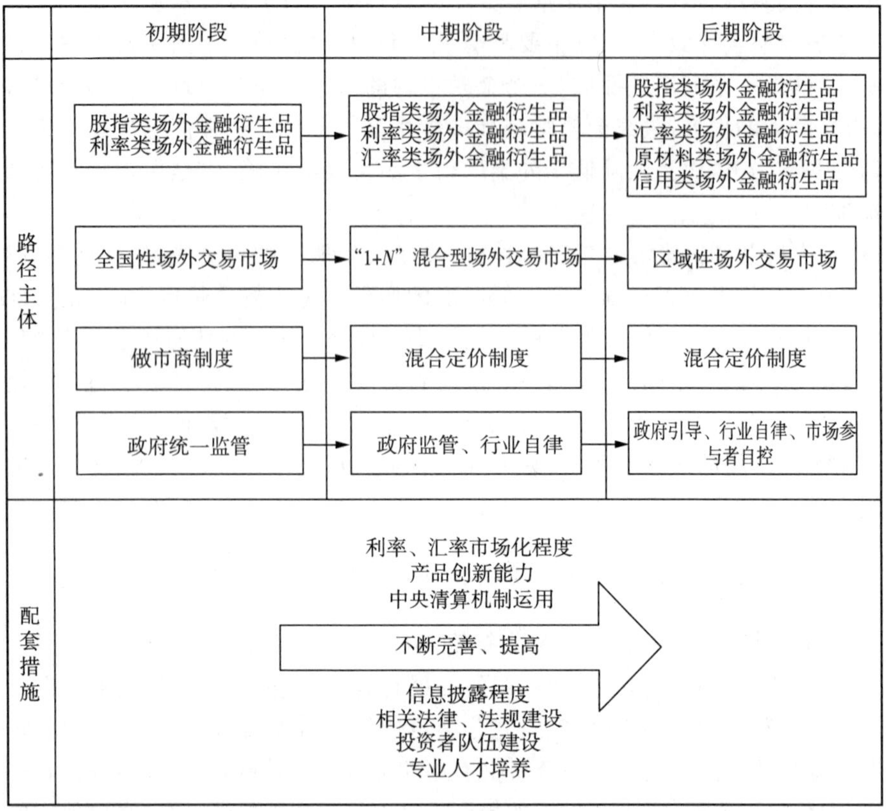

图 3－4　我国场外金融衍生品业务发展路径设计图

参考文献

[1] Hull J C. Fundamentals of futures and options markets[M]. 北京：清华大学出版社，2001.

[2] George Tsetsekos. The Structure of Derivatives Exchanges：Lessons from Development Emerging Markets[J]. 2000(2)：85－98.

[3] Santomero A M，Trester J J. Financial innovation and bank risk taking[J]. Journal of Economic Behavior&Organization，1998，35(1)：25－37.

[4] Natalia Podich. Crossborder financial contagion to Germany：How important are OTC dealers? [J] International Review of Financial Analysis. 2014(33)：1－9.

[5] LI S，MARINC M. The use of financial derivatives and risks of US bank holding companies [J]. International Review of Financial Analysis. 2014(35)：46－71.

[6] Moshirian F. The global financial crisis and the evolution of markets[J]. Journal of Banking and Finance. 2011(35)：502－511.

[7] Duffie D. The failure mechanics of dealer banks[J]. Journal of Political Perspectives，2010(1)：51－72.

[8] Daryl koehn. John Meriwether and the Promethean Hero：A Cautionary tale in financial Ethics [J]. Teaching Business Ethics，2002(6)：27－43.

[9] 陈斌．金融产品创新视角下的美国次级抵押贷款危机[J]. 证券市场导报，2008(6)：11－15.

[10] 田超,陈琦．金融稳定对金融衍生品的诉求及国际经验分析[J].2005(1):37-40.
[11] 卫亚．我国场外金融衍生品市场发展研究[D].成都:西南财经大学,2011.
[12] 吴炳华．我国金融衍生品市场发展研究[D].上海:华东师范大学,2004.
[13] 陈晗．金融衍生品:演进路径与监管措施[M].北京:中国金融出版社,2008.
[14] 王春英,姜盈盈．美国、墨西哥外汇衍生产品市场的发展和借鉴价值[J].当代金融家,2005(3):105-108.
[15] 祁东．完善我国场外金融衍生品市场监管的对策研究[J].金融发展研究,2009(11):53-55.
[16] 初昌雄．金融危机后我国场外金融衍生产品市场的发展研究[J].新金融,2009(12):43-45.
[17] 巴曙松．中国金融衍生品前瞻[J].大众理财顾问,2006,(4):16-17.
[18] 陈利峰．论我国开展金融衍生品交易的若干必要微观条件[J].南方金融,2005(9):15-18.
[19] 胡俞越．全球金融危机下中国期货市场的创新之路[J].北京工商大学学报.2009(2):38-43.
[20] 文昕．欧美金融衍生品发展的经验及对我国的启示[J].科技情报与开发经济,2005(3):155-157.
[21] 秦建文,梁珍．汲取美国金融危机的教训,稳健推进中国金融创新[J].国际金融研究,2009(7):43-50.
[22] 杨光华．从资产配置角度看金融衍生品的发展[J].中国证券期货,2007(2):56-58.
[23] 宋连．对我国场外金融衍生产品发展与监管的探讨[J].南方金融,2009(5):31-33.
[24] 王鑫．中国场外金融衍生品市场监管完善战略[J].辽宁工程技术大学学报,2007(1):41-42.
[25] 陶修明．场外金融衍生交易的文本框架及交易[J].中国货币市场,2005(7):23-25.
[26] 田超．金融衍生品:展现状及制度安排[M].北京:中国金融出版社,2006.
[27] 姚兴涛．金融衍生品市场论[M].上海:立信会计出版社,1999.
[28] 陈欣．衍生金融监管模式国际比较与借鉴[J].商业时代,2005(8):53-54.
[29] 丁邦开,周仲飞．金融监管学原理[M].北京:北京大学出版社,2004.
[30] 陆晓明．从金融产品异化角度解析次贷危机的特征、发展和前景[J].国际金融研究,2008(11):27-33.
[31] 张宗新．上海场外交易市场发展模式与路径[J].新金融,2010(1):50-54.
[32] 杨镇源．我国金融衍生品市场存在的问题及对策研究[J].商场现代化,2009(3):182-183.
[33] 李政辉．场外交易市场制度创新的比较法视野[J].上海金融,2010(10):106-107.
[34] 吴建刚．中国衍生品市场概括与未来发展[J].上海金融,2009(12):57-60.
[35] 孙志拥,顾斌．金融衍生品现状及我国最新进展[J].财务与会计,2006(6):22-24.
[36] 陈汉青．对我国开设股票指数期货的思考[J].改革与开发,2007(5):34-35.
[37] 杨迈军．金融衍生品的风险防范与化解[M].北京:中国物价出版社,2001.
[38] 袁小文．金融衍生品与国家战略[J].中国外汇,2006(5):14-15.
[39] 刘研芳．金融衍生品的系统风险监管[J].中国投资,2007(1):118-119.

专题四

我国区域性股权市场发展研究

——以安徽省为例[①]

摘　要

习近平总书记在党的十九大报告中明确指出要加快完善社会主义市场经济体制，深化金融体制改革，促进多层次资本市场健康发展。区域性股权市场为特定区域内的企业提供股权、债券的转让和融资服务，是我国多层次资本市场的重要组成部分。随着国家对建设多层次资本市场的深层关注及中小企业融资需求的日益增加，逐步发展并完善区域性股权市场日益重要。区域性股权市场发展至今已初具规模，但券商频频退出、私募债违约等事件暴露出市场存在的问题及风险。因此，研究区域性股权市场发展问题具有重要的理论意义与现实意义。

课题组首先通过文献研究，从金融市场的相关理论和国内外文献中归纳分析得出，在金融市场动态演变的过程中必然出现分层，发展高效的多层次市场可以实现不同区域资本供需的均衡流动，区域性股权市场的发展由市场需求决定，具有发展的必要性。

之后，课题组对国外场外资本市场发展进行对比后发现，无论是发达市场还是新兴资本市场，成熟的场外交易市场能促进挂牌企业的资金流通，使企业和市场同时向积极健康的方向发展壮大。总体来看，以美国为代表的多层次资本市场架构下的场外市场发展是其经济体的商品经济和自由市场经济发展到一定程度的产物，具有经久不衰的旺盛生命力。这对我国的启示有四点：第一，监管体系完善，场外市场良性发展；第二，市场准入门槛低，吸引企业挂牌；第三，交易制度多元化，具有市场活力；第四，转板制度灵活，多层次市场是一个有机整体。

然后，课题组通过搜集数据、发放调查问卷、实地走访等方法对我国当前40家区域性股权市场的发展现状进行分析，并结合处于发展前列的安徽省区域性股权市场进

① 中国证券业协会2017年重点课题(2017SACKT016)；被评为中国证券业协会2017年重点课题研究“优秀课题”。本课题得到中国证券业协会场外部李薛青副主任，安徽省股权托管交易中心孙方刚总经理、孔琳副总经理及各省市区域性股权中心高管的大力支持。

课题组：合肥工业大学证券期货研究所　国元证券股份有限公司

课题负责人：姚禄仕　蔡　咏

课题组成员：吕　海　赖海峰　刘　扬　吴宁宁

王　翼　杨婉琳　李　敏　赵佳卉　王　悦

行案例分析。研究表明，自第一家区域性股权市场成立至今，在经历起步、整顿和快速发展阶段后，市场初具规模，实现了一定的融资功能。但同时也存在一些发展瓶颈：一是监管政策限制多，制约了区域性股权市场发展的灵活性；二是政策奖励缺乏针对性，对企业不同阶段资金需求的考虑不足；三是盈利模式有待调整，发展后劲不足；四是市场准入条件较高，企业信息披露意愿低；五是产品创新力度不够，融资方式单一，融资效率不高；六是当前市场投资者需求与企业难以匹配，市场活跃度不够；七是企业转板意愿高，但市场对接不通畅，各市场之间仍为独立个体等问题。

最后，课题组在分析原因的基础上对区域性股权市场的发展提出以下政策建议：其一，完善法律体系，构建分层监管机制，加入区域性股权市场关于建设条件和业务开展等方面的法律规定，构建中央和地方两级政府的监管体系，共同发起建立类似中国证券业协会的自律监管组织；其二，推行企业股份制改造，将挂牌企业股份制改造进程作为衡量市场健康发展的重要指标，平衡政府扶持力度，加大对扶持的政策宣传，使政策落实到位；其三，创新交易产品，发挥市场的并购重组作用，利用中介机构的专业、人才、资源等条件，为企业提供融资、咨询、管理支持，优化盈利模式，积极加强培育、引导、规范和教育挂牌托管企业，使企业形成规范意识；其四，适当调整挂牌条件，建立适当的筛选机制，主动发现市场上属于未来行业的、有发展前景的企业并吸引其挂牌，规范并统一各区域性股权市场的信息披露口径，提高企业信息披露意识；其五，在加强现有政策控制金融市场风险的前提下，在部分风险防范较好的市场适当放开私募债发行，尝试多种融资品种，拓宽融资渠道，明确股权质押业务权属归责问题；其六，考虑适时引入流动性更强的做市商制度，并逐渐向此方向过渡，提高企业交易的积极性，增加市场活跃度，提高市场运行效率，并吸引与市场匹配的投资者；其七，探索高层次市场对接机制，为属于未来行业的、具有发展潜力的高新技术企业开通绿色通道，并尽快连通各个区域性股权市场，在统一监管下通过信息资源共享方式，推动优胜劣汰机制的运行，实现市场化运作。

第1章 绪 论

1.1 研究背景及意义

党的十八大以来，习近平总书记明确提出，要尽快形成融资功能完备、基础制度扎实、市场监管有效、投资者合法权益得到有效保护的股票市场。党的十九大报告也进一步指出，要加快完善社会主义市场经济体制，深化金融体制改革，促进多层次资本市场健康发展。区域性股权市场也称“四板市场”，作为我国多层次资本市场的重要组成部分，在规范中小微企业发展、拓展企业融资渠道、提升企业知名度等方面发挥着重要的作用。建立之初，区域性股权市场起源于“中央支持＋区域经济改革＋金融创新”。2008 年 9 月，天津股权交易所的批准成立意味着我国区域性股权市场的发展步入正轨。近年来，区域性股权市场的建设日益受到重视，在资本市场中的价值逐渐显现，各个省市允许依照自身的发展状况，选择有效的方式促进区域性股权市场的发展，对我国区域性股权市场的建设和完善意义重大。随着国家对建设多层次资本市场的深层关注及中小企业融资需求的日益增加，逐步发展并完善区域性股权市场已成为亟待解决的发展命题。2015 年 6 月，中国证监会发布《区域性股权交易市场监督管理试行办法(征求意见稿)》，明确我国区域性股权交易市场的定位，旨在为地方中小微企业提供股权、债券转让平台和股权私募服务。2017 年 5 月 5 日，中国证监会发布的《区域性股权市场监督管理试行办法》，作为第一份框架性文件，明确指出将统一监管区域性股权市场，由此区域性股权市场地位得以明确。根据各地区股权交易中心的官方数据，截至 2017 年 7 月 31 日，全国共有 40 家区域性股权市场，全国托管挂牌企业达到 86296 家，可见我国的区域性股权市场已经初具规模。

虽然区域性股权市场在各省市陆续设立，但发展至今仍存在许多不可忽视的问题。我国原工商行政管理总局数据显示，仅 2016 年新登记企业数就达到 552.8 万户，与我国众多中小微企业相比，得到挂牌的企业仅为少数，大量的中小微企业缺乏一个可以融资、交流的平台。不仅如此，由于风投、基金等机构投资者要求投资周期短、见效快、效益高，处于传统产业的企业也很难得到投资者青睐。《中国证券业发展报告(2017)》指出，截至 2016 年底，区域性股权市场已累计为企业实现各类融资 6896 亿元，但场内市场仅 2016 年就为企业募资 21134.81 亿元，与众多挂牌企业相比，大量未挂牌中小微企业的融资难问题依旧突出。因此，真正具有高成长性的新兴企业，它们更愿意选择风投和私募股权基金，或直接通过 IPO 的方式进入资本市场，以弥补区域性股权市场与场内市场缺失的连接渠道。2017 年以来，中信证券、国信证券、安信证券、国海证券等多家券商从区域性股权市场撤资，当初的战略布局初衷并未实现，获利甚微乃至亏损是券商纷纷撤资的主要原因。此外侨兴集团下属公司在广东金融高新区股权交易中心发行的 3 亿多元“私募债”违约事件，也暴露出区域性股权市场的风险隐患。由此可见,区域性股权市场在发展过程中存在诸多问题,作用没有得到有效发挥。

因此,为了更好地促进中小微企业的发展,应该积极发挥区域性股权市场的功能。课题组从区域性股权市场的发展现状出发,深入剖析区域性股权市场发展中存在的问题,以期更好地构建和完善服务实体经济的多层次资本市场,优化我国的多层次资本市场体系。聚焦区域性股权市场的发展瓶颈与诉求,研究如何建设区域性股权市场、完善制度设计、丰富金融支持措施,从而缓解中小微企业融资难问题,引导民间资本进行合理有效配置,对促进区域经济保持持续、健康、快速发展,使其更好地服务于我国的实体经济,具有极大的现实意义。

1.2 文献综述

1.2.1 国外研究现状

在国外,资本市场经过了400多年的发展已逐渐趋于完善,对于包括场外市场在内的多层次资本市场的需求,学术界和实务界都达成了广泛共识。N. C. Churchill, V. L. Lewis(1983)在其"企业成长周期理论"中提出,企业成长过程要经历创立期、生存期、发展期、起飞期和成熟期五个阶段。企业不同阶段对资金的融资需求不同,从而在不同的阶段需要与不同的资本市场对接,比如创立期的企业股权融资需求较为强劲,虽然早期外源融资的约束导致企业更加依赖内源融资,但是随着企业规模的扩大和融资渠道的拓宽,外源融资尤其是股权融资比重逐步上升,这时适合引入投资基金或到场外市场融资;当企业处于发展期时,适合选择银行信贷或者到债券市场以及场内市场融资,因此企业对资本市场产生了多层次的现实需求。R. Merton 和 Z. Bodie (1993)也在其"金融结构改革理论"中提出金融体系的功能就是确保资本能够迅速并且低成本地转移到回报率最高的地方,即资本市场的存在价值取决于资本市场的效率。从资本需求者和供给者的多样化角度出发,资本市场的效率则必须通过最大化的细分来满足资本的供求均衡,资本市场结构体系就需要多层化来保障这些功能实现,这也催生了多层次资本市场的产生。

国外研究学者很少讨论资本市场的细分领域,而是将多层次资本市场作为一个独立的研究对象,并且侧重于研究资本市场与经济增长的关系。其中多数学者认可资本市场的多层次化对经济增长的积极作用。美国经济学家 Gold Smith(1969)提出了衡量金融结构和金融发展水平的金融结构理论,他利用跨国数据对经济增长与金融结构的关系进行了比较分析,认为伴随着经济发展的深入,金融结构总是处在不间断的动态演变中,金融市场的多层化对提高投资效率、促进经济增长具有显著积极作用。金融发展理论的代表人物 R. I. Mckinnon 和 E. S. Shaw(1973)以发展中国家金融和经济发展之间的关系为研究对象,开创性地提出了"金融抑制"和"金融深化"理论,他们认为金融抑制尤其是对资本市场发展的限制对经济发展具有较大的阻滞效应,政府应当放弃对金融的过度干预,依靠市场来优化资源的合理配置,提高市场的运作效率,建立起金融与经济发展的良性循环,同时指出发展高效的多结构市场对发展中国家的经济增长将起到至关重要的作用。Merton,Robert C 和 Z. Bodie(2004)对多层次资本市场结构进行研究后发现,资本市场具有资本配置、规避风险和激励约束等作用,通过建立多层次资本市场能实现不同区域资本供需的均衡流动。Beck(2006)的研究表明,有些国家单一结构的资本市场不能很好地服务于企业,导致许多企业陷入融资难的困境,这不利于国家经济的发展。但是一部分学者认为,资本市场的多层次化对经济增长并没有显著的促进作用。如 Filer 和 Gampos(2002)利用统计的方法对市场数据进行实证分析,结果表明资本市场的多层次化与经济增长并没有直接关系,多层次资本市场对促进经济增长的作用不明显。Mayer(2004)则对上市公司在全部公司中的占比情况进行了探讨,他认为上市公司在全部的公司中占比很低,资本市场也只是对这部分公司的发展起到了作用,但是却无法对其他的公司产生促进作用。

以美国为代表的西方国家场外交易市场的发展路线与我国有所不同。多数资本市场最先出现的是场外交易市场,而场内交易市场则是由场外市场发展而来的。从场外交易市场定位来讲,1963 年美国证券交易委员会第一次以书面形式明确指出了美国场外交易市场的具体功能和市场定位,它作为资本市场的一部分,促进了资本市场的不断完善。Michael J. Simon 和 Robert L. D. Colby(1986)的早期研究就指出美国场外交易市场是场内市场的重要补充。此外,由于西方国家并没有"区域性股权市场"的概念,且网络技术的发展使得股权市场的区域性在不断削弱,因此大部分学者只是将场外市场作为一个整体进行研究,并主要关注场外市场的交易方式对流动性的影响。

早期,国外学者们主要针对竞争性的做市商制度进行分析。Madhavan(1992)率先分析了做市商制度、连续竞价机制和集合竞价机制中均衡价格的存在条件,比较了三者价格形成模式的特点和差别;Hasbrouck 和 Joels(1995)对纳斯达克市场一只拥有多个做市商股票的价格发现机制进行研究,发现多个做市商有利于价格发现及股票市场的发展。Mann、Venkataraman 和 Waisburd(2002)考察了巴黎泛欧证券交易所的做市商制度,发现做市商制度对流动性较差的股票流动性有明显的提升效果,但对于流动性较高的股票则作用较小。Nimalendran(2003)通过观察引入做市商制度之后市场质量的变化,发现大多数股票在引入做市商制度后,尤其是低流动性股票,在成交量、价格透明度和流动性等方面都有较大提高。

随着 1997 年美国证券监督管理委员会(SEC)对纳斯达克市场进行重大改革,尤其是实行电子竞价机制,此后研究文献讨论的焦点转为如何建立一个更加有效、更有竞争性、透明度更高的市场体系。James(2002)对纳斯达克市场引入电子竞价机制的市场变化进行研究,认为该制度的实行在提高流动性、降低交易成本和增强价格透明度等方面有显著作用。J. Ferderer(2006)认为电话等通信设备的使用促进了 20 世纪美国场外市场的快速发展,有效降低了市场参与者的交易成本,提高了报价的透明度,促进了场外交易市场的快速发展。通过上述研究我们可以看出,做市商制度对于流动性较差的新建市场有明显的活跃作用,而随着市场的发展,电子竞价机制的建立可以进一步提高市场的流动性。

1.2.2 国内研究现状

我国资本市场起步较晚,经济与金融发展环境复杂,因此,建立适合我国国情的多层次资本市场体系、完善区域性股权交易市场，对于促进我国经济与金融体系发展具有重要意义。2012 年之前，我国学者对区域性股权交易市场的专项研究较少，大部分相关的研究出现在对场外市场层次构建的研究中。2012 年之后，随着国家对区域性股权市场的政策逐渐放宽，我国学者针对某个特定区域性股权市场的研究开始增加，学者们对其研究主要集中在区域性股权市场的功能、制度建设、监管等领域。

1. 区域性股权市场的功能

杨琼(2009)认为区域性股权交易市场应当作为一个低成本、低风险、高效率的市场，满足中小企业股权流动的客观需求，是适合中小企业融资的重要平台。田野(2012)认为区域性股权市场应充分考虑投资者与挂牌企业的需求，实现与全国市场的对接，培育良好的上市资源，将自身建成一个让资本可以充分融通的平台。侯睿(2013)认为区域性股权市场服务于本管辖区域内的中小微企业，引导它们通过股权转让等方式进行融资，并帮助它们实现规范化经营，提升挂牌企业形象。胡锴(2013)认为区域性股权市场还可以通过自身的价格指数和信息披露，抑制疯狂投机，降低市场风险，指引企业改善生产经营策略，并为政府部门的政策制定提供帮助。

2. 区域性股权市场的制度建设

在交易机制方面，周高见和张颖(2006)将场内市场与场外交易市场进行比较，认为做市商制度在提高场外市场的流动性和价格的透明度方面有重要作用。李学峰等(2009)认为现代通信技术对场外市场发展具有重要作用，应该将做市商制度与竞价机制有机结合，充分发挥各自的优势，共同维持市场的高效运行。孙春辉和储刘兵(2014)对我国场外市场交易制度进行研究后提出，我国场外市场应建立混合做市商的交易制度，并构建价格联动机制。

在转板机制方面，刘岩和丁宁(2007)以美国和日本多层次资本市场发展经验为研究对象，并结合我国资本市场现状，提出确保多层次市场健康有效运行的关键是建立科学合理的企业入市标准以及转板机制。夏斌和张承惠(2012)认为场外市场要想取得发展，首先要明确其在法律上的合法地位，其次是要建立和完善相关法律法规，最后是将区域性股权市场整合到多层次资本市场中去。开昌平和刘楠(2015)认为我国应在政策上大力支持区域性股权市场的发展，并在管理模式上借鉴“新三板”的发展经验，加强与“新三板”的互联互通，完善进入、退出的转板机制。王媛(2015)采用变截距面板数据模型对区域性股权市场进行分析，认为应该引入多元化市场主体，建立区域性股权市场和其他板块间的互通机制。

在市场监管方面，马达(2007)认为场外市场应坚持外部监管与自律监管相结合的模式，持续监督挂牌企业信息披露，建立场外市场风险预警机制和应急方案。祝丽娟(2011)重点关注了场外市场的信息披露制度，她认为场外市场在信息披露制度方面较为混乱，不同市场的信息披露规则缺乏体系性和层次性，因此，应建立完善的信息披露体系，并充分发挥自律监管的作用。尹胜(2011)提出场外市场的监管制度应与证券交易所形成差别，政府应在监管过程中注重公平与效率的关系。李响玲(2012)对境外场外市场主要监管模式进行了总结，她提出我国应该采用以自律监管为主、政府监管为辅的方式，并以市场准入监管、交易行为监管、信息披露监管等基本内容为支柱的综合监管模式。

3. 各区域性股权市场现状研究

宋晓军和赵庆(2012)以贵州省区域性股权市场为例,对中国西部区域性股权市场进行探讨,认为区域性股权市场可以有效解决当地尤其是落后地区企业的融资问题,扩大投融资渠道。陈杰超(2014)对浙江省股权交易中心的盈利模式、业务链、综合经济效益等进行实证分析,提出政府引导与鼓励创新并重,建立和完善做市商交易机制,鼓励发展资本中介业务等建议。张楠和王晓丹(2014)对吉林省股权交易中心进行研究后提出,引入券商对于建设区域性股权市场具有重要作用。吴尚燃(2013)对各地区股权交易中心现状进行分析后指出,我国区域性股权市场普遍存在挂牌企业少、交易清淡、缺乏法律监管等问题,提出统一监管制度、建设互通平台以及强化中小企业服务机构职能等建议。鲁桐和党印(2014)指出我国区域性股权交易市场亟待解决市场建设沿用主板套路和同层次市场间存在竞争这两个问题。孟令国和谢观秀(2015)认为各地区股权交易市场能够满足中小微企业融资需求,但存在会员配置不合理和业务单一等问题,并提出优化交易制度,加强对会员的引导与管理等建议。

1.2.3 研究述评

早前学者在金融结构改革理论、金融周期理论等基础上论述了多层次资本市场发展的必然性。目前,国内外理论界对建设包括场外市场在内的多层次资本市场体系已达成基本共识,即多层次资本市场对于经济发展、企业融资、资本多样化具有重要意义。其中,国外学者针对区域性股权市场的研究较少,更多的是将场外市场作为一个整体进行研究,并分析场外市场如何促进整个国家的发展,但关于场外市场对区域经济发展作用的研究非常少。国内学者则更多的对具体的细分市场进行分析,比如对区域性股权交易市场的具体发展状况进行分析,但由于我国学者相关研究起步较晚,资本市场也不够成熟,因此对场外股权市场的研究还不够深入,系统性研究比较欠缺,许多结论缺少针对性,对于部分地区来说适用性不强。此外,我国场外交易市场的形成与成熟市场差异较大,不但区域性股权市场是由场内市场延伸而来的,而且挂牌制度、互通转板、交易机制等都尚处于探索阶段,区域性股权市场价格发现机制缺失、交易清淡、缺乏法律监管等问题仍亟待解决。因此,本项目将基于现有研究成果,借鉴国外发展较好的区域性股权市场的成功经验,并以安徽股权交易中心为对象进行案例分析,从市场定位、挂牌规模、融资交易以及转板机制等角度深入探讨我国区域性股权市场发展所存在的问题,据此提出具有针对性的建议。

1.3 研究思路与框架

第一,对金融发展理论及区域性股权市场相关研究进行梳理,进行详细的文献研究和综述,找到区域性股权市场发展的理论依据。

第二,对比国外发达场外市场和新兴场外市场的成功经验,给我国区域性股权市场的发展一些启示。

第三,搜集相关数据,并向各个区域性股权市场及相关挂牌企业发放调查问卷,归纳分析我国区域性股权市场的发展现状及特征。

第四，从挂牌制度、融资交易及转板现状等角度对安徽省区域性股权市场的发展现状进行案例分析。

第五，结合全国区域性股权市场的发展现状分析及安徽省区域性股权市场的案例分析，得出我国区域性股权市场发展的研究结论并针对不同的市场参与主体提出具有针对性的政策建议。

研究框架如图 4－1 所示。

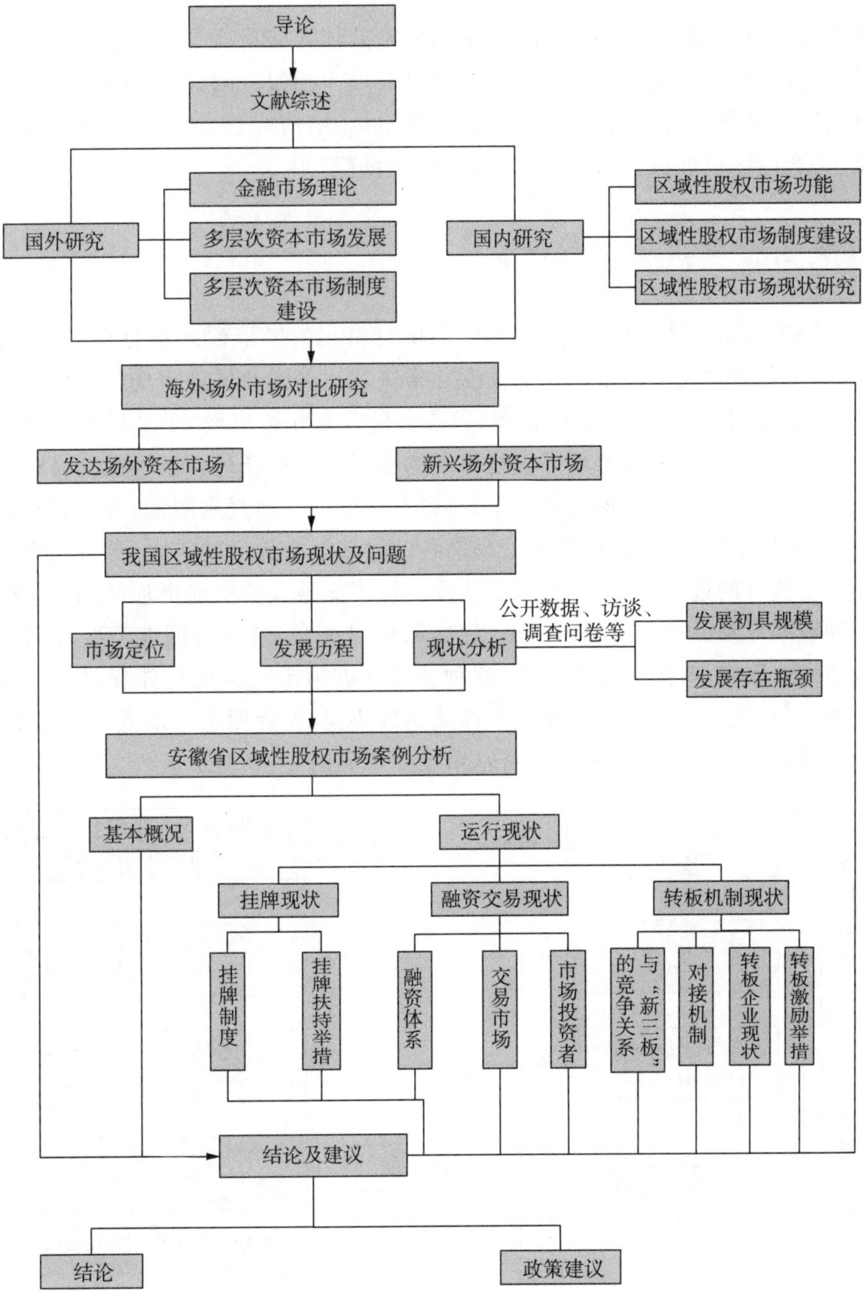

图 4－1　研究框架图

第 2 章　国外场外资本市场发展比较与启示

区域性股权市场是场外资本市场的重要组成部分，在场外市场的发展进程中，各个国家和地区根据本国或本地区的市场现状和特征建立了自己的场外市场体系。美国资本市场是目前最发达完善的市场，英国的伦敦证券交易所是历史上最早成形的交易所，而韩国的资本市场与我国资本市场的发展最为相似。因此，本课题组以美国、英国和韩国的场外资本市场建设为例，对其市场地位、结构特点、运行功能等方面进行归纳总结，为我国区域性股权市场的发展提供经验借鉴。

2.1　美国粉单市场比较研究

美国场外市场成功发展至今，与美国高度自由化的经济模式息息相关，交易市场的产生、兴旺和衰亡完全由市场需求的变化来决定。美国的场外市场先于场内交易所出现，18 世纪末，随着商品经济的发展，股票交易需求开始出现，于是形成了最早买卖股票的聚会场所，这就是股票场外交易市场的雏形。这种场外市场不受交易时间和地点的限制，双方可以随时随地交易股票；也没有特定的交易规则限制，股票交易品种和数量较少，交易范围小。后来，随着交易品种的增多以及数量的扩大，分散的交易场所才开始出现整合的迹象，向证券交易所演变。许多交易人希望能更加便利地获取更多有关不同股票交易品种和价格方面的讯息，以便提高交易效率，因此需要有实力的经纪人构建一个固定、有序的交易场所，这种场所能够给予其会员优先权，同时，为避免佣金价格竞争，同一个交易所的经纪人彼此达成协议，设置佣金率最低线。如此，真正的场内交易所便形成了。美国场外资本市场体系如图 4－2 所示。

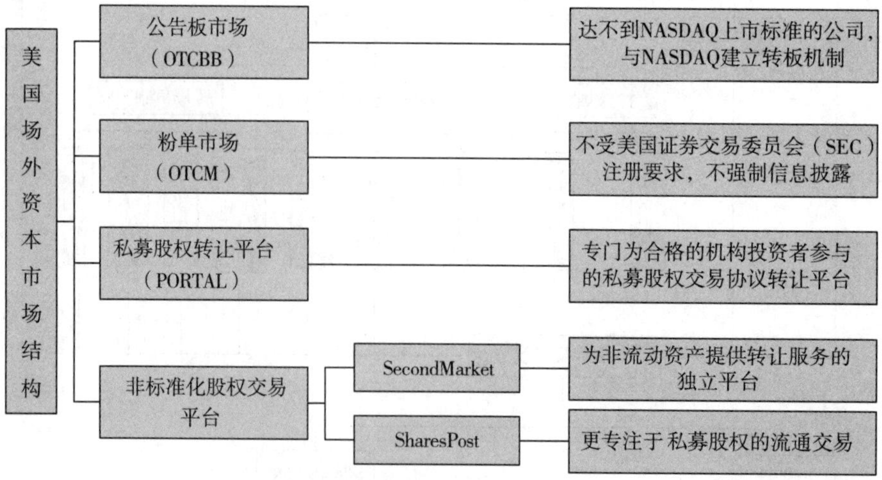

图 4－2　美国场外资本市场体系

资料来源：根据美国证监会官网资料整理所得。

在之后的时间里，场外交易与场内交易一直处于共存和竞争状态，无法获得场内经纪人资格的经纪商则在场外继续提供中介服务。在某些特殊时期，如战争、经济危机、自然灾害发生时期，场内交易所往往会因为股票价格遭受重创而被迫关闭交易，这时，场外交易市场便取而代之活跃起来。再者，由于场内交易所对股票本身的质量和性质有一定要求，一些未经过市场检验的股票不为交易所接受，而这些股票恰恰是投机商的最爱，因此场外市场则成为这类股票交易的天堂。“差异化”的服务功能是场外市场继续存在并不断发展演化的重要基础，只要有需求，就有存在的意义和必要。

美国资本市场的发展路径是先有场外，再有场内，然后是场外和场内市场共存竞争；先有区域性交易市场，随后逐渐整合为全国性交易市场。如今，美国的场外交易市场 OTCBB 和粉单市场以极低的挂牌门槛，与纽约证券交易所、纳斯达克等全国性场内交易市场形成了分明的层级，加上自由转板制度的配合，使得每个层级交易市场的功能都得到了巩固和延伸，各司其职，为不同发展阶段的企业提供相应的融资服务。

我国区域性股权市场与当年美国地方证券交易的市场形成背景的最大区别即在于，美国的地方证券交易市场是在各地方商品经济飞速发展、股票交易需求与日俱增的情况下自然产生的；而我国区域性股权市场则是在政府的引导下产生的，具有一定的强制性，所以，区域性股权市场的功能未能与小微企业的股权交易需求形成自然契合，发挥的作用尚不及政府与市场的预期。目前在美国场外资本市场中，粉单市场与我国的区域性股权市场在功能定位等方面较为相似。

粉单市场成立于 1904 年，现已更名为 OTCM(OTC Market Group)，由美国报价机构成立，是搜集和发布柜台市场做市商的报价信息的交易平台。粉单市场是美国场外资本市场的主要组成部分之一，主要起源于当时的一张粉色单子，交易信息都要通过这张粉色的单子传递，美国资本市场主要的场外交易都是通过粉单市场进行的。粉单市场几乎没有对企业进行信息披露或对财务条件制定硬性要求，基本上拥有一定可交易的股票数量即可在粉单市场进行交易。一些小微企业达不到场内交易条件，且无法按照 OTCBB 的要求进行信息披露，则会选择在粉单市场交易，这属于美国第四层次的交易市场。而我国的区域性股权市场也属于第四层次的资本市场，两者在定位、功能及要求上较为相似。粉单市场分为 OTCQX，OTCQB 和 OTCPINK，其中，在 OTCQX 挂牌的对象是场外市场中资质较好的企业，有一定的财务信息和公司信息的披露要求，OTCQB 主要为在 OTCBB 市场中交易的企业服务；OTCPINK 是为场外的一些成长性和创新性企业提供交易平台，是其中层次最低的一个市场。在粉单市场交易的股票一部分是从纳斯达克股票市场退市的证券，一部分是为避免成为报告公司而从 OTCBB 退到粉单市场的证券，另一部分是自愿在粉单市场交易的证券。粉单市场采用的是做市商制度，其创立有效避免了小额股票陷入转让困境，提高了市场效率。粉单市场不受美国证券交易委员会的监管，但其中做市商的商业行为会受到证券经纪商和证券法律(例如《美国证券法》)的严格监管，为了避免做市商从中非法获利，侵害交易双方的利益，股票发行人受到所在州政府法律的监管约束。通常情况下，一些有风险偏好的投资者会选择在此交易。

2.2 英国 OFEX 市场比较研究

在各国资本市场的竞相发展中，英国率先脱颖而出，建立了最早的场外资本市场，但由于其发展路程坎坷，最终于1995年关闭。同年，衍生出了AIM和OFEX(后更名为PLUS市场)市场，成为英国现时最主要的场外资本市场。AIM市场无论是从挂牌标准还是监管制度上来看，都与我国的创业板市场相似，因此，我们在此选择更为初级的OFEX交易市场作为比较对象。

OFEX市场的创建是为那些未进入伦敦证券交易所主板市场或尚未在AIM挂牌交易的中小企业建立一个良好的筹融资平台。自2002年起，OFEX市场正式由英国证监会接手进行监管。在挂牌标准方面，OFEX市场基本取消了对上市公司在规模、盈利水平等方面的硬性条件要求，只需由企业保荐人递交书面申请，承诺遵守三板市场规定，同时要按照非挂牌交易规定纳税，并且要按时按质地披露公司重要信息。这意味着只要公司有良好的发展基础和较好的盈利模式，在遵守法律法规且按要求进行信息披露的情况下就可以挂牌上市。在交易制度方面，OFEX市场采用的是做市商制度，这种竞争性的制度可以使市场交易更加活跃。相对于AIM市场，OFEX市场的准入门槛、挂牌费以及上市后的维护费用等都更低，再融资的程序简单并且规则灵活，监管有一定的力度但也相对宽松。这样的模式有助于挂牌中小企业的早期发展，也有利于企业在发展中形成良好的经营模式，使其最终可能进入AIM市场或主板市场。不仅如此，统一的准入门槛和交易规则将市场维持在公开化、透明化的安全水平，同时保障了企业和投资者的利益，使市场的运作效率最大化。

2.3 韩国自由板市场比较研究

在韩国的资本市场中，与我国区域性股权市场最为相似的是自由板市场(Free Board市场)，该市场的设立时间在韩国交易所之后，目前是韩国的场外交易市场。自由板市场专门为无法在韩国交易所上市的成长型、创新型和科技型中小企业服务，除满足其股票交易的融资需求外也为各类风险投资机构提供投资平台。

在挂牌标准方面，与美国粉单市场十分相似的是自由板市场在财务指标上没有限制性要求，但企业挂牌仍然要满足部分其他要求。例如，企业在申请挂牌前一年的财务报告必须通过会计师事务所进行审核，待审核通过并由其发表专业意见后才能够申请挂牌；同时，企业需要与韩国证券托管所等此类股权托管机构签订协议，并承诺在股权转让条件方面不受约束。这些挂牌要求使企业在宽松的门槛下又得到一定的制约，保证了场外市场最基本的合法性和规范性。在交易制度方面，自由板市场采用的是非竞价交易的报价配对方式，这种交易方式利用报价系统来完成交易程序。首先，交易双方通过证券交易商进行报价，然后由报价系统根据报价时间及价格对双方报价进行交易匹配，匹配成功后系统将自动完成交易，这就是报价交易的完整流程。但这种单一刻板的交易方式造成了自由板市场挂牌企业少、资金流动性差、交易不活跃等问题，导致市场的运作效率低下，发展缓慢。由此可见，制定何种交易制度是场外资本市场建设中不可忽视的重点问题。此外，在信息披露方面，为了减少信息的不对称性，同时也为最大程度保护投资者的利益，自由板市场制定了较为严格的披露标准。自由板市场的直接监管机构为韩国金融投资协会，该协会规定除按时按质披露基本信息外，挂牌企业必须披露所有可能会影响股票价格的信息，若未按此要求进行信息披露，协会将有权要求管理当局对该企业采取严厉的惩罚措施，包括警告、禁止交易等，在极为严重的情况下，企业甚至可能会面临被摘牌处理的风险。如此严苛的信息披露规定及惩罚措施不仅减少了非法交易行为的发生，有效维护了投资者的利益，更保证了挂牌企业的质量，实现了对劣质企业的淘汰，使得市场朝着积极健康的方向发展。

2.4 国外场外资本市场对我国区域性股权市场发展启示

无论是发达资本市场还是新兴资本市场，层次结构成熟完善的国家，其场外交易市场的建设也相对领先。成熟的场外交易市场不仅仅为主板和二板市场提供新鲜血液，还能够利用门槛宽松、制度完善、监管适度、活跃度高等优势促进挂牌企业的资金流通，使企业和市场同时向积极健康的方向发展壮大。总体来看，以美国为代表的多层次资本市场架构下的场外市场发展得更加成熟。场外资本市场是其经济体的商品经济和自由市场经济发展到一定程度的产物，并且根据市场需求的变化不断完善自身的市场形态和交易机制，能够随时满足社会经济发展到不同阶段的不同需要，具有经久不衰的旺盛生命力。因此，从海外的市场经验出发为我国的区域性股权市场归结出如下启示：

1. 监管体系完善，场外市场良性发展

健全的监管体系可以促进各国家资本市场的持续发展。首先是法律监管，严格完善的法律制度是资本市场运转的首要保障，场外市场的高风险特征就更需要健全的法律以控制市场风险。其次是政府监管，国外场外市场的发展基本上都引入了当地政府监管来矫正市场的各种非理性行为。例如美国的粉单市场在州政府的统一监管下进行规范运作，英国的 OFEX 市场由证监会进行监管。最后是行业自律监管，法律与政府在日常监管中难免存在疏忽，需要行业的自律组织如交易所和证券业协会等查漏补缺，促进行业更好地发展。现阶段，国外发达的资本市场多数以行业自律为主，政府监管为辅，而我国的区域性股权市场目前在建设初期，法律尚不健全，政府的监管存在一定程度的疏漏，行业自律也还未形成。因此，我们应不断地学习与探索，完善法律制度，调整政府监管，督促行业自律，只有在法律、政府及行业自律组织的共同作用下，资本市场才能更加稳定。

2. 准入门槛低，吸引企业挂牌

目前，各个国家的场外市场准入门槛不高，对申请挂牌的企业限制不多，在其企业规模、盈利状况、存续年限、股权流动性等方面都没有强制性规定。但也需要有一定的规范来防控投资风险，例如，美国粉单市场中对股东人数有一定要求，英国的 OFEX 市场为技术与商业模式上具有创新的企业提供挂牌优惠，韩国自由板市场虽然没有在公司规模、盈利水平等方面制定严格标准，但其要求公司有两家以上证券商的推荐。在这种机制下，场外市场吸引众多企业前来挂牌交易，一方面促使企业规范，另一方面又不限制企业的发展方向，为众多的中小微企业提供更便捷的融资平台。我国目前各区域的股权市场对挂牌企业成立年限、盈利能力、营业规模等均有不同程度的要求，准入门槛相对较高，影响企业挂牌的积极性。在未来的建设发展中，应适度调整挂牌条件，放低准入门槛，才能打开市场的大门，面向更多中小企业和投资者。

3. 交易机制多元化，激发市场活力

国外资本市场的发展经验表明，交易机制的多元化可以激发市场的活力。例如美国的粉单市场采用的是做市商与委托定价相结合的混合定价机制，而韩国的自由板市场利用报价系统执行报价交易程序，是一种单一的非竞价交易方式，这种单一的交易方式也在一定程度上限制了自由板市场的发展。一些发达国家的资本市场在做市商制度的基础上引入竞价制度，这种多元化的交易制度既能弥补市场流动性不足，又可以避免交易不透明、股票价格形成非市场化等问题，从而提高交易效率，激发市场活力。目前我国区域性股权市场采用协议交易的方式，针对市场信息透明度不高、市场流动性差等缺陷，我们应考虑是否借鉴发达资本市场采用的多元化交易制度，充分发挥交易制度的市场调节作用。

4. 转板制度灵活，多层次市场成为有机整体

无论是发达资本市场还是新兴资本市场，其转板制度都比较灵活，各层次的市场转板对接机制较为完善，各市场挂牌的企业可以自由上下，形成多层次资本市场的有机组成部分。如美国的资本市场中，粉单市场挂牌的企业发展到一定阶段，可以随时转板至 OTCBB 市场或者纳斯达克等更高层次的市场。而业绩不佳或者条件不符时，也有严格的淘汰制度使企业退至类似我国区域性股权市场定位的粉单市场。在韩国，虽然自由板市场的转板机制尚不完善，但是自由板市场为企业提供政策和资金支持，优先审查，降低费用。我国的区域性股权市场在现阶段还未有完善的转板对接机制，转板成本也相对较高，导致能够成功转板至更高层次市场的企业少之又少，无法为高阶市场输送更多优质企业。因此我们应建立灵活完善的转板制度，减少转板阻碍，这样不仅能及时给予优质企业畅通的场内交易转换平台和场外股权交易平台，还能使多层次资本市场融为一体，提高市场的整体运作效率，充分发挥市场作用。

国外场外资本市场运行规则对比见表 4－1 所列。

表 4－1　国外场外资本市场运行规则对比

比较内容	美国粉单市场	英国 OFEX 市场	韩国自由板市场
监管模式	政府指导下的自律监管	强调行业自律作用，政府辅以宏观调控	由管理当局进行监管
准入门槛	设置灵活，基本上没有绝对的量化标准或最低门槛	对财报有规范性要求，对其他条件均无要求	无财务指标要求，对近一年的财务报告要求进行审核
交易制度	混合做市商制度	采取计算机撮合成交和做市商的报价系统两种方式	由报价系统执行报价交易程序
转板机制	为企业提供了十分顺畅的转板制度，粉单市场与更高层次的市场之间可实现双向转板	已在 OFEX 市场挂牌的公司通过市场的培育达到标准后，可按规定进入 AIM 市场	没有明确的转板制度，但韩国金融投资协会为经营状况良好的企业提供转板优惠政策

资料来源：根据相关资料整理所得。

第3章 我国区域性股权市场发展概况

自2008年天津股权交易所成立以来，我国区域性股权市场蓬勃发展，相关的政策、规范也陆续出台，区域性股权市场的地位、功能得到明确。我国区域性股权市场已经具备一定的规模，能够为部分企业提供融资等相关服务，但是由于发展时间短、制度不完善等原因，当前我国区域性股权市场还存在许多问题，课题组在这一章具体分析我国区域性股权市场发展的现状与问题。

3.1 我国区域性股权市场的市场定位

3.1.1 我国区域性股权市场的政策沿革

2008年《国务院关于天津滨海新区综合配套改革试验总体方案的批复》文件，推进了我国第一家区域性股权市场——天津股权市场的成立，标志着我国区域性股权市场的正式起步。近年来，区域性股权市场在各省市陆续成立并运行，在资本市场中的作用逐渐凸显。截至2017年上半年，我国已建立40家区域性股权市场。

2011年11月，国务院发布《关于清理整顿各类交易场所切实防范金融风险的决定》(国发〔2011〕38号)文件，提出包括区域性股权市场在内的交易市场中可能存在的交易活动风险，应该规范区域性股权市场的市场秩序。2012年7月，《国务院办公厅关于清理整顿各类交易场所的实施意见》(国办发〔2012〕37号)直接明确了包括区域性股权市场在内的各交易场所运行的最低要求。同年8月，证监会发布《关于规范证券公司参与区域性股权交易市场的指导意见(试行)》，从规范证券公司的角度，侧面对区域性股权市场的规范提出要求。2015年6月，中国证监会发布《区域性股权市场监督管理试行办法(征求意见稿)》，明确了我国区域性股权交易市场是为省级行政区域内中小微企业提供股权、债券的转让和融资服务的私募市场。

2017年1月，国务院办公厅颁布《关于规范发展区域性股权市场的通知》(国办发〔2017〕11号)文件，制定了我国区域性股权交易市场业务及监管规则，加强地方政府的监管能力，对可能出现的金融风险进行预警提示和处置督导，对推动多层次资本市场持续更好发展具有重要意义。2017年5月5日新发布的第一份框架性文件《区域性股权市场监督管理试行办法》(以下简称《办法》)中进一步明确，我国区域性股权交易市场是为省级行政区域内中小微企业非公开发行、转让及相关活动提供设施和服务的场所。将区域性股权市场纳入统一监管，实质上确立了区域性股权市场交易所的市场定位。《办法》中规定，省级人民政府对区域性股权市场进行监督管理，中国证监会及派出机构对市场的监督管理工作进行指导、协调和监督，并要求各省、自治区、直辖市及计划单列市行政区域内设立的运营机构不得超过一家。

区域性股权市场作为主板、二板和“新三板”市场的有力补充，是我国资本市场发展的必然阶段，也是我国多层次资本市场的重要组成部分，同时还是培育和孵化企业的摇篮，在我国资本市场具有举足轻重的地位。

3.1.2 我国区域性股权市场的功能定位

2015 年 6 月《区域性股权市场监督管理试行办法(征求意见稿)》中，证监会明确指出区域性股权市场的主要功能定位是四个方面：一是小微企业培育和规范园地；二是小微企业融资服务平台；三是地方政府扶持小微企业发展综合政策运用平台；四是资本市场中介服务延伸。

1. 小微企业培育和规范园地

区域性股权市场的定位在于培育小微企业，做好服务中小微企业的后台工作。发挥自身政策、平台等资源优势，通过开展培训、引入中介机构等措施，培育和规范其发展模式，辅导企业实现技术进步、管理进步、财务规范。推动我国小微企业进一步发展，减少治理结构不规范、财务状况混乱的粗放经营现象，增强小微企业的抗风险能力。

2. 小微企业融资服务平台

区域性股权市场作为一个中介机构，应该发展成为一个能切实解决企业融资问题的平台，帮助小微企业获得进一步发展所需的资金支持。积极整合区域金融要素，同时对证券公司、商业银行、小贷公司、担保公司创投机构等资源进行整合，将其导入区域性股权市场，为挂牌企业提供综合融资服务。区域性股权市场应该通过与银行等金融机构、会计师事务所等中介机构的互惠合作，进一步整合自身资源，打通上下游融资链条，为小微企业的融资方式提供增信措施，增加市场上各方对小微企业股权、债权的认可度。

3. 地方政府扶持小微企业发展综合政策运用平台

区域性股权市场在未来发展过程中，应该成为各地扶持小微企业的贴息、担保、专项扶持资金等优惠政策的集中平台，传播政策，使政策输出更有效率、更公开透明。将各地政府对中小微企业不同的、分散的扶持政策集中起来，通过区域性股权市场进行传播和实现，一方面使企业更便捷地了解最新政策，另一方面有利于政策的落实。

4. 资本市场中介服务延伸

区域性股权市场作为我国多层次资本市场的组成部分，可以自发组织中介机构，发挥其在资本市场中的作用，满足不同挂牌企业和投资者的个性化需求，使其发挥资本市场中介服务的延伸功能。一方面，发布挂牌企业基本资料、公司公告、股权交易等相关信息，满足投资者和相关监管机构的需求；另一方面，为挂牌企业进行宣传介绍和培训指导，开始路演等能够刺激投融资需求增加的活动，提供多样化的服务内容。

3.1.3 我国区域性股权市场与“新三板”市场的定位区别

从表 4-2 中可以比较出“新三板”与区域性股权市场的差异。一是两个市场的创办条件和监管机构不同。“新三板”是国务院批准设立的，由中国证监会主导负责；而区域性股权市场的主导设立者是省级人民政府，由省级人民政府指定的监管部门与中国证监会派出机构负责双重监管。二是市场性质和服务范围的差异也较为明显。“新三板”是面向全国的公开转让市场，而区域性股权市场基本上是为当地行政区域的中小微企业提供私募和非公开转让的平台。三是挂牌主体及交易制度不同。在“新三板”，挂牌公司一般属于公众公司，股东人数往往超过200人，挂牌企业可以通过公开转让的方式定向发行股票、私募债、可转债等。而在区域性股权交易市场，挂牌企业属于非公众型公司，股东人数的上限是200人，一般采取协议转让的方式在区域性市场私募融资。四是融资功能的差异。区域性股权市场利用挂牌、登记、托管、转让、展示服务等实现融资，而“新三板”则同时利用股权和债券实现融资。

表4-2 “新三板”与区域性股权市场基本条件对比

挂牌条件	“新三板”	区域性股权市场
设立机构	国务院	省级人民政府
监管部门	证监会	省政府指定监管部门与中国证监会派出机构双重监管机制
市场性质	公开转让市场全国性的证券交易所	私募和非公开转让市场区域股权转让市场
服务范围	全国	所在行政区域
挂牌主体	公众公司，股东人数超过200人	非公众公司，股东人数不能超过200人
交易制度	公开转让(协议、做市、竞价方式)	非公开转让(协议方式)，非公众、非标准、非连续原则
转板机制	目前不能直接转板上市	目前不能直接转板上市
融资方式	股票定向发行、私募债、可转债、优先股	私募融资、可转债等国务院认可的其他证券

资料来源：由“新三板”、区域性股权交易市场官网和相关资料整理而得。

3.2 我国区域性股权市场的发展历程

2008年至2010年间，区域性股权市场正式起步，几家试点股权交易市场陆续成立。2011年至2012年间，区域性股权市场进入了清理整顿期。为了保证区域性股权市场的良性发展，国务院和证监会在这期间颁发了一系列规范性文件，同时强调了区域性股权市场的重要性，为之后的快速发展奠定了坚实的基础。2013年至今，各个区域的股权市场迎来了快速发展期，并各自形成了一定特色。因此，课题组将区域性股权市场的发展历程分为起步阶段、清理整顿阶段和快速发展阶段。

3.2.1 起步阶段(2008—2010年)

2008年兴起的区域性股权市场起源于“中央支持＋区域经济改革＋金融创新”，2006年国务院在《关于推进天津滨海新区开发开放有关问题的意见》中，鼓励天津滨海新区进行金融改革与创新，明确指出在金融企业、金融服务、金融市场和金融开放等方面的重大改革原则上可以安排在天津滨海新区进行试点。2008年国务院又发布《国务院关于天津滨海新区综合配套改革试验总体方案的批复》，因此促成了第一家区域性股权交易市场在天津的设立。之后,重庆股份转让中心、深圳前海股权交易中心、齐鲁股权交易中心等陆续成立。

3.2.2 清理整顿阶段(2011—2012 年)

2011 年 11 月,国务院发布《关于清理整顿各类交易场所切实防范金融风险的决定》(国发〔2011〕38 号)文件,提出包括区域性股权市场在内的交易市场中可能存在的交易活动风险,应该规范区域性股权市场的市场秩序。2012 年 7 月,《国务院办公厅关于清理整顿各类交易场所的实施意见》(国办发〔2012〕37 号)直接明确了包括区域性股权市场在内的各交易场所运行的最低要求。2012 年 8 月证监会发布《关于规范证券公司参与区域性股权交易市场的指导意见(试行)》,允许证券公司参与到区域股权交易市场的建设中,同时使区域性股权市场运作更加合理。2012 年年底,发展多层次资本市场建设成为党的十八大报告中明确的重要目标,随后全国各省市均陆续成立股权交易中心,区域股权市场逐步发展。

3.2.3 快速发展阶段(2013 年至今)

2012 年至 2014 年间共成立了 24 家区域性股权市场。2013 年为区域性股权市场成立的井喷期,仅 2013 年就成立 15 家区域性股权市场。安徽省股权托管交易中心成立于 2013 年 8 月,成立时间在各省市中属于中等偏早,随后其他省市又陆续成立多家股权交易中心。2015 年之后,区域性股权市场的成立步伐放缓,但区域性股权市场进入了快速发展的阶段。截至 2016 年底,共有 48 家证券公司分别参与了 28 个区域性股权市场,有 38 家证券公司分别入股 27 个区域性股权市场。北京股权托管交易中心在集团化运营管理、投资顾问业务、私募基金运营管理、工商系统对接、人才队伍建设等方面较为突出;深圳前海股权托管交易中心在子公司及分支机构运营模式、私募基金管理、资源嫁接及企业估值等方面具有优势。安徽省股权托管交易中心的金融、泛金融企业的股权托管和股权质押的业内排名位于前列。

2017 年 5 月《办法》中明确,我国区域性股权市场是为省级行政区域内中小微企业非公开发行、转让及为相关活动提供设施和服务的场所。将区域性股权市场纳入统一监管,在真正意义上确立了区域性股权市场的市场定位。截止到 2017 年 7 月 31 日,我国共有 40 家区域股权交易中心,根据《办法》规定,部分省市成立多家股权交易中心的,将合并为一家。经过 9 年的发展,我国区域性股权市场已初具规模,成为多层次资本市场的重要组成部分,见表 4-3 所列。

表 4-3 区域性股权市场成立时间

年份/年	成立家数/家	名　　称
2008	1	天津股权交易所
2009	1	重庆股份转让中心
2010	3	天津滨海柜台交易市场、湖南股权交易所、齐鲁股权交易中心
2011	2	广西北部湾股权交易所、武汉股权托管交易中心

（续表）

年份/年	成立家数/家	名　　称
2012	3	上海股权托管交易中心、广州股权交易中心、浙江股权交易中心
2013	15	辽宁股权交易中心、新疆股权交易中心、大连股权交易中心、前海股权交易中心、吉林股权交易所、海峡股权交易中心、青海股权交易中心、安徽省股权托管交易中心、山西股权交易中心、江苏股权交易中心、广东金融高新区股权交易中心、石家庄股权交易中心、北京股权交易中心、甘肃股权交易中心、天府(四川)联合股权交易中心
2014	6	厦门两岸股权交易中心、贵州股权托管交易中心、青岛蓝海股权交易中心、内蒙古股权交易中心、陕西股权交易中心、海南股权交易中心
2015	6	中原股权交易中心、宁夏股权托管交易中心、哈尔滨股权交易中心、南宁股权交易中心、江西联合股权交易中心、北方工业股权交易中心
2016	3	苏州股权交易中心、宁波股权交易中心、西安股权托管交易中心
合计	40家	

资料来源：由各区域性股权交易市场官网和相关资料整理而得。

在组建形式上，目前已形成4种模式，见表4-4所列：第一种是产权交易机构主导模式，如天津股权交易所由天津产权交易中心主导成立，北京股权交易中心由北京产权交易所成立；第二种是地方政府主导的事业单位模式，如齐鲁股权交易中心；第三种是地方国企主导模式，如上海股权托管交易中心；第四种是证券公司主导模式，如深圳前海股权交易中心。此外，沪深两个交易所在区域性股权市场发展初期也参股了一共14个区域性股权市场。其中深圳交易所参股11家，包括北京股权交易中心、湖北股权交易中心、齐鲁股权交易中心等，上海交易所参股3家，包括上海股权交易中心、浙江股权交易中心等。

表4-4　区域性股权市场组建形式

组建形式	区域性股权市场
产权交易机构主导模式	天津股权交易所、北京股权交易中心、武汉股权托管交易中心、湖南股权交易所、中原股权交易中心、哈尔滨股权交易中心、贵州股权托管交易中心等
地方政府主导的事业单位模式	内蒙古股权交易中心、齐鲁股权交易中心等
地方国企主导模式	上海股权托管交易中心、广州股权交易中心、海南股权交易中心、青海股权交易中心等
证券公司主导模式	深圳前海股权交易中心、浙江股权交易中心、甘肃股权交易中心、厦门两岸股权交易中心、安徽省股权托管交易中心、宁波股权交易中心、青岛蓝海股权交易中心、江苏股权交易中心等

资料来源：由各区域性股权交易市场官网和相关资料整理而得。

3.3 我国区域性股权市场的现状及问题分析

为进一步了解我国区域性股权市场发展的现状与问题，课题组主要从以下3个渠道获取第一手数据。第一，在各个股权交易中心官网上、wind数据库中收集整理已披露的信息。第二，制作两份调查问卷——《挂牌企业调查问卷》和《股权交易中心调查问卷》(见附录2、附录3)，从挂牌企业和股权交易中心相关的工作人员处获取一手数据。其中，从挂牌企业获取有效问卷141份，从股权交易中心获取有效问卷38份。第三，对安徽省股权托管交易中心、上海股权交易中心等部分区域性股权市场管理人员及市场上主要投资者进行访谈，对股权交易中心发展现状的相关数据进行补充。

3.3.1 我国区域性股权市场的发展现状

1. 企业数量较多，市场发展迅速

从交易所分布上看，截止到2017年7月31日，我国共有86296家挂牌、托管、展示企业，它们分布在全国40个区域性股权市场之中，各股权交易中心发展差异较大。其中，有6家股权交易中心的企业数高于3000家，甚至有的股权交易中心的企业数高达1万家，有21家股权交易中心企业数位于1000至3000家区间内，有13家股权交易中心企业不足1000家。发展规模较大的三家股权交易中心分别是上海股权托管交易中心、深圳前海股权交易中心和广州股权交易中心，后两家均位于广东省。而企业数最少的两家，分别是中原股权交易中心和西安股权托管交易中心，其中，西安股权托管交易中心与陕西股权交易中心将根据政策合并。从地域看，企业较多的股权交易中心基本上都在经济较为发达的地区，主要是北京、上海、广东、浙江、天津等，而在经济发展较为落后的中西部地区和东北地区，股权交易中心的发展也相对落后。安徽省股权托管交易中心目前的发展处于全国的中上等水平。从数据统计看，股权交易中心的发展一定程度上与其地区的经济发展有关。各股权交易中心企业数量见表4-5所列(备注：部分区域性股权市场不区分挂牌、托管、展示企业数量，导致统计口径不一致)。

表4-5 各股权交易中心企业数量

序号	交易所	企业数量/家	序号	交易所	企业数量/家
1	深圳前海股权交易中心	17140	21	辽宁股权交易中心	1307
2	上海股权托管交易中心	9787	22	天津股权交易所	1285
3	广州股权交易中心	7371	23	江苏股权交易中心	1177
4	浙江股权交易中心	4249	24	陕西股权交易中心	1163
5	北京股权交易中心	3617	25	广西北部湾股权交易所	1098
6	江西联合股权交易中心	3395	26	石家庄股权交易中心	1076
7	武汉股权托管交易中心	2999	27	贵州股权托管交易中心	1064
8	甘肃股权交易中心	2831	28	宁波股权交易中心	790

（续表）

序号	交易所	企业数量/家	序号	交易所	企业数量/家
9	湖南股权交易所	2681	29	宁夏股权托管交易中心	660
10	广东金融高新区股权交易中心	2530	30	新疆股权交易中心	650
11	天津滨海柜台交易市场	2370	31	青岛蓝海股权交易中心	613
12	齐鲁股权交易中心	2081	32	重庆股份转让中心	573
13	海峡股权交易中心	1848	33	吉林股权交易所	405
14	厦门两岸股权交易中心	1724	34	哈尔滨股权交易中心	380
15	内蒙古股权交易中心	1500	35	青海股权交易中心	291
16	山西股权交易中心	1483	36	苏州股权交易中心	210
17	安徽省股权托管交易中心	1433	37	大连股权交易中心	153
18	天府(四川)联合股权交易中心	1396	38	北方工业股权交易中心	101
19	南宁股权交易中心	1369	39	中原股权交易中心	69
20	海南股权交易中心	1365	40	西安股权托管交易中心	62

资料来源：各股权交易中心官网数据；截止时间：2017 年 7 月 31 日。

截止到 2017 年 7 月 31 日，共有 58269 家企业参与，占全国企业数量的 68%，因此具有一定的代表性。从地域分布状况来看，企业较多的区域主要集中在我国中部和东部发达地区，而企业较少的区域大多分布在我国西南部。其中，企业数大于 4000 家的区域在我国经济发展水平普遍较高，如广东（11656 家）、浙江（4845 家）和北京（4078 家），而经济相对较为落后的西藏（15 家）、山西（266 家）和贵州（283 家）等地企业的数量则远远少于经济发达地区。因此，我们初步可以得出结论，某一个地区企业数量与该地区的经济发展水平呈正相关，经济发达地区企业较多；相反地，经济欠发达地区的企业数量就相对较少。安徽省属于中部地区，近年来，得益于自身建设以及政策扶植，经济发展迅猛，在全国省市中排名第 15 位，相对靠前。各省（市）挂牌企业数量见表 4－6 所列（备注：各省市挂牌企业数量指各省市在区域性股权市场上挂牌企业数量总计）。

表 4－6　各省（市）挂牌企业数量

序号	地域	企业数量/家	序号	地域	企业数量/家
1	广东省	11656	17	内蒙古自治区	1311
2	浙江省	4835	18	江西省	1235
3	北京	4078	19	海南省	1197
4	福建省	3283	20	陕西省	745
5	湖北省	3248	21	新疆维吾尔自治区	720
6	山东省	2749	22	黑龙江省	696
7	甘肃省	2528	23	重庆	679

（续表）

序号	地域	企业数量/家	序号	地域	企业数量/家
8	广西壮族自治区	2393	24	天津	655
9	湖南省	2150	25	宁夏回族自治区	552
10	江苏省	2075	26	吉林省	524
11	河南省	2059	27	云南省	422
12	四川省	1962	28	青海省	307
13	上海	1930	29	贵州省	283
14	辽宁省	1839	30	山西省	266
15	安徽省	1801	31	西藏自治区	15
16	河北省	1695	32	香港特别行政区	1

资料来源：Wind 数据库；截止时间：2017 年 7 月 31 日。

2. 融资功能显现，地区差异较大

目前，在各个区域性股权市场中仅有 23 家股权交易中心公布了融资情况。各股权交易中心融资额差异很大。截至 2017 年 7 月底，已公布数据中融资额最多的股权交易中心高达 1691.58 亿元，即广州股权交易中心（该股权交易中心所指的融资额包括融资和交易流转两部分的金额）。各股权交易中心的融资额与其股权交易中心的发展规模相似，如齐鲁股权交易中心、天津股权交易中心、浙江股权交易中心都是挂牌数较多且融资额位于前列的市场。甘肃省股权交易中心融资规模较大，主要是由于近年来在地方经济社会转型跨越发展、西部大开发金融资源集聚、丝绸之路经济带规划的强劲带动下，通过充分发挥会员单位积极性，推出“挂牌贷”“质押贷”等创新融资产品，积极解决企业融资困境，在融资规模上走在了国内前列，是西部地区最具竞争力的区域性股权交易市场。安徽省股权托管交易中心的融资额在全国股权交易中心融资额中属于中上等水平，已达到 125.87 亿元。各股权交易中心融资总额见表 4－7 所列（备注：各区域性股权市场统计口径不完全一致）。

表 4－7　各股权交易中心融资总额

序号	交易所	融资总额/亿元	序号	交易所	融资总额/亿元
1	广州股权交易中心	1691.58	13	内蒙古股权交易中心	76.59
2	甘肃股权交易中心	863.04	14	吉林股权交易所	52.3
3	武汉股权托管交易中心	684.92	15	哈尔滨股权交易中心	30.45
4	重庆股份转让中心	645.64	16	新疆股权交易中心	30
5	浙江股权交易中心	400.68	17	湖南股权交易所	23.24
6	齐鲁股权交易中心	334.74	18	山西股权交易中心	14.13
7	天津股权交易所	306.01	19	厦门两岸股权交易中心	13.58

(续表)

序号	交易所	融资总额/亿元	序号	交易所	融资总额/亿元
8	辽宁股权交易中心	301.93	20	苏州股权交易中心	5.37
9	上海股权托管交易中心	208.18	21	广西北部湾股权交易所	4.68
10	北京股权交易中心	135.62	22	海南股权交易中心	3.55
11	天津滨海柜台交易市场	134	23	宁夏股权托管交易中心	1.5
12	安徽省股权托管交易中心	125.87			

资料来源:各股权交易中心官网数据;截止时间:2017年7月31日。

3.3.2 我国区域性股权市场存在的问题及原因分析

1. 政策限制多,针对性不强

2017年2月份,《关于规范发展区域性股权市场的通知》(国办发〔2017〕11号)文件发布实施,禁止区域性股权市场为省外企业提供服务,目前暂停了区域性股权市场的私募债业务。国务院政策的出台有利于控制市场风险,规范市场发展,却限制了市场活力,给区域性股权市场融资体系带来较大冲击。

各地方政府根据国务院的相关政策,相应出台了一系列地方优惠政策,为中小微企业挂牌股权交易中心提供政策支持,部分地区的优惠政策附带股改条件。对于小微企业来说,股改是需要大量成本且未来利润流入不确定的事项,调查数据显示,48.94%的人认为股改是企业挂牌过程中成本最高的事项,股权交易中心优惠政策的制定不符合部分企业的实际需求,导致未股改的企业在股权交易中心挂牌无法获得充足奖励。48.48%的股权交易中心负责人表示,政府的优惠政策门槛过高,未考虑到挂牌企业的实际情况。大部分地方政府的转板优惠政策集中在转板后,企业在转板前期所获得的资金支持力度较小。45.39%的挂牌企业表示转板成本过高,由于企业在转板前期需要高额的改制成本,因此其将面临艰巨的财务难题,这些企业由于转板财务压力较大,不得已会被迫放弃转板的机会。

当前区域股权市场只对在股权交易中心成功挂牌的企业给予奖励,但并未出台针对性的扶持措施。53.19%的企业认为挂牌遇到的最大问题是财务不规范,其次是股改问题、税收核定问题和土地问题。

2. 盈利模式不清晰,发展后劲不足

目前区域性股权市场在业务上一方面受到一定的地域限制,另一方面受到登记、转让的确权限制。既要为中小微企业的发展开发综合性的融资及其他服务,又要依靠自身的业务模式开发和创新盈利模式。在服务手段不足、转让不活跃、业务跨区有限制的情况下,各市场主体的生存和发展面临着艰巨的挑战。区域性股权市场目前主要依靠收取融资服务费、交易手续费及财务顾问费等实现盈利。73.53%的区域性股权市场负责人表示这种盈利模式不能有效支撑中心的发展。此外,板块设置过多也会增加区域性股权市场运营成本,不利于其长期发展。

股权交易中心的盈利能力较弱进一步使得区域性股权市场的发展后劲不足。一方面，盈利能力不足会损害大股东的利益，目前已有券商股东选择退出区域性股权市场，2017 年 3 月中信证券转让其所持有的深圳前海交易中心全部股权的项目信息，底价为 3.3 亿元。另一方面，盈利能力较弱使得中心的员工薪酬水平不高，难以吸引高水平的人才。区域性股权市场目前的薪酬标准设置不合理，57.89%的人认为区域性股权市场的薪资待遇一般，大部分人认为区域性股权市场的薪酬水平不能充分发挥员工积极性。

3. 挂牌准入门槛高，信息披露意愿低

各省股权交易中心各板块对挂牌企业成立年限、盈利能力、营业规模等均有不同程度的限制，导致一部分初创期企业被拦在区域性股权市场之外。挂牌企业调查问卷数据显示：41.84%的人认为股权交易中心有关财务状况的规定需要调整，36.17%的人认为股权交易中心有关信息披露的要求需要调整。

调查数据显示，在企业挂牌前，有 44.68%的企业平均年营业收入低于 500 万元，仅有 28.37%的企业在转板前可达 1000 万元以上的年营业收入。这说明挂牌门槛偏高，将会阻碍一些中小微企业进入低层次资本市场，这不利于中小微企业的发展，在一定程度上，仍然没有有效解决区域经济增长的问题。

中心对持续性信息披露做出较高规定，但实际信息披露程度却不高，面向股权交易中心的调查问卷结果显示：中心表示督促企业进行信息披露困难重重，主要表现在成本有限、企业关系难以协调、人力资源紧张等方面。此外调查问卷结果还显示，通过对信息披露积极的企业给予奖励有利于改善挂牌公司信息披露现状。

4. 融资功能未发挥，市场交易不活跃

75%的企业认为融资功能对公司的发展非常重要，说明企业融资需求较强。虽然企业有较大的融资需求，但区域性股权市场作为小微企业融资服务平台的功能未得到充分发挥。只有 12.4%的被调查企业在股权交易中心进行过融资，说明许多企业没有从挂牌中获得融资，84.85%的人认为实际融资效率不高。在进行过融资的企业中，68.75%的公司融资金额小于 500 万元，且大部分公司都选择以私募债等金融产品进行融资，融资方式较为单一。92.11%的股权交易中心存在投融资对接不顺畅的现象，原因一是金融机构合作门槛高，缺少有效资金渠道；二是与工商登记部门缺乏信息联动和业务对接机制。

国外成熟多层次资本市场大多采用做市商或混合做市商的交易制度，这种制度能够有效活跃市场。而我国由于“国务院 38 号文”规定，禁止采用集中交易方式进行交易，因此当前主要采取协议交易方式。交易市场参与度不高，仅有 7.75%的公司曾经进行过股权交易。累计成交股数与累计成交金额大多数在 100 万股及 100 万元以下，交易规模较小。市场上买卖方数量显著不均衡，84.85%股权交易中心存在企业数量多、投资者数量少的现状。市场交易不活跃，主要归因于四个方面：一是 2011 年“国发〔2011〕38 号”文件和 2012 年“国办发〔2012〕37 号”文件限制了区域性股权市场的交易活跃度，如“T+5”交易制度；二是在区域性股权市场挂牌的中小微企业自身普遍存在信息披露不完善等问题，让投资者望而却步；三是区域性股权市场交易不活跃，无法形成具有权威性和代表性的企业市场估值方法；四是挂牌企业惜售股份，转让意愿低。此外，获取资本增值是市场上大部分投资者的交易目的，但是只有约一半的投资者认为投资获取了超额收益。

5. 企业转板意愿高，市场对接不通畅

此次调查对象中有近60%的企业有转板上市的意愿，说明区域性市场中大多数企业愿意到更高层次资本市场转板。一方面，28%的企业转板的目的在于得到融资，25%的企业希望提升知名度，24%的企业为了壮大规模，而且地方政府的奖励金也会减轻企业的财务压力。另一方面，成功转板的企业中，85.72%的企业融资能力更强，42.86%的企业转板后业绩改善，因此转板确实有利于企业的发展。但成功转板的企业数量较少，第一，14%的企业表示信息披露有难度，24%的企业表示缺少专业的财务人员，19%的企业表示流程烦琐；第二，在企业转板前，49%的股权交易中心会提供流程指导，36%的股权交易中心会派专业人员帮扶，仅有9.84%的股权交易中心表示会提供相应的资金支持，然而近50%的企业表示转板成本高。由于没有便捷高效的转板体系，财务压力会使企业不得已放弃转板的机会。调查数据显示，33%的人员赞同构建与"新三板"互通的网络对接平台，22.41%的人员认为应该联通其他中心形成系统的四板市场，38%的人员支持设立研究小组解决问题，从而实现与高层次资本市场的对接。

由此可见，区域性股权市场挂牌企业的转板问题亟待解决。首先，对区域性股权市场与更低层次市场的对接问题展开思考，完善中证机构间报价系统，对于已在区域性股权市场挂牌且由区域性股权市场推荐在报价系统办理转让注册的企业，允许在报价系统开展私募股权转让业务，这样四板企业的流动性有望提升，但是非上市公司仍然要以工商登记为准，所以交易者仍然没有实质性享受到股权转让的便捷和高效；其次，就区域股权市场与更高层次市场的对接问题，目前我国四板挂牌企业可以转板至主板、中小板、创业板或"新三板"，但是一些特殊股权结构类创业企业的转板方向仍然单一，因此2015年12月拟构建的上海交易所设立战略新兴板，旨在推动企业的上市以拓宽投融资渠道；最后，"新三板"、区域股权市场的发展依然面临着挑战，香港联交所拟推出转让创新板，其板块附带的新规，如同股不同权、高效率释放制度红利和投资者资源、国内上市企业有望在香港二次上市等，对于内地各种新经济行业和高增长型的公司具有极大的诱惑力。对于这些提升香港联交所竞争优势的突破性规则，内地证监会必须引起高度重视，尽可能地降低刚性要求，提高行政效率，让市场经济真正发挥主导功能。

第4章　安徽省区域性股权市场案例分析

区域性股权市场定位于为省内中小微企业提供证券非公开发行、转让及相关活动的平台，全国的区域性股权市场的市场定位和业务范围相似。基于省情的不同，发展模式有所差异。例如北京股权托管交易中心在集团化运营管理、投资顾问业务、私募基金运营管理、工商系统对接、人才队伍建设等方面较为突出；深圳前海股权托管交易中心在子公司及分支机构运营模式、私募基金管理及资源嫁接、企业估值等方面具有优势。

近年来，安徽省主要经济指标增速靠前，经济总量稳步提升，带动了资本市场的飞速发展。通过与国内其他区域性股权市场对比，安徽省股权托管交易中心的金融、泛金融企业的股权托管和股权质押业务在业内排名位于前列。安徽省股权托管交易中心率先在国内实现了对一省之内的农村商业银行进行股权集中登记托管的目标，全省农商行总计 83 家，在安徽省股权交易中心托管的比例达到 86.75%。此外，安徽省股权托管交易中心自成立以来就是安徽省唯一一家区域性股权市场的运营机构，自始至终最为规范，同时也是国内较早开展未上市公司股权质押业务的区域性股权市场之一。截至 2017 年 9 月底，安徽省股权托管交易中心帮助挂牌、托管企业实现融资 131.52 亿元，在国内处于前列。尽管如此，安徽省股权托管交易中心也存在我国区域性股权市场普遍存在的问题，例如对企业吸引力不够、融资比例低、交易不活跃，受到场内及“新三板”扩容冲击等问题。综合以上因素考虑，相比于挂牌企业最多的深圳前海股权交易所、成立时间最早的天津股权交易所、融资数额最高的广州股权交易所和位于经济中心的上海股权交易托管中心，研究安徽省股权托管交易中心的发展现状和路径对我国广大区域性股权市场，尤其是以券商为主导模式下的区域性股权市场更具普遍意义和借鉴意义。

课题组在安徽省股权交易市场案例分析中所获得的数据资料来源于安徽省股权托管交易中心官网以及对安徽省股权托管交易中心、挂牌企业及投资者等部分市场参与主体进行访谈的资料。数据期间为 2013 年 8 月成立以来至 2017 年 9 月 30 日。

4.1　安徽省区域性股权市场的发展概况

安徽省股权托管交易中心是遵循国务院对我国多层次资本市场体系建设的统一要求，依照《安徽省人民政府办公厅关于推进区域性股权交易市场规范发展的意见》，经安徽省人民政府批准设立的我省唯一一家区域性股权交易市场的运营机构。

4.1.1　成立背景

2012 年 8 月，证监会发布《关于规范证券公司参与区域性股权交易市场的指导意见（试行）》。2012 年年底，党的十八大报告中明确发展多层次资本市场建设的重要目标，随后全国各省市均陆续成立股权交易中心。

安徽省股权托管交易中心成立于 2013 年 8 月，成立时间较早。安徽省股权托管交易中心主要由安徽国元(控股)集团有限责任公司、国元证券股份有限公司、华安证券股份有限公司等共同组建，注册资本达 2 亿元。安徽省股权托管交易中心采用公司制的组织形式，目前在安徽省政府金融办和安徽证监局指导与监管下，对接全国多层次资本市场，为全省企业提供省级区域性股权交易服务。

4.1.2 业务体系

安徽省股权托管交易中心的业务体系主要有四大类，第一类是登记托管业务，主要是企业股权的登记结算、分红派息等业务；第二类是挂牌交易业务，主要是企业挂牌转板、股权转让等业务；第三类是融资业务，主要是股权质押、融资租赁等筹资业务；第四类是创新业务，主要是培训咨询、路演对接等业务。具体见表 4－8 所列。

表 4－8 安徽省股权托管交易中心业务体系

业务种类	服务内容
登记托管业务	接受非上市企业委托，通过电子化股权簿记系统代为置备股东名册，并为企业股东开立股权账户，记载并确认股东对股份的所有权及相关权益的产生、变更和消灭行为
挂牌交易业务	符合条件的企业经过中心认可的合格推荐机构的推荐，可以申请在区域性股权交易所挂牌，并办理全部股权的集中登记，进而开展证券的交易或转让
融资业务	通过平台优势积聚各类金融资源和帮扶政策，为挂牌企业提供覆盖短期、中期、长期的多种融资服务，拓宽中小微企业的融资渠道
创新业务	针对中小微企业特点提供专业的培训咨询、常态化路演等服务，积极参与中小微企业的孵化培育，并逐渐形成具有一定特色的产品及服务链条

资料来源：安徽省股权托管交易中心；截止时间：2017 年 9 月 30 日。

4.1.3 运行概况

地处合肥市高新区的安徽省股权托管交易中心，自 2013 年揭牌运营以来，发展速度迅猛。截至 2017 年 9 月底，已有挂牌企业 1712 家，对比全国各股权交易中心挂牌企业数量，安徽省股权托管交易中心的发展处于中上等水平。安徽省股权托管交易中心的全资子公司安登公司共计确权 15555 户，累计托管未上市企业 1558 家，股权流转状况良好。目前，全国各股权交易中心融资额差异很大，安徽省股权托管交易中心的融资额属于全国股权交易中心融资额的中上等水平，已达到 131.52 亿元。

但安徽省股权托管交易中心的运行现状依然存在不足，在中小企业融资和转板方面，中心实际的融资方式单一，且以私募债融资为主要融资方式。此外，中心与高层次资本市场尚未形成统一的对接机制，因此中心的运行现状较发展目标仍有差距。

4.1.4 发展目标

安徽省股权托管交易中心定位于为省内中小微企业提供私募证券的发行、转让及相关活动的平台，在风险可控的情况下，助力地方中小微挂牌企业的长远发展。安徽省股权托管交易中心将在融资服务、股权托管、培育孵化等方面予以资源倾斜，帮助中小微企业尽快规范发展，并推动其向更高层次的资本市场转板上市。主要目标见表4－9所列。

表4－9　安徽省股权托管交易中心发展目标

发展目标	主要内容
增加挂牌企业数量	加强与政府部门沟通，强化挂牌企业诚信建设
加大融资力度	开展“中心＋信贷”“中心＋保险”“中心＋担保”“中心＋基金”等方式
发展企业股权托管	促进股权流转，充分发挥股权融资功能，规范股权管理
探索转板机制	积极探索股权交易中心与高层次资本市场的对接机制
构建综合服务平台	加强与地方政府的合作，为中小微企业的发展提供良好的市场环境

资料来源：安徽省股权托管交易中心；截止时间：2017年9月30日。

4.2　安徽省区域性股权市场的运行状况

4.2.1　挂牌现状

1. 挂牌制度

安徽省股权托管交易中心自2013年8月揭牌运营以来已初步形成了由成长板、科技创新板、农业板、文化旅游板、中医药板、专精特新板组成的“一市六板”的板块格局。截至2017年9月底，已有挂牌企业1712家，其中成长板企业159家，科技创新板企业670家，农业板企业505家，文化旅游板企业64家，中医药板企业145家，专精特新板企业169家。成长板所挂牌的企业必须完成股份制改造，主要侧重于企业改制规范和融资对接，通过为这些企业提供服务，帮助挂牌企业转板至更高层次资本市场。科技创新板、农业板、文化旅游板、中医药板及专精特新板作为培育展示板块，主要侧重于企业形象展示和规范培育，也是中心结合省情，先后与省科技厅、省农委等政府部门及黄山市、亳州市等地方政府联合打造的特色专板。区域性股权市场主要是为当地中小微企业提供金融服务的平台，对企业财务状况的整体要求与主板、二板相比较低。主板和二板市场是场内市场，对企业营业期限、股本大小、盈利水平、最低市值等要求较高，“新三板”是场外交易市场，对公司不设财务指标要求，对企业有经营能力的限制。

我国区域性股权市场与美国的粉单市场、英国的OFEX市场和韩国的自由板市场在市场地位、挂牌条件等方面相似。粉单市场、OFEX市场、自由板市场等几乎没有对企业的信息披露硬性要求或者财务条件要求，基本上企业拥有一定可交易的股票数量即可在粉单市场进行交易。由于海外低层次市场低门槛、低成本的特征，很多企业愿意到低层次市场挂牌。

各板块设立符合安徽省省情，大力扶持省内特色中小微企业挂牌。各板块分别设置了不同挂牌条件,挂牌条件相同点在于要求企业成立十二个月以上,主要区别在于对挂牌企业财务状况的要求,按财务状况的要求严格程度对各板块进行从高到低排序依次为:专精特新板、农业板、中医药板、科技板、文化旅游板、成长板。具体见表4-10所列。

表4-10 安徽省股权托管交易中心挂牌条件

板 块	挂牌条件	财务状况的要求
成长板	①持续经营时间满十二个月;②主营业务明确、股权清晰;③一年内没有违法违规行为;④按照中心要求进行信息披露	无
科技创新板	持续经营时间满十二个月,无重大违法违规行为,并满足下列要求之一: ①最近一年营业收入不少于500万元;②净资产达到100万元以上;③已获银行类金融机构贷款或投资机构投资100万元以上;④主导产品、技术获得国家级发明专利的	①最近一年营业收入不少于500万元; ②净资产达到100万元以上
农业板	持续经营时间满十二个月,无重大违法违规行为,并满足下列要求之一: ①市级及以上农业产业化龙头企业;②最近一年营业收入不少于2000万元;③净资产达到500万元及以上	①最近一年营业收入不少于2000万元; ②净资产达到500万元及以上
文化旅游板	持续经营时间满十二个月,无重大违法违规行为,并满足下列要求之一: ①近一期末净资产不少于30万元;②最近一会计年度企业盈利;③最近一会计年度营业收入不少于300万元;④在市级以上行业评比中获得表彰或荣誉称号;⑤地方政府重点扶持企业	①最近一会计年度营业收入不少于300万元; ②近一期末净资产不少于30万元
中医药板	持续经营时间满十二个月,无重大违法违规行为,并满足下列要求之一: ①近一期末净资产不少于500万元;②最近一会计年度企业盈利;③最近一会计年度营业收入不少于1000万元	①最近一会计年度营业收入不少于1000万元; ②近一期末净资产不少于500万元
专精特新板	最近两年营业收入均在3000万元以上	最近两年营业收入均在3000万元以上

资料来源:安徽省股权托管交易中心;截止时间:2017年9月30日。

对截至2017年9月30日安徽省股权托管交易中心挂牌企业数据进行统计后发现,不同板块的挂牌企业在挂牌上一年度的营业收入状况存在较大区别。安徽省股权托管交易中心所有挂牌企业在挂牌上一年度的营业收入最大值达到8亿元,平均值将近4000万元,见表4-11所列。

表 4-11 安徽省各板块挂牌企业营业收入统计

板　　块	总　　体	成长板	科技创新板	农业板	文化旅游板	中医药板	专精特新板
平均值/万元	3995.05	4342.42	2458.52	6167.37	1367.62	5317.07	3885.83
中位数/万元	1648.34	1483.84	884.04	3201.00	713.00	1594.10	1944.00
最大值/万元	80663.72	38470.00	80663.72	56900.00	9431.00	46518.60	33600.00
最小值/万元	0	9.3	0	0	0	1.2	100
营业收入总和/万元	5281453	599254.6	1497238	2386774	69748.8	728437.9	662117.18
挂牌企业合计/万元	1712	159	670	505	64	145	169

资料来源:安徽省股权托管交易中心;截止时间:2017 年 9 月 30 日。

从平均值与营业收入的比值能看出专精特新板比值偏低,中医药板比值偏高,因此专精特新板挂牌标准相对其他板块来说偏高,见表 4-12 所列。海外低层次市场对挂牌企业基本不设盈利水平、企业规模的限制,与海外低层次市场比较,我国区域性股权市场挂牌条件过高。在我国区域性股权市场成立之初,融资能力有限,无法满足大量企业融资需求,因此设立较高门槛以降低风险。在股权交易中心挂牌要求存续年限在十二个月以上,企业盈利水平和企业规模方面要达到一定标准,因此只有少部分实力较强的企业挂牌,真正需要融资的初创期小企业却无法挂牌。目前安徽省中小微企业总产值达到 28590.81 亿元,对地区生产总值贡献达到 67%,占据本省经济发展的半壁江山,因此有必要重视中小微企业发展,借助中小微企业活跃本地区经济。例如甘肃省区域性股权市场实行"无门槛、先挂牌"的企业培育模式,扩大低层次市场服务覆盖面,目前中心累计挂牌企业 1712 家,解决部分挂牌企业融资需求,发展势头良好。

表 4-12 安徽省各板块挂牌企业挂牌条件对比

板　　块	总　　体	成长板	科技创新板	农业板	文化旅游板	中医药板	专精特新板
平均值/万元	3995.05	4342.42	2458.52	6167.37	1367.62	5317.07	3885.83
营收标准/万元	—	—	500	2000	300	1000	3000
平均值/营收标准	—	—	4.92	3.08	4.56	5.32	1.30

资料来源:安徽省股权托管交易中心;截止时间:2017 年 9 月 30 日。

2. 挂牌扶持举措现状

由表 4-13 可以看出,各级政府对区域市场重视程度不同,相关扶持政策落实力度不一样。各地政府奖励资金都是在企业挂牌或者股改完成后才予以发放,前期扶持措施较少,政府奖励政策的滞后性可能给企业带来流动性风险。进一步分析安徽省各地方政府对挂牌企业的扶持政策,发现市政府都会给予挂牌企业资金奖励和补贴,在企业挂牌过程中没有实施具体的扶持措施。企业挂牌过程中,政府资金支持当然是非常重要的,但同时也应完善具体的支持措施,针对企业在挂牌过程中遇到的具体问题出台相应扶持措施,激发企业挂牌的积极性。

股份制改造可规范中小微企业治理结构，是我国中小微企业发展的必要路径，区域性股权市场应发挥功能，将自身打造成推进中小微企业股份改造的平台。大部分中小微企业无法承担股份制改造的成本，为减轻中小微企业的资金压力，地方政府应制定针对性的扶持政策，及时解决股份改造企业的财务问题，同时区域性股权市场宜给予股份改造企业挂牌优惠以吸引企业挂牌。

表 4-13　安徽省各地方政府奖励政策

区　域	成长板政策/万元	其他板块政策/万元
合肥高新区	30	—
合肥经开区	30	—
合肥肥东县	40	6
六安	—	—
芜湖	48	8
芜湖县	45	8
南陵县	45	8
蚌埠	—	5(农业板)
马鞍山	10	—
安庆	50	10
池州	30	—
黄山	30	5
宣城宣州区	—	—
铜陵	30	4(县区配套)
阜阳	20	—
亳州	50	10(中医药板)
滁州	60	—
淮北	—	5
淮南	50(+30 寿县)	10
宿州	100(50 挂牌+50 融资 3%)	3(县区配套)

资料来源：安徽省股权托管交易中心；截止时间：2017 年 9 月 30 日。

4.2.2　融资交易现状

1. 融资体系现状

融资功能是区域性股权市场的重要功能定位，根据“企业成长周期理论”，针对中小微挂牌企业的区域性股权市场应该以融资为主。企业成长过程要经历创立期、生存期、发展期、起飞期和成熟期。企业不同阶段对资金的融资需求不同，从而在不同的阶段需要与不同的资本市场对接，区域性股权市场的挂牌企业大多处在起飞期之前，企业股权融资需求较为强劲，引入投资基金或到场外市场融资是主要融资方式。区域性股权市场与中小微企业的融资需求相匹配，一方面，由于中小微企业的固有特性，其银行间融资渠道不畅，银行间接触远远不能满足中小微企业的资金需求；另一方面，资本市场融资方式（特别是证券市场）具有定价等功能，可以促进企业的发展和壮大。

区域性股权市场处在不断发展中，近五年间企业的定向增资次数整体上逐渐增长，截止到 2017 年 9 月 30 日，总融资规模和金额分别达到 35739.48 万股和 34962.29 万元，融资作用日益显著，区域性股权市场的融资作用在一定程度上得到发挥。从平均定增价格整体上保持递增趋势可以看出，越来越多有价值的企业能够通过区域性股权市场实现融资。但是，实现定增的企业数量相较挂牌企业总数而言占比很低，融资规模相对于整个市场较小。安徽省股权托管交易中心自 2013 年成立以来，总共完成 39 次定向增资，平均每年仅有 7.8 次左右的定增，不能够满足市场上 1700 多家挂牌企业的股权融资需求。从定增数量和金额上看，历年平均单笔增资规模为 1467.94 万股，金额达到 1244.27 万元，平均增资发行价格为 0.94 元每股，说明许多企业定增规模较小、股权估值较低。主要原因是大部分企业都无法在区域性股权市场上引入外部投资基金，与企业的长远发展需求不匹配。安徽省股权托管交易中心历年定增数据见表 4－14 所列（备注：500 万以下企业可以自主定增，表中未覆盖此类数据）。

表 4－14　安徽省股权托管交易中心历年定增数据

	2013 年	2014 年	2015 年	2016 年	2017 年 1 月 1 日至 9 月 30 日	合计
定增次数/次	2	6	11	17	3	39
定增股本/万股	—	9100	6130.54	11069	9439.94	35739.48
定增金额/万元	284.25	9400	3609.04	11069	10600	34962.29
平均定增规模/万元	—	1516.67	557.32	651.12	3146.65	—
平均定增金额/万元	142.13	1566.67	328.09	651.12	3533.33	—
平均定增价格/元	—	1.03	0.59	1.00	1.12	—

资料来源：安徽省股权托管交易中心；截止时间：2017 年 9 月 30 日。

自 2013 年成立以来，安徽省股权托管交易中心已经初步形成短期、中期、长期全面覆盖的融资体系。截止到 2017 年 9 月 30 日，安徽省股权托管交易中心累计为各类企业实现融资 131.52 亿元，其中为 32 家企业实现私募债融资 38.36 亿元，发行 4 单资产收益权，融资 10 亿元，股权质押融资 77.46 亿元，定向增资 3.4962 亿元，为 3 家企业以融资租赁方式实现融资 8400 万元，为 76 家企业获得银行贷款 1.3693 亿元。短期融资方式占比 59.94%，其中，股权质押方式融资额占短期融资的 98%。中期融资方式占比 37.41%，长期融资方式占比 2.65%。可以看出，虽然安徽省股权托管交易中心提出较为多样的融资手段，但是在实际融资过程中，以股权质押的短期融资方式为主，融资手段仍然较为单一。实际融资手段较为单一，一方面是因为许多基金项目为政府扶持的银行贷款项目，中小微企业的规模特性导致其银行间融资渠道不畅；另一方面是由于私募债业务停发。

安徽省股权托管交易中心私募债业务处于全国领先水平，在私募债停发之前，中心累计备案发行私募债共计 32 单，发行总金额达 38.36 亿元，是最主要的中期融资方式。“国办发〔2017〕11 号文”暂停了私募债的备案发行工作，对安徽省股权托管交易中心融资体系的多样性产生较大冲击。私募债业务发展得如火如荼，主要原因是其限制较少、产品多样，但是也造成了风险较高、监管较难的问题。“侨兴债”在与互联网金融产品相挂钩之后，其违约导致的风险被放大数倍，进一步暴露了互联网背景下当前私募债存在的监管漏洞、风控缺失等问题。作为其替代品的私募可转债是一种非公开发行、可以在特定时间按特定条件转换为普通股票的特殊企业债券。虽然其可以转化为股权，在一定程度上克服了私募债违约风险较高的缺点，降低了企业的债权融资成本，但是可能存在由于融资限制较多、手续烦琐、耗时较长难以满足企业紧急融资需求，以及小微企业的控制者并不愿意为了融资出让企业的股权或管理权等问题。目前，大部分股权交易中心可转债业务尚未开展，难以弥补取消私募债造成的融资空白。事实上包括安徽股权交易中心在内的大部分区域性股权市场能够通过要求指定的担保公司为私募债提供增信的方式，规范私募债的发行，降低违约风险。政策对于私募债的全面限制，较大程度上限制了规范发行的私募债市场，降低了金融产品创新的活力。

2. 交易市场现状

不同的交易制度可以满足不同市场上交易者的需求，做市商制度适用于流动性较差的资本市场。在协议交易制度下，投资者很有可能会因为缺少交易对手而无法成交，降低市场流动性。而在做市商制度下，投资者直接向做市商买卖所需证券，并且做市商不能拒绝投资者在所报价位上的买卖指令，因此不会出现某种价位上缺乏交易对手的情况，保证了市场的流动性。但同时做市商制度又存在交易成本较高、透明度不够、做市商合谋获取非法收益等缺点。从其他资本市场的经验来看，成熟的美国场外市场采用的是做市商与委托定价相结合的混合定价机制，既能弥补流动性，又可以避免交易不透明等缺点。

由表 4 - 15 可以发现，交易市场整体市场深度逐年扩展，交易规模增大。随着安徽省股权托管交易中心的发展，成交次数从 2013 年共成交 5 笔快速增加，在 2015 年达到最大数 34 笔，之后在 2016 年回落至 21 笔，2017 年成交次数进一步减少。从成交股数来看，2013 年最低，之后逐年递增，2016 年达到最大值 4833.33 万股。对比交易次数可以发现，虽然 2016 年的成交次数有所回落，但是单笔交易的规模增大，总成交量保持增加。从成交金额来看，成交金额逐年递增，相应的平均成交金额整体保持上升趋势，2017 年随着成交次数的回落，成交量和成交金额都减少。但是考虑到挂牌企业的数量，参与交易企业只占企业总数的很小一部分，并且平均交易次数呈现出相反的逐年下行趋势。具体分析各年成交方式可以看出，2013 年、2014 年以交易过户方式为主，而 2015 年、2016 年主要是非交易过户，说明市场上正常交易活跃度在一定程度上下降了。

表 4－15　安徽省股权托管交易中心历年交易数据

日期	2013 年	2014 年	2015 年	2016 年	2017 年 1 月 1 日至 9 月 30 日
企业总数/家	24	223	639	1019	1667
交易次数/次	5	12	34	21	2
平均成交次数/次	0.21	0.05	0.05	0.02	0.001
成交量/万股	0.79	271.75	2144.10	4833.33	150
平均成交股数/万股	0.03	1.22	3.36	4.74	0.09
成交总额/万元	67.10	439.50	2204.30	5138.33	336.5
平均成交金额/万元	2.80	1.97	3.45	5.04	0.2
成交方式	交易过户 5 笔	交易过户 11 笔，非交易过户 1 笔	交易过户 6 笔，非交易过户 28 笔	交易过户 3 笔，非交易过户 18 笔	交易过户 2 笔

资料来源：安徽省股权托管交易中心；截止时间：2017 年 9 月 30 日。

“国务院 38 号文”规定我国区域性股权市场禁止采取集中交易方式进行交易。当前安徽省股权托管交易中心的交易制度主要采取协议交易方式，基于板块设置协议交易方式区分成长板与非成长板的不同。

交易制度的不同，交易流程也有所区别，如图 4－3 所示。成长板交易过户，通过场外交易系统，在线进行股权交易。非成长板股权转让采取“线上报价、线下交易”。由交易流程可以发现公司在中心完成股权转让流程后，需前往工商局办理变更登记。但是，区域市场与工商登记部门缺乏信息联动和业务对接机制，导致双方在企业股权登记方面存在信息不对称问题，对区域市场为企业提供股权质押、增资扩股、股权转让等股权融资服务造成较大影响。

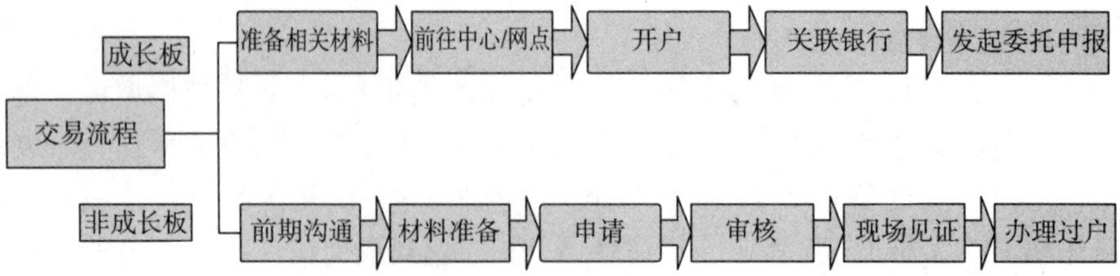

图 4－3　成长板与非成长板交易流程区别

3. 市场投资者现状

多层次资本市场的存在可以满足不同风险偏好投资者的需求。由于区域性股权市场中的挂牌企业多为中小微企业，投资风险较大，信息披露水平低，因此应建立合格投资者制度，筛选出具有风险识别能力和承担能力的投资者进入市场。从其他资本市场的经验来看，成熟的美国场外市场中一般进行交易的是具有风险倾向的合格机构投资者和个人投资者。但是，在访谈中，我们了解到当前市场上的主要投资者是各个中小微企业的股东，其他外部的投资者较少，股权交易中心也曾经组织过挂牌的小微企业与风投、VC 等外部机构投资者交流会，但是收效甚微，投资者结构相对不合理。

截止到 2017 年 9 月 30 日，安徽股权交易中心及各代理机构股权、债券的投资者达到 10048 户，其中个人投资者 9993 户，机构投资者 55 户。与挂牌企业数量相比，投资者的数量和参与度存在滞后限制，大部分投资者采取观望态度。我们对安徽省区域性股权市场的重要投资者某基金进行了访谈，了解到参与市场的机构投资者较少的主要原因是交易目的无法实现。首先，区域性股权市场的挂牌企业大多资质较差，投资价值较低。事实上，一些前景好的小微企业，如滴滴打车、ofo 并不缺少投资者，但是区域性股权市场挂牌企业多为传统行业，管理不规范，加之优质企业大量外流至“新三板”，使得挂牌企业质量参差不齐。其次，虽然政策对于区域性股权市场具有一定扶持力度，但是出于盈利目的，在投资回收期要求、一二级资本市场巨大价差等因素下，机构投资者更倾向于投资风险小、变现快、能为公司带来品牌效应的 Pre - IPO 项目。最后，退出问题是阻碍机构投资者的一大难题。当前的股权交易主要是在大股东及其亲朋好友间进行的，许多情况下机构投资者只能通过出卖给大股东的方式实现资本的退出。

4.2.3 转板机制现状

1.“新三板”与安徽省股权托管交易中心准入条件对比

在市场准入条件方面，企业在安徽省股权托管交易中心或在“新三板”申请挂牌须具备一定的条件，主要体现在企业的主体资格、股份制改造及盈利方面的要求。比较两个股权市场准入条件不难发现，两者既有共性，也有差异。共性在于申请挂牌公司基本需要进行股份制改造，在挂牌企业的盈利能力方面，两个资本市场均没有明确设立硬性要求，此外在转板方面，“新三板”和安徽省股权托管交易中心都没有直接的转板机制。差异体现在主体资格方面，“新三板”对企业的依法存续时间要求更长，而安徽省股权托管交易中心对企业的要求为依法设立且持续经营满 1 年。因此总体看来，两个市场的准入条件差异不明显，具体见表 4 - 16 所列。

表 4 - 16 “新三板”与安徽省股权托管交易中心准入条件对比

挂牌条件	“新三板”	安徽省股权托管交易中心
设立机构	国务院	安徽省政府和证券公司
监管部门	中国证监会	省政府金融办和安徽证监局
服务范围	全国	安徽省内
挂牌主体	公众公司	非公众公司
股份制改造	是	成长板有要求，其他板块也在积极帮助企业进行股份制改造
主体资格	依法设立且持续经营 2 年以上	依法设立且持续经营满 1 年
盈利要求	设立最低门槛，主营业务突出	不同板块盈利要求不同
转板机制	目前没有转板机制	目前没有转板机制

资料来源：Wind 数据库；截止时间：2017 年 9 月 30 日。

2.“新三板”与安徽省股权托管交易中心的竞争与合作关系

两个市场的竞争关系主要体现在两个方面：一是目前区域性股权市场对中小微企业的准入门槛在提高。在安徽省股权托管交易中心挂牌的企业逾一半进行了股份制改造，同时“新三板”的股权流动比区域性股权市场的流动性更强，融资的力度更大，因此中小微企业可能会直接在“新三板”挂牌。二是受到“新三板”扩容的冲击。自从“新三板”扩容到全国后，资质较好、规范度较高的企业大多选择挂牌“新三板”，而相对资质一般、规范度较低的企业才会选择区域性股权市场，难以吸引投资者。这样在一定程度上，“新三板”与安徽省股权托管交易中心及其他区域性股权市场就形成了竞争关系。

两个市场的合作关系目前主要体现在：各区域性股权市场将培育的优质企业输送到“新三板”，使企业走向更好的发展平台，充分合理利用更多的市场资源。然而两个市场在实际对接中，仍然没有直接的对接输送平台，短期内无法形成合作共赢的局面。

因此，两个市场的竞争关系较为激烈，而合作沟通缺乏对接平台，这不利于场外资本市场的长远发展。关于这个问题，有专业人士提出了初步的建议：可以构建与“新三板”互通的网络对接平台或者联通其他中心形成系统的四板市场。还有其他的专业建议亟待投入实践，其问题的核心还是在于如何构建两个市场的转板对接机制，以期实现“新三板”与区域性股权市场互补共赢的局面。

3.“新三板”与安徽省股权托管交易中心的对接机制现状

目前我国尚未形成统一的区域性股权市场与“新三板”的对接机制，2015 年 11 月证监会发布的《关于进一步推进全国中小企业股转系统发展的若干意见》提出了积极建立“新三板”与区域性股权市场的对接。文件中明确了“新三板”的独立市场地位，但也表明“新三板”不是孤立的市场，“新三板”可以采用分层机制管理模式，建立多层次的资本市场体系，推进向创业板转板试点，最终实现与区域性股权市场的对接机制。截至 2017 年 9 月底，虽然安徽省股权托管交易中心已有成功转板企业 11 家，但这些在中心挂牌的企业并非直接转板至“新三板”或其他板块，而是在大致相同的时间段内，先在安徽省股权托管交易中心办理终止挂牌手续，其后才选择在“新三板”或其他板挂牌。

截至 2017 年 7 月底，我国已有 40 家区域性股权交易市场，其中齐鲁股权交易中心已经与“新三板”建立绿色通道，双方已形成“单独受理，优先审核，提前沟通，集中挂牌”的批量对接机制。在齐鲁股权交易中心挂牌的企业转板的流程大致是：股东大会决议—摘牌—申请—审查核准—挂牌，相比之下，安徽省股权托管交易中心挂牌企业拟转板的流程与之具有相似性。

大部分有转板动机的企业在转板前，面临信息披露有难度、缺少专业的财务人员等难题，其中转板成本高的问题最为突出，而区域性市场对拟转板企业提供的资金支持较少。这说明区域性股权市场的供给面和中小微企业的需求面存在错位，应该结合各地方实际的经济能力和发展需要做出相应调整。

4. 已转板企业现状

(1)基本特征数据分析

目前安徽省股权托管交易中心挂牌企业转板的方向均为“新三板”，截至 2017

年9月底转板企业累计达到11家。这些企业涉及制造业、服务业、纺织业、教育等领域。

就转板企业的地域分布而言，安徽省股权托管交易中心已转板企业主要来源于合肥市、安庆市、池州市等6市，合肥市转板企业数量仅达到4家。总体看来，各市的转板企业数量不多，这也是全国逾40家区域性股权市场普遍存在的现状。

对比11家转板企业在安徽省股权托管交易中心挂牌时与在“新三板”挂牌时的股本变动，有6家企业的股本明显增加，企业的股本在一定程度上会随着融资需求的增加而增加。但是11家企业中在转板当年增加股本的只有志诚教育，2016年至当年转板前实现融资600万元。通过2015年和2016年年报可知，目前11家公司还没有实现“新三板”的股权融资。表4-17所列为已转板企业基本情况。

表4-17　已转板企业基本情况

公司简称	转板年份/年	所属行业	所在地区	总股本/万元	
				安徽省股权交易中心挂牌时	“新三板”挂牌时
咏鹅家纺	2015	纺织业	安庆市	3200	3200
云智科技	2015	软件和信息技术服务业	合肥市	2000	2000
志诚教育	2016	教育	合肥市	575	1160
均益股份	2016	金属制品业	池州市	3500	6350.04
富硒香	2016	农、林、牧、渔服务业	合肥市	2271	2271
新雪莲	2016	农副食品加工业	安庆市	500	1500
蓝华科技	2016	汽车制造业	马鞍山市	1080	2828
广美药业	2016	医药制造业	亳州市	4000	5000
陆行物流	2016	道路运输业	淮南市	2000	2000
枫慧股份	2017	有色金属冶炼和压延加工业	阜阳市	1000	2660
新生力	2017	建筑、农用机械与重型卡车	合肥市	500	1530

资料来源：Wind数据库；截止时间：2017年9月30日。

(2)经营数据分析

在表4-18中，“前”“中”和“后”分别代表企业转板前一年、转板当年及转板后一年的年报数据。目前只有咏鹅家纺和云智科技已披露转板后一年年报，其余企业只能参考半年报作为转板后一年数据，其中净资产收益率为年化数据，枫慧股份和新生力转板当年的数据也是参考半年报数据。

表 4-18　已转板企业各项财务指标

数据	净资产收益率/%			资产负债率/%			流动比率			营业收入增长率/%		
	前	中	后	前	中	后	前	中	后	前	中	后
咏鹅家纺	6.35	17.34	18.08	44.79	53.54	31.59	1.94	1.67	2.79	-12.18	19.32	12.35
云智科技	3.48	8.84	12.54	29.63	39.19	31.77	3.32	2.17	2.29	6.61	-18	-9.29
志诚教育	19.82	18.45	27.25	61.90	62.63	63.52	0.99	1.89	1.70	39.16	42.28	16.63
均益股份	1.24	5.70	8.35	50.42	54.89	58.93	1.28	1.27	1.38	7.14	15.29	31.17
富硒香	10.58	—	—	58.27	—	—	1.01	—	—	18.45	—	—
新雪莲	7.31	10.71	39.57	49.05	47.30	17.12	1.63	1.76	4.59	-14.83	64.17	15.89
蓝华科技	2.22	19.08	31.93	64.6	71.06	68.28	1.36	0.84	1	20.94	51.47	146.1
广美药业	12.87	11.92	28.05	51.99	57.19	58.58	1.18	1.23	1.24	154.43	13.04	41.13
陆行物流	10.19	4.52	13.74	53.30	54.33	30.28	0.88	1.2	1.51	4.11	-32.7	-10.6
枫慧股份	-4.29	13.74	—	63.58	61.52	—	0.61	0.66	—	9.02	34.73	—
新生力	-8.68	10.11	—	61.06	64.24	—	1.55	1.49	—	28.88	31.98	—
平均数	5.55	12.04	22.44	53.51	56.59	45.01	1.43	1.42	2.06	23.79	22.16	30.42
中位数	6.35	11.32	22.67	53.30	56.04	45.18	1.28	1.38	1.61	9.02	25.65	16.26

资料来源：Wind 数据库；截止时间：2017 年 9 月 30 日。

表 4-11 汇总了 11 家已转板企业转板前、中、后的各项财务指标数据：净资产收益率、资产负债率、流动比率和营业收入增长率。其中富硒香因违规操作，暂缓披露年报；枫慧股份于 2017 年 3 月转至“新三板”；新生力于 2017 年 4 月转至“新三板”，目前均没有转板后一年数据，因此这里只分析其余 8 家企业。从各企业的年报或者转板后一年半年报可以看出，净资产收益率转板过程前后，基本呈逐年递增趋势。从偿债能力来看，各企业近几年的资产负债率总体呈稳定下降趋势，而大部分企业的流动比率小幅增加，这说明企业转板后，负债减少，说明其充分利用股权融资，降低财务杠杆。观察各企业的营业收入增长率，云智科技和陆行物流的营业收入呈逐年递减趋势，而咏鹅家纺等 6 家企业在转板后，营业收入增加，这说明大部分股权交易中心挂牌企业

正处于初创期，各项财务指标变化幅度大，转至高层次资本市场后，各企业的内部治理结构明显改善，市场占有率趋于稳定，且总体盈利能力明显增强。因此相比于转板前，大多数企业转板后，其各项财务指标和经营状况有所改善。

5. 转板激励举措现状

(1)安徽省股权交易中心鼓励企业转板的相关举措

目前，安徽省股权托管交易中心鼓励挂牌企业转板主要体现在三个方面：①拟借鉴山东省成功经验，虽然尚未实现省政府金融办与“新三板”签订相关的合作协议，但是目前正在积极探索与“新三板”构建挂牌企业批量对接机制。②中心具有良好、丰富的市场服务资源，控股股东国元证券也在业务运作和持续督导服务上给予中心全力支持，扶持挂牌企业进行转板。③中心协同地方政府出台相关政策，鼓励挂牌企业转板，给予转板奖励补贴政策。

(2)各地方政府转板奖励政策的比较分析

比较挂牌企业转板前后获得的资金支持情况可知，在中心挂牌企业转板前，安徽省只有六安、淮南、蚌埠、淮北、铜陵和马鞍山等六个市有奖励金，其中最低的为淮北市，资助金额 10 万元；最高的是铜陵市，前 5 名企业可获得 120 万元，而大多数企业在转板后确定会获得资金支持。足以可见，相对于企业成功转板后，企业在转板前期所获得的资金支持力度较小，具体见表 4 - 19 所列。

表 4 - 19　安徽省各地方政府的转板奖励政策

安徽各市	第一笔资助/万元	再资助/万元	转板成功后/万元	附属条件
六安市	100	—	50	在“新三板”成功募集资金的，给予不超过 100 万元奖励
滁州市	—	—	100	无
合肥市	—	—	—	结合“1+3+5”通知
淮南市	50		80	在“新三板”挂牌的前 3 名企业分别额外奖励 40、30、20 万元
安庆市	—	—	150	无
宣城市	—	—	—	无
蚌埠市	10	20	50	拟挂牌企业应在获得第一笔资助资金两年内成功挂牌
池州市	—	—	100	无
芜湖市	—	—	120	无
淮北市	10	20	20	在“新三板”获取融资的，给予不超过 100 万元奖励
阜阳市	—	—	—	无
亳州市	行政事业收费减免	—	—	无

（续表）

安徽各市	第一笔资助/万元	再资助/万元	转板成功后/万元	附属条件
铜陵市	120、100、60	—	≤50	全市前5名企业给予120万元奖励，第6至10名企业奖补100万元，此后企业奖励60万元
马鞍山市	50	—	100	若在第一批挂牌，再给予20万元奖励
黄山市	—	—	—	无
宿州市	全额支付转板费用	—	≤200	市政府“企业上市专项资金”中列支

资料来源：安徽省股权托管交易中心；截止时间：2017年9月30日。

但是企业在转板前期需要高额的信息披露成本和内部管理成本，面临更艰巨的财务难题，而安徽省对企业前期的资金支持力度明显不够，这无疑会使企业面临财务压力，甚至会不得已放弃转板的机会。如果各地方政府在企业转板前就加大支持力度，那么会实质性地解决中小微企业转板的初步难题。

第5章 结论与政策建议

5.1 结论

课题组通过文献研究、进行海外场外资本市场的发展对比、对国内区域性股权市场整体发展状况及安徽省区域性股权市场的现状研究后得出以下结论:区域性股权市场是政府利用金融促进经济发展的具体措施,将金融与经济发展结合起来,对推动地区经济发展、解决就业与促进产业调整具有重要意义,解决了部分企业融资难的困境,在多层次资本市场上具有不可或缺的基础地位。通过对区域性股权市场定位的分析,明确应该建立针对中小微企业的、具备培育融资功能的区域性股权市场。回溯我国区域性股权市场发展历程,经过多年发展,全国各地的区域性股权市场都已经具备一定的发展规模,且形成了一定的地方特色。但发展中也存在问题,区域性股权市场迟迟不能突破进一步发展的瓶颈。从外部条件看,监管政策过多,限制了区域性股权市场的灵活性,政府奖励的政策缺乏针对性,没有考虑到初创期小企业的融资需求,一些优惠政策前提条件不符合企业实际从而难以集中落实,企业挂牌以后才能得到政府补助,补助的滞后性降低了企业的积极性;从内部条件看,缺乏有效的盈利模式,从而削弱了发展的内在动力。在融资交易体系上,产品创新力度不够,融资方式单一,区域性股权市场融资效率不高,融资功能未充分发挥,尤其是投资者需求与企业不匹配致使市场难以活跃。在转板制度上,目前没有通畅的转板机制,转板成本高、政府扶持滞后等都使各个市场依旧是独立的个体。

5.2 政策建议

5.2.1 完善法律体系,构建分层监管机制

1. 完善登记对接机制,发挥政策平台作用

虽然近年来我国有关法律对多层次资本市场的建设提供了一定的保障,但仍存在滞后性,国家有必要在法律上对场外资本市场的合法地位予以肯定,认可其作为资本市场的重要组成部分,因此需要对《证券法》和《公司法》的相关规定进行修订,应加入区域性资本市场关于建设条件和业务开展等方面的法律规定,为区域性资本市场的运作提供明确的法律依据,比如相关法律应该进一步完善各省区域性股权市场与工商登记部门的对接机制,明确应该是由各省登记结算公司还是由工商部门进行登记结算业务,解决目前存在的职责相互交叉的局面。此外,相关法律应该明确小微企业相关优惠政策的综合应用平台,依托平台优势,整合各地方政府对中小微企业不同、分散的扶持政策,通过区域性股权市场进行传播和实现,使得挂牌股权交易中心的各地区企业

只需与股权交易中心对接，即可由其整合申报信息并与各级政府对接，将优惠政策切实服务于小微企业。

2. 建立分层监管体系

从监管角度来看，首先应建立分层监管体系。目前我国并未形成分层监管的体系，各层次资本市场的监管均由证监会来负责，长此以往，不仅不利于各层次市场的规范，而且导致市场效率低下，市场风险增加。因此，我国可以参考国外的分层监管方式，结合我国场外市场的实际情况，考虑构建中央和地方两级政府的监管体系，由证监会作为统一的全国市场监管机构，指导和监督全国性市场以及地方市场的监管活动，而区域性股权市场由中央与地方机构联合监管，更多地发挥地方政府的监管作用。

3. 建立自律监管组织

自律监管也是监管体系中不可或缺的一部分，国际上场外市场的监管通常采取自律监管和政府引导相结合的方式。自律组织作为市场的重要参与者，直接面对挂牌企业、投资者以及中介机构等多方市场参与主体，对市场充分了解并能够进行实时监控。但是我国自律机构数目仍较少，分工不明确，区域性股权市场的自律机构更是缺乏明确的职责划分，无法充分发挥作用。中国证券业协会（以下简称“中证协”）作为我国资本市场最主要的自律性机构，对于维护市场秩序、发挥监察功能具有重要作用，但是中证协的监管思路更适合主板市场。对于区域性股权市场，可以牵头 40 家股权交易中心共同发起建立类似中证协的自律监管组织，使该组织能够建立对挂牌企业、投资者、做市商以及中介机构等市场主体的监管机制，引导区域性股权市场的合法高效运行。

5.2.2 推行企业股份制改造，打造政策综合运用平台

1. 推行企业股份制改造

股份制改造是中小微企业走向资本市场的前提和基础，企业通过股份制改造为未来引入战略或财务投资者及股份的自由流通创造条件。因此各区域股权市场可以将挂牌企业股份制改造进程作为衡量市场健康发展的重要指标，参考主板市场对上市公司股份制改造标准，弹性要求区域股权市场挂牌企业，比如高度重视挂牌企业股份制改造过程中的法律问题，严格按照《公司法》要求企业“三会”的改制，但放宽税务和财务标准，允许企业在一定期限内完成相关层面的改制，以时间换取空间，推动市场健康发展。

2. 精准化对接政策扶持措施

由于各省市发展情况不同，各级政府对挂牌、转板企业的扶持力度不一，各省市挂牌、转板的企业面临政府扶持力度不平衡的现状，尤其是省内各个地级市奖励政策不同，造成一种资源不平衡的局面，也在一定程度上挫伤了部分企业的积极性。各地方政府的政策门槛参差不齐，一些政策门槛过高，不符合区域性股权市场的挂牌企业发展阶段。因此政府应充分考虑实际情况，平衡扶持力度，加大扶持政策的宣传力度，使政策充分落实，放宽奖励政策门槛，扩大奖励政策服务层面，全面调动企业在区域性股权市场挂牌、转板的积极性，针对企业挂牌、转板过程中遇到的实际问题，精准化对接扶持措施，提高资源利用效率，及时帮助企业解决挂牌、转板期间遇到的问题。

5.2.3 优化股权交易中心盈利模式，培育优质企业

1. 拓宽盈利渠道

重视资本市场未来发展方向，尤其是重视市场中的并购重组功能，将区域性股权市场作为未来并购重组功能实现的重要市场，赋予区域性股权市场全新定位。把握金融发展的趋势，通过创新交易产品和丰富交易手段来拓宽自身的收入面，逐步建立稳定可靠的利益来源点。区域性股权市场聚集了券商、银行、律师事务所、会计师事务所、资产评估机构、投资咨询机构等中介机构，股权交易中心可以与区域性股权市场的投资者建立业务关系并为其提供业务推荐、投资咨询等服务，在获得较高收入的同时活跃区域性股权市场，利用中介机构的专业服务，为企业提供融资、咨询、管理支持。

2. 培育优质企业

积极加强培育、引导、规范和教育挂牌托管企业，使企业形成规范意识。我国区域性股权市场挂牌企业规模小、风险大、规范程度不高，且企业未形成规范意识，参与中介机构良莠不齐，对企业规范的处理方式参差不齐，导致部分企业难以得到真正的规范。通过加强对股权交易中心挂牌企业的规范，帮助企业长期发展，增加企业投资价值。做好服务中小微企业的后台工作，培育和规范发展模式，辅导企业实现技术进步、管理进步和财务规范，这样才能从根本上增加区域性股权市场对投资者的吸引力。

5.2.4 调整挂牌条件，规范信息披露

1. 建立筛选机制

在我国现阶段的区域性股权市场中，各区域的股权交易中心根据自身的发展情况以及未来规划设置了不同的准入门槛，包括财务方面、公司规模方面等。这些标准限制了部分企业进入股权交易中心挂牌的可能性，降低了市场流动性，导致这些急需融资但尚未获得市场准入资格的企业转向间接融资的方式以实现自我发展，这样的机制并不符合我国中小企业发展势力较弱且发展空间较小的现状。因此，我国在建设区域性股权市场时应当考虑适当调整挂牌条件，降低挂牌的财务门槛，同时建立适当的筛选机制，主动发现市场上属于未来行业的、有发展前景的企业，降低或取消准入门槛吸引其挂牌。

2. 规范信息披露

当前区域性股权市场普遍存在信息不透明现象，其一是各地方区域性股权市场公开披露数据信息口径不一，程度不同；其二是各个区域性股权市场内企业信息披露意愿低。信息披露程度的高低无论从学术研究或是市场发展来看，都至关重要，因此，区域性股权市场迫切需要提高信息披露程度。国家应规范并统一各区域性股权市场的信息披露口径，使得各个市场之间具有可比性，同时，还要提高企业信息披露意识，规范信息披露内容，提高信息披露程度，从而提高对接效益。

5.2.5 丰富融资手段，积极对接融资机制

1. 拓展投融资渠道

在实践中，各类扶持、优惠政策在落实时审批程序复杂，正规金融机构合作门槛

高，在产品探索过程中，担保、保险介入不多，增信措施少，缺乏有效的资金渠道。发展多层次资本市场的目的是形成投融资双方风险共担、利益共享机制，发挥风险识别与风险代偿功能，拓展投融资渠道，激发微观主体创新创业活力，进而推动经济动能转换。股权交易中心应加强与银行等金融机构以及各级政府的联系，简化审批流程，切实完成小微企业政策平台使命，使优惠政策真正作用于企业的发展，为非上市公司打通银行、各类基金或担保整条融资链。此外，在充分吸取“侨兴债”违约风险教训，并加强现有政策控制金融市场风险的前提下，可以在部分风险防范较好的市场适当放开私募债发行，并尝试多种融资品种，拓宽融资渠道，探索可转债、认股权证等多种融资手段的可行性。

2. 对接融资机制

在融资流程中，我国区域性股权市场与工商登记部门缺乏信息联动和业务对接机制，导致双方在企业股权登记方面存在信息不对称，对区域性股权市场为企业提供股权质押、增资扩股、股权转让等股权融资服务造成较大影响。部分企业会利用程序漏洞，重复质押股权，恶意获取更多融资。因此区域性股权市场应建立积极的融资对接机制，一方面可以将工商部门的股权质押业务交给股权交易中心全权处理，减少区域性股权市场与工商部门信息不对称的情况；另一方面，可以构建区域性股权市场与工商登记部门的信息互通系统，让双方的股权登记信息及时共享，建立融资对接机制，避免在股权登记托管过程中发生利益纠纷，确保区域性股权市场与工商登记部门业务对接顺畅。

5.2.6 完善交易制度，吸引投资者

交易方式的限制直接降低了区域性股权市场的活跃度，在交易制度方面，还可以参考成熟的美国场外市场的发展历程，引入做市商制度。目前，我国的区域性股权市场正处于初期建设阶段，为了防范风险不得不采用效率较低的协议转让制度，政府在这一阶段主要考虑的是保证市场的安全性。但随着市场发展愈加成熟且监管体系逐渐完善，我国区域性股权市场应考虑适时引入流动性更强的做市商制度，并逐渐向此方向过渡，以此提高企业挂牌交易的积极性，从而增加市场活跃度，提高市场运行效率。

区域性股权市场上受到交易制度的限制，流动性较低难以满足投资者的退出需求。一方面，应通过改善交易制度增加市场的流动性，建立流畅的投资者退出通道，进而吸引投资者；另一方面，应建立适当的筛选机制，找到风险偏好、风险承受能力相符合的投资者。发挥区域性股权市场的资源优势，增进投资者和企业双方的需求互通。区域性股权市场应该积极组织路演等宣传活动，搭建平台引入优质的战略投资者，天使投资等投资目标与挂牌企业更匹配的投资人，优化投资者结构。

5.2.7 积极引导推进，建立市场连通机制

1. 探索高层次市场对接机制

目前我国多层次资本市场框架已经初步搭建，各资本市场可以满足不同发展阶段的企业的融资和发展需要，且各层次的市场需要有明确的定位和递进性，因此灵活的

转板制度必不可少。区域性股权市场应充分发挥培育企业的作用，因此更需要逐步实现区域性股权市场与各资本市场之间的互联互通，满足不同发展阶段的企业的直接融资需要，尽早构建挂牌企业批量对接机制，借鉴香港联交所推出的创新层，为属于未来行业的、具有发展潜力的高新技术企业开通绿色通道，避免因不同股不同权等问题阻滞具有发展潜力的企业进入高层次资本市场。

2. 连通系统四板市场

当前区域性股权市场较为割裂，且各区域性股权市场定位和功能等差异不大，一定程度上造成重复建设和资源浪费，应尽快连通各个区域性股权市场，在统一监管下通过信息资源共享，使各个市场合作共同发展，同时集中发展动力，提高资源利用效率，更有效地发展市场，充分发挥市场机制，保留真正具有竞争实力和地方特色的区域性股权市场，形成系统的四板市场。

附录 1 相关政策文件

日期	颁布机构	政策文件	主要内容
2006 年 5 月 26 日	国务院	《关于推进天津滨海新区开发开放有关问题的意见》	鼓励天津滨海新区进行金融改革与创新，明确在金融企业、金融服务、金融市场和金融开放等方面的重大改革原则上可以安排在天津滨海新区进行试点
2008 年 3 月 13 日	国务院	《国务院关于天津滨海新区综合配套改革试验总体方案的批复》	推进了我国第一家区域性股权市场——天津股权市场的成立
2011 年 11 月 11 日	国务院	《国务院关于清理整顿各类交易场所切实防范金融风险的决定》	高度重视各类交易场所违法交易活动隐藏的风险，明确禁止采取集中竞价、做市商等集中交易方式进行交易，加强对各类交易场所的清理整顿，健全管理制度、严格管理程序
2012 年 7 月 12 日	国务院办公厅	《国务院办公厅关于清理整顿各类交易场所的实施意见》	严格执行交易场所审批政策，明确了包括区域性股权市场在内的各交易场所运行的最低要求，清理整顿前已设立运营的交易所
2012 年 8 月 23 日	中国证券监督管理委员会	《关于规范证券公司参与区域性股权交易市场的指导意见（试行）》	明确参与区域性市场的证券公司应当符合的条件，引导证券公司规范参与区域性股权交易市场的相关业务
2015 年 6 月 25 日	中国证券监督管理委员会	《区域性股权交易市场监督管理试行办法（征求意见稿）》	通过规定区域性股权市场可提供的服务进一步明确市场四个功能定位，指出区域性股权市场是为其运营机构所在地省级行政区划内中小微企业私募证券的发行、转让及相关活动提供设施与服务的场所，是私募证券市场的一种形式
2015 年 11 月 16 日	中国证券监督管理委员会	《关于进一步推进全国中小企业股份转让系统发展的若干意见》	提出全国股转系统应该提高审查工作的效率和透明度，坚持和完善主办券商制度和多元化交易机制，实施全国股转系统内部分层和差异化管理

（续表）

日期	颁布机构	政策文件	主要内容
2017年1月20日	国务院办公厅	《关于规范发展区域性股权市场的通知》	明确区域性股权市场由所在地省级人民政府按规定实施监管，并承担相应风险处置责任。要处理好监管与发展的关系，按照既有利于规范又有利于发展的要求
2017年5月5日	中国证券监督管理委员会	《区域性股权市场监督管理试行办法》	对省级人民政府和证监会监管职责、细化分工，对区域性股权市场运营机构的职责和条件以及名单管理等做出规定，将区域性股权市场纳入统一监管

附录2　股权交易中心调查问卷

调研说明:本问卷调查来源于中国证券业协会课题《我国区域股权市场发展研究》。为更好发展我国区域股权市场、切实解决股权交易中心发展共性和企业融资难等突出问题,恳请您花费5～10分钟时间匿名填写问卷。您所提供的一切资料仅用于学术研究,不作为任何商业用途,并严格保密。谢谢您的合作!

合肥工业大学证券期货研究所、国元证券课题组

第1题　目前股权交易中心的发展主要由谁主导负责?[单选题]

选　　项	小　　计	比例/%
政府	20	52.63
大股东	18	47.37
本题有效填写人次	38	

第2题　主管部门认为股权交易中心在市场中应扮演什么角色?[多选题]

选　　项	小　　计	比例/%
区域融资平台	30	78.95
企业前往"新三板"、场内交易所的通道	25	65.79
促进中小企业规范经营的服务平台	31	81.58
地方经济发展的助推器	25	65.79
本题有效填写人次	38	

第3题　股权交易中心是否实现这种角色定位?[单选题]

选　　项	小　　计	比例/%
是	29	76.32
否	9	23.68
本题有效填写人次	38	

第4题　我国是否适合形成联通多区域的股权交易中心?[单选题]

选　　项	小　　计	比例/%
是	19	50.00
否	19	50.00
本题有效填写人次	38	

第 5 题　各地区经济发展水平与该地区区域股权市场的发展是否有直接联系？[单选题]

选　项	小　计	比例/%
是	32	84.21
否	6	15.79
本题有效填写人次	38	

第 6 题　如何看待该地区经济发展水平与区域股权市场的发展没有直接联系的现象？[多选题]

选　项	小　计	比例/%
存在盲目挂牌、攀比挂牌现象	3	50.00
宣传力度不够	1	16.67
地方政府政策扶持力度不够	4	66.67
市场的融资力度有限，对优质企业吸引力不大	5	83.33
其他	1	16.67
本题有效填写人次	6	

第 7 题　股权交易中心主要采用的组织形式是什么？[单选题]

选　项	小　计	比例/%
公司制	32	84.21
会员制	6	15.79
本题有效填写人次	38	

第 8 题　股权交易中心主要靠什么方式盈利？[多选题]

选　项	小　计	比例/%
挂牌费	26	68.42
培训费	10	26.32
手续费	12	31.58
其他	22	57.89
本题有效填写人次	38	

第 9 题　股权交易中心现在的盈利模式是否能有效支撑中心的发展？[单选题]

选　项	小　计	比例/%
是	10	26.32
否	28	73.68
本题有效填写人次	38	

第 10 题　股权交易中心是否设立相关金融服务平台为企业提供融资服务？[单选题]

选　　项	小　　计	比例/%
是	17	44.74
否	21	55.26
本题有效填写人次	38	

第 11 题　股权交易中心有哪些相关金融服务平台？[多选题]

选　　项	小　　计	比例/%
小额贷款公司	4	23.53
融资性担保公司	3	17.65
融资租赁	5	29.41
商业保理	1	5.88
其他	15	88.24
本题有效填写人次	17	

第 12 题　国家近期出台的有关政策对股权交易中心的影响是什么？[单选题]

选　　项	小　　计	比例/%
有利于股权交易中心的发展	20	52.63
对股权交易中心发展限制较多	17	44.74
无影响	1	2.63
本题有效填写人次	38	

第 13 题　本地政府对股权交易中心建设的支持力度如何？[单选题]

选　　项	小　　计	比例/%
非常支持	8	21.05
支持	13	34.21
一般	15	39.48
不支持	2	5.26
本题有效填写人次	38	

第 14 题　本地政府的政策资金支持对股权交易中心有何帮助？[多选题]

选　　项	小　　计	比例/%
提升自身服务质量	19	50.00
吸引高水平人才	10	26.32
创新金融产品	14	36.84

（续表）

选　　项	小　　计	比例/%
吸引企业挂牌	31	81.58
其他	5	13.16
本题有效填写人次	38	

第 15 题　政府扶持中小微企业政策措施能否集中落实到股权交易中心？[单选题]

选　　项	小　　计	比例/%
是	7	18.42
否	31	81.58
本题有效填写人次	38	

第 16 题　政府的优惠政策是否门槛过高，不符合股权交易中心的挂牌企业实际情况？[单选题]

选　　项	小　　计	比例/%
是	20	52.63
否	18	47.37
本题有效填写人次	38	

第 17 题　股权交易中心哪种措施向投资者宣传挂牌企业最有效？[单选题]

选　　项	小　　计	比例/%
官方网站	3	7.89
路演	20	52.63
微信公众号等自媒体	10	26.32
其他	5	13.16
本题有效填写人次	38	

第 18 题　股权交易中心督促企业进行信息披露的难处在哪？[多选题]

选　　项	小　　计	比例/%
成本有限	25	65.79
企业关系难以协调	24	63.16
人力资源紧张	15	39.47
其他	10	26.32
本题有效填写人次	38	

第 19 题　股权交易中心用什么方式更能改善挂牌公司信息披露现状？[单选题]

选　　项	小　　计	比例/%
奖励积极披露的企业	25	65.79
惩罚长期不披露的企业	13	34.21
本题有效填写人次	38	

第 20 题　做市商制度是否有存在的必要性？[单选题]

选　　项	小　　计	比例/%
是	25	65.79
否	13	34.21
本题有效填写人次	38	

第 21 题　如何改善做市商制度，才能使之更好地应用于股权交易中心？[多选题]

选　　项	小　　计	比例/%
采用混合交易制度	21	84.00
降低投资者门槛	15	60.00
放宽做市商准入	15	60.00
加强监管	18	72.00
其他	2	8.00
本题有效填写人次	25	

第 22 题　股权交易中心目前最主要的融资方式是什么？[单选题]

选　　项	小　　计	比例/%
短期融资方式	29	76.32
中期融资方式	7	18.42
长期融资方式	2	5.26
本题有效填写人次	38	

第 23 题　股权交易中心目前最主要的短期融资方式是什么？[单选题]

选　　项	小　　计	比例/%
股权质押	11	28.95
青年创业基金等各类基金贷款	2	5.26
专板贷等银行合作贷款	13	34.21
其他	12	31.58
本题有效填写人次	38	

第 24 题　股权交易中心目前最主要的中期融资方式是什么？[单选题]

选　　项	小　　计	比例/%
资产收益权项目	13	34.21
融资租赁	5	13.16
其他	20	52.63
本题有效填写人次	38	

第 25 题　股权交易中心目前融资效率如何？[单选题]

选　　项	小　　计	比例/%
很高	1	2.63
高	4	10.53
一般	17	44.74
低	13	34.21
很低	3	7.89
本题有效填写人次	38	

第 26 题　股权交易中心是否已经发行可转债？[单选题]

选　　项	小　　计	比例/%
是	15	39.47
否	23	60.53
本题有效填写人次	38	

第 27 题　股权交易中心最主要的协议交易方式是什么？[多选题]

选　　项	小　　计	比例/%
意向委托	24	63.16
定价委托	17	44.74
成交确认委托	22	57.89
其他	4	10.53
本题有效填写人次	38	

第 28 题　股权交易中心目前进行交易的最主要投资者类别？[单选题]

选　　项	小　　计	比例/%
公司大股东	6	15.79
VC、PE 等风险投资者	8	21.05
其他机构投资者	11	28.95

（续表）

选　　项	小　　计	比例/%
个人投资者	13	34.21
本题有效填写人次	38	

第 29 题　股权交易中心目前是否存在企业数量多、投资者数量少的现状？[单选题]

选　　项	小　　计	比例/%
是	32	84.21
否	6	15.79
本题有效填写人次	38	

第 30 题　股权交易中心是否存在投融资对接不顺畅的现象？[单选题]

选　　项	小　　计	比例/%
是	35	92.11
否	3	7.89
本题有效填写人次	38	

第 31 题　股权交易中心存在投融资对接不顺畅的原因是什么？[多选题]

选　　项	小　　计	比例/%
交易双方不对称	28	80.00
金融机构合作门槛高、缺少有效资金渠道	29	82.86
交易限制太多	22	62.86
与工商登记部门缺乏信息联动和业务对接机制	23	65.71
其他	7	20.00
本题有效填写人次	35	

第 32 题　股权交易中心对企业在转板过程中有什么扶持措施？[多选题]

选　　项	小　　计	比例/%
在流程上指导或提供意见	34	89.47
派专业人员进行指导	26	68.42
给予资金支持	6	15.79
其他	4	10.53
本题有效填写人次	38	

第 33 题　股权交易中心应采取何种措施实现与“新三板”的对接？[多选题]

选　　项	小　　计	比例/%
设置专门的项目组解决此类问题	26	68.42
构建与“新三板”互通的网络对接平台	21	55.26
联通其他中心形成系统的四板市场	14	36.84
其他	6	15.79
本题有效填写人次	38	

第 34 题　你认为股权交易中心部门岗位设置是否合理？[单选题]

选　　项	小　　计	比例/%
合理	29	76.32
不合理	9	23.68
本题有效填写人次	38	

第 35 题　你对股权交易中心薪资待遇是否满意？[单选题]

选　　项	小　　计	比例/%
很满意	1	2.63
满意	10	26.32
一般	22	57.89
不满意	5	13.16
很不满意	0	0
本题有效填写人次	38	

第 36 题　股权交易中心薪资待遇能否发挥员工的积极性？[单选题]

选　　项	小　　计	比例/%
是	17	44.74
否	21	55.26
本题有效填写人次	38	

第 37 题　股权交易中心与金融中介机构合作存在的最大障碍是什么？[单选题]

选　　项	小　　计	比例/%
合作门槛高	3	7.89
增信措施少	20	52.63
缺少有效的资金渠道	12	31.59
其他	3	7.89
本题有效填写人次	38	

附录3　挂牌企业调查问卷

调研说明：本问卷调查来自中国证券业协会课题“我国区域股权市场发展研究”，为更好地发展我国区域股权市场、切实解决股权交易中心发展共性问题和企业融资难等突出问题，恳请您花费5～10分钟时间填写匿名问卷。您所提供的一切资料仅用于学术研究，不作为任何商业用途，并将被严格保密。谢谢您的合作！

合肥工业大学证券期货研究所、国元证券课题组

第1题　公司所处的行业分类？[单选题]

选　项	小　计	比例/%
制造业	53	37.59
农、林、牧、渔业	20	14.18
服务业	40	28.37
批发和零售业	12	8.51
其他	16	11.35
本题有效填写人次	141	

第2题　公司是否进行股份改制？[单选题]

选　项	小　计	比例/%
是	90	63.83
否	51	36.17
本题有效填写人次	141	

第3题　公司从申请挂牌到正式挂牌需要花费多少时间？[单选题]

选　项	小　计	比例/%
2个月以下	48	34.04
3～5月	54	38.30
6～7月	26	18.44
7个月以上	13	9.22
本题有效填写人次	141	

第 4 题　公司的挂牌方式是什么？[单选题]

选　　项	小　　计	比例/%
直接挂牌	125	88.65
融资挂牌	16	11.35
本题有效填写人次	141	

第 5 题　公司挂牌前一个年度营业收入是多少？[单选题]

选　　项	小　　计	比例/%
＜500 万元	63	44.68
500 万元～1000 万元	38	26.95
1000 万元～3000 万元	26	18.44
3000 万元～5000 万元	9	6.38
＞5000 万元	5	3.55
本题有效填写人次	141	

第 6 题　公司挂牌主要在什么方面花费最大？[单选题]

选　　项	小　　计	比例/%
信息披露	17	12.06
股份制改造	69	48.94
税收问题	34	24.11
其他	21	14.89
本题有效填写人次	141	

第 7 题　公司为什么在股权交易中心挂牌？[多选题]

选　　项	小　　计	比例/%
为企业生产经营活动融资	93	65.96
获取政府奖励金	71	50.35
股权托管	24	17.02
为进入更高层次资本市场做准备	95	67.38
提升企业形象	94	66.67
其他	3	2.13
本题有效填写人次	141	

第 8 题　公司在股权交易中心挂牌是否实现挂牌目的？[单选题]

选　　项	小　　计	比例/%
是	107	75.89
否	34	24.11
本题有效填写人次	141	

第 9 题　公司在挂牌过程中遇到什么难题？[多选题]

选　　项	小　　计	比例/%
股改问题	59	41.84
财务不规范	75	53.19
税收核定	43	30.50
土地问题	20	14.18
其他	27	19.15
本题有效填写人次	141	

第 10 题　公司挂牌自政府获得奖励金额为多少？[单选题]

选　　项	小　　计	比例/%
<25 万元	76	53.90
25 万元～50 万元	40	28.37
50 万元～75 万元	14	9.93
75 万元～100 万元	7	4.96
>100 万	4	2.84
本题有效填写人次	141	

第 11 题　公司在股权交易中心挂牌的流程便捷性如何？[单选题]

选　　项	小　　计	比例/%
非常便捷	46	32.62
便捷	63	44.68
一般	24	17.02
烦琐	6	4.26
非常烦琐	2	1.42
本题有效填写人次	141	

第 12 题 结合公司的挂牌经验，您认为股权交易中心现行的挂牌规则在哪些方面需要调整？[多选题]

选　　项	小　　计	比例/%
股东人数的限制	24	17.02
财务状况的要求	59	41.84
存续年限的要求	39	27.66
信息披露的要求	51	36.17
其他	26	18.44
本题有效填写人次	141	

第 13 题 公司是否在一定程度上按股权交易中心规定披露信息？[单选题]

选　　项	小　　计	比例/%
是	115	81.56
否	26	18.44
本题有效填写人次	141	

第 14 题 公司在股权交易中心的信息披露程度如何？[多选题]

选　　项	小　　计	比例/%
披露财务信息	96	83.48
披露三会会议等	49	42.61
披露其他重大事项	70	60.87
本题有效填写人次	115	

第 15 题 挂牌后，公司是否在股权交易中心进行过融资？[单选题]

选　　项	小　　计	比例/%
是	19	13.48
否	122	86.52
本题有效填写人次	141	

第 16 题 公司的融资方式是什么？[多选题]

选　　项	小　　计	比例/%
私募债等金融产品	13	68.42
股权质押融资	9	47.37
定向增资	6	31.58
其他	3	15.79
本题有效填写人次	19	

第 17 题　公司的主要融资用途是什么？［多选题］

选　　项	小　　计	比例/%
补充营运资金	13	68.42
扩大经营规模	14	73.68
募投项目	5	26.32
其他	2	10.53
本题有效填写人次	19	

第 18 题　公司的累计融资数额多少？［单选题］

选　　项	小　　计	比例/%
＜500 万元	11	57.89
500 万元～1000 万元	2	10.53
1000 万元～1500 万元	2	10.53
1500 万元～2000 万元	0	0
＞2000 万元	4	21.05
本题有效填写人次	19	

第 19 题　融资后对公司的发展是否作用显著？［单选题］

选　　项	小　　计	比例/%
非常有用	14	73.68
有用	5	26.32
一般	0	0
没有发挥作用	0	0
本题有效填写人次	19	

第 20 题　公司是否在股权交易中心进行过股权交易？［单选题］

选　　项	小　　计	比例/%
是	13	9.22
否	128	90.78
本题有效填写人次	141	

第 21 题　公司采用的交易方式是什么？［单选题］

选　　项	小　　计	比例/%
交易过户	9	69.23
非交易过户	4	30.77
本题有效填写人次	13	

第 22 题　公司采用的是哪种协议交易方式？[单选题]

选　项	小　计	比例/%
定价委托	8	61.54
成交确认委托	3	23.08
其他	2	15.38
本题有效填写人次	13	

第 23 题　公司的累积成交股数是多少？[单选题]

选　项	小　计	比例/%
<50 万股	4	30.77
50 万股～100 万股	5	38.46
100 万股～150 万股	1	7.69
150 万股～200 万股	2	15.39
>200 万股	1	7.69
本题有效填写人次	13	

第 24 题　公司的累计成交额是多少？[单选题]

选　项	小　计	比例/%
<50 万元	5	38.46
50 万元～100 万元	4	30.77
100 万元～150 万元	1	7.69
150 万元～200 万元	0	0
>200 万元	3	23.08
本题有效填写人次	13	

第 25 题　公司是否已转板？[单选题]

选　项	小　计	比例/%
是	8	5.67
否	133	94.33
本题有效填写人次	141	

第 26 题　公司当前所处的板块是什么？[单选题]

选　项	小　计	比例/%
主板	3	37.50
中小板	2	25.00

（续表）

选　　项	小　　计	比例/%
创业板	3	37.5
“新三板”	0	0
本题有效填写人次	8	

第27题　公司转板的动机是什么？[多选题]

选　　项	小　　计	比例/%
融资需求	4	50.00
提高贵公司知名度	6	75.00
政府支持	5	62.50
发展需要	4	50.00
其他	0	0
本题有效填写人次	8	

第28题　公司在转板过程中面临哪些问题？[多选题]

选　　项	小　　计	比例/%
信息披露有难度	36	25.53
缺少专业的财务人员	56	39.72
转板成本高	64	45.39
转板流程烦琐	50	35.46
其他	44	31.21
本题有效填写人次	141	

第29题　公司转板后，主要控制人是否发生变化？[单选题]

选　　项	小　　计	比例/%
是	4	50.00
否	4	50.00
本题有效填写人次	8	

第30题　公司转板后，融资额是否能满足公司预期要求？[单选题]

选　　项	小　　计	比例/%
很满足	3	37.50
基本满足	4	50.00
不太满足	0	0

（续表）

选　　项	小　　计	比例/%
不满足	1	12.50
本题有效填写人次	8	

第 31 题　公司转板后业绩是否有明显改善？[单选题]

选　　项	小　　计	比例/%
明显改善	3	37.50
小幅改善	4	50.00
没有改善	0	0
业绩更差	1	12.50
本题有效填写人次	8	

第 32 题　公司转板后哪些方面得到明显改善？[多选题]

选　　项	小　　计	比例/%
内部治理结构更合理	4	50.00
发展更广阔	4	50.00
业绩增长加快	2	25.00
知名度提升	3	37.50
融资难度降低	1	12.50
其他	2	25.00
本题有效填写人次	8	

第 33 题　公司是否有转板意愿？[单选题]

选　　项	小　　计	比例/%
有	78	58.65
没有	55	41.35
本题有效填写人次	133	

第 34 题　如果公司选择转板，转板方向是什么？[单选题]

选　　项	小　　计	比例/%
主板	7	8.97
中小板	12	15.38
创业板	19	24.36
“新三板”	40	51.29
本题有效填写人次	78	

第 35 题　您是挂牌公司的股东吗？[单选题]

选　　项	小　　计	比例/%
是	75	53.19
否	66	46.81
本题有效填写人次	141	

第 36 题　公司的股东作为投资者，其投资主要目的是什么？[单选题]

选　　项	小　　计	比例/%
资本增值	60	80.00
获得贵公司控制权	8	10.67
其他	7	9.33
本题有效填写人次	75	

第 37 题　公司股东作为投资者，投资是否有超额收益？[单选题]

选　　项	小　　计	比例/%
是	40	53.33
否	35	46.67
本题有效填写人次	75	

第 38 题　公司股东作为投资者，认为该投资是否易于再转让？[单选题]

选　　项	小　　计	比例/%
非常容易	7	9.33
容易	17	22.67
不一定	35	46.66
不容易	14	18.67
非常不容易	2	2.67
本题有效填写人次	75	

第 39 题　公司股东作为投资者是否认为投资者门槛过高？[单选题]

选　　项	小　　计	比例/%
非常高	9	12.00
高	18	24.00
还好	40	53.34
不高	7	9.33
非常不高	1	1.33
本题有效填写人次	75	

第 40 题　公司的股东是通过哪种途径了解到股权交易中心的? [多选题]

选　　项	小　　计	比例/%
网页浏览	48	34.04
微信公众号等社交软件	55	39.01
企业之间互相推介	85	60.28
股权交易中心宣传	92	65.25
其他	15	10.64
本题有效填写人次	141	

参考文献

[1] Churchill C, Lewis V L. The Five Stages of Small Business Growth[J]. Harvard Business Review,1983:61(3),30-50.

[2] Merton R C,Bodie Z. Deposit Insurance Reform:A Functional Approach[J]. 2005,38(1):1-34.

[3] Gold S. Financial Struetureand Development[M]. New Haven:Yale University Press:1969.

[4] Mckinnon R I. Money and Capital in Economic Development,Washington. D. C. , The Brookings Institution,1973, xii + 184pp. ($7. 50) [J]. American Journal of Agricultural Economics, 56 (1):201.

[5] Shaw E S. Financial Deepening in Economic Development[M]. Oxford: Oxford University Press,1973.

[6] Li J,Merton R C,Bodie Z. Do a Firm's Equity Returns Reflect the Risk of Its Pension Plan? [J]. Journal of Financial Economics,2006,81(1):1-26.

[7] Beck T. A Small and Medium - sized Enterprises: Access to Finance of Growth Constraint [J]. Journal Banking & Finance,2006(11):11-13.

[8] Simon M J, Colby R L D. National Market System for Over - the - Counter Stocks[J]. Geo. wash. l. rev,1986:26-44.

[9] Madhavan A. Trading Mechanisms in Securities Markets[J]. Journal of Finance,1992,47(2): 607-641.

[10] Hasbrouck J. One Security,Many Markets:Determining the Contributions to Price Discovery [J]. Journal of Finance,1995,50(4):1175-1199.

[11] Nimalendran M,Petrella G. Do "thinly - traded" Stocks Benefit from Specialist Intervention? [J]. Journal of Banking & Finance,2003,27(9):1823-1854.

[12] Weston. J P. Electronic Communication Networks and Liquidity on the NASDAQ[J]. Journal Financial Services Research,2002(8):125-139

[13] 杨琼．中小企业融资与区域化资本市场发展[J]. 商场现代化,2009(13):239-240.

[14] 田野．区域股权市场构建问题研究[J]. 南方金融,2013(4):53-57.

[15] 侯睿．国内区域性股权交易市场规范发展研究[J]. 西南金融,2013(10):16-20.

[16] 周高见,张颖．场外交易市场与主板市场的比较[J]. 产权导刊,2006(5):40-41.

[17] 李学峰,徐佳．场外交易市场与中小企业互动效应的实证研究——以美国 OTCBB 市场为例 [J]. 经济与管理研究,2009,(9):105-111.

[18] 孙春辉,储刘兵．我国场外市场交易制度简析[J]．甘肃金融,2014(7):45－49.
[19] 刘岩,丁宁．美日多层次资本市场的发展、现状及启示[J]．财贸经济,2007(10):36－43.
[20] 国务院发展研究中心“我国场外股权交易市场发展模式研究”课题组,夏斌,张承惠,等．规范和发展我国场外股权交易市场[J]．发展研究,2012(7):86－88.
[21] 开昌平,刘楠．区域股权市场的定位[J]．中国金融,2015(12):63－64.
[22] 王媛．区域资本市场发展状况评估、修正路径及政策建议——以山东省为例[J]．金融理论与实践,2015(11):26－31.
[23] 马达．我国场外交易市场运作模式研究[J]．南方金融,2007(11):50－52.
[24] 李响玲．试论我国证券场外交易市场监管制度的完善[J]．证券法苑,2012,6(1):279－299.
[25] 宋晓军,赵庆．发展中国西部区域资本市场的探讨——以贵州省为蓝本[J]．贵州社会科学,2012(9):60－65.
[26] 吴尚燃．关于我国区域股权交易市场建设的思考[J]．经济视角(上),2013(12):20－21.
[27] 鲁桐．区域股权市场的突破点:私募债和股权质押融资[N]．证券日报,2014－07－19(B02).
[28] 孟令国,谢观秀．中小企业区域性股权交易融资模式研究[J]．金融理论与实践,2015(6):68－73.
[29] 王丽,李向科．美国资本市场分层状况及对我国建设多层次资本市场的启示[J]．中国金融,2006(6):17－19.
[30] 刘鹏．资本的涅槃——美国场外市场发展与我国“新三板”启示[M]．北京:中国金融出版社,2013.
[31] 芮跃华．区域性股权市场法律地位亟待明确[N]．上海证券报,2014－03－05.
[32] 白冰,逯云娇．中国场外市场发展研究——基于国内外场外交易市场的比较分析[J]．经济问题探索,2012(4):111－118.
[33] 方志国,吴逸凡．场外市场与私募股权投资退出[J]．当代经济管理,2014,36(1):85－88.
[34] 李学峰,徐辉．不同做市商制度对资本市场运行的影响:比较研究与启示[J]．产权导刊,2006(12):34－36.
[35] 颜占寅．发展区域股权市场助力地方经济发展——发展场外市场之我见[J]．产权导刊,2010(6):40－42.
[36] 张云峰,邵律,李惟宏．股权交易市场:明确定位完善功能 盼政策突破建良好环境[J]．上海经济,2014(12):36－38.
[37] 刘懿增．新疆中小企业融资问题与区域股权交易市场发展研究[J]．北方经济,2013(6):76－77.
[38] 胡海峰,罗惠良．多层次资本市场建设的国际经验及启示[J]．中国社会科学院研究生院学报,2010(1):72－77.
[39] 粪固,黄丽丽,廖烈勇．广西多层次资本市场发展现状研究[J]．市场论坛,2014(4):71－72＋82.
[40] 秦洪军,刘忠燕．美国场外交易市场的监管及其启示[J]．金融与经济,2010(8):69－72.
[41] 何登录．区域性股权交易市场发展之思考[J]．财会月刊,2014(8):31－33.
[42] 杨海霞．区域股权市场投资升温[J]．中国投资,2013(3):56－58.
[43] 樊增东,李文华．加快多层次股权交易市场发展顶层设计思考[J]．西南金融,2014(1):61－64.
[44] 李丰也,孙丹．区域股权市场发展路径[J]．中国金融,2015(12):59－60.
[45] 胡海峰,罗惠良,孙丹．多层次资本市场中企业融资与转板决策研究——理论模型与统计分析[J]．中国经济问题,2014(1):39－48.

[46] 侯东德,李俏丽．多层次资本市场间转板对接机制探析[J]. 上海金融,2013(12):149 - 151.
[47] 钱康宁,蒋健蓉．多层次资本市场的转板机制[J]. 中国金融,2013(7):41 - 43.
[48] 时军．我国多层次资本市场体系构建思考[J]. 财会通讯,2015(19):111 - 114+4.
[49] 李永森．多层次资本市场制度建设[J]. 中国金融,2017(2):43 - 45.
[50] 李金凤,王轶楠,雷禹．基于多层次资本市场框架构建中国 OTC 市场[J]. 中央财经大学学报,2010(2):49 - 54.
[51] 李燕．我国多层次资本市场体系下的场外交易市场建设研究[J]. 经济问题探索,2009(10):19 - 22.
[52] 王国刚．创业投资:建立多层次资本市场体系[J]. 改革,1998(6):48 - 57.
[53] 张东强,裴慧奇．韩国交易所多层次市场发展特色及启示[J]. 证券市场导报,2015(4):13 - 17.
[54] 李娜,王建中,朱小俊．中英美三国多层次资本市场比较及借鉴[J]. 财会通讯,2014(2):126 - 127.
[55] 王丹．我国多层次资本市场建设:理论与对策[J]. 改革与战略,2012,28(5):84 - 86.
[56] 蔡双立,张元萍．基于资本市场多层次框架下 OTC 市场的构建:美国的经验及其对中国的借鉴[J]. 中央财经大学学报,2008(4):35 - 41.

专题五

证券公司道德风险防范研究①

摘　要

2019年以来，在金融供给侧结构性改革深入推进的背景下，我国资本市场道德风险问题充分暴露，证券公司作为资本市场最重要的中介机构，对资本市场道德风险难辞其咎，同时证券公司本身也是道德风险高发地。证券公司道德风险严重破坏"三公"原则、侵害投资者利益，降低资本市场效率，动摇资本市场根基，甚至会引发金融风险，证券公司道德风险也严重践踏新时代资本市场践行党的初心与使命的核心要义，因此针对证券公司道德风险防范的研究，具有极其重要的现实意义。

首先，课题组通过文献研究，从伦理学、信息经济学、制度经济学及国内外文献归纳分析得出，防范道德风险的发生不仅需要从内部加强对主体人的改造，还要从外部充分运用法律、制度等手段加强监管与约束。

其次，课题组通过实地调研和问卷调查，收集了107家证券公司道德风险防范中已经采取的主要措施及存在的主要问题。研究表明，各证券公司都不同程度地针对道德风险建立了相关控制机制和措施，对道德风险的防控起到了一定的积极作用。但从行业整体来说，现有的防控措施在设计系统性和执行有效性方面存在一定的问题，主要包括政治思想教育、纪检监察机构的检查、对道德风险的重视程度和研究水平、系统监控水平、核心岗位人员的强制休假、处罚力度、应急机制、短期激励、选聘或提拔人员等九方面。

再次，课题组从证券公司各主营业务、内部治理及管理角度深度剖析道德风险发生机理。研究表明，我国证券公司投行业务中道德风险主要来自首次公开发行(IPO)过程中与发行人合谋财务造假；经纪业务中道德风险主要来自发布误导性信息、诱使客户进行不必要的交易、违规理财；融资性业务中道德风险主要来自诱导不适当的客户进行融资融券交易、为利益对手方融资提供便利、虚假授信、虚增客户担保实力和私下增加或降低客户的融资融券利率；投资性业务中道德风险主要来自不思进取、抱团

① 中国证券业协会2019年重点课题(2019SACKT016)；被评为中国证券业协会2019年重点课题研究"优秀课题"。

课题组：合肥工业大学证券期货研究所　国元证券股份有限公司
课题负责人：姚禄仕　蔡　咏
课题组成员：吕　海　唐亚湖　赖海峰　袁家春　刘　扬　赵俊杰
舒　宁　孙　杰　张盛鹏　辛韫哲　牛　标

取暖、“老鼠仓”;公司治理中道德风险主要来自不思进取与内部人控制;公司管理中道德风险主要来自高管薪酬公司内部人决定、风控执行力不足和过度股权融资。

为进一步阐述证券公司道德风险机理,课题组建立了证券公司与上市公司、投资者和监管部门之间的博弈模型,进行推导分析。分析发现:严格监管环境,加大处罚力度,提高证券公司信息披露质量,构建证券公司信誉机制能有效降低证券公司做出不道德行为的概率。

接着,课题组从人的利己主义驱动、市场制度、监管惩罚、内部治理与证券公司文化等维度,系统全面地分析了我国证券公司道德风险发生的根源。分析表明:在利益的驱动下,证券从业人员更加有动力做出违背伦理道德的行为,在严峻的职业道德环境中,强烈保护投资者利益的行为已经成为一种“孤岛现象”;核准制、保荐人制度、公募基金制度、独立董事制度和职业经理人制度的不完善增加了道德风险;整体立法滞后,法规质量不高、法律责任过轻、监管不足与监管过度并存、监管部门待遇过低与监管制衡不足没有为证券市场的发展提供有效法治保障;只有真正适合中国国情的管理思想与治理文化,才能有效降低证券行业的道德风险。以归纳出的原因作为引领,课题组对国内外典型案例进行深入剖析,得出经验启示:一是加大对发生道德风险事件的处罚力度;二是建立多层次的监管体系,实现多方共同管理;三是进一步深化证券公司内部控制制度的改革;四是完善激励机制,增加长期激励的比重。

最后,课题组在综合分析的基础上,得出以下四点研究结论:①我国证券公司道德风险防范刻不容缓;②我国证券公司道德风险原因复杂多样;③我国证券公司道德风险防范根本上取决于制度完善与强监管;④证券行业文化建设中道德风险防范应作为重中之重。进而提出了五个方面政策建议:①完善证券市场制度体系建设,从投融资两端同时入手,兼顾好服务实体经济和保护投资者合法权益,并加强保荐制度改革、建立健全证券市场信用制度等;②大幅提高资本市场违法违规成本,建立长效报酬激励机制。③提炼证券公司治理文化,完善证券公司内部控制体系。④将道德风险指标纳入用人选人制度,实行一票否决制。⑤运用大数据等科技手段,加强道德风险行为监测。

第1章 绪 论

1.1 道德风险的界定与问题提出

1.1.1 道德风险的界定

人类社会自产生道德以来，即伴生道德风险现象与问题，但根据 Dembe 和 Boden (2000)考察，直至 17 世纪，人们才有了道德风险的概念，并于 19 世纪前后为大英帝国的各类保险公司广泛应用。20 世纪 60 年代，道德风险首次进入学术研究领域。

根据信息经济学的观点，道德风险指签约双方由于目标的不一致，因信息不对称而导致最优契约执行结果发生偏离。道德风险有狭义与广义之分，狭义的道德风险仅指代理人的道德风险；而广义的道德风险不仅仅指代理人的道德风险，还有委托人的道德风险。

《新帕尔格雷夫经济学大辞典》对道德风险的定义是，道德风险是人的一种行动，他们在从事经济活动时会尽可能地增加自身的效益而损害他人利益。中国儒家哲学认为，凡以利为先、以义为后的行为都可看作道德风险行为；西方主流伦理学认为，功利主义会诱导人做出破坏正义原则的行为，从而产生道德风险。

道德风险与违法违规存在一定差异。从信息经济学角度看，道德风险行为未必触及违法违规层面，而违法违规行为不涉及利用信息优势损人利己，也不属于道德风险范畴，因此道德风险与违法违规有交集，但不完全重叠。从伦理学角度看，伦理道德是对人类行为的自发约束，具有普适性，而法律法规由于具有强制性，约束起点远高于伦理道德，因此道德风险未必涉及违法违规，但违法违规行为一定是突破了伦理道德界限，从而首先是道德风险范畴，即道德风险与违法违规是大小概念的关系。

本课题组对道德风险的定义是，受功利思想驱使，所做出的损人利己行为。同时，课题组认为：单纯从信息经济学角度讨论道德风险，存在较大局限性，因此本课题所指道德风险既包括经济学范畴，也包括伦理学范畴。此外，证券公司道德风险不仅包括证券从业人员的道德风险，也包括证券公司法人的道德风险。

1.1.2 问题提出

2019 年以来，在金融供给侧结构性改革深入推进的背景下，我国资本市场道德风险问题充分暴露，截至 2020 年 6 月，已有 10 多名上市公司董事长或实控人被抓，20 多名公司高管被拘留。证券公司是资本市场最重要的中介机构，对资本市场道德风险难辞其咎，同时证券公司本身也是道德风险高发地，尽管我国证券业自上而下制定了诸多防范措施，但诸如虚假保荐、突击入股、分析师欺诈、过度营销、代客理财、过度信用、“地雷产品”、违规投资、员工炒股、风控失效、天价薪酬、过度圈钱等道德风险行为此起彼伏，屡禁不止。

证券公司道德风险单独爆发，或与资本市场其他主体的道德风险相互交织，已严重破坏“三公”原则、侵害投资者利益，大幅降低资本市场效率，动摇资本市场根基，因此证券公司道德风险防范研究迫在眉睫。

1.2 文献综述

1.2.1 国外文献综述

1. 道德风险的表现及成因

关于道德风险的表现，Kyle(1985)借助金融微观层面的结构理论，从交易行为的不对称性角度出发，研究了交易行为中的卖方即信息知情者在交易过程中的价格形成机制，以及交易过程中的定价手段，为研究由内幕信息因素导致的道德风险奠定了基础。John 和 Narayanan(1997)针对美国《1934 年证券交易法》中对内幕信息操纵者的操纵行为的整治等相关法律展开了研究，最终得到的结论是，这些法律还存在漏洞，并不能完全有效地遏制上述现象。Repullo(1999)研究了当信息不对称现象客观存在的情况下，道德风险问题产生对个人以及整个社会的福利的影响，认为道德风险问题对社会福利会造成不可逆的影响。Arnott(1985)认为，次优合同的产生与道德风险有着密不可分的关系。而次优合同对合同的双方以及社会的福利都有着极大的负面影响。而从道德风险的危害来看，Mishkin(1999)从 1998 年亚洲金融危机事件来看，认为道德风险问题一旦严重到一定程度，就有可能引发金融危机，他认为金融危机的发生在某种程度上就是由于信息的不对称以及内幕操纵导致。

关于道德风险的成因，Arrow(1953)认为，人们在做出选择时必然会受到内心意识的左右，这样就会使得做出的选择是有限理性的，道德风险也就由此产生。除此之外，机会主义行为也是引发道德风险的另一重要因素。Arnott(1988)研究发现，道德风险的产生是由于委托人和代理人的信息不对称。Stiglitz(1988)对这种信息不对称导致的道德风险做了进一步的研究，认为制度上的缺陷和监管部门的松懈会导致道德风险现象的发生。从伦理学的角度来看，Ronald Jeurisserl(2004)通过研究发现，道德具有意志自主性和社会建构性，道德风险的产生不仅仅由制度因素或者信息不对称因素产生，还可能是由人的意识观念不正确所致。

2. 道德风险的防范

有关道德风险的防范，Ciccotell 等(1999)以博弈理论为主要研究工具，运用重复博弈的方法得出了机构投资者和代理人之间合作的策略均衡，认为双方主体可能会形成某种默契达到一定的目的。Groningen(2001)认为针对道德风险问题，公司需要将惩罚机制和自律相结合，完善长效性的惩罚机制。Orson(2010)则持有另外一种观点，他认为防范道德风险问题需要加大对公司从业人员的投资，投资的方式是建立公司与员工之间的信任以及培养诸如诚信等方面的品质，以达到刺激伦理需求的目的。Kevin(2000)认为防范道德风险，一是需要注意防范道德风险是否会导致更多原本应该回避的风险；二是要加强对管理者的监督，尤其是对高管的监督，因为道德风险问题最终都是管理者的职责。

1.2.2 国内文献综述

1. 道德风险的表现及成因

有关证券公司道德风险的表现及成因，张帆(2000)认为，为了在期货和期权合约中获利，投机者在现货市场上大规模地买进或卖出相应金融资产，人为造成市场价格的上升或下降，是一种典型的造市行为。卢现祥(1996)认为资本市场中的道德风险主要表现有两点:一是信用度低，二是“搭便车”现象屡见不鲜。孙志强(2009)认为证券市场的道德风险主要表现在内幕交易、欺诈客户和操纵价格。巴曙松(2011)以某些企业“大而不倒”为例，分析了道德风险产生的原因，他认为这些规模、影响力大的企业如果倒下，极有可能引发资本市场的系统性风险，因而金融机构大多数情况下会选择救助这些企业，企业依靠机构的保护伞，就会放松对风险管理的警觉性，道德风险现象由此产生，这种道德风险问题以及政府的资金需求可能将为整个金融体系带来更大的系统性风险。王小锡(2011)从伦理学的角度分析了证券市场道德风险的成因，认为当资本市场中存在信息不对称现象、监管部门没有完善的奖惩机制时，个人尤其是证券从业人员思想觉悟不够高时，再加上个人的私利至上主义，道德风险问题必然会出现。曾欣(2003)对中国证券市场的道德风险的内在原因进行了深入剖析，认为道德风险从哲学的角度来看，根本原因在于道德本身具有一定的功利性。

2. 道德风险的防范

关于道德风险的防范，曹元芳、王若平(2006)认为提高防范金融业道德风险水平的重要保证是要加大对责任人的处罚力度，要改进现有的监管理念和监管方式，完善监管体制，用强监管的方式遏止道德风险现象的发生。梅世云(2011)认为在道德风险的防范中要提升金融行业从业人员的道德水平，以从业人员的内在道德水平为出发点，提高他们的道德认识和价值判断能力，同时相关监管部门和金融机构内部也要建立健全具有金融特征的职业道德规范。李合亮、孙启军(2003)认为，防范金融从业人员道德风险应该把西方的“经济认识”和中方的“道德认识”相结合，从经济和道德两个角度来看待金融行业的道德风险问题，不仅要加强对主体人的改造，从内部减少道德风险发生的可能性，还要从外部充分运用法律、制度等手段加强管理与约束。

1.2.3 对国内外文献的评价

通过对国内外文献的归纳可以发现，国外对道德风险的研究相对成熟，已经突破纯理论研究阶段，进行了大量实证分析，在各个学科都有较多的研究成果。而我国关于证券公司道德风险的研究目前还处于起步阶段，研究的成果主要体现在经济学、伦理学领域，其他学科对道德风险的研究较少。而且大多是将道德风险作为各种风险中的一部分进行研究，并没有单独将道德风险作为一个重要的研究方向，此外，当前我国对证券公司道德风险的定量研究基本都是借助于国外已经成型的数学模型，缺乏创新性。道德风险研究中应该具备的人文精神和伦理道德也极少体现。从道德风险的形成原因上看，现有的理论分析研究层次较浅，对于形成道德风险的根源、过程和条件仍然需要进一步的研究。在防范措施的研究中，大多着力于制度规范的建设，且没有具体到哪些制度需要完善。而且，从证券公司的角度来看，证券行业作为具有金融机构特性的中介机构，国内目前对其道德风险的研究更是少之又少。

1.3 研究意义

道德风险问题的产生会加大运行成本，降低投资者信心，甚至引发金融风险。通过梳理发现证券公司道德风险危害如此之大，但理论研究仍较为缺乏。放眼当今世界，单边主义、霸权主义盛行，中美贸易摩擦加大，全球经济增长放缓，金融系统性风险防范压力大增，因此针对证券公司道德风险防范的研究，具有极其重要的理论意义与现实意义。

开展证券公司道德风险防范研究具有重要的理论意义。本课题组根据道德风险下中国证券市场的博弈均衡，结合实际案例，对博弈均衡结果进行分析，丰富了证券公司道德风险问题理论研究的内容。此外，道德风险问题属于多学科交叉的问题，经济学、伦理学都对其有所研究，本课题以经济学的角度为主，结合伦理学，用经济学和伦理学知识解决现实问题，为其他学者的研究提供新的思路。

开展证券公司道德风险防范研究同样具有重要的现实意义。首先有利于提高证券市场的风险防范能力。深入研究证券市场的道德风险，能够强化证券市场乃至资本市场中各主体的道德风险意识，完善证券从业者的操作规范，完善相关法律中的缺陷，提高制度安排的科学性。此外，还有利于提高证券监管部门监管的实效性。道德风险问题存在于证券市场交易双方中信息知情方的欺诈行为，可能会引发金融违纪违法行为，从监管的角度来看，大大提高了证券监管的成本，通过对证券公司道德风险防范的研究，可以有针对性地对证券市场、证券公司内部易发生道德风险的地方加强监管，提高证券监管的实效性，进而提高证券市场运作的效率，有利于证券市场的健康可持续发展。

1.4 研究思路与方法

1.4.1 研究思路

以习总书记在“不忘初心、牢记使命”主题教育工作会议上的讲话为指导，以自我革命、正视问题、刀刃向内为准绳，用大无畏精神贯穿全文。

第一，对本课题所要研究的道德风险概念做明确界定，并提出现实中存在的问题，通过文献梳理，进一步加深对道德风险问题的认识，分析证券公司道德风险的危害，提出证券公司道德风险防范研究的重要意义所在。

第二，总结我国证券公司道德风险防范已采取的主要措施，归纳出我国证券公司道德风险防范存在的主要问题，并认为目前我国证券公司道德风险防范措施不能有效制止道德风险发生。

第三，从证券公司各主营业务、内部治理及管理角度深度剖析道德风险发生机理，为总结道德风险产生根源做铺垫。

第四，为进一步阐述证券公司道德风险机理，建立了证券公司与监管部门、上市公司和投资者之间的博弈模型，进行推导分析。

第五，从人的利己主义驱动、市场制度、监管惩罚、内部治理与证券公司文化等维度，全面分析我国证券公司道德风险发生的根源。

第六，用归纳出的原因作为引领，对国内外典型案例进行剖析，得出经验启示。

第七，根据对国内外证券公司道德风险的多重分析，归纳出对于我国证券公司道德风险问题的研究结论并提出具有针对性的建议。

1.4.2 研究方法

（1）文献研究法。在导论章节，运用文献研究法，对道德风险的界定和国内外研究现状进行归纳总结，得出本课题组对道德风险的理解及本课题将要研究的方向。

（2）实地调研法。在证券公司道德风险防范现状章节，运用实地调研法，通过实地调研及问卷调查的方式，总结出目前我国证券公司道德风险防范的主要措施以及防范过程中存在的问题。

（3）博弈分析法。在证券公司与利益相关方的博弈章节，运用博弈分析法，构建证券公司与监管部门、上市公司和投资者的静态博弈模型，从中推导出相应结论。

（4）案例分析法。在国内外案例分析章节，运用案例分析法，对国内外的道德风险案例进行深入分析，得出我国证券公司在防范道德风险时的一些启示和教训。

1.4.3 研究框架

本专题研究框架图如图 5－1 所示。

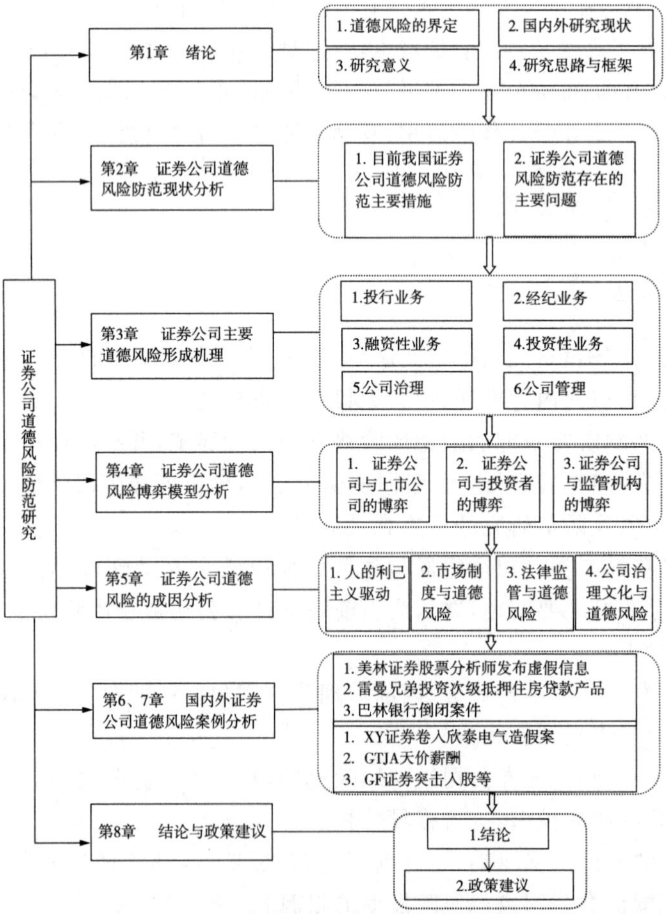

图 5－1 本专题研究框架图

第2章 证券公司道德风险防范现状分析

2.1 证券公司道德风险防范已采取的主要措施

近年来，面对行业内层出不穷的道德风险案件，各家证券公司意识到道德风险防控的重要性，组织人力、物力对道德风险的概念及成因进行研究，分析道德风险具体表现形式，建立道德风险防控机制，从事前、事中、事后层面采取多种多样的防控措施，经课题组对107家证券公司（含子公司）的问卷调查，发现主要包括以下几个方面：

1. 开展政治思想教育活动，践行社会主义核心价值观

道德风险防控工作需要常抓常新，建立长效和动态化的风险防控机制。为长鸣警钟、清理政治腐败和道德风险的滋生土壤，多数证券公司长期开展“两学一做”“践行社会主义核心价值观”“不忘初心，牢记使命”等主题教育活动，持续加强党性教育，将“廉洁奉公”“合规经营”理念深入员工尤其是领导干部的骨髓中去，着力营造公司风清气正的良好政治生态。政治思想教育活动包括：召开廉洁和道德风险宣讲专题会议，参观反腐教育基地，组织观看“鲁炜案”等警示教育片，进一步深化“酒桌办公”专项整治工作，发布关于《加强节日期间廉洁自律工作的通知》等文件。

2. 建章立制，成立专门的纪检监察机构

课题组通过调研发现，方正证券成立纪检监察室，主要负责公司的反腐倡廉和党风廉政建设工作；海通证券纪检监察部门对信访举报等违纪问题线索认真进行核查，严格监督各级管理人员和关键岗位人员是否存在不当行为；国元证券于2012年7月设立纪检监察室。

多数证券公司设立专门的纪检监察机构，作为纪检监察及道德风险防控的办事部门。同时，出台相关文件及制度，包括《督查督办工作制度》《廉洁和道德风险防控工作实施细则》《公司廉洁和道德风险防控手册》等，从明确办事部门和制度层面为加强道德风险防控工作提供抓手。

3. 定期进行廉洁和道德风险点排查，编制道德风险防控手册

道德风险点的梳理和排查是道德风险防控最有针对性的工作方法，通过调研发现，107家券商有21家（占比19.63%）证券公司定期在全公司范围内开展，并且107家券商有11家（占比10.28%）编制了道德风险防控手册。主要工作包括：识别各环节道德风险，进行风险等级排序，设定管控措施并落实责任岗位，形成《公司廉洁和道德风险防控手册》并持续更新，涉及公司各部门归口负责的业务流程和管理职能中可能存在的廉洁和道德的风险点。根据防控手册进行抽样检查，风险隐患及问题要求整改完善。

4. 将道德风险防范纳入内控规范专项工作

根据财政部、证监会等五部委联合发布的《企业内部控制基本规范》要求，自2012

年起上市证券公司每年启动开展内控规范专项工作，包括：制定《内部控制规范实施工作方案》，确定子流程，填制风险列表风险点及风险评级，确定控制活动，执行内控测试和识别控制缺陷，进行缺陷整改，整合控制矩阵，绘制流程图，形成《内部控制矩阵》。多数证券公司将道德风险点纳入内控规范梳理流程，尤其是针对债券投资、投资银行、资产管理等业务中存在的利益输送、内幕交易等道德风险行为，提出相应的控制措施，定期评估和管控。

5. 加强和完善对员工行为的系统监测

道德风险的成因多与员工个人价值观念和道德水平相关，主观性较强，难以提前发现，仅靠人工难以对道德风险进行识别和提前介入，这也是各家券商在防控中普遍认为的难点。一些证券公司尝试和探讨通过系统对道德风险点进行监控的可行性，具体的功能手段包括：监测员工办公电脑 MAC 地址及通信设备；通过系统对债券交易价格进行偏离度监控；完善 OA 办公系统线上审批流程；管理系统与信息隔离墙系统信息共享共查等。

6. 建立核心岗位人员强制休假、轮岗及离任审计机制

由于证券公司常年直面市场竞争压力，加之证券业务的专业性，高端人才相对匮乏，实际造成了某些核心岗位无法替代的现象，强制休假、轮岗等制度难以得到有效执行。在金融市场巨大的诱惑面前，个别“先知先觉”者利用其职位或岗位的特殊优势，将手中的权力当作自己谋利的工具。另外，对于关键岗位和核心业务人员调动，大多数公司缺乏强制性的审计要求。因此，一些券商已建立了核心岗位强制休假和离任审计制度或相关规定，从制度和机制层面对上述情况进行强化。

7. 建立道德风险举报机制和渠道

课题组通过调研发现，方正证券的稽核审计与法律部的工作有：根据公司制度规定配合相关部门，对员工违法违规行为的投诉和举报进行稽核等。中信证券的监察部职责包括受理信访举报和申诉。东吴证券建立了客户回访及举报机制，开展新客户与存量客户的合规性回访，分析客户投诉与举报内容，以发现违规销售产品、违规代客理财等问题线索。海通证券建立了反舞弊机制，通过设立员工信箱、投诉热线等方式，鼓励员工及企业利益相关方举报和投诉企业内部的违法违规、舞弊和其他有损企业形象的行为；公司纪检监察部门对信访举报等违纪问题线索认真进行核查，严格监督各级管理人员和关键岗位人员是否存在不当行为；保护好举报人和举报信息；建立举报投诉处理程序，并做好投诉记录的保存。东北证券建立了投诉举报机制、合规问责机制和员工惩处机制，明确了投诉组织管理、投诉受理、投诉处理、投诉回访，合规问责的原则、启动程序、组织管理等事项。2017 年以来，东海证券查处群众举报事件 5 起。国元证券建立和完善群众监督制度，通过举报发现线索，及时查处。

多数证券公司畅通举报渠道，对于收到的各类问题线索实行由公司指定专门部门统一集中受理，编号登记，所有问题线索按照信访制度相关规定进行分类处置。对于查证后确实存在的道德问题，进行相关处理。

107 家证券公司道德风险防范问卷调查内容与占比情况见表 5 - 1 所列，柱状图如图 5 - 2 所示。

表 5-1　107 家证券公司道德风险防范问卷调查内容与占比情况

措　　施	开展政治思想教育活动,践行社会主义核心价值观	建章立制,成立专门的纪检监察机构	定期进行廉洁和道德风险点排查,编制道德风险防控手册	将道德风险防范纳入内控规范专项工作	加强和完善员工行为的系统监测	建立核心岗位人员强制休假、轮岗及离任审计机制	建立道德风险举报机制和渠道
证券公司数量(家)	76	51	29	35	51	11	21
占 107 家证券公司百分比	71.03%	47.66%	27.10%	32.71%	47.66%	10.28%	19.63%

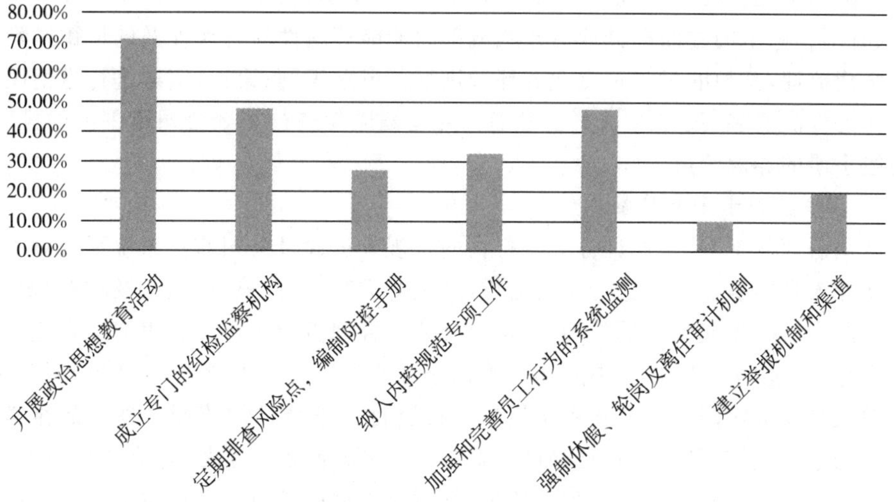

图 5-2　107 家证券公司道德风险防范问卷调查柱状图

数据来源:本课题组的问卷调查结果。

2.2　证券公司道德风险防范存在的主要问题

尽管各家证券公司都不同程度地针对道德风险建立了相关控制机制和措施,对道德风险的防控起到了一定的积极作用。但从行业整体来看,道德风险案件数仍呈逐年递增的趋势,证券公司的道德风险问题并未从根本上得到遏制,形势依然严峻。这说明现有的防控措施在设计有效性和执行有效性方面存在一定的问题,主要包括以下几个方面:

1. *政治思想教育活动与道德风险防控没有有效衔接*

证券公司组织的政治思想教育专题会议、参观反腐教育基地、组织观看警示教育片,深化"酒桌办公"专项整治等教育活动多种多样,但多以提高员工的政治素养和高尚情操为主,缺乏与道德风险防控的有效衔接,包括对道德风险的概念及成因分析,道德风险产生的基础、风险表现形式的培训和宣贯工作也有提升的空间。个人的廉洁道德水平只是道德风险发生的原因之一,大部分员工对信息不对称、内生性、牵引性等道德风险的基础成因和特征还不是非常清晰和理解,不利于具体防控措施的建立和具体实施。

2. 公司纪检监察机构对于道德风险的检查频率和力度有限

从调研回复来看,东方证券、方正证券和中信证券等大部分证券公司纪检监察机构是和稽核等相关部门合署办公,常规的事务较多,难以将精力全部放在道德风险防控层面,主要体现在:对于道德风险理论研究水平一般;难以组织道德风险的培训和宣讲;对道德风险的检查频率和力度有限。

3. 各家证券公司对于道德风险的重视程度和研究水平参差不齐,只有少数定期进行专项排查

课题组经对107家证券公司(含子公司)的问卷调查统计,发现各家证券公司对于道德风险的重视程度和研究水平参差不齐,主要体现在:第一,对于风险的识别和评估,只有不到一半的券商根据业务条线或部门职能等属性对各块涉及的道德风险点进行了全面梳理,其他的只对重点业务环节进行了风险识别;第二,定期进行道德风险排查工作的券商不多,只有约20%的券商针对道德风险进行了全公司范围内的排查,编制防控手册的券商约占10%。

4. 系统监控水平有待提高

从调研回复来看,兴业证券分支机构的合规人员通过公司监控系统平台对本分支机构从业人员的执业行为进行实时监控,并及时进行分析、核查,当天及时对"未处理"进行已阅、批注、发起流程的处理,并提交分公司合规负责人审核。银河证券建立合规监测系统,通过"员工账户交易监测""委托来源监控""员工与客户信息相似"等功能,对从业人员及关键岗位人员直系亲属账户投资行为进行日常监测。爱建证券建立了投资行为系统监控机制:投资交易即时监控,提示异常交易行为,防范利益输送行为。华安证券通过系统对员工行为加以监测,针对员工炒股等有悖于证券从业人员执业道德的行为,及时发现并处理。关于系统监控方面,国元证券通过系统设置投资规模、持仓限额等风控指标,查询债券持仓、交易、盈亏以及限额监控情况,设置风控阈值并进行跟踪管理,做到及时预警。

由此看来,一些证券公司已经开始尝试通过系统对道德风险点进行监控,包括价格偏离度、MAC地址检查等,但监控的范围和效果都不是很理想,监控模块的设计和指标阈值还在不断摸索中。据了解,目前国外已有关于金融机构员工道德风险监测的专业系统,可组织进行学习,研究有效的监测指标及相关措施。

5. 核心岗位人员的强制休假、轮岗等机制难以实质性执行

东吴证券等一些券商已建立了强制休假和轮岗机制,但迫于市场竞争压力,为了保证业务的延续性和竞争性,强制休假和轮岗机制往往在实际工作中难以得到实施。从道德风险防控的角度来看,这其实是风险隐患不断积累的过程,容易给信息优势方、权利掌握者不当牟利的机会。

6. 处罚力度有限,违法犯罪成本较低

从行业内以前的道德风险案例来看,存在处罚力度有限的情形,违法者犯罪成本低。对于违法行为,追究行政法律责任的多,追究刑事法律责任的少,违法违规成本

低。无规矩不成方圆，金融法律法规不健全及惩戒力度不够严厉，形成了金融犯罪成本低、威慑力度弱的特征，权衡利弊，易出现为拼一夜暴富忽视秩序的道德风险。对于庞大的证券从业人员以及日益复杂、隐蔽的违法违规行为，监管在人员、技术等方面的成本过高，产生监管处罚"漏洞"和处罚力度不足的现象，对于从业人员来说也就有了追逐违法利益下的低成本。有时候，宽容的法律法规及处罚措施可能使好人变成坏人，给一些人产生"铤而走险"的动机提供温床。证券公司必须提升对道德风险违法犯罪者的处罚力度，提高犯罪成本，从严、从重处理违法者，以儆效尤，将道德风险隐患消灭在萌芽中。

7. 各家证券公司缺少道德风险应急机制

目前各家券商均未制定针对道德风险的应急管理制度，对于道德风险发生后的应急处理措施、人员问责流程、资金等权限回收、资产清查、纠纷化解及补偿、舆论引导等工作均没有以制度形式加以落实，只有部分券商在公司风险事件应急制度中加入了道德风险的应急预案。

8. 证券公司竞争导致过多的短期激励

完全以业绩指标为导向的激励机制，忽视长远目标，导致过度重视短期效益和目标，业绩激励过度或不足，促使员工铤而走险。证券市场竞争激烈，证券公司多以业务发展和利润增长为导向，鼓励员工的主观能动性，短期内设置较高的业绩激励机制。部分员工为博取短期收益，选择风险偏好更大的投资品种，在增大公司的风险敞口的同时，也容易产生道德风险激励，利用信息不对称或内幕消息，铤而走险，谋取利益。

9. 选聘或提拔人员方面存在问题

证券公司在选聘和提拔人员时，往往只注重员工的业务能力，忽视了对员工综合能力尤其是廉洁和诚信水平方面的考核。从业人员没有诚信档案信息，从业人员流动大，证券公司发现道德风险时，可能已无法追责相关负责人员；证券行业的参与者，只能从客观上完善交易流程，用科学的手段规避产生道德风险的情形。主要问题表现在：在员工招聘环节没有对其从业履历进行尽调和核查；日常工作中，没有将员工诚信工作纳入绩效考核及评分；员工提拔晋升时，没有核查个人重大事项及考察个人诚信记录。

第3章　证券公司主要道德风险形成机理

3.1　投行业务中的主要道德风险形成

在我国资本市场，发行人和保荐人在首次公开发行（IPO）过程中合谋财务造假的现象是证券公司投行业务中道德风险的主要表现，财务造假现象屡禁不止的根源在于拟上市公司上市条件过高、保荐机构的巨额承销费用和对双方主体惩罚过轻。

1. 通过造假满足规定的上市条件

在目前核准制的要求下，上市条件过高成为阻碍企业上市的一大障碍。以财务指标为例，企业要想上市，必须在最近3个会计年度净利润均为正数且累计超过人民币3000万元；最近3个会计年度经营活动产生的现金流量净额累计超过人民币5000万元；最近一期期末不存在未弥补亏损等。这对企业提出了很高的要求，而且是一个持续性的要求，导致企业可能会通过造假的方式满足这些财务指标，隐瞒企业的真实财务状况和经营情况，为得到上市后丰厚的资源铤而走险。

2. 巨大的利益驱动

从发行人的角度来看，企业一旦上市，最直接的表现是能够获得大量融资额，大幅增加企业的流动资金，降低企业生产经营压力，此外由于当前我国拟上市公司在IPO的过程中，大多采取抑价发行的方式，如果上市成功，原始股东身价大涨，因此无论是公司还是股东都极其渴望获得上市资格。从保荐人的角度来看，拟上市公司在IPO的过程中，必须有保荐人对公司负责，一旦公司上市成功，保荐代表人的个人收益可能高达几百万元，保荐机构的分红更是能达到数千万元，在如此巨大的利益诱惑面前，某些保荐人以获取高额的承销费用为目的"只荐不保"，保荐机构对此类现象坐视不管。

3. 惩罚力度过轻

迄今为止，企业无论是欺诈发行上市，还是上市后财务报告有虚假记载和重大遗漏，证监会对上市公司和保荐机构的惩罚力度都过于轻微。在首次公开上市的过程中，企业财务造假的最高罚金是500万元，单看这一数额并不少，但是与上市后给公司带来的回报相比较，却微乎其微。例如在绿大地财务造假案中，对它的惩罚金额甚至还没有银行的存款利息高；对康美药业财务造假处罚后，第二个交易日其股价竟然出现涨停，这表明对康美药业进行处罚后，甚至使得投资者看涨这只股票。

对保荐机构的违法违规行为做出的最严厉处罚，也只是暂停其保荐资格3个月，没收其发行上市项目的业务收入，并处以2倍罚款。从博弈的角度来看，和上市后的巨额利润比较，显然是选择造假的收益更高。保荐机构违规成本低，监管部门惩罚力度小，保荐机构和保荐人的信用制度构建不完善，对保荐机构业务资格缺乏停牌处罚，对保荐人处罚过轻，是造成企业财务造假的重要动机之一，也是诱发道德风险的重要因素之一。

3.2 经纪业务中的主要道德风险形成

证券经纪业务是指证券公司通过其设立的证券营业部，接受客户委托，按照客户要求，代理客户买卖证券的业务。当前，证券行业竞争激烈，证券公司为了降低人力资源成本，在营销人员方面实施证券经纪人制度，采取底薪加提成的形式。经纪人底薪通常较低，为了获得高额提成，向投资者隐瞒风险，对投资者实施欺诈，或诱导投资者做出不利于自身利益的行为。

经纪业务中的道德风险多与损害投资者利益相关，在2005年之前，经纪业务中涉及的道德风险案件较多，主要表现为证券公司分支机构擅自挪用客户资产进行二级市场投资，给行业的声誉带来极坏的负面影响。2005年之后，在证券行业实施信息技术大集中、财务及特殊权限全面上收等机制下，客户资产挪用的情况得到了有效的控制。

在现阶段，经纪业务中涉及的道德风险主要和经纪人制度相关，体现为证券公司经纪人为牟取个人利益最大化，损害投资者的正当利益，概括起来有以下三类：发布误导性信息、诱导客户进行不必要的交易、违规理财行为。发布误导性信息是指证券公司从业人员在投资咨询过程中，故意散布误导性信息，营造某只股票将快速上涨的氛围，以配合私募基金等利益相关方在高位将该股票抛出，牟取高额收益；诱导客户进行不必要的交易是指证券公司经纪人为了获取高额的提成和手续费收入，诱导客户频繁进行证券买卖，或将一笔交易分割成多笔，侵害投资者和证券公司的利益；违规理财行为的具体表现形式包括代客理财、全权委托、约定分享投资收益、保底承诺等，主要是指证券公司经纪人私下与客户达成协议，全权代理客户的投资行为，并约定分享投资收益。除上述主要的风险表现形式外，经纪业务道德风险还包括虚假经纪或销售提成、账外经营、私设小金库等。

3.3 融资性业务中的主要道德风险形成

2010年3月31日，我国资本市场正式启动融资融券交易，这意味着我国证券市场迎来了信用交易的发展模式，为投资者提供了一种新的交易方式。由于信用交易的杠杆作用，收益和损失会被放大，因此从事信用交易的客户普遍比一般投资者有更好的证券研究能力和风险承受能力，这就意味着道德风险的形成基础"信息不对称"会相对减弱，因此证券公司融资类业务中的道德风险发生的概率比一般经纪业务要小。但由于杠杆交易的放大效应，道德风险案件涉及的金额可能会更大。另外，相对于一般经纪业务，融资类业务的资金融出方是证券公司，因此道德风险的受害者既包括投资者，也包括证券公司。

融资类业务中的道德风险主要包括几个方面：诱导不适当的客户进行融资融券交易；为利益对手方融资提供便利；虚假授信，虚增客户担保实力；私下增加或降低客户的融资融券利率等。诱导不适当的客户进行融资融券交易是指，证券公司营销人员为了获取更高的利息收入，违反客户适当性原则，让投资经验、风险承受能力不适宜参与融资融券交易的客户开立信用账户；为利益对手方融资提供便利是指，证券公司员工接受对方贿赂，在项目推荐、尽调、评审等环节弄虚作假，放松审核尺度，违反公司规定，为利益对手方融资提供便利；虚假授信是指证券公司员工私下与客户达成协议，在该客户授信环节作假，给予客户过大的授信或虚增客户的担保实力，此举增大了投资者和证券公司的风险敞口；私下增加或降低客户的融资融券利率是指证券公司员工违反公司制度和客户协议规定，私自调整客户的融资融券利率，利率调低损害证券公司利益。

3.4 投资性业务中的主要道德风险形成

我国证券公司投资性业务中道德风险表现为证券公司法人与投资经理缺乏道德，利用信息不对称做出损人利己的行为。内部根源主要在于委托人缺位、公司激励约束机制不合理，外部根源在于我国证券市场供给侧结构性失衡。

1. 委托人缺位

我国证券公司投资性业务中的资金主要来源于证券公司的自有资金。而证券公司多数为国有企业，证券公司投资业务本应受委托人委托并且收益情况也应当对委托人负责，委托人也有权向资金代理人问责或监督。但实际上，作为受托人的国民无法对证券公司进行问责或监督，证券公司投资也无从向具体实际的受托人负责。因此证券公司委托人的实际缺失，受托责任履行不充分，对证券公司的投资性业务缺乏监督问责。同时，对大多数国有证券公司而言，一旦公司被关闭，坏账会被政府以最慷慨的方式填补，政府为证券公司提供了背书。这种委托人的缺位和权责不对等，是诱发道德风险的因素之一。

2. 公司激励约束机制不合理

我国证券公司投资性业务起步较晚，业务中激励约束机制的建设对业务本身的发展具有长远意义。投资性业务的薪酬激励不够灵活，功利主义制约了考核机制的完善。

在投资性业务中，证券公司按规模收取管理费用，这会诱导投资经理盲目追求投资规模，而不顾及投资风险。证券公司投资性业务的违规体现在投资经理做出内幕交易、操纵市场行为等方面，这与我国证券公司对投资经理的短期考核有直接关系。投资经理的奖金主要来源于一段时间内的投资收益，从中提取一部分利润作为奖金，但时间的跨度小，分季度、半年或者一年，一般不超过一年，短期的考核会诱导投资经理做出短视行为，不顾长远收益。

对于投资经理而言，普通激励也不具有吸引力，对约束的淡漠来源于其在业务中可通过“老鼠仓”“抱团取暖”等方式获得高额收益。相对于丰厚的收益而言，行业对投资经理的惩罚力度较轻，为投资经理缺乏责任心、进行违规操作提供了温床。

3. 我国证券市场供给侧结构性失衡

我国证券市场中产品种类少、质量低，国内很多优质企业在国外上市，比如阿里巴巴、新浪、网易、中国石油等，市场不能根据业务种类、产品的风险收益高低对应于不同接受能力的客户。在适当性制度缺乏的情况下，加上利益的驱使，客户经理会诱导风险承受力与产品本身不匹配的客户进行交易，赚取佣金。此外，由于证券市场中缺少对冲机制，因此市场中投资方向一致，操作策略单一，不同证券公司产品同质化现象严重，投资经理抱团取暖现象时有发生。在只给做多而不给反向做空的条件下，市场缺乏有效约束，为投资经理和上市公司之间合谋欺诈投资人提供了有利条件。

3.5 证券公司治理中主要道德风险形成

由于所有权和经营权的分离，公司管理层往往追求个人利益的最大化，而不是股东利益的最大化，这就造成了代理问题。公司治理的主要目标是公司经理做出决策以最大化公司所有者的利益。然而，在证券公司的治理中，由于治理缺陷，往往会造成道德风险。本节从内部治理和外部治理的角度分析道德风险的形成。

1. 内部治理与道德风险

在我国证券公司成立之初，其中大部分都是由国有银行、政府部门等提供资金。国有资本在证券公司的资本结构中占据绝对优势，一些证券公司甚至全部由国家持股。国有资本投资主体不明确，委托代理关系链过长，各级政府部门逐步委托。除了初始委托人和最终的代理人，每个链中人都有双重身份：他们既是委托人，也是代理人。他们的利益往往不一致，导致政府对公司的强有力地控制和对产权的较弱地控制。经营者仍然由政府选择，低成本投票权使一些内部人员成为经营者；在上市公司的董事会中，内部董事占多数，作为国家代理人的经营者可以完全忽视中小投资者，形成内部人控制。这导致了政府在企业之外行使所有者职能，导致"所有者缺位"。国有资本没有实际的负责人，国有企业没有主体对破产负责。它导致国家或所有公民应享有的利润，被垄断行业的雇员占据和分割。与此同时，上市公司的内部控制程度与资本集中度高度相关。随着资本的不断集中，内部控制程度不断提高。国有股一股独大导致了内部控制现象十分突出。内部控制很容易导致企业利润受到侵蚀，损害股东利益。如果没有外部的有效监督和约束，内部管理部门将承担大量债务以扩大投资，无论风险如何，都会增加企业投资的风险。限制内部人控制的独立董事制度尚未成熟。由于独立董事的薪酬数额仍由雇主的公司决定，因此独立董事难以对公司的决策保持独立公正的判断，也不能减少内部控制造成的道德风险。

2. 外部治理与道德风险

证券业不仅高度国有化，而且隐性垄断现象也十分突出。证券公司存在的过度行政化现象，缺乏限制证券公司的机制，导致证券行业无法形成有效、充分的竞争，使证券公司在垄断市场上获得了大量超额利润。证券市场中行政化现象严重，市场力量对行业的影响较弱。造成这种情况的主要原因是政府对证券公司拥有高度控制权，缺乏职业经理人。核心管理层通常由政府指定，几乎没有公开竞争。产品市场的竞争也由政府控制，形成一个自发的、良性的竞争环境是不可能的。国有股比例过大使得政府可以积极干预上市公司的控制权转移；过度的非流通比例会导致通过转让协议转移控制权；间接包含国有企业会导致控股股东效率低下。控制不能以市场为导向的事实导致国有企业高管的过度集中和不受限制的权力，这可能导致道德风险。此外，我国银行不能直接向证券公司贷款，导致我国证券公司的外部融资渠道狭窄，债务融资额度过低，同时债权人结构不平衡，降低了债权人在证券公司治理中的话语权。股东和其他利益相关方管理的监督和限制作用，导致中国证券公司的政府化更容易受到诸如“内部控制”之类的不良现象的影响。

以上的内部和外部因素易导致公司治理中的道德风险形成。

3.6 证券公司管理中的主要道德风险形成

企业管理是建构在企业“经营权层次”上的一门科学，讲究的就是企业所有权人向经营权人授权，经营权人在获得授权的情形下，以实现经营目标而采取一切经营手段的行为。证券公司管理中的道德风险主要来源于人力资源管理、风控合规管理、财务管理三方面的缺陷。

1. 人力资源管理与道德风险

证券公司高管薪酬不是由市场来制定的，而是由股东大会和董事会集体讨论决定的。现实情况中，董事会成员大部分都由公司高管担任，导致公司高管的薪酬实际上都是由他们自己制定的，即便公司高管不担任董事会成员，他们也会用尽各种方法使得董事会通过薪酬决定，只有董事会成员和公司高管是不同的人时，才能对薪酬水平进行一些限制。根据对2014年至2018年45家证券公司高管薪酬的调查，发现某些高管薪酬高达千万元，表面上这些公司高管薪酬是由董事会和股东大会制定的，实际上是由公司内部人决定的，在这种情况下，容易产生道德风险，使得公司高管在做决策时倾向于自身管理层的利益，对广大中小投资者利益置之不理。

2. 风控合规管理与道德风险

一方面证券公司风险意识淡薄，忽视合规风险控制，由于我国证券行业发展时间较短，在风险管理、风险控制方面都存在很多不足之处，风险控制部门流于形式，不能对公司经营风险做出有效的预防。另一方面证券公司对合规管理缺乏有效的考核，对合规管理缺乏重视，公司仍然以业绩作为考核指标，没有将合规考核真正用于证券公司发展上。

证券公司内部制度的执行力不足，难以保证责任追究效果，部分员工违规现象时有发生，员工无视规章制度的存在，使得岗位职责无法执行到位。员工心存侥幸心理，对违规产生的危害认识不足，一些问题频繁发生。缺乏有效的责任追究制度，合规管理的有效性就会受到挑战，甚至给管理层的违规行为留下空间，容易诱发道德风险。

3. 财务管理与道德风险

证券公司偏好股权融资，在融资策略选择时，股权融资优于债券融资，因为债券融资需要还本付息，而股权融资不需要，只需定期发放股利，可是在我国大部分公司并不发放股利，同时过度股权融资会导致资本使用率不高，并且容易把融到的资金投入与公司主营业务无关的产业中，甚至把募集到的资金投入股市，以此获得短期收入，使得资金没有发挥其原有的功能，扭曲了证券市场资源配置功能。证券公司股权融资的偏好不仅不符合证券公司股东利益最大化要求，也不利于上市公司的成长。股权融资还降低了公司的财务杠杆的比例，不利于公司价值最大化。

因此，证券公司中人力资源管理、风控合规管理、财务管理中的不道德行为，会降低公司效率，引发业务风险，放大市场风险。

第 4 章　证券公司道德风险博弈模型分析

4.1　证券公司与上市公司之间的博弈分析

4.1.1　博弈的假设

第一，证券公司和上市公司都是理性的经济人；第二，上市公司和证券公司之间信息是完全公开的，即证券公司保荐代表人能够通过上市公司的实际财务和经营情况，检查出上市公司的造假行为，同时上市公司也清楚自己造假会被证券公司发现；第三，当上市公司的财务指标无法满足上市要求的时候，上市公司才会出现造假的动机，并且证券公司保荐人不会主动与上市公司合谋造假，只有当上市公司存在造假动机的时候，证券公司保荐代表人才会与之合谋。

4.1.2　博弈模型的建立

1. 博弈参与者

上市公司(A)和证券公司(B)。

2. 博弈策略集合

上市公司的策略{造假，不造假}，证券公司的策略{合谋造假，勤勉尽责}。

3. 博弈的过程

(1)如果上市公司造假但是证券公司勤勉尽责不与之合谋造假，那么上市公司收入就为 0，而证券公司保荐代表人只有辅导收入 C_1，保荐代表人尽职工作的成本是 D。保荐代表人的承销收入为 C_2，那么保荐人正常总的收入为 $C=C_1+C_2$；当保荐人合谋造假时所获得的额外收入为 M；在严监管环境下，当合谋造假被查处后保荐人所受的处罚为 F_1，在不严监管环境下，合谋造假保荐人所受处罚为 F_2，且 $F_1>F_2$。

(2)上市公司造假的成本为 G，上市公司成功上市发行股票获得收入为 N，在严监管环境下，上市公司被查处后遭受的处罚为 I_1，在不严监管环境下为 I_2，且 $I_1>I_2$。

(3)在严监管环境下，合谋造假被查处出来的概率为 P，在不严监管环境下被查处出来的概率为 Q，且 $P>Q$。

4.1.3　博弈矩阵

博弈矩阵见表 5－2 所列。

表 5-2　博弈矩阵

A \ B	监管严格		监管不严格	
	合谋造假	勤勉尽责	合谋造假	勤勉尽责
造假	$[(N-G-I_1)P+(N-G-M)(1-P)]$ $[(C-D-F_1)P+(C+M-D)(1-P)]$	$(0,C_1-D)$	$[(N-G-I_2)Q+(N-G-M)(1-Q)]$ $[C-D-F_2)Q+(C+M-D)(1-Q)]$	$(0,C_1-D)$
不造假		$(N,C-D)$		$(N,C-D)$

4.1.4　博弈模型的分析与求解

1. 分别计算上市公司与保荐人合谋造假的期望收益

(1)严监管环境下上市公司做假的期望收益：E(上市公司)$=(N-G-I_1)P+(N-G-M)(1-P)$；

(2)不严监管环境下上市公司做假的期望收益：E(上市公司)$=(N-G-I_2)Q+(N-G-M)(1-Q)$；

(3)严监管环境下保荐人做假的期望收益：E(保荐人)$=(C-D-F_1)P+(C+M-D)(1-P)$；

(4)不严监管环境下保荐人做假的期望收益：E(保荐人)$=(C-D-F_2)Q+(C+M-D)(1-Q)$。

2. 模型结果的讨论

(1)当在严监管的环境下，上市公司合谋造假的收益受到给予保荐人额外收入 M 的大小的影响，此时令$(N-G-I_1)P+(N-G-M)(1-P)=0$，解得 $M_1=(N-G-I_1P)(1/-P)$，如果上市公司给予保荐人额外收入大于这个值，那么上市公司将不会盈利，他的最优选择是不与保荐人合谋造假。

(2)当严监管环境下，证券公司保荐人合谋造假的收益应该大于勤勉尽责时的收益，此时令$(C-D-F_1)P+(C+M-D)(1-P)=C_1-D$，解得：$M_2=(F_1P-C_1)/(1-P)$，如果上市公司给予保荐人的额外收益小于这个值，那么保荐人将不会与之合谋造假。

所以，只有当 $M_1>M_2$ 时，上市公司与保荐人才可能合谋；否则将不会与之合谋。

(3)当在不严监管环境下，上市公司合谋造假的收益也会受到给予保荐人额外收入 M 的大小的影响，令$(N-G-I_2)Q+(N-G-M)(1-Q)=0$，解得：$M_3=(N-G-I_2P)/(1-Q)$，同样如果上市公司给予保荐人额外收入大于这个值，那么上市公司将不会盈利，他的最优选择是不与保荐人合谋造假。

(4)当在不严监管环境下，证券公司保荐人合谋造假的收益应该大于勤勉尽责时的收益，令$(C-D-F_2)Q+(C+M-D)(1-Q)=C_1-D$，可得：$M_4=(F_2Q-C_2)(1/-Q)$，如果上市公司给予保荐人的额外收益小于这个值，那么保荐人将不会与之合谋造假。

所以只有当 $M_3>M_4$ 时，上市公司与保荐人就可能合谋；否则将不会与之合谋。

综合上述两种情况可知，由 $I_1>I_2$，$F_1>F_2$，$P_1>P_2$，则有 $M_1>M_3$，$M_2<M_4$，从

而 $M_1-M_2>M_3-M_4$。说明在不严监管环境下，上市公司满足保荐人利益后剩下的利益比在严监管环境下要多。即表明监管环境越严，保荐人与上市公司合谋造假的可能性就越小，双方将达到一个[（严格，不做假），勤勉尽责]的均衡；反之，双方合谋的可能性就越大。

通过博弈分析的结论可知，只有严格监管环境，上市公司难以满足保荐人所需的利益，进而才能抑制证券公司与上市公司之间的合谋，避免证券公司道德风险的发生。同时也要加强对上市公司高管和证券公司从业人员的思想道德诚信教育，从源头遏制这种合谋造假现象的发生。证券公司与上市公司之间的博弈分析及其结论也为下文的案例研究提供了理论依据。

4.2 证券公司与投资者之间的博弈分析

4.2.1 博弈的假设

第一，投资者和证券公司都是理性个体，追求各自利益最大化。证券公司为投资者管理和运作资金并从中获益。第二，证券公司和投资者进行各项活动的成本和收益是已知信息。

4.2.2 博弈模型的构建

证券公司和投资人之间的博弈是混合问题，投资人对证券公司的监督是随机的，不会时刻监督也不会完全不监督。投资人从自身利益出发，愿意监督证券公司的行为，但是受自身能力约束和信息不对称的原因并不能完全监督证券公司，所以投资人最好的策略是随机监督，让证券公司无法发现其监督规律。证券公司会随机发生违规行为，让投资人难以监督。假设：证券公司发生违反道德的行为的概率为 p，未发生违反道德行为的概率为 $1-p$，投资者监督概率为 u，不监督概率为 $1-u$。若投资者监督，发现证券公司有违反道德的行为的概率为 r，未发现存在违反道德的行为的概率为 $1-r$。在投资者不采取主动监督的条件下，假定证券公司被监管部门发现违反道德的概率为 q，未被监管部门发现违反道德的概率为 $1-q$。假设：E 为证券公司因违反道德而获得的非法收益，A 为投资人发现违反道德后证券公司的损失，C 为投资人实施主动监督的成本，D 为证券公司被监管部门督查的负面影响。根据以上变量设定，构建博弈模型见表 5-3 所列。

表 5-3 博弈模型

投资者 \ 证券公司	监督（概率 u）		不监督（概率 $1-u$）	
	发现违反道德（概率 r）	未发现违反道德（概率 $1-r$）	被督查（概率 q）	未被督查（概率 $1-q$）
违反道德（概率 p）	$(E-A, A-C)$	$(E, -C)$	$(E, -D)$	$(E, 0)$
未违反道德（概率 $1-p$）	$(0, -C)$	$(0, -C)$	$(0, -D)$	$(0, 0)$

4.2.3 博弈分析

投资者的期望收益：$E_1 = Apru + Dqu - Cu - Dq$；

对 u 求偏导得到：$p = (C - Dq)/Ar$；

证券公司的期望收益：$E_2 = Ep - Apru$；

对 p 求偏导得到：$u = E/Ar$。

结论：第一，投资人实施监督的成本(C)越高，证券公司发生违反道德行为的概率(p)越大；第二，证券公司被投资人发现违反道德后的损失(A)越大，社会负面影响(D)越大，证券公司违反道德的概率(p)越低；第三，证券公司通过违反道德行为获得的非法收入(E)越高，投资人进行监督的可能性(u)越高；第四，证券公司被投资人发现违反道德后的损失(A)越大，投资人发现证券公司违反道德的可能性(r)越高，投资人对证券公司实施监督的可能性(u)越低。

通过以上分析可知，增加投资人监督的渠道，保护投资人遭受损失后的利益追索权，提高证券公司信息披露质量，构建证券公司信誉机制，提升资本市场信息传播速度，有助于降低证券公司违反道德的概率。

4.3 证券公司与监管部门之间的博弈分析

4.3.1 静态博弈模型

1. 静态博弈的假设

第一，监管机构的唯一目标是监督证券公司的违规行为。第二，证券公司试图通过违法行为获取超额利润。第三，证券公司只有两种策略：违规和不违规。第四，已知证券公司和监管机构的成本和收益。

2. 静态博弈模型的建立

在监管机构与证券公司之间建立混合策略博弈模型时，监管机构的策略是进行随机监管，使证券公司无法预测监管机构的行为，不敢轻易违反法律法规。证券公司的最佳做法是随机选择是否违反法律法规，使得监管机构几乎不能发现其中规律并从中获取利润。假设证券公司违规的概率为 p，非违规概率为 $1-p$。监管机构监督的概率假定为 s，非监督的概率为 $1-s$。如果监管机构主动监督，则认为上市公司违反规则的概率为 r，未发现违规的概率为 $1-r$。在监管机构不进行主动监督的情况下，假设证券公司被举报的概率为 q，未被举报的概率为 $1-q$。

设 E 是证券公司违规的收益，A 是证券公司发现违规后的处罚，C 是监管机构实施积极监管的成本，D 是被举报的证券公司的负面社会影响。根据先前的变量设定，静态博弈模型见表 5-4 所列。

表 5-4 静态博弈模型

证券公司 \ 监管部门	监督(概率 s)		不监督(概率 $1-s$)	
	发现违规(概率 r)	未发现违规(概率 $1-r$)	被举报(概率 q)	未被举报(概率 $1-q$)
违规(概率 p)	$(E-A,A-C)$	$(E,-C)$	$(E,-D)$	$(E,0)$
未违规(概率 $1-p$)	$(0,-C)$	$(0,-C)$	$(0,-D)$	$(0,0)$

3. 静态博弈分析

监督部门的期望收益:E(监管机构)$=Aprs+Dqs-Cs-Dq$;

求 s 的导数:$p=(C-Dq)/Ar$;

监管部门的期望收益:E(上市公司)$=Ep-Aprs$;

求 p 的导数:$s=E/Ar$。

分析结论:第一,监管成本越高(C),证券公司违反规则的可能性越大(p);第二,对违反规则的证券公司的处罚(A)越大,社会影响程度越大(D),证券公司发生道德风险的概率(p)越低;第三,证券公司从违法行为中获取的非法收入(E)越大,监管机构监管的可能性越大,对违反规则的证券公司的处罚(A)越大,违反道德风险的可能性(r)越小,监管机构监督的可能性就越小。

根据博弈分析的结论,为降低证券公司发生道德风险的可能性,监管部门应加大对证券公司发生道德风险的处罚力度,证券法需要修改罚款上限 60 万元的不合理规定。同时,加强监管和举报力度,并与监管部门组成联合力量,共同制约证券公司的违规行为。对证券公司与监管部门之间的博弈分析及所得结论为下文的案例研究提供了理论依据。

4.3.2 动态博弈模型

1. 动态博弈的假设

第一,博弈双方的行动时间有先后顺序,他们在自己选择之前能够观察到对方的策略。第二,先是监管者选择监不监督,其次证券公司是否违规,接着监管者是否滥用自己的职权,最后证券公司是否会贿赂监管者。第三,监管者在第一次选择时有进行监督和不监督两种策略,第二次选择时有滥用职权和不滥用职权两种策略。证券公司第一次选择时有违规和不违规两种策略,第二次选择时有行贿和不行贿两种选择。

2. 动态博弈模型的建立

监管者进行监管的成本为 $M_1(M_1>0)$,概率为 P_1,并且会因此提高政府的威信,收到收益 $N_1(N_1>0)$;如果监管者不监督,会损害投资者的利益,政府声誉会受到影响,因此付出成本 $M_2(M_2>0)$。

证券公司违规可以获得 $N_2(N_2>0)$的收益,概率为 P_2;如果被监管者发现,则会受到处罚 M_3,并且由于证券公司违规导致投资者受损,对政府造成一些影响,监管者承担责任 M_4。

监管者滥用职权,概率为 P_3,如果证券公司违规的同时又向监管者行贿,行贿成

本为 $a M_3$ ($0\leqslant a<1$)，只有行贿的成本小于处罚时，证券公司才会进行行贿，监管者获得行贿收入 $a M_3$ ($0\leqslant a<1$)，行贿的概率为 P_4，如果证券公司违规了，但又不进行行贿，监管者会加大对其的处罚，其违法的罚金为 bM_3。监管者滥用职权，使得政府威信受损，因此承担 M_5 成本。

如果监管部门不滥用自己的职权，主动上交行贿的金额 $a M_3$ ($0\leqslant a<1$) 和罚款 M_3，会得到一定的奖励 $c(a M_3+M_3)$ ($0<c<1$)，同时又因为政府奉公守法，其声誉得到了提高，获得收益 N_3。

由以上假设得出动态博弈树如图 5－3 所示，证券公司与监管者的动态博弈收益矩阵见表 5－5 所列。

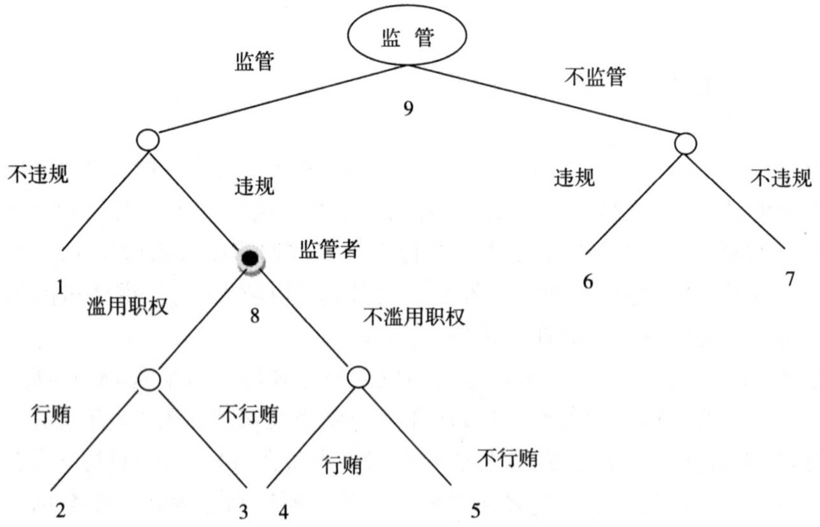

图 5－3 动态博弈树

表 5－5 动态博弈的收益矩阵

序号	参与方收益
1	$(N_1-M_1, 0)$
2	$(N_1-M_1+a M_3-M_4-M_5, N_2-a M_3)$
3	$(N_1-M_1+b M_3-M_4-M_5, N_2-b M_3)$
4	$(N_1-M_1+c(a M_3+M_3)+N_3-M_4, N_2-a M_3-M_3)$
5	$(N_1-M_1+N_3+a M_3-M_4, N_2-M_3)$
6	$(-M_2-M_4, M_3)$
7	$(0,0)$
8	(E_{11}, E_{12})
9	(E_{21}, E_{22})

3. 动态博弈分析

$E_{11}=P_3\times P_4\times(N_1-M_1+aM_3-M_4-M_5)+P_3\times(1-P_4)\times(N_1-M_1+bM_3-M_4-M_5)+(1-P_3)\times P_4\times(N_1-M_1+c(aM_3+M_3)+N_3-M_4)+(1-P_3)\times(1-P_4)\times(N_1-M_1+N_3+aM_3-M_4)$。

对 P_3 求偏导，解得：$P_4^*=(M_5+N_3+cM_3-bM_3)/(aM_3-bM_3)$。

$E_{12}=P_3\times P_4\times(N_2-aM_3)+P_3\times(1-P_4)\times(N_2-bM_3)+(1-P_3)\times P_4\times(N_2-aM_3-M_3)+(1-P_3)\times(1-P_4)\times(N_2-M_3)$。

对 P_4 求偏导，可以求得 $P_3^*=a/b$，进而求得 E_{11}^*，E_{12}^*。

同理 $E_{21}=P_1\times(1-P_2)\times(N_1-M_1)+P_1\times P_2\times E_{11}^*+(1-P_1)\times P_2\times(-M_2-M_4)$。

对 P_1 求偏导，解得 $P_2^*=(M_1-N_1)/(M_1+M_4+E_{11}^*-N_1+M_2)$。

$E_{22}=P_1\times P_2\times E_{12}^*+(1-P_1)\times P_2\times N_2$。

对 P_2 求偏导，解得 $P_1^*=N_2/(N_2-E_{12}^*)$。

分析结论：第一，当 $P_1^*=N_2/(N_2-E_{12}^*)$ 时，监管者监管的概率 P_1 会受到证券公司违规获得收益 N_2 和 E_{12}^* 的影响。监管者监督的概率随着 E_{12}^* 变大而变大，当 N_2 越大，监管者监督的概率就越小。

第二，当 $P_2^*=(M_1-N_1)/(M_1+M_4+E_{11}^*-N_1+M_2)$ 时，M_1 越大，证券公司违规的概率就越大，并且 M_2、M_4、N_1、E_{11}^* 越大，证券公司违规的概率就小。

第三，当 $P_3^*=a/b$ 时，监管者滥用职权的概率随着 a 的比例变大而变大；并且当 b 变小时，监管者滥用职权的概率就会变小。

第四，当 $P_4^*=(M_5+N_3+cM_3-bM_3)/(aM_3-bM_3)$ 时，证券公司行贿的概率随着 M_3 和 c 的变大而变大；M_5、N_3 和 a 越大，证券公司行贿的概率就越小。

根据博弈分析的结论，为降低证券公司发生道德风险的可能性，监管部门应加大对证券公司发生道德风险的处罚力度，《证券法》需要修改罚款上限 60 万元的不合理规定。同时，加强监管和举报力度，并与监管部门组成联合力量，共同制约证券公司的违规行为。对证券公司与监管部门之间的博弈分析及所得结论为下文的案例研究提供了理论依据。

第5章 证券公司道德风险的成因分析

5.1 人的利己主义驱动

5.1.1 利益驱动

人都有利益需求，这本身并不是一件错事，社会也正是因此才能不断发展。但人们在追求利益的过程中难免会产生道德问题，尤其是对于证券从业人员来说，道德风险产生的重要因素就是不能达到利益与道德之间的均衡。由于利益的驱动，人们常常会表现出机会主义的行为倾向，即通过投机取巧的方式为自己获取更多的利益。例如在从事证券经纪业务的过程中，营销人员为了业绩诱导中小投资者开户；在公司IPO的过程中，投行工作人员为了获取巨额提成，对公司某些违法违规行为视而不见，与会计师事务所等中介机构合谋欺诈发行；券商内部的证券分析师为了获取高额佣金，子虚乌有地夸大垃圾股的业绩；证券公司管理者为了自身利益，在ROE(净资产收益率)过低的情况下仍过度圈钱等。为什么证券公司从业人员道德风险问题频发？究其根源就是利益和道德的两难，寻求经济利益意味着在一定程度上可能需要舍弃伦理道德。如果获得的经济利益和遵守职业道德不冲突，自我利益和他人利益或者社会公共利益并不矛盾，违法所得显著低于违规的成本，就不会发生道德风险问题。

上述自利行为产生的利益是狭义上的利益，即经济层面的利益，而广义的利益除了经济利益，还包括政治利益。例如马斯洛的需求层次理论中就提到，人们在满足了生理的需求之后，还会有被尊重的需要，政治利益是凌驾于物质财富之上的利益。证券从业人员的自利行为除了能给他们带来物质财富，在业绩提高后，往往就会得到领导的认可，顺理成章得到升职的机会。在这种利益的驱动下，他们更加有动力做出违背伦理道德的行为。

5.1.2 个人价值观念和道德水平

在众多影响行为主体的因素中，价值观念是无形的，隐含于各种制度规章、政策规定和经营策略之中，难以直观地判断和把握。对于个人来说，价值观扭曲产生的道德败坏行为很难被改变。对于证券从业人员来说，一旦价值观念出现了偏差，认为违背道德获得的利益是正确的，必然会因此产生道德风险。良好的道德水平是指在长期工作中通过相对稳定的自我管理和自我控制形成的道德品质。这种稳定的道德品质不受法规制度的限制或持续合规的约束。

然而，证券从业人员的道德自律与现实生活环境密切相关，只有在良好的实践环境中才能形成道德自律的习惯。在严峻的职业道德环境中，强烈保护投资者利益的行为已经成为一种“孤岛现象”，在整体环境和行业环境混乱的情况下，从业人员很难坚持道德准则。部分内心正直的员工只能选择以痛苦的方式放弃良好的职业道德，即放弃自己的职业良知。虽然整体环境对从业人员的道德认知有影响，但对于道德良知上的放弃，归根溯源还是缺乏自我道德约束的意志力。如果证券从业人员处于不良的行业环境中，仍然能坚持自己的职业道德，这能更好地反映自己的道德境界。从这个角度来看，当证券从业人员失去道德自律时，就等于为道德风险问题打开了一个主观的“门”。

5.2 市场制度与道德风险

相比于中国经济体制市场化改革进程，证券市场制度的变革较为缓慢，这不仅限制了国民经济增长潜力的发挥，同时也增加了道德风险发生的可能性。其中，核准制、保荐人制度、公募基金制度、公开发布研报制度、独立董事制度和职业经理人制度的不完善尤为明显。

5.2.1 核准制

目前的核准制度给予拟上市公司一个误导性信号，即如果各项文件都符合要求，就可以申请发股融资。因此，当拟上市公司的经营业绩在辅导期内大体满足发股上市要求时，主承销商以及其他中介机构便会专注于制作符合合规要求的文件，对直接关系到资金配置效率、上市公司的前途和股市发展前景的重大事项，如公司的业绩、市场竞争力和发展潜力等方面明显重视不足；在将申报材料送交核准程序后，相关审核人员同样是从合规方面审读材料，很少根据主要经济指标的对比结果，让经营业绩、市场竞争力和发展前景等方面靠前的企业先发股融资。目前，股市虽然存在高质量公司，但也有相当多质量较低的公司发股上市。这种情况的发生不仅不能满足股票市场配置资金的内在要求，还会给拟上市公司以及未来准备上市的公司不良的政策导向，增加了道德风险的发生概率。

5.2.2 保荐人制度

保荐人制度规定担任保荐人的券商对已经“扶上马”的拟上市公司要持续承担担保和监督责任，以期在一定程度上降低道德风险事件发生的概率。然而，实践操作中仍然存在“荐而不保”以及保荐过程中的严重利益输送现象。比如为了避免重新参加考试和登记，保全保代资格，保荐代表人在项目的选择上可能会降低标准，从而保证在两年内完成项目发行，这个过程滋生了一系列道德风险，保荐人制度原有的效应发挥被制约，制度本身的缺陷和弊端得以显现。在这种情况下，如果保荐人制度的各项具体细则仍然没有进一步完善，保荐人的市场监管没有持续强化，保荐人权利、义务与责任的对等平衡没有有效维持，道德风险将会持续增加，我国企业的上市效率乃至整个证券市场的有效运行都会受到影响。

5.2.3 公募基金制度

公募基金是我国证券市场的特有现象，在推动证券市场发展的同时也存在一定问题，绝大多数实证分析均指出，公募基金的“羊群效应”是我国证券市场异常波动的根源。公募基金与证券公司联手合谋欺诈现象突出，严重影响了中长期机构投资者以及市场其他投资者的利益，是我国证券公司道德风险形成的重要原因之一。

首先，以募集方式而不是市场功能划分基金类别并分类管理的体制，导致我国公募基金一系列权利与责任的扭曲，契约型基金一家独大；其次，公募基金收入与基金盈亏无关，主要来自固定比例的管理费，所以公募基金更愿意按行业基准或同行排名设定目标，而不是绝对收益；再次，由于市场存在许多不确定因素，为了尽可能地避免声誉损失和投资失败等风险，他们表现出强烈的“羊群倾向”，形成多个利益团体，抱团取暖；最后，现有基金评价体系缺乏科学性，促使基金经理急于求成，普遍重视短期收益，年轻的基金经理们也在“追涨杀跌”中与价值投资渐行渐远。

5.2.4 公开发布研究报告制度

我国目前在管理证券分析师利益冲突方面形成了基本制度框架，但是现行规则体系中仍然存在一部分制度构建缺失，尤其是公开发布研究报告制度，这反映出我们在理念的认识上仍然未能清晰深入。公开发布研究报告是我国引自美国和我国香港早期的向公募基金为主等机构投资者提供咨询服务的业务模式，并得到相关法规认可，为推动我国证券市场的资产定价和价值投资理念的塑造发挥过一定作用，但随后受利益驱动，发生变质。绝大多数实证研究均指出分析师会故意发布低盈余预测并同步调整乐观评级，这种有偏行为通过乐观性评级偏差引导投资者情绪，使资金流入基金“重仓股”，基金经理从中获利。

《新财富》等媒体评选也为分析师提供了强大的外部激励，诱导分析师将更多的精力用于向基金经理提供额外多样化的“软服务”，区别对待机构投资者和中小投资者，分析师和基金经理“合谋”损害投资者利益。上市公司和证券公司在肆无忌惮地欺骗公众的同时，证券分析师也不再对研究报告的主要内容和观点负责，成为摇旗呐喊的帮凶，严重降低了资本市场信息传递的效率。从这个角度来说，证券业协会叫停《新财富》分析师评选是正确且及时的，但并没有从根本上解决问题。公开发布研究报告违背了资本市场“三公”原则，违背了投资者适当性管理制度，易被分析师与基金经理利用，成为证券公司道德风险的重要来源。

5.2.5 独立董事制度

中国证监会 2001 年引入独立董事制度，希望独立董事既能在董事会的决策过程中提供专业意见，又能有力监督内部董事及经理层，降低代理成本，促进绩效提升。然而有时候行为处事首先会考虑到别人的面子，我国证券公司董事会规模普遍较大，平均 10.9 人、最高达 18 人，导致“不得罪文化”盛行。独立董事往往忽略自身职责，过于注重人情世故，选择明哲保身，成为“花瓶董事”。

中国独立董事制度的本身也存在着种种增加道德风险的弊端。尽管外部董事占比较高，但大多是来自股东单位的关联董事，股权结构的高度国有化使关联董事之间的制约机制难以有效形成，多数外部专家是多家公司的兼职董事，对证券公司的经营情况了解不深；目前，独立董事制度具体的配套措施只有中国证监会制定的《关于在上市公司建立独立董事制度的指导意见》，仅有有限的法律效力，如果没有正式的法律规范行权过程，独立董事在低阶效力的指导性文件下难以发挥效力，此外，中国目前也没有明确的法规协调监事会制度与独立董事制度的功能重合问题；经营管理者在让独立董事行使其监督权的过程中，由于激励机制的缺乏也会使他们丧失监督动力，影响监督效果；再者，我国法律仅将独立董事和一般董事的责任笼统地归为一类，但独立董事无论是从职责范围、工作时间还是薪酬分配上都与一般董事相差甚远，他们依然要承担信息不对称情形下的责任，这对于独立董事来说是不公平的；最后，美国投资银行中独立董事占比 80%以上，而我国证券公司独立董事的比例最高不超过 45%，平均仅占 1/3，独立董事的话语权严重受限，监督作用远未充分发挥，最终导致董事会运作质量不高，流于形式，构筑了证券公司道德风险的温床。独立董事不独立是我国证券公司道德风险形成的原因之一。

5.2.6 职业经理人制度

一方面，在完全竞争的经理人市场中，职业化的经理人可以实现自由流动，也就是说经理人在了解市场需求后可以结合自身能力水平，在人力资源市场上的各种企业或某一企业的不同岗位上担任不同职位；另一方面，职业化的经理人的薪金作为其经理人管理公司的报酬，也可视为衡量经理人在经理人市场的价值标准。因此，在一定程度上可以将职业化的经理人看作一种人力资本。若得到市场的认可，其所在公司就会相应提供高薪职位，与此同时，该职业经理人的声誉价值也会有所提升。在公司的正常经营管理过程中，经理人常常因经营业绩不佳而被降低薪酬，有些时候甚至会被其他经理人所取代，这时该经理人的声誉价值和人力资本价值均会受到负面影响。也就是说，一家公司业绩的好坏将会直接影响职业化经理人的去留，而职业化经理人为保留住自身职位和声誉会通过各种方法提高公司业绩和企业盈利能力。公司的委托人常常通过职业化经理人的经营业绩对其进行考核和评价；若公司的经营业绩不理想，委托人则会更换高管，而新聘任的高管为了不重蹈覆辙又会更加努力提高公司经营业绩。因此，职业化经理人管理下的公司业绩会对未来市场价值产生正信号作用。

通常，充分竞争的经理人市场能够通过市场机制对职业化经理人形成强有力的外部约束，并帮助公司选择适合公司管理需要的经理人，同时督促他们勤勉尽责。我国尚未建立成熟的经理人市场，但随着证券市场外部竞争的增强，诸多实证研究证实了证券公司高管的非正常离职与公司业绩逐渐产生一定的关联。相较于外部经理人市场，内部经理人市场有助于公司减少聘用的交易成本，增强专用人力资本的投资，并能够在一定程度上提高公司的凝聚力和向心力。因此，国内学者大多认为内部经理人市场优于外部经理人市场。但我国的证券公司往往具有国有属性，公司内部治理的低效使其难以建立完善、成熟的内部经理人市场。若外部经理人市场的制度缺陷得以弥补甚至消除，通过完善的外部经理人市场倒逼证券公司建立健全的内部经理人市场，产生协同效应，便会使证券公司治理得到极大完善。时至今日，显而易见的是，我国证券业既没有建立职业经理人制度，更谈不上有充分竞争的经理人市场，道德风险随之产生。

5.3 法律监管与道德风险

我国证券公司数量与日俱增，证券经济在我国经济总额中的占比越来越大。伴随着金融自由化的进度不断加深，证券公司取得了不少业绩，但是竞争的加剧导致整个证券行业过度金融创新，证券公司道德风险承担行为也随之增加，特别是在中国这种金融发展相对落后，又缺乏完善的立法和监管的发展中国家尤其明显。

5.3.1 法津法规不健全

1. 法规质量有待提高

经济发展的同时金融犯罪的形式也日益复杂，现代化、智能化的职业犯罪和有组织犯罪层出不穷，现有法律法规建设的滞后性日益凸显。一方面，法律制度在层次与级别上存在滞后性；另一方面，相比于市场行为的变化和市场创新的步伐，立法与正式规则的形成也明显落后。立法机构目前在修订金融法律法规的过程中较为被动，立法技术较弱，通常等到道德风险事件发生后才发现管理上的空白区域，不能在经济发展过程中主动预见并完善，前瞻性不够，通过“堵窟窿、补漏洞”，临时出台政策的情况时有发生；各项金融法规之间缺乏配套与衔接，诸多法规由于表述含混、界定困难，缺乏实施的现实基础，导致在监管或管理上存在空白区域，法治内容缺乏统一性和整体性，科学性与可操作性不够；修法程序有待强化，尤其是强化公民提出修法动议的权利。法律不能时刻反映社会变化，法律的滞后性是法治无法回避的代价，但是我们依然可以通过各种方式提高法律对市场发展的适应性，最大限度地解决法律的滞后性问题。

2. 法律责任过轻

当证券公司发生与道德风险有关的违法行为时，执法机构通常追究行政法律责任多于刑事法律责任，加之过低的处罚金额更使法治的监管效果难以保证，起不到足够的法律制裁和警示威慑的作用。尽管近年来，我国监管部门持续加大市场监管，但违法违规成本低的弊端仍然没有得到根本性的缓解，即使是在实施顶格处罚的背景下亦是如此。与违规者获取的动辄数亿元，甚至数十亿元的利益相比，区区几十万元的罚款简直可以忽略不计，如此的处罚无异于隔靴搔痒。同时，违规成本低的弊端也会“激励”更多的潜在违规者铤而走险。

遏制日益猖獗的道德风险行为是否有成效，最终取决于法律政策能否有效贯彻执行。立法是基础，执法更为关键，监而不督、督而乏力给了与道德风险有关的违法违规行为可乘之机。

5.3.2 监管体制不完善

1. 监管不足与监管过度并存

中国证券市场的监管已取得长足的进步，不可否认，我国监管部门为市场监管工作倾注了大量心血，但在实际工作中，监管越位、缺位和不到位等情况确实存在，使监管成本过高，监管效能和市场透明度降低。除证监会外，财政部、中国人民银行和原国家计委等都是我国证券市场的监管主体，经济人动机的驱动决定了他们规则不一，以各自利益的大小和方向做出监管决策。各个权力阶层的介入使监管职责交叉,力量分散,市场标准混乱,监管不足与监管过度并存。存在形式上集中、实际上监管主体多极化的问题。监管政策在利益制衡的过程中受到干扰,极易诱发道德风险行为。现行监管体制相比于国外证券市场和投融资市场的交易规则仍有不尽人意之处。

2. 监管部门待遇过低与监管制衡不足

我国监管部门待遇与市场主体尤其是金融机构高管相差悬殊也是引发道德风险的因素之一,监管者是否监管以及如何监管可能取决于不同程度的监管行为所带来的效益大小。监管者是有限理性的个人,有自己独立的利益诉求,他们的行为选择受到外界环境的影响,如果监管者受到被监管对象的贿赂,同时监管部门的制度约束软化可能使监管者逃避惩罚,监管部门就可能会选择不作为,其行为决策实际上受到其管理对象选择的影响。

5.4 证券公司治理文化与道德风险

西方的管理思想和理论极大地丰富了管理的内涵,在降低道德风险的管理上取得了一定的成就,但是很多时候,我国古代管理思想更符合我国国情。如果不研究真正适合我国国情的管理思想与治理文化,就无法有效降低证券行业的道德风险。

我国古代的管理思想范围很广,其中,法家、儒家和道家最为深远。法家的理性气质以"人性恶"为出发点,主张"法治"和"严政",秉承有法必依、违法必究、执法必严的原则,抓住人们趋利避害的心理,强调监督和惩罚,主张用制度约束人,用效率激发人,用物质激励人。儒家的核心思想是"仁",儒家式管理以"人性善"为出发点,主张"德治"和"仁政",以人为本、以德服人、以情感人。在管理中运用儒家思想,有利于选拔德才兼备的人才;选拔好人才后,贯彻"用人不疑、疑人不用"的宗旨;管理者强调教化,注重加强员工培训,主张有教无类和诲人不倦,提倡因材施教和循循善诱。道家主张"无为而治",追求以柔克刚和以弱胜强,道家以"寡欲"求本性,主张清静无为,认为功名利禄是身外之物,不宜过分追求,法家主张集权,道家主张分权。在现代管理中,运用道家思想强调抓住主要矛盾,忽略次要环节。

综上所述,儒家强调责任,法家求取功利,道家崇尚自由,历代管理者以儒为本、以法为用、以道求宁。法、儒、道是三种伟大的东方哲学思想,显而易见,目前证券行业的管理者并没有将它们融会贯通,既没有儒家博爱的胸怀和中庸的变通,也没有法家严谨的制度和无私的执行,更没有道家无为而治的智慧和因势利导的手段,道德风险既没有从源头控制,事中事后也流于形式;没有法儒结合,以法为主,健康的投资者文化和内部人文化也没有形成。防范道德风险,是资本市场健康发展的支柱。没有良好的公司治理文化和道德风险防范,证券公司的健康持续发展就没有了根基。

第6章 国外投行道德风险案例分析

6.1 美林证券股票分析师发布虚假信息

6.1.1 事件始末

2001年，美国司法部怀疑咨询顾问和投资银行巨头美林证券公司的分析师为获得更多的投资银行业务，违反职业道德，发布不切实际的价值分析，并误导投资者进行投资。在调查了超过30000封电子邮件和私人文件后，首席检察官埃利奥特·斯皮策公布了调查报告。在20世纪末到21世纪初期间，当股市相对繁荣时，投资银行业务的回报非常丰厚。一些美林股票分析师夸大了垃圾股的表现，并推荐低价值垃圾股作为优质股，形成了对投资者的欺诈行为。斯皮策强烈谴责美林分析师，将此欺诈行为称为“对华尔街最值得信赖的品牌之一的背叛”。

斯皮策认为，在如此严峻的形势下，除了分析师的职业道德沦丧以外，美林证券公司也在其中发挥着重要作用。他在相关报告中表示，“美林证券公司的评估标准是它是否能给公司带来利益，而不是公布报告的真实性和科学性”。他向 Merrill Lynch 发出警告，只有承认他的不道德行为，弥补投资者的损失并完全区分证券分析业务和投资银行业务，美林证券公司才能避免被起诉。

除了美林证券公司收到传票外，其他六家华尔街投资银行也收到了传票。根据《纽约证券法》，美林分析师的行为可被视为欺诈行为。由于此次事件，美林证券公司股价大幅下跌，其市值蒸发超过90亿美元。一旦受到刑事指控，作为华尔街的一家知名公司，美林证券公司将很难保持正常运营。当局进行调查后，美林证券公司主动与多方进行调解，并试图达成协议。

美林证券公司于2002年5月21日与当局达成和解协议。

根据协议，美林证券公司同意完全划分分析业务和投资银行业务，并公布收到股票推荐和享受投资银行服务的客户名单。作为协议的一部分，美林证券公司不承认自己有责任，但该公司同意支付总计1亿美元的罚款，向纽约州支付4800万美元，向其他州支付5200万美元。斯皮策希望和解协议中包含的重组计划将为行业同行树立新的行为标准，并成为华尔街主要改革的前奏。

美国证券交易商协会副主席 Savinto Sodano 表示，“股票分析师的错误信息将给投资者带来一些经济损失，也将大大降低大多数投资者的信心”。而投资者正是市场和经济发展的决定性因素。因此，股票分析师的规范是非常必要的。美林事件的出现促进了美国证券交易所一致通过新规定，规范分析师的行为。分析师的投资行为将受到监管，投资银行将进一步披露被评估公司与分析师之间的关系。这将有助于分析师放弃投资银行业务，并对所分析的行动做出更客观的判断。新规定使投资银行和分析师业务更加透明，从而对投资者投资进行理性分析。

6.1.2 事件分析

美林证券公司是从客户利益出发并享誉全球的证券巨头，应该为资本市场服务，促进金融机构和上市公司投资者的投资选择，但其分析师却发布了虚假信息，建议投资者购买大量垃圾股，给投资者造成严重损失，并获得大量收入。严重的道德风险问题是内部和外部因素的结果。原因如下：

1. 极大的利益诱惑

证券分析师利用美林证券公司的良好业绩和声誉，即使他们发布虚假和误导性信息，投资者也会采纳分析师的意见并依赖公司的信任和监督。分析师从中能获得丰厚的利润和回报，同时很少有投资者验证他们发布的信息的真实性和公正性，这意味着道德风险的成本很低。极大的利益诱惑和违规的低成本是发生道德风险的主要原因。

2. 分析师的独立性较差

由于大多数卖方分析师为证券公司服务，他们向投资者发布盈利预测和评级报告，指导投资者购买他们承销的股票，并从中赚取收入的金额。为了获得高薪和职务晋升，分析师有发布虚假信息的动机，欺骗投资者为他们所服务的证券公司寻求利益。分析师为在工作中提供投资银行服务的上市公司提供有偏见和有利的报告，并且公布的报告存在系统性偏见，侵害了投资者的利益。

3. 内部监控系统不完善

美林证券公司对证券分析师的评级标准不是其评论是否科学，而是其评论是否给公司带来了好处。这种以结果为导向的评估体系导致分析师的行为没有制度监督和限制，只要带来利益的行为都是正确的，这也扭曲了证券分析师的价值观和道德观。

4. 外部监督不足

在美林事件发生后，美国证券交易所批准了新的法规来限制分析师的行为。可以看出，在此之前，外部制度的不完善，缺乏监督和低惩罚力度也为证券分析师的贬损行为提供了机会。与此同时，在道德风险之后，美林证券公司仅支付了1亿美元的罚款。2000年，该公司的年收入达到37亿美元，其非法成本与年收入大不相同，惩罚不能从根本上抑制贬损行为的出现。

6.2 雷曼兄弟投资次级抵押住房贷款产品

6.2.1 事件始末

雷曼兄弟于1850年成立，凭借其创新产品和优质服务，在全球范围内建立了良好的声誉。然而，在高风险抵押贷款危机之后，美国第四大和最负盛名的投资银行于2008年9月15日宣布申请破产保护。

深入参与CDO市场综合(担保债券)和CDS(信用违约掉期合约)直接导致雷曼兄弟破产。此外，美国最大的保险公司——美国国际集团(AIG)和美国的许多金融机构遭受了巨大损失，这与雷曼兄弟惊人相似。

CDS市场是高风险抵押贷款市场的47倍，是美国GDP的3倍。CDS是信用违约掉期合约，该产品的出现使贷款人可以贷款，而不必担心贷款违约而无法收回贷款。这是一场由危机驱动的危机。

危机爆发一年后，社会信贷业绩大幅下滑，雷曼兄弟最终宣告破产。

6.2.2 事件分析

雷曼兄弟的破产体现了当局的无奈。他们不希望被认为参与并帮助那些深陷高风险抵押贷款危机的金融机构。作为美国第四大投资银行，雷曼兄弟在高风险抵押贷款危机中遭受了严重的道德风险，最终申请破产保护。原因如下：

1. 雷曼兄弟的投资策略令人困惑

雷曼兄弟基于美联储与金融机构无形的救助协议，政府肯定会帮助他们，在过热的房地产市场中将不择手段投资并增加财务杠杆以提高回报率。当损失发生时，雷曼兄弟在后来意识到出现错误的情况下没有立即制止这种行为。当美国经济泡沫化破碎时，其持有的资产严重受损。正是这种信任自身将被政府拯救的想法，使雷曼兄弟忽视投资行为的后果，并造成严重的道德风险。

2. 美联储对金融机构的无形救助协议

美联储救助协议导致金融机构无视市场经营发展规则和投资风险，并发行大量垃圾债券导致了大量无利可图的资产。监管体系的缺失和不完善也导致了雷曼兄弟的倒塌。

6.3 巴林银行倒闭事件

6.3.1 事件始末

1992年，巴林银行任命尼克松为新加坡期货交易经理，负责新加坡地区期货交易的事务。巴林银行有一个不正确的账号为“99905”，专门解决因交易过程中疏忽造成的错误，巴林期货错误记录都输入该账号并发送至伦敦总部。1992年7月，伦敦总部的清算官员要求Reisen记录比较小的错误以避免伦敦出现问题。由于中国文化在新加坡的影响，这个“错误的账户”是代表“88888”建立的。

几周后，巴林总部更换了一个新的计算机系统，并重新确定新加坡的所有巴林期货错误记录仍然通过“99905”账户报告给伦敦。因此，错误账户“88888”未使用，但成为一个非常不正确的账户并保留在计算机上。这个账户却被用来进行交易，甚至成了里森赔钱的隐藏所。里森虚构X神秘客户，实质是利用银行资本越权进行期货股权投机，最终导致银行遭受巨大损失。

6.3.2 事件分析

巴林银行作为英国著名的资深贵族银行，由于普通证券交易商的投资行为导致银行破产，虽然其崩盘的原因复杂，但主要归纳为以下几个方面：

(1)交易员的前台和后台工作缺乏相应的功能分离，自行授权和进行交易的能力以及缺乏对商家背景工作的有效管理和监督是他们失败的主要原因。

(2)伦敦的高层管理人员对交易员的行为以及如何处理低风险交易的高利润并未给予足够的重视。

(3)1995年初,人们对巴林银行巨大的"地位"以及市场中客户可能出现的问题存在诸多疑问。虽然高级管理层意识到了这些疑虑,但没有进行任何调查;同时,内部审计师提交的关于运营中存在问题的风险审计报告没有得到应有的重视,巴林银行没有将客户的账户与其自己的商业账户分开,这意味着巴林银行的真正"头寸"未显示在账户中。巴林银行的崩溃充分暴露了银行在风险防范和控制方面的诸多问题。

6.4 案例分析启示

本章分析了三家国外投资银行道德风险的历史、过程、原因和结果。虽然其资本市场与中国资本市场在市场结构、投资者结构或市场条件方面存在很大差异,但这些案例在防范我国证券公司的道德风险方面具有重要的借鉴意义。结合第四章中的博弈分析结果,得出以下启示:

(1)加大对发生道德风险事件的处罚力度。根据博弈模型结果以及美林分析师出现道德风险的原因可知,监管机构对不道德行为的处罚越大,证券公司出现不道德行为的可能性就越低。可见,发生道德风险付出的成本高于其获得的超额利润,加大对道德风险的处罚力度有利于遏制证券公司发生道德风险的可能性。

(2)进一步深化证券公司内部控制制度的改革。证券公司的道德风险与其内部的监控制度不完善、执行不力有着很大的关系。例如美林证券公司以分析师的行为是否能带来收益作为评价标准,这种以结果为导向的评价标准会有很大的可能引发道德风险。因此要建立健全证券公司内部监管体系,将不道德事件遏制在萌芽状态,从内部杜绝不道德事件的发生。

(3)建立多层次的监管体系,实现多方共同管理。由于证券公司违规行为的隐蔽性和复杂性,单靠证券监管机构的监管是不够的。因此,要预防和有效控制违法行为,必须建立由证券监管机构、行业自律组织、中介机构和公众组成的多层次监管体系。

第7章　国内证券公司道德风险案例分析

7.1　XY证券卷入欣泰电气造假案例分析

7.1.1　事件始末

欣泰电气在2009年第一次提交了IPO上市申请的材料时因为自身财务指标原因导致申请失败，后来欣泰电气在第二年申请了IPO上市的时候把保荐机构改成了XY证券，但由于其难以收回应收账款导致公司的财务报表中出现了“经营性现金流为负”“应收账款余额较大”等问题，为了更好地解决应收账款等问题，董事长温某乙找来了总会计师刘某胜寻求好的解决办法，在董事长的暗示下，总会计师刘某胜想到了用自有资金体内循环的方法来虚构应收账款收回，解决了应收账款问题后，总会计师刘某胜又利用红字冲销增加应付账款和预付账款来调整经营现金流量，最后在利润方面，欣泰电气通过少计提原材料成本来虚增利润，就这样在总会计师刘某胜的“帮助”下，欣泰电气的账面变得十分完美。

虽然公司自身财务指标达到了IPO要求，但是会计师事务所和保荐机构很容易就查出其中的问题。为了解决这个问题，欣泰电气董事长与会计师事务所负责此次IPO审计项目的负责人合谋，在最终的审计意见方面，会计师事务所给予了欣泰电气无保留意见的审计报告；同时，欣泰电气董事长也给予XY证券保荐代表人丰厚的保荐收入，使得欣泰电气财务方面问题蒙混过关，就这样欣泰电气通过这一系列的操作，在2014年成功上市。

但是上市后，欣泰电气的造假行为仍有发生，上市后一年，辽宁证监局对欣泰电气进行现场检查时就发现了一系列财务数据不真实等问题，随后证监会开展了历时一年多的调查，证实了其欺诈发行上市和财务舞弊等问题。

7.1.2　事件分析

欣泰电气造假事件致使欣泰电气成为创业板市场成立以来唯一一只被强制退市的股票。但即便这样，证券市场中造假案例仍然层出不穷。因为这样做可以给上市公司高层管理者带来巨大的收益，同时证券公司也为了高昂的承销费，完全不顾自身的原则，损害广大中小投资者的利益，从而发生道德风险。在欣泰电气造假事件中，可以看出主要原因有以下几点：

1. 利益驱动

欣泰电气之所以造假不外乎利益二字，股票市场中“新股不败”的发行制度，让欣泰电气根本不怕股票卖不出去，同时公司股价在上市后必然会大涨，会给企业及其高管带来巨大的财富，面对这样巨大利益的诱惑，欣泰电气铤而走险，通过造假等手段来达到上市的要求。欣泰电气最终发行价是16.31元/股,公司的董事长和一些大股东身价暴涨,从中获得了巨额的收益。

欣泰电气之所以可以造假成功,并且成功IPO上市,作为保荐机构的XY证券也有一定的责任。XY证券在整个行业还是比较知名的,可是在欣泰电气IPO过程中却没有展现出自己应有的水平。为了快速获得高昂的保荐收入,XY证券对欣泰电气难以收回的应收账款情况也没有进行认真的核查,在对欣泰电气的银行存款进行核查时,大额的资金进出按要求是需要和银行进行核实的,XY证券也没有向银行进行函证。在巨大利益的驱动下,作为主承销商的XY证券,对于欣泰电气IPO过程中弄虚作假的情况,选择睁一只眼闭一只眼。

2. 造假成本低

导致欣泰电气IPO造假、保荐机构XY证券与之同流合污的另一个重要原因就是证券市场监管机制不够成熟,对于违规的保荐机构处罚力度太轻,导致保荐机构对于低廉的造假成本无动于衷。资本市场中造假成本低的案例就有绿大地IPO造假,只被处罚了60万元;造假数额巨大,造假手段高明、影响极其恶劣的万福生科(现改名为佳沃股份),却最终没有被强制退市,依旧活跃于创业板中。而在此次造假的欣泰电气及其保荐机构XY证券,证监会对他们的罚款与他们所获得的利益严重不对称。欣泰电气通过造假成功上市,募集资金超过两亿元,而欣泰电气及相关责任人只受到证监会给予的1907万元的处罚,其罚款才占IPO上市募集金额的8%。XY证券只被没收了保荐业务和承销股票违法所得,并被处60万元的罚款,而作为此次IPO上市的主要负责人只是被处以30万元的罚款。造假成本太低是促使公司和个人铤而走险的重要原因。

3. 监管不足

中介机构未尽到自己应尽的责任。欣泰电气在上市过程中,除了自身要保证发行上市材料的真实可靠之外,作为保荐机构的XY证券也要共同保证其材料的真实性。可是XY证券的保荐代表人并没有担起自己应尽的监督义务,对欣泰电气的造假行为熟视无睹。同时,由于XY证券作为欣泰电气发行上市的监督者,非但没有保持自身的独立性,还对欣泰电气给予一定的帮助,从而给其欺诈发行提供了机会。

政府监管不到位。欣泰电气是辽宁省丹东市的一家企业,在其上市前,当地只有三家上市公司,当地政府为了自己政绩、推动当地经济的发展,不仅没有审核出欣泰电气IPO发行过程中的问题,还给予了许多政策上的优惠补贴,帮助其应对证监会的审查。发审委审查的时候也没发现欣泰电气的造假问题,只一味地关注其公司财务指标是否符合上市的要求,并没有对其申报材料的真实性进行审查,这些都给欣泰电气欺诈发行提供了机会。

民事赔偿机制不健全。在此次事件中,即使保荐机构XY证券及时设立了先行赔付基金,但是其赔付方案是由XY证券自己制订的,并且也没有询问广大投资者的意见,其赔付制定程序也不公开、不透明,从而难以保证赔付方案的公平、公正,进而难以合理保证广大中小投资者的利益。

7.2 HL 证券销售债券索要回扣案例分析

7.2.1 事件始末

HL 证券副总裁孙某霞在企业债市场中被称为“债市一姐”，孙某霞正是借助“丙类户”的方式从宏源证券收取回扣，而债券销售交易部总经理侯某鹏则在中间提供了炯宇公司、丰佳公司、金利永盛公司三个丙类户账户。

孙某霞等人便以“溢价分销”索要回扣的方式销售券商发行的企业债，让债券销售交易部总经理侯某鹏来处理，叶某通过与侯某鹏商量参与债券分销和商讨返还回扣等事情，主要是以低价买入、高价卖出的方式，来将其中的差额收益留到侯某鹏提供的三个丙类户账户，通过这种方式，孙某霞等人共获利 7681 万元。

此类事件主要是金融机构与民营企业内外勾结，债券从业人员利用自己的职务之便，以低价卖给民营企业，再高价回收，赚取中间的差价，损害金融机构的利益，严重危害债券市场的稳定发展。

7.2.2 事件分析

红极一时的“债市一姐”孙某霞被立案调查，出乎所有人意料。其先后任职于国信证券和 HL 证券，只要是她任职的公司，该券商的企业债主承销业务便会十分出色，优异的业绩背后却有着不可告人的原因。随着案件的揭露，孙某霞等人正是以“溢价分销”索要回扣的方式销售这些债券，从中谋取高额的“好处费”。

此次债市风波将证券公司的证券部推向了舆论焦点，债市反腐、打黑等席卷了全国各大金融机构和市场，发生此类事件的原因主要有以下几点：

1. 丙类账户监管缺失

原本丙类账户是为了让银行间市场吸引更多的机构投资者，活跃市场交易，但是丙类户的监管相对松散，在银行间市场也滋生了一些灰色地带。因为丙类户市场准入门槛较低，所以为利益输送提供了空间。同时，丙类户规定不允许直接参与债券交易，必须通过甲类户的账户进行代理结算，所以便由一些商业银行代理交易结算，导致在交易记录上很难发现。孙某霞等人便是利用丙类账户监管的缺失来索要回扣，进而达到利益输送的目的。

2. 银行间市场债券交易制度的漏洞

股市的交易方式是集合竞价，而债券市场中的交易方式与之并不相同，债券市场中的报价机制主要是两个交易者在场外一对一通过打电话等工具，去商量债券的交易事宜，然后他们商量好一个合理的价格，再一起到规定的系统里面完成约定好的交易。同时，只要他们约定好的价格符合规定的价值范围内，就不用向有关监管部门汇报，但如果约定的价格超过或者低于其规定的 2%或者 3%，就需要向监管部门报备。这样的机制就为利益输送提供了空间。此事件中哈尔滨银行就和丙类户公司炯宇公司协商债券的价格，虽然低买高卖的幅度很小，但由于债券交易额度都是以亿元为单位的，即便是看似正常的 0.1%的交易差价，也给丙类账户输送了巨额利益。

7.3 GF 证券突击入股案例分析

7.3.1 事件始末

东方国信的实控人管某平、霍某平在2009年向GF证券咨询有关上市等事宜，由投行部的张某阳、陈某兵等人承担此次IPO项目。张某阳承担起保荐代表人的职责，投资银行部总经理的钮某明作为此次项目的负责人参与东方国信IPO。

2009年9月，投资银行部副总经理刘某和东方国信董事长商议，以东方国信增资需求为借口，要求入股东方国信，而东方国信董事长为了企业能够顺利上市便同意与GF证券等人进行利益捆绑，张某阳、钮某明分别以100万元各入股25万股，陈某兵以60万元入股15万股。2009年10月，张某阳又以东方国信需要资金补缴实际控制人管某平、霍某平的个人所得税为由，再次入股东方国信，并安排自己的朋友入股，最终事件败露。

7.3.2 事件分析

GF证券的张某阳、钮某明、陈某兵三人为了牟取高额利润，在东方国信上市前利用其特殊的身份突击入股，将自身利益与拟上市公司利益进行捆绑，违背了保荐机构专业人员的独立性，损害了广大投资者的利益，使得GF证券发生了严重的道德风险，危害了证券市场的稳定。GF证券的三人突击入股IPO公司的主要原因有以下几点：

1. 创业板的高市盈率

如今创业板的高市盈率使得越来越多的人把资金投入IPO项目，甚至连禁止参与股票交易的证券公司从业人员也不惜违背《证券法》的规定，把自有资金投入IPO项目，就是因为创业板是人们眼中的“造富机”，公司的股价在上市后都会暴涨，从而使得公司股票的持有人获得超额的利润。此次事件中，在东方国信上市前，张某阳三人仅以4元/股的价格增持东方国信200万股，而在帮助东方国信成功上市后，其发行价格为55.36元/股，仅仅前后一年的时间，张某阳等三人便获利4000多万元。

2. 保荐人制度不完善

保荐人制度是我国在2004年设立的，其初衷是通过保荐人能够对自己所保荐的项目承担法律责任，这样便使得上市公司的质量有一定的保证，可是从最近几年的实际情况来看，一部分保荐人没有认真履行自己的责任，甚至违反了相关法律，危害了证券市场的秩序，从而违背了设立保荐人制度的初衷。尤其是当市场中保荐人稀缺，越来越多的公司想要IPO上市，这就使得保荐人在一定程度上能够决定一家公司能否成功上市，保荐人就可以凭借自己手中的权力，在公司上市前入股，甚至向拟上市公司索要股份，强行将自身的利益与上市公司的利益进行捆绑，以获取高额股权回报，加大了证券公司从业人员发生道德风险的概率。张某阳等三人就是利用自用的职务之便，在东方国信上市前，持有其200万股，并自称是所谓的“行规”，让保荐人制度形同虚设。

3. 处罚力度太轻

目前，对于证券专业人员违反规定的行为，中国证监会仅没收违法所得和给予行政处罚，因此参与活动的证券专业人员违法成本与违法收入相比非常低。虽然证券从业人员已被禁止在中国进行股票交易，但仍有许多证券从业者认为买卖股票是行业的“默许规则”，证券监管机构对这种行为也是持有默许态度，这无疑促使了证券公司道德风险的发生，使得证券腐败的现象层出不穷。

7.4 GTJA天价薪酬案例分析

7.4.1 事件始末

2008年，股票市场低迷，交易量叠创新低，国内的各大证券公司纷纷采取降薪、裁员等方式来应对在股市中遭受的损失。然而，GTJA证券却反其道而行之，大幅度提高员工的薪酬水平以及相应的福利费，当年，GTJA的薪酬支出较年初预算增长57%，达到了32亿元。

根据GTJA员工人数来算，GTJA年均人收入达到了100万元，引起了行业甚至社会的广泛关注。据调查，该公司当年大多数部门均未完成年初制定的目标，其中经纪业务、零售客户收入和证券投资业务的完成率分别只有62%、61%和－9%，在各部门目标未完成的情况下依旧大幅度涨薪，严重违背了市场规律。其次，GTJA是国有控股企业，上海国有资产经营有限公司持有GTJA 25%以上的股权，为第一大股东，其天价薪酬的行为严重地损害了大股东的利益。特别是GTJA高管薪酬与基层员工的工资相差甚远。2009年2月5日，上海市国资委及市金融工委召开专门会议，讨论GTJA巨额薪酬在社会各界产生的影响。

7.4.2 事件分析

在治理完善、薪酬分配合理的公司中，公司高管的薪酬取决于他对公司的贡献及其创造的价值。当公司业绩不佳且利润下降时，公司高管理应对此负责，承担相应的责任甚至辞职。然而，GTJA在业绩下滑和大部分目标未完成的情况下大幅提高薪酬，反映了金融企业所有者职位空缺、薪酬制度、绩效考核以及收入分配不公等问题。

1. 所有者缺位

在一些国有企业或国有股份制企业中，由于缺乏监管，高管的薪酬仍然由高管自己决定。这种制度上的缺陷往往导致企业高管利用自身职务之便，随意给自己制定薪酬，损害国家利益。回到GTJA的事件上，如果控股公司上海国有资产管理有限公司有效履行自身的职责，加强监管，就不会有天价薪酬的现象发生。

2. 薪酬制度不合理

薪酬机制应该以市场为导向，与绩效挂钩。但是，我国大多数证券公司高管薪酬几乎与公司业绩无关。当公司高管的薪水与他们的绩效水平无关时，公司高管治理公司的积极性就会大大降低。例如，在GTJA各部门业绩下滑的情况下，公司内部高管的薪酬却没有下降。其次，高管的权利和义务并不平等，公司高管享受着高薪的待遇，却不用承担公司亏损的责任；当公司盈利时，他们分享公司的利润；当公司陷入困境甚至破产时，公司高管却不需要承担连带责任。

7.5 案例分析的启示

本章前四节通过对国内案例进行分析，可以看出在巨大利益的诱惑下，证券公司管理者和从业人员利用自身职务之便、制度的漏洞，为自身谋求不合法利益，违反职业道德和法律规定，给广大投资者带来了损失。结合第四章中的博弈分析结果，得出以下启示：

(1)严格监管，加大处罚力度。根据博弈模型分析结果及欣泰电气 IPO 过程中保荐机构 XY 证券出现道德风险的原因可知，要加大监管机构查证的范围和频率，只有对保荐人的处罚力度远远大于其合谋造假时的收益，保荐人才不会与上市公司合谋造假，才能有效避免保荐人道德风险的发生。

(2)加强系统监控，完善银行间债券市场交易监管机制。不断完善债券业务管理信息系统功能，加强债券交易对手、交易价格、债券评级等业务监控与留痕，及时对投资业绩进行对标考核和归因分析，对交易价格明显偏离、投资回报率低于市场平均水平等异常情况进行监控与分析。改变银行间的询价式交易存在信息披露不充分、价格公布不及时、交易行为不公开等现状；全面停止和丙类户的业务合作，斩断利益输送链条；加强对代持等行为的监管。

(3)畅通举报渠道，认真查办道德风险问题线索。证券公司应畅通举报渠道，对于收到的各类问题线索由公司指定专门部门统一集中受理，所有问题线索都要按照信访制度相关规定进行分类处置、认真查办，做到件件有检查、件件有反馈、件件有落实。

(4)完善激励机制，加大长期激励的比重。加强股权激励，允许公司高管在一定时期内持有本公司的股票，让高管享受股权增值收益，追求长远利益，避免在短期内做出对公司不利的机会主义行为；国有企业高管薪酬水平要与企业社会绩效好坏紧密挂钩，高管薪酬的制定要与公司的长远发展战略相结合，同时注重薪酬激励与所有权激励、声誉激励的有效结合，促使高管关注社会绩效，考虑其他利益相关者。

第8章　结论与政策建议

8.1　结论

课题组通过问卷调查、文献归纳、博弈分析和案例分析等方法，总结了我国证券公司道德风险防范的现状和存在的问题，深入剖析了我国证券公司道德风险产生的主要原因，得出以下四点研究结论：

1. 我国证券公司道德风险防范刻不容缓

证券公司是资本市场最重要的中介机构之一，证券公司本身也是道德风险高发地。我国证券业自上而下制定了诸多防范措施，但是道德风险行为此起彼伏，屡禁不止。

我国证券公司各主营业务、公司治理与管理中充斥着道德风险问题。证券市场中的道德风险事故使证券市场运行成本增加，资金集聚到实施不道德行为的少数投资者手中，严重破坏了证券市场优化资源配置的功能。资本市场频频发生的欺诈事件，使投资者蒙受巨大损失，打击了广大投资者对市场的信心。证券价格变化本来反映国民经济发展状况，道德风险事故让证券价格失真，证券市场的晴雨表功能被削弱。此外，道德风险事件有可能引发金融危机，造成金融市场的不稳定。证券公司道德风险与资本市场系统性风险紧密联系，防范刻不容缓。

2. 我国证券公司道德风险原因复杂多样

我国资本市场成立时间相对较短，不完善的法律制度、不严格的监管与惩罚、不健全的内控体系与激励机制，导致证券公司道德风险时有发生。

我国证券公司产生道德风险的原因，主要包括契约不完备、金融法律法规和监管惩罚制度不健全、缺乏良好的信誉机制、舆情监控不到位、市场制度和治理文化存在缺陷等。证券市场制度变革严重落后于中国经济体制市场化改革的步伐，成为道德风险产生的重要原因之一，其中，核准制、保荐人制度、公募基金制度、公开发布研报制度、独立董事制度和职业经理人制度的不完善尤为明显。

现阶段证券公司道德风险防范措施之所以效果不佳，是因为没有抓住主要矛盾。从表面来看，我们可以将证券公司道德风险归咎于人的利己主义与公司治理文化，但从根源上说，证券公司道德风险与市场定位、市场制度的完善和法律监管的缺失息息相关。影响道德风险的因素复杂多样，它们相互独立又相互影响，如果我们不能对产生道德风险的原因做出准确分析与判断，那么道德风险的防范措施就会治标不治本，也就无法防范道德风险的发生。

3. 我国证券公司道德风险防范根本上取决于制度完善与强监管

我国证券公司在各主营业务、公司治理和管理中都有风险点。从道德风险的原因分析中可以看出，风险主要来源于市场制度层面、监管惩罚层面及治理文化层面。防范道德风险主要从上述几个方面入手。课题组在证券公司与监管部门的博弈分析及证券公司与上市公司之间的博弈分析中，得出监管部门处罚力度越大，证券公司违规概率越低；监管环境越严格，上市公司与保荐人合谋的可能性越小的结论。在对国外投行及国内证券公司道德风险案例研究中得出共性结论：不完善的内部监管体系、外部监管的不足、处罚力度小、造假成本低以及丰厚利益的诱惑等原因增加了证券公司的道德风险。

因此，防范道德风险根本上取决于制度完善和强监管，以降低证券公司发生道德风险的概率，将证券公司道德风险对公司、投资人和市场的损失最小化。

4. 证券行业文化建设中道德风险防范应作为重中之重

健康良好的文化是证券行业行稳致远的立身之本，服务实体经济的内在要求，全面深化资本市场改革的重要保障，防范金融风险的有力抓手，加强证券行业文化建设迫在眉睫。本课题案例充分体现了证券基金行业周期性强、人员流动大、归属感弱、价值取向多元，极易发生道德风险问题，因此在证券文化建设过程中要充分考虑行业特点，尤其要将道德风险防范作为重中之重。

要加强从业人员职业道德建设，倡导追求高尚道德情操，树立正确的世界观、人生观、价值观和利益观；着力培育行业廉洁文化，保持清清爽爽、规规矩矩的共事关系、客户关系，构建“亲”“清”新型政商关系，为客户创造价值、以客户为中心而不是自己优先，提高公司治理透明度，形成合理均衡的考核机制和长期激励约束机制，促进形成良好的市场生态和健康的行业文化。

8.2 政策建议

道德风险防范是一项复杂的系统工程，需要从基础制度修订、加大惩戒力度、加强公司文化和内控建设、把好选人用人关、运用科技手段监测等方面着手，从法律上、制度上和手段上构建证券公司道德风险防控体系。

8.2.1 完善并加强证券市场制度体系建设

1. 践行党的初心与使命，从投融资两端同时入手，重塑股票市场利益机制

新时代资本市场践行党的初心与使命，必须深入学习贯彻习近平总书记关于资本市场的一系列重要指示批示精神，始终牢记全心全意为人民服务的根本宗旨，全面贯彻新发展理念，站稳资本市场监管的人民立场，不断满足经济社会发展和人民群众日益增长的财富管理需要。

资本市场核心是一个投融资的专业市场，投资者和融资者相互依存、相互作用。践行党的初心和使命，必须从融资端和投资端同时入手，兼顾好服务实体经济和保护投资者合法权益。针对我国股票市场上存在的利益不公问题：①减少发行市场在收入分配上的负面效应；②严格原始股东及战略投资者二级市场出售股票的条件；③加大力度完善上市公司的内部职工持股制度。

2. 打造高质量的信息披露平台和手段，实现从核准制向注册制的全面过渡

首先，修改《中华人民共和国证券法》等相关法律法规，建立健全法律制度，提供法

律保障，让发行股票的权利回归市场，是否购买股票由投资者自行决定，并承担相应的责任，同时政府的职责是维持市场秩序。其次，放宽公司上市的财务指标，允许更多的企业能进入资本市场进行融资，以便缓解企业融资难等问题。最后提高信息披露质量，注册制就是以信息披露和尽职调查为核心，营造高质量的信息披露环境，打造高质量的信息披露平台和手段，有利于防范证券市场的道德风险。

3. 加大保荐制度改革

第一，明确界定保荐机构和保荐代表人之间的责任。现实情况中，监管机构只对保荐代表人给予处罚，保荐代表人所在的机构却不用承担责任，导致保荐代表人的素质高低决定了上市公司的质量，对于保荐违法行为，不仅要给予保荐代表人重罚，同时也要给予其保荐机构等同的处罚甚至更大的处罚。第二，实行保荐人终身负责制。学习国外证券市场的做法，要求保荐人对其保荐的上市公司的质量终身负责。第三，完善符合我国国情的证券民事诉讼体制机制，降低投资者诉讼成本。建立民事赔偿机制，当投资者利益受损时，规定证券公司要给予相应的民事赔偿，强化保荐机构的民事责任。

4. 建立健全证券市场信用制度

道德风险的根源在于信息不对称，因此应构建有效的信息披露机制，让资本市场参与者能掌握更多用于投资决策的信息，从源头上降低机会主义滋长的风险。因此，建议完善资本市场诚信记录共享机制：一是建立诚信数据黑名单制度，将失信人员纳入诚信负面清单，使其一处失信、处处受限；二是建立统一的资本市场诚信数据库（证券、保险、信托等），以联席会议的形式实现信息共享，推动资本市场中央监管信息平台建设，将全行业对失信行为的处罚信息统一录入诚信数据库；三是优化、升级现有的诚信查询平台，为公众查询提供便利，现有的"证券期货市场失信记录查询平台"可进一步扩大查询范围，接入前述数据库的信息，使公众可在该平台查询证券公司及从业人员在资本市场所有的诚信记录。

5. 改革公募基金管理制度

防范基金业的道德风险，需要大力发展公司型基金，加大对基金管理公司的治理，只要对外公开募集，就应该实施强制性信息披露，引导建立科学合理的评价方法。基金市场制度的改革也必须坚持市场主导的发展模式，允许一些非金融机构、非国有企业的参与，扩大基金托管人的队伍，在基金市场中形成适度的竞争。建立基金融资制度，通过托管行给予基金短期融资，减少其诱发式道德风险的发生，同时允许基金管理公司发行短期商业票据、参与同业拆借。

6. 改革分析师研究报告发布制度

《投资者适当性管理办法》明确规定，证券期货机构在向投资者销售产品或者提供服务的过程中，应全面了解投资者情况，深入调查分析产品或者服务信息，基于投资者的不同风险承受能力以及产品或者服务的不同风险等级等因素，提出明确的适当性匹配意见，将适当的产品或者服务销售提供给适合的投资者。分析师研究报告作为专业性较强、具有直接投资建议性质的信息产品，显然不适合面向所有投资者公开，尤其是通过媒体传播，面向中小投资者，也不利于防范分析师道德风险，建议有关制度明确规定分析师研究报告只能向签约客户定向发送，而不是对所有投资者公开。

7. 完善多空平衡机制,加大退市力度,明确国家救市制度

虽然我国已推出融资融券、股指期权期货等交易品种,但品种过少与高成本和高门槛仍将使投资者望而却步,也使市场失去了自我调节价格波动的能力。真正有效的双边市场是改善我国资本市场交易机制的第一步,减少卖空限制能够提高市场定价效率,充分利用对冲机制有效化解潜在的风险,对风险较大的投资项目反方向做一笔对冲交易。对造假公司、连续亏损公司严格执行退市制度,根据关键指标,依次对其实施退市风险警示、暂停上市和终止上市的措施,并逐步取消退市风险警示制度,建立更加灵活的转板机制。当发生重大金融风险时,发挥我国社会主义制度的独特优势,通过国家出台的救市措施来保持证券市场的稳定和繁荣。

8. 建立职业经理人制度

加快制定《国有企业职业经理人监督管理暂行条例》,完善与经理人制度相关的法律法规。明确国有企业职业经理人的主体资格及权利义务责任,参照社会化的职业经理人职业资质评价制度,确定国有企业职业经理人主体资格。明确国有企业职业经理人的职权及其职权的来源和授予方式,并同时明确其对外职权。应当确立国有企业职业经理人对第三人的损害赔偿责任承担制度。与此同时,建立国有企业职业经理人市场制度,建立健全市场化培养机制和市场准入退出制度。

9. 提高独立董事比重,强化独立董事的独立性

提高独立董事比重以期能够更大限度地制约经营者的决策行为,达到监督制衡的目的。同时我国应该建立全国性的独立董事行业组织,对有意成为独立董事候选人的人实行考试制度,积极培养竞争性的独立董事人才市场。上市公司选聘独立董事可以依据自身需求与独立董事职业协会共同选聘相关独立董事,确保独立董事应聘流程独立于公司管理层,以保持其独立性。

10. 放开证券从业人员持有股票,允许开展代客理财业务

放开证券从业人员依法合规持有、买卖股票,开展代客理财的条件已基本成熟。一是立法时机已经具备,现行的《中华人民共和国证券投资基金法》第 17 条已经对基金从业人员持有、买卖股票做了立法尝试,为进一步放开证券从业人员持有、买卖股票奠定了立法基础。二是政策基础已经具备,党的十八届三中全会《中共中央关于全面深化改革若干重大问题的决定》明确提出允许混合所有制企业实施员工持股,支持国有控股上市公司实施股权激励,这为证券从业人员持股和买卖股票提供了重要的政策支持。三是监管基础已经具备。允许证券从业人员在合理合法范围内持股、开展代客理财,有利于活跃市场,培育财富管理业务,也有利于证券公司长期有效激励约束机制的构建和稳定的利益共享及风险共担机制的形成,从而有利于证券行业的长期、稳定发展。

8.2.2 大幅提高资本市场违法违规成本,建立长效报酬激励机制

1. 尽快修订《中华人民共和国证券法》《中华人民共和国公司法》《中华人民共和国刑法》,提高道德风险的处罚力度

依法从严惩治申请发行、上市等环节易产生的各类欺诈和腐败犯罪。对于发行人与中介机构合谋串通骗取发行上市,以及发行审核、注册工作人员以权谋私、收受贿赂

或者接受利益输送的，依法从严追究刑事责任。压实保荐人对发行人信息的核查、验证义务，保荐人明知或者应当明知发行人虚构或者隐瞒重要信息、骗取发行上市的，依法追究刑事责任。依法从严惩治违规披露、不披露重要信息、内幕交易、利用未公开信息交易、操纵证券市场等的金融犯罪分子，严格控制缓刑适用，依法加大罚金刑等经济制裁力度。我国当前的法律制度仍然不够完善，例如对上市公司信息披露违规的顶格处罚为 60 万元，处罚力度太轻，处罚的成本与违法取得的收益严重不匹配，导致此类现象屡禁不止。建议尽快修订《中华人民共和国证券法》，大幅度提高对上市公司违法违规行为的处罚力度，对违法公司或个人罚到倾家荡产、罚到身败名裂。由于《中华人民共和国证券法》与《中华人民共和国公司法》《中华人民共和国刑法》中的许多条款有关联之处，因此应同时完善《中华人民共和国证券法》《中华人民共和国公司法》《中华人民共和国刑法》，加大打击力度，最终使得公司或个人不敢违背法律、不能违背法律、不想违背法律，实现对资本市场的有效监管。

2. 建立有利于防范道德风险的长效报酬激励机制

目前我国证券公司偏重于短期激励是诱发道德风险的主要原因之一。想要控制这种道德风险必须完善长期激励即持续动力机制问题，报酬中真正具有长期激励性作用的部分主要是经营者的股票（期权）收入和企业年金，应加强员工工资中这两部分收入的比重。员工在为企业创造价值的同时，也要同时提高他们对公司的责任感和积极性，这样才能有效地防范道德风险，以实现企业的长期目标。

8.2.3 提炼证券公司治理文化，完善证券公司内部控制体系

1. 加强员工思想政治和职业道德教育，建立道德风险防控手册

入职前的思想道德教育对于将要入职的员工来说是必不可少的，这能使他们从最开始就了解证券行业的职业操守，形成良好的职业道德，应当在入职前统一组织准员工开展职业道德教育，并加以考核。对于已经入职的员工来说，由于熟悉公司内的各项规章制度，职业道德观念已经固化，所以统一的道德教育可能效果不佳，需要先对不同部门的员工进行测评，从业务能力、工作态度等方面加以评判，判断他们可能在哪些环节出现问题，进而确立有针对性的培训内容和手段。相关部门应当定期组织员工观看道德风险相关视频，并阐述其中的利害关系。收集行业内正反面案例，建立道德风险防控手册。

2. 加强证券公司文化建设

首先应倡导诚信的经营理念，将诚信理念和诚信精神放在证券公司文化建设的核心地位。开展诚信从业的相关教育，包括大力宣传教育，开设案例培训、反面警示教育，此外应加强企业责任文化的建设，让每位员工都有一定的责任意识，将责任明确到个人，避免各部门、人员之间推卸责任。这有利于协调各利益相关者之间的关系，全面、细致地为客户规避可能出现的风险，推动整个证券行业的长久发展。

3. 完善证券公司内部控制制度

应当结合我国证券公司不同的发展情况，强化外部的审计监督机构的职能，加强外部机构对于公司内部控制效果的评价，并且根据评价的结果对各部门实施奖励和惩罚措施，确保内部控制制度能够顺利、高效地实施。同时要组织相关部门对实施效果

进行不定期的评估，根据评估的结果找出公司内部控制方面存在的缺陷，及时改进以加强内部控制的执行力度和准确性。此外，还要明确各个部门的具体职责，确保各部门在工作中的独立性，避免上级权力过大，或者越级干涉内部控制的实施，保证各部门能够高效地完成其内部控制职责。最后，建立畅通内部人举报制度、对核心岗位轮岗与强制休假制度等。

8.2.4 将道德风险指标纳入用人选人制度，实行一票否决制

道德风险产生的重要主体之一是从业人员，证券公司应将员工廉洁和诚信水平与其入职、晋升、考核、调岗、离职等进行全程挂钩，尤其对关键岗位、关键人员从源头上把好用人选人关。从员工招聘环节开始，关注对其从业履历的核查，包括个人诚信档案；组织员工参加诚信从业考试，督促和提高员工坚持客观公正、诚实守信、廉洁自律的工作态度；员工提拔晋升必须核查个人重大事项，考察个人诚信记录；关键岗位员工离职必须进行离任审计，公示离职信息。

8.2.5 运用大数据等科技手段，加强道德风险行为监测

道德风险具有一定的隐蔽性，但是只要有交易就会留下蛛丝马迹。需要吸收新技术，运用大数据、云计算、区块链等手段，对交易行为进行监测，找出关键时点的异常交易，如利用内幕交易在信息公开前买入股票、一人操纵多个账户、关联方之间交易、"老鼠仓"、债券交易价格偏离度过大，以及建立诚信数据库等，对此进行大数据分析，发现异常及时跟踪，让隐蔽的违规行为无处遁形，对道德风险违规者形成强大威慑。

参考文献

[1] Byford M C. Moral Hazard in Strategic Decision Making[J]. International Journal of Industrial Organization, 2017, 55: 114 - 136.

[2] Ryan B, Alex K. Securitization and Moral Hazard: Evidence from Credit Score Cutoff Rules [J]. Journal of Monetary Economics, 2014, 63: 1 - 18.

[3] Angelova V, Regner T. Can a Bonus Overcome Moral Hazard? Experimental Evidence from Markets for Expert Services [J]. Journal of Economic Behavior & Organization, 2018, 154: 362 - 378.

[4] David C. B, Shaun W D. Moral Hazard in Active Asset Management[J]. Journal of Financial Economics, 2017, 125(2): 311 - 325.

[5] Tomasz P, Mark M. Westerfield. Optimal Dynamic Contracts with Moral Hazard and Costly Monitoring[J]. Journal of Economic Theory, 2016, 166: 242 - 281.

[6] Sara M, Georges D. Securitization and Optimal Retention under Moral Hazard[J]. Journal of Mathematical Economics, 2014, 55: 74 - 85.

[7] Alexander E S. Teams with Moral Hazard and non - Verifiable Quality Assessment [J]. Economics Letters, 2015, 136: 88 - 91.

[8] John A N. The Economics of Moral Hazard Revisited[J]. Journal of Health Economics, 1999, 18 (6): 811 - 824.

[9] Michael M, Martine Q. Normative Properties of Stock Market Equilibrium with Moral Hazard

[J]. Journal of Mathematical Economics, 2006, 44(7): 785 - 806.

[10] Riccardo C, Wolf W. Dispersed Initial Ownership and the Efficiency of the Stock Market Under Moral Hazard[J]. Journal of Mathematical Economics, 2004, 42(1): 36 - 45.

[11] Jaeyoung S, Xuhu W. A General Equilibrium Model of a Multifirm Moral-Hazard Economy With Financial Markets[J]. Mathematica Finance, 2015, 25(4): 827 - 868.

[12] Douglas G. Equilibria and Pareto Optima of Markets with Adverse Selection[J]. Economic Theory, 1996, 7(2): 207 - 235.

[13] Marcos B L. Moral Hazard and General Equilibrium in Large Economies[J]. Economic Theory, 2001, 18(3): 555 - 575.

[14] Clas B, Ellen T. Price Differentials Between Different Classes of Stocks: an Empirical Study on Chinese Stock Markets[J]. Journal of Multinational Financict Management, 2001, 11(4): 407 - 426.

[15] Utpal B, Hazem D. The World Price of Insider Trading[J]. The Journal of Finance, 2002, 57(1): 75 - 108.

[16] Luis H, Braido B. General Equilibrium with Endogenous Securities and Moral Hazard[J]. Economic Theory, 2005, 26(1): 85 - 101.

[17] Jon E F, Michael R C. A Little Skin in the Game: Reducing Moral Hazard in Joint Liability Lending through A Mandatory Collateral Requirement[J]. Journal of Economic Behavior and Organization, 2019, 164: 199 - 214.

[18] Michael B. Multiple Losses, EX ANTE Moral Hazard, and the Implications for Umbrella Policies[J]. J Risk Insur, 2005, 72(4): 525 - 538.

[19] Derek K Y C, Michael F, Bin S. Leases with Purchase Options and Double Moral Hazard [J]. Journal of Business Finan & Accounting, 2006, 33(9 - 10): 1390 - 1401.

[20] Eskander A, Seife D. On Attenuation of Moral Hazard in Risk Sharing in Poor Urban Economies[J]. International Economic Journal, 2008, 22(4): 431 - 444.

[21] Jacob N S, David A S. Moral Hazard, Discipline, and the Management of Terrorist Organizations [J]. World Politics, 2011, 64(1): 39 - 78.

[22] Christos I G. Information Acquisition in the Presence of Asymmetries in Risk Aversion[J]. The Journal of Economic Asymmetries, 2012, 9(2): 1 - 9.

[23] Moises A R F, Terrance M. Hurley. Information Asymmetry and Traceability Incentives for Food Safety[J]. International Journal of Production Economics, 2012, 139(2): 596 - 603.

[24] Ivan M, Bryan W H, Petra C. Using Private Management Standard Certification to Reduce Information Asymmetries in Corrupt Environments[J]. Strategic Management Journal, 2012, 33(9): 1103 - 1113.

[25] Libby T, Mathieu R, Robb S W G. Earnings Announcements and Information Asymmetry: An Intra - Day Analysis. [J]. Contemporary Accounting Research, 2002, 19(4): 449 - 472.

[26] Shimizu Y. Moral Hazard and Legal Regulation in the Financial Market: Japan, East Europe and China[J]. Journal of Asian Economics, 2003, 14(1): 23 - 33.

[27] Koufopoulos K. Optimal Securities under Adverse Selection and Moral Hazard[J]. Journal of Mathematical Economics, 2009, 45(5 - 6): 341 - 360.

[28] Miller M H, Weller P A, Lei Z. Moral Hazard and the US Stock Market: The Idea of a 'Greenspan Put'[J]. Cepr Discussion Papers, 2001, 112(478): 171 - 186.

[29] Kalckreuth U V. A "wreckers theory" of Financial Distress[J]. Discussion Paper Series 1:

Economic Studies,2005.
[30] 何基报．证券交易中违法违规行为的监控研究[J]. 证券市场导报,2002(10):60-65.
[31] 何基报．证券交易中违法违规行为的类型、特征及其监控研究[R]. 深圳证券交易所综合研究所．
[32] 姚禄仕,吴宁宁．基于 LSV 模型的机构与个人羊群行为研究[J]. 中国管理科学,2018(7):55-62.
[33] 黄运成,曹里加,李杨．我国证券公司治理缺陷的根源及其出路[J]. 金融法苑,2005(2):1-11.
[34] 蒋贤峰,等．中国证券市场主要违法违规行为的识别和防范研究基于内幕交易与价格操纵的案例分析[R]. 深圳证券交易所会员研究成果,2005.
[35] 靳明．证券市场业绩操纵与监管分析[J]. 南开管理评论,2000(6):60-62.
[36] 李扬,何德旭．经济转型中的中国金融市场[M]. 北京:经济科学出版社,1999.
[37] 刘守芬,王小明．关于制裁内幕交易罪的研究[J]. 北京大学学报(哲学社会科学版),1994(5):30-37.
[38] 罗培新,等．证券违法违规惩戒实效与制度成本研究[M]. 上海证券交易研究中心:上证研究二〇〇五年法制专辑．上海:复旦大学出版社,2005(11).
[39] 毛志荣．信息披露违规处罚实际效果研究[R]. 深圳证券交易所 2002 年 4 月深证综研字第 0054 号．
[40] 施东晖,傅浩．证券市场内幕交易监管:基于法和金融的研究[R]. 上证联合研究第三期课题报告,2002.
[41] 汤立斌．信息披露违规上市公司特征的实证分析[J]. 统计研究,2004(5):30-32.
[42] 陈晓,王琨．关联交易、公司治理与国有股改革——来自我国资本市场的实证证据[J]. 经济研究,2005(4):77-86+128.
[43] 吴世农,卢贤义．我国上市公司财务困境的预测模型研究[J]. 经济研究,2001(6):46-55+96.
[44] 吴晓求,许荣,解志国,等．构建以市场透明度为核心的资本市场秩序[J]. 中国人民大学学报,2004(1):33-41.
[45] 游士兵,吴圣涛．中国证券违法犯罪的实证研究[J]. 证券市场导报,2001(6):16-20.
[46] 曾欣．中国证券市场道德风险研究[M]. 成都:西南财经大学出版社,2003.
[47] 曾长虹．证券欺诈行为原因的经济学分析[J]. 经济管理,2003(16):85-91.
[48] 张弘．上市公司违规特征及处罚有效性研究[R]. 深圳交易所第八届会员研究成果,2006.
[49] 张礼庆．非对称信息条件下基金的道德风险[J]. 证券市场导报,2005(2):33-36.
[50] 单树峰．行为金融理论中的投资者行为[J]. 国际金融研究,2004(3):15-20.
[51] 赵向琴．金融机构的行为伦理和金融市场效率[J]. 厦门大学学报(哲学社会科学版),2003(9):101-106.
[52] 丁瑞莲．金融机构的伦理冲突及其伦理治理[J]. 道德与文明,2010(10):98-103.
[53] 封思贤．我国证券公司风险管理体系研究[J]. 当代经济管理,2006(2):57-62.
[54] 冯玉明．我国证券公司有效风险管理体系探讨[J]. 证券市场导报,2006(1):63-68.
[55] 陈工孟．我国证券监管有效性的实证研究[J]. 管理世界,2005(7):40-47.
[56] 曾康霖．习惯的思维与理性的落差——简议道德风险与逆向选择[J]. 中国金融,2006(20):74-74.
[57] 毕秋香,何荣天．证券公司风险评估及指标预警系统设计[J]. 证券市场导报,2002(10):48-51.

[58] 郝旭光，贺小刚，张嘉祺．证券监管机构与上市公司的博弈分析[J]．中央财经大学学报，2013(8)：19－23.
[59] 胡建绩，陈立，陈连权．证券投资者保护基金的道德风险及控制[J]．商业时代，2007(9)：70－71.
[60] 沈冰，周杰．中国证券市场内幕信息操纵监管的博弈分析[J]．财经问题研究，2017(9)：54－60.
[61] 李婷婷，丁庭栋．非对称信息下证券公司道德风险定价模型的研究[J]．北京工商大学学报(社会科学版)，2007(5)：37－40.
[62] 孙志强．浅析我国证券公司的道德风险[J]．市场周刊(理论研究)，2009(2)：91－92.
[63] 车亮亮．金融道德风险发生机制的多维透视[J]．华中科技大学学报(社会科学版)，2014，28(1)：73－79.
[64] 王叙华，程杲．证券公司融资行为中的道德风险与对策——委托代理视角[J]．世界经济情况，2005：25－27＋33.
[65] 李国义，潘鹏杰，冯玉军．证券市场中的道德风险控制机制研究[J]．商业经济，2007(1)：85－87.
[66] 周军，李泽广．证券化金融创新与“次级债”危机的道德风险机制[J]．现代财经(天津财经大学学报)，2008(1)：42－46.
[67] 白雪梅，石大龙．中国金融体系的系统性风险度量机[J]．国际金融研究，2014(6)：75－85.
[68] 张帆．金融风险中的道德风险[J]．哲学研究，2000(3)：20－23＋79.
[69] 卢现祥．漫谈市场经济中的“道德风险”[J]．哲学动态，1996(7)：25－27.
[70] 张卫国，罗军，吴丙山．风险投资中的可转换证券与双重道德风险研究[J]．管理科学，2005(2)：27－32.
[71] 张新立，王青建．风险投资家的最优激励契约模型研究——一种基于逆向选择和道德风险条件下的博弈模型[J]．财经研究，2006(5)：126－135.
[72] 庞文瑾．信贷风险管理中的道德风险及其防范模型[J]．金融与经济，2002(01)：37－38.
[73] 吴秀君，王先甲，楚扬杰．防范道德风险的博弈分析和契约设计[J]．运筹与管理，2005(2)：91－94.
[74] 奚玉芹，王金桃．激励与约束：风险投资中的道德风险防范[J]．科学学与科学技术管理，2001(2)：49－52.
[75] 马永斌，刘昱珩．恶意收购的演变及其道德风险防范[J]．金融理论与实践，2018(12)：83－89.
[76] 阳旸，刘霞．金融监管中的道德风险探究[J]．伦理学研究，2018(6)：98－101.
[77] 车亮亮．道德风险真的与道德无关吗——基于法伦理学视角的认知[J]．北方法学，2017，11(6)：104－111.
[78] 项峥．道德风险是金融市场重要隐患[N]．证券时报，2016－12－29(A03).
[79] 程红，汪贤裕，郭红梅，等．道德风险和逆向选择共存下的双向激励契约[J]．管理科学学报，2016，19(12)：36－45.
[80] 曹元芳，王若平．国外对金融道德风险研究的前沿理论及防范经验[J]．国际金融研究，2006(6)：70－74.
[81] 徐新，邱菀华．道德风险与基于委托-代理理论的最优保险契约模型[J]．系统工程理论与实践，2001(3)：26－30.

专题六

证券公司服务实体经济高质量发展研究①

摘　要

党的十九大报告指出:“要深化金融体制改革,增强金融服务实体经济能力,提高直接融资比重,促进多层次资本市场健康发展。”如何全面发展金融行业,加强金融服务深层次、多角度创新,是新时期我国资本市场发展过程中的重点问题,也是加快落实金融推动实体经济步伐的重中之重。由于受到国内外经济环境、新冠肺炎疫情等方面的冲击和影响,国内经济发展仍面临较大压力。金融行业如何在新形势下服务实体经济发展亟待探索与实践。证券公司作为其中的重要参与主体,对推动实体经济高质量发展负有无可推卸的责任。因此,针对证券公司如何服务实体经济高质量发展的研究具有重要的现实意义。

首先,课题组通过国内外文献研究发现稳定的金融体系与实体经济呈正相关关系,金融的发展与实体经济呈一般相关以及二者不能协调发展的反向抑制关系,同时也发现国内外专门针对证券公司与实体经济发展关系的定量研究不多。在国家经济快速发展和加快变革的大背景下,经济结构的革新日新月异,这不仅给证券行业带来了新的发展思路与模式,同时也带来了新的问题和风险。尽管证券公司在推动实体经济高质量发展中发挥了重要作用,但也暴露出不少问题,因此探究证券公司如何更有效地服务实体经济高质量发展意义重大。

其次,课题组在阐述实体经济高质量发展的表现和困境基础上,介绍了证券公司主要业务及其对经济发展的重要作用,并深入浅出地分析了证券公司如何服务实体经济高质量发展。进而通过收集整理我国证券公司服务实体经济高质量发展的数据,总结了证券公司 IPO 业务、债券业务、并购重组业务、“新三板”业务、直投业务和创新投业务在服务实体经济发展中的成就,分析了我国证券公司当前业务规模和发展趋势,指出我国证券公司在服务实体经济高质量发展中存在投行业务缺乏诚信现象时有发生、投资业务效率较低、经纪业务欺瞒违规屡禁不止、对中小企业融资服务效率不高等问题,并对其形成原因进行了定性分析。从外部原因看,主要因为直接融资比例仍有

---

① 中国证券业协会 2020 年重点课题(2020SACKT028)

课题组:合肥工业大学证券期货研究所　国元证券股份有限公司
课题负责人:姚禄仕　俞仕新
课题组成员:廖圣柱　孙　强　赖海峰　刘　涛
姚元嘉　舒　宁　辛韫哲　张盛鹏　孙　杰

待提高、市场监管体系不完善、缺乏做空机制；从我国证券公司自身角度看，主要因为核心竞争力尚需提升、自身发展质量亟须增强。

再次，运用实证研究方法，对证券公司服务实体经济高质量发展的三大重点业务（IPO 业务、直投业务和并购业务）的实际效果和影响进行了定量分析。研究表明，我国 A 股上市公司在 IPO 之后的经营绩效整体而言低于 IPO 之前；证券公司直接投资企业上市后的长期回报率虽然优于无直投背景企业，但无证券公司直投背景企业上市后三年的财务绩效反而都优于具有证券公司直投背景企业；上市公司完成并购业务后的财务绩效整体而言非但没有明显提升，反而逐年下降。

最后，在总结前文研究结果基础上，为促进证券公司更好地服务实体经济高质量发展，针对性地提出了八条政策建议：①继续坚定不移地大力发展直接融资；②积极贯彻、严格执行新证券法，尽快完善多维度惩戒制度；③加强信息技术应用，切实做好信息披露工作；④重视机制和产品创新，加快推出新型交易机制和金融产品；⑤推进证券公司合并重组，打造旗舰航母；⑥加大国有企业改革力度，完善证券公司治理；⑦逐步放宽证券公司准入门槛，引导中小证券公司特色经营；⑧持续推进和完善社会征信信用体系建设。

第1章 引言

1.1 研究背景及意义

1.1.1 研究背景

实体经济是一国经济的立身之本、财富之源。一个国家要提高竞争力,归根到底要靠实体经济,同时,实体经济又与金融不可分割。习近平总书记指出:"金融是实体经济的血脉,为实体经济服务是金融的天职,是金融的宗旨。"建立与完善以发展实体经济为目标的金融服务路径已经成为新时期我国经济发展的重点领域。但是目前,由于受到来自国内外经济环境、新冠肺炎疫情等方面的冲击和影响,国内经济发展的稳定性受到了较大威胁,面临着空前的挑战。尤其是处于经济换挡过程中,现有金融系统可能无法及时适应我国经济发展的步伐,在转方式、调结构的进程中阵痛不断。金融行业如何实现稳增长、调结构、促改革、惠民生、控风险,服务实体经济发展亟待探索与实践。

证券公司作为金融市场中的重要参与者之一,是实现实体经济高质量发展的重要推手。过去的经验及结果显示证券公司的发展与改革为我国实体经济发展贡献了力量。在推动实体经济良性发展的进程中,其主要手段包括为大中型企业首次公开发行(IPO)、再融资、配股等提供直接融资渠道;发挥中介服务功能,为企业资产证券化以及并购重组等方面提供财务咨询;提供直接融资中介服务,为金融市场参与者提供多元化以及差异化的金融服务,提供具有聚焦性的全生命周期的金融解决方案;扩大实体经济直接融资规模和比例,为上市公司运行与发展保驾护航,为提升实体经济高质量发展的稳定性与速度注入强大的动力。

2019 年以来,金融供给侧结构性改革、科创板与注册制的发展、再融资的放开、"新三板"的革新、"两融"的扩展、"深改 12 条"、《中华人民共和国证券法》的落地、生产要素市场化配置等与我国资本市场和证券业发展密切相关的改革举措陆续推出,均以"打造一个规范、透明、开放、有活力、有韧性的资本市场"的中心思想为发展导向,以落实金融服务实体经济为驱动而进行变革与转型。放眼当下,新冠肺炎疫情危机又重创了各国实体经济,生产困难、消费萎靡、投资中断、国际贸易陷入停滞。然而,正如金融危机催生出了共享经济,疫情危机中蕴藏的实体经济发展机遇也逐步显现。近段时间以来,我国以有效手段控制疫情,为实体经济复苏争取了宝贵时间。当下,我国证券公司更应该不断提高服务能力,转"危"为"机",在中介、资本、资本中介业务领域,通过给予有效且精准的金融服务,在为实体经济创新发展创造契机的同时,也为实现经济社会发展目标任务贡献力量。

1.1.2 研究意义

经济发展与金融服务二者已经紧密相连,学术界早已对此进行大量研讨。学者

Schum Peter 是最早论证这一结论的人，1911 年他发现银行加强对优质性企业的融资，可以进一步增强这些企业的创新能力，以达到促进经济增长的目的。2008 年金融危机以后，关于金融和实体经济的关联研究开始兴起，但仍停留于理论分析层面，有关证券公司在其中的关系、作用及职能发挥的实证研究不多。基于此，本课题试图通过规范分析研究结合实证分析我国证券公司促进实体经济高质量发展的实际效果，以期对现有研究进行深入和补充。

金融支持并促进实体经济发展是近年来尤其是新冠肺炎疫情发生以来金融业肩负的重要历史使命。从目前的发展及研究现状来看，在宏观层面，国内实体经济的转型与发展取得了举世瞩目的成就，但仍存在一些问题，主要体现在居民储蓄与投资相互转化的机制有待进一步提高，相当部分的闲置资金无法有效置于生产经营活动中，一定程度上限制了实体经济的发展；在中观层面，金融体系支持企业转型升级发展还不够充分；在微观层面，仍有大量实体企业获得金融行业的专业服务及支持的难度较大，一定程度上制约了其高质量可持续发展，限制了其在激烈的竞争中发展壮大。作为金融系统的重要参与者，证券公司对服务实体经济高质量发展发挥了重要作用，但也不可避免存在一些问题，创新证券公司业务发展模式、证券公司经营管理变革将会有利于更好地服务实体经济高质量发展，对我国证券行业乃至金融系统的发展也具有重要的指导意义与实践价值。

本课题聚焦证券公司服务实体经济高质量发展的作用，理论联系实际，研究证券公司服务实体经济高质量发展过程中存在的不足及其原因，针对改善证券公司自身结构、完善业务模式等方面的发展提出一系列政策建议。对于发挥证券公司在服务实体经济高质量发展中的先锋带头作用，促进资本形成，提升上市公司质量，完善风险机制，深化金融体制改革，提高金融服务实体经济能力，无疑具有极为重大的理论与现实意义。

1.2 文献综述

1.2.1 国外文献综述

学者 Goldsmith(1969)通过对 35 个国家的发展经验以及货币资金的分配研究，发现了金融发展在经济进步中的重要协同及促进作用。McKinnon(1973)和 Shaw(1973)选取发展中国家作为研究样本，同样得出解放金融抑制对深化实体经济增长正向作用的重要结论。Kindle Berger(1974)通过对金融稳定与经济增长的关联性进行研究，发现稳定的金融体系会促进经济平稳健康的发展。Greenwood 和 Jovanovic(1990)指出稳定的金融系统能够有效降低市场经济体系下的信息不对称现象，与此同时改善资源配置不当之处，并降低交易成本，进而引导实体经济长期健康发展。King 和 Levine(1993)不仅研究了金融市场与经济增长的关联，同时还将股票市场作为重点研究对象，对该市场在其中所发挥的作用进行了深入研究。Pagano(1993)基于内生金融理论和模型的运用，阐释了金融机构对宏观经济在信息传递和资源配置中起到的促进作用。Obsffeld(1994)从风险承担的角度阐述了金融业的稳定会承担并分摊风险，以达到稳定经济发展的作用。Merton 和 Bodie(1995)认为，金融系统对于实体经济的促进发展可以通过改变金融机构的业务模式进行加强。同样地，学者 Berthelemy(1996)基于内生金融理论的视角也发现了闲置资金投资金融业与实体经济发展的相互促进作用。Eric(2000)以 1961—1996 年我国台湾金融自由化和工业成长为原型，给出了金融发展与经济增长的理论模型，结果表明，金融供给领先版本的外部性系列与金融变量高度相关。Levine 等人(2000)进一步证实了金融发展与经济增长之间的因果关系。Ang(2008)的研究结果表明，金融机构制度的完善性与经济增长呈正相关关系。

Méon 和 Weill(2010)以 1980—1995 年 47 个发达国家和发展中国家为样本，研究金融中介机构的发展是否影响宏观经济技术效率。研究发现，除金融深度外，金融中介机构的发展与效率的提高一般相关。Rousseau 和 Wachtel(2011)对 1960 年至 1989 年这段时间的部分国家进行了研究，并未得到金融机构对经济发展的显著的促进或者抑制效果。

Jonathan 和 Tenenbaum(1994)提出由于金融业对实体经济发展的挤出效应，实体经济和金融业两者不能同步发展，实体经济发展显著滞后于金融行业，且会明显受制于金融业的发展。Michael D. Bordo(2008)以 2008 年美国的金融危机作为研究背景，提出了金融机构对实体经济的抑制效应。Ductor 和 Grechyna(2011)通过对 1970 年至 2010 年的 89 个发达国家与发展中国家的比较研究发现，国家经济的持续稳定需要实体经济与金融行业的协调，但金融机构的发展并不能按照理想情况大范围扩张。Cecchetti(2012)同样也通过对比发达与新兴国家经济发展的面板数据，表明了金融增长过快和金融泡沫对于经济发展的挤出效应和效率抑制影响。

1.2.2 国内文献综述

我国证券公司自改革开放后开始发展，1990 年沪深交易所成立后开始快速扩张，对我国经济发展做出了重要贡献。随着实践经验的逐步积累，我国学术界对于金融发展与经济发展，特别是证券公司发展对于经济增长影响的研究成果日益丰富。

谈儒勇(1999)较早就提出了金融与经济发展的关联关系，并指出前者可以显著促进后者。陈双和王庆国(2012)在前人研究基础之上，改进了研究方法，利用内生增长模型验证了证券公司的规模化发展对社会资本的优化配置效应，通过降低资源消耗达到提升投资收益的目的，最终增强经济发展力水平。仲崇文和吴甦(2014)利用长短期格兰杰因果关系检验方法，对样本期间样本公司的季度数据进行了详细分析，得出了证券公司对实体经济影响的长短期关系的结论，即不论长期还是短期，二者均呈现显著的正相关关系。同样的，陶文依美(2014)从我国金融行业发展的现存问题入手，也得到了上述的正向关系。

刘霞辉(2004)通过概率模型分析了金融与实体经济的相关关系，发现短期投资的不平衡性会严重影响经济发展的不平衡性，而长期看来，二者呈现相辅相成的关系，必须要协同发展才能充分发挥促进实体经济高质量发展的重要作用。曹源芳(2008)对过去十年进行了月度情况的分析，将上证指数与工业增加值分别作为金融业以及实体经济的代理变量，并运用协整检验以及格兰杰因果检验验证了二者之间并没有长期稳定的相关影响，进而表明我国金融行业在促进实体经济发展的过程中并未有效发挥作用。

曹啸和吴军(2002)运用格兰杰因果关系检验分析了我国金融市场对经济发展的作用和影响，得出我国债券与股票市场均未与实体经济增长产生显著的关系和影响。郭承伟(2010)通过回归模型对金融发展与实体经济的发展状况进行了实证分析，最终得出两者之间并没有很明显的相关性，两者不能协调稳定地发展。

李扬(2012)认为评价金融发展的重要维度是实体经济的发展状况。邱兆祥和安世友(2012)认为，金融发展有赖于实体经济的发展，因此要依托于实体经济并遵循其发展规律，实现金融发展源于实体经济进而服务于实体经济的重要发展改革路径。宋子峰(2017)认为，脱实向虚是导致国家经济发展停滞、不能抵抗外部风险的重要且关键原因之一。李扬(2017)认为，金融若想达到服务实体发展的作用，就要有效发挥并创新其资金媒介、平衡供需、降低转换成本的重要作用。蔡则祥和武学强(2017)搜集了我国2008年至2015年各个省份的金融与经济发展数据，运用Tobit和FGLS估计法对二者的关系进行了实证分析，提出了开放金融程度以及降低政府集权度的重要政策建议。张林和张维康(2017)同样根据大量的样本数据，实证研究发现在一定时间和空间范围内，从全要素生产效率的角度看，金融并没有有效促进实体经济的发展，并且随着金融行业规模的逐步扩张，金融业务与实体经济之间的负相关关系逐渐显著。陈道富(2018)提出，去杠杆的作用并不能一味地被放大，金融业要想有效发挥提升实体经济发展水平的重要作用，还要依托于金融系统的自我完善、矛盾的自我解决以及功能价值的自我实现。邱兆祥(2019)认为，金融业要主动求变，既不走金融过度的道路，也拒绝金融抑制的发展，要在创新中谋求升级，在优化中实现解构与重构；金融业不仅要实现自身的改革与转型，还肩负着与实体经济发展关系转型的重要使命。陈舜(2019)认为，新时期下，我国金融业的发展应该重点关注如何建立多层次、多领域的资本市场，这是完成金融改革的关键步骤，也是实现实体经济快速且高质量发展的重要抓手；作为金融中介的重要主体，证券公司肩负着天然使命，如何将有限的资金合理分配到各职能部门，提供高水平、全方位的优质服务，引导产业重组与资源整合，并实现提高防范风险目的将是证券公司未来的发展方向。

1.2.3 研究评述

前述学者对金融与实体经济的关系研究有着丰富的理论基础和实践经验。其中，国外学者对不同发展阶段的国家进行了大量研究，主要得出三个方面的结论：稳定的金融体系与实体经济呈正相关关系，金融的发展与实体经济相关关系较弱，二者不能协调发展则会起反向抑制作用。国内学者的研究多局限于理论分析，实证佐证较之国外研究略显不足，大部分是金融如何更好地服务实体经济以及两者关系的理论分析，通过研究我国经济金融体系，探讨金融如何服务实体经济以促进二者关系的转型升级，许多结论针对性不足，且大多着力于制度规范的建设，对于证券公司服务实体经济的适用性不强。学者们都认为合理的政策与制度、稳定的金融体系与结构、全方位的金融产品与服务、良好的资源配置等因素都对金融服务实体经济高质量发展起到不可忽视的作用。

证券公司作为重要的金融中介机构，国内目前对其促进实体经济发展的研究较少。新时代社会主义制度下，经济结构的革新日新月异，这不仅给证券行业带来了新的发展思路与模式，同时也带来了新问题、新风险。证券公司自身业务与管理上的不足也会阻碍其在服务实体经济高质量发展中发挥应有作用。本课题将基于现有研究成果，借鉴国内外的成功经验，并结合规范分析和实证分析，深入探讨我国证券公司服务实体经济高质量发展内涵，分析证券公司服务实体经济高质量发展的现状，评价证券公司业务对实体经济高质量发展的影响，探究和剖析证券公司服务实体经济高质量发展不足的原因，进而分析总结证券公司如何改进经营管理，实现其作为金融中介机构应有的职能与作用，促进和完善中国证券市场发展建设，更好地服务实体经济高质量发展。

1.3 研究思路与方法

1.3.1 研究思路

受到来自国内外经济环境、新冠肺炎疫情等方面的冲击和影响，国内经济发展仍面临较大压力，金融支持实体经济发展是当前时期的重中之重。证券公司作为金融系统的重要参与者，肩负着重要的历史使命。创新证券公司业务发展模式、证券公司自身经营管理变革将会有利于促进其更好地服务实体经济高质量发展。

首先，对金融促进实体经济发展相关研究进行梳理，进行较为详细的文献研究和综述，找到理论依据，并对实体经济高质量发展的内涵进行界定，阐述实体经济发展的表现及困境和证券公司如何服务实体经济高质量发展。

其次，搜集整理相关数据，从证券公司服务实体经济高质量发展的主要业务，即IPO业务、债券融资业务、并购重组业务、“新三板”业务、直投业务以及创新投业务分析证券公司服务实体经济高质量发展的成绩，然后重点从融资、经纪和投资三个方面分析我国证券公司服务实体经济高质量发展的不足，并且对不足的原因进行定性分析。

再次，通过实证分析，从IPO业务、证券公司直投业务以及并购重组业务三个方面研究证券公司重点业务对实体经济高质量发展的影响。

最后，对前文关于证券公司服务实体经济高质量发展的研究进行总结，并有针对性地提出相关政策和建议。

1.3.2 研究方法

1. 文献研究

在第1章节引言部分，通过文献梳理对国内外的研究现状进行归纳总结；第2章第1节，引用相关研究和经济发展数据，并参考近年来我国重大经济政策，阐述实体经济发展的表现及困境。进一步地，在第2章第2、3节，结合国内证券公司业务概况及其服务实体经济高质量发展的具体内容，得出本课题研究的重点和内容。

2. 定性研究

在第3章中，收集整理我国证券公司服务实体经济高质量发展的数据，对证券公司服务实体经济高质量发展的现状从成绩和不足两个方面进行较为深入的分析和阐述，并对证券公司服务实体经济高质量发展不足的原因进行定性分析。

3. 实证研究

在第 4 章中，运用实证研究方法，对证券公司服务实体经济高质量发展的重点业务的实际效果和影响进行定量分析，对证券公司服务实体经济高质量发展效果进行较为深入的剖析。

1.3.3 研究框架

本专题具体研究框架如图 6 - 1 所示。

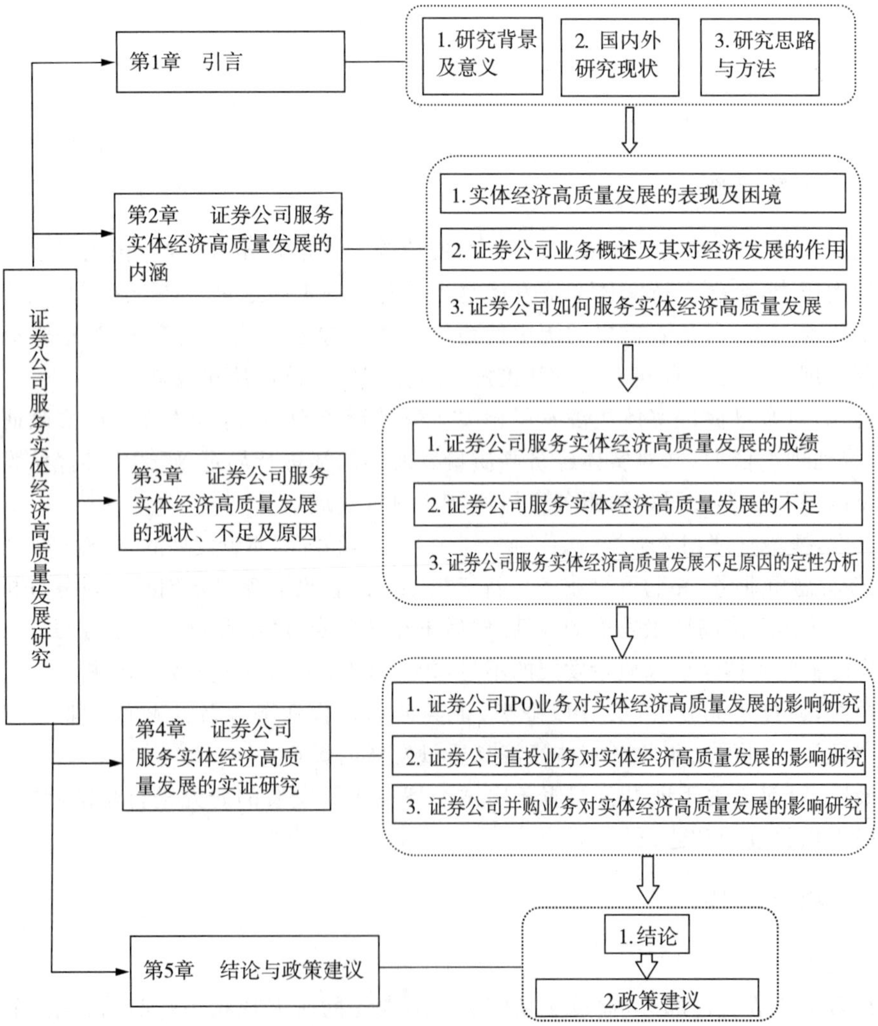

图 6 - 1 本专题研究框架图

第 2 章　证券公司服务实体经济高质量发展的内涵

2.1　实体经济高质量发展的表现及困境

经济高质量发展就是要把提高发展质量作为主要方向，改变以往主要靠要素投资、重量不重质的粗放型增长模式，降低因粗放式增长而产生的一系列产能过剩、效益低下、库存积压、竞争力不足等问题。通过提高发展的质量实现资源的合理使用、经济的良性循环。

实体经济高质量发展的科学内涵即为质量变革的实现，积极向国际先进标准看齐，提供更多的高端产品和优质服务；完成效率革新，优化物质资料的配置和使用效率，有效发挥出生产要素的内在潜能，提升投入产出效率；实现动力革新，要把创新作为引领发展实体经济的第一动力，把人才作为支撑实体经济发展的第一重要资源。吴敬琏指出，经济高质量发展意味着发展要依靠创新和效率提高，高质量的发展应当包含更多社会方面的需求。因此，我们将实体经济高质量发展定义为：当经济增长符合实体经济增长动力主要来源于科技创新；实体企业盈利能力加速增长；实体经济增长满足更多利益相关者需求；实体经济增长随着资源利用效率提升，我们则认为实体经济是高质量发展的。

2.1.1　实体经济高质量发展的表现

"高质量发展"这一发展目标首次出现于第十三届全国人大一次会议，党和国家各级政府随即开展了以"实体经济高质量发展"为主题的诸多深刻讨论，并及时制定了符合时宜的政策以达到促进实体经济高质量发展的重要目的。习总书记的系列讲话以及工作报告无不明确指出新时代下实体经济的发展方向，即从高速转变为高质。党中央高度重视实体经济的发展，在诸多方面为其高质量发展提供了坚实的政策指引与帮扶，针对实体经济发展中遇到的问题及瓶颈，在宏观层面上提供了强有力的制度保障，同时重点关注减耗增效、促进创业创新、实现产业转型、加强招商引资与招才引智相结合，带动政府部门及各金融部门联动扶持，增强金融支持以及用地供应，更好地服务实体经济高质量发展。

在党和国家高度重视以及重要举措下，我国实体经济发展正在由高速度向高质量转型，具体表现为：

1. 实体经济规模快速扩张，产业结构转型升级

改革开放 40 多年来，我国实体经济总量规模快速扩张，势头迅猛。根据学者黄聪英(2019)对实体经济的数量定义，实体经济第一产业包括农林牧渔业，第二产业包括

工业以及建筑业，第三产业包括金融业以及房地产业以外的其他服务业。根据国家统计局官方数据统计得出，1978 年，我国实体经济总量规模为 3497.1 亿元，随后不断增长，到 2019 年底达到 84.4 万亿元，较改革开放初期增长 240 倍，实现了质的飞跃。与此同时，实体经济总量占 GDP 比重也基本呈现逐年攀升的态势，2017 年、2018 年、2019 年分别为 85.54%、85.68%、86.19%。

同时，产业结构转型升级也与时俱进。实体经济中第一、二产业在实体经济总量中占比逐年下降，第三产业占比稳步攀升。20 世纪 90 年代以前，第一产业的发展相对比较平稳，此后便出现飞速缩减的发展趋势。根据国家统计局数据统计，第一产业从 1978 年在实体经济总量规模中占比 29.4%，降至 2019 年的 8.34%；第二产业占比也紧随其后，自 2012 年开始逐年下降，到 2019 年底仅为 45.75%，工业结构不断优化；第三产业占比则是反向变动，持续增长，1978 年仅在实体经济总量中占 20.70%，截至 2019 年底已经提升至 45.90%，已然实现了实体经济产业结构的初步转型，第三产业逐渐跻身为中国实体经济增长的主动力。

2. 资金输送渠道愈发通畅，金融支持实体经济力度增强

根据中国人民银行发布的《2019 年金融统计数据报告》，我国金融体系在服务实体经济发展中提交了一份满意的答卷，基本满足了对实体经济支持力度加大的要求。首先体现在“两增一减”，即债券及贷款业务增加，表外融资业务减少。2019 年社会融资对实体经济的贷款实现大幅增长，2019 年其对实体经济的贷款较上年同比增长 16.88 万亿元，同比多增 1.21 万亿元。其次是人民币贷款结构优化效果显著。2019 年，从人民币贷款流向结构中看，高新技术制造业得到了明显的青睐，中长期贷款投向比重猛增。2019 年制造业中长期贷款不仅从数量上达到高峰，还在增速上创下新高，其中，高新技术产业获得的贷款支持比例也实现大幅增长。截至 2019 年末，制造业中长期贷款发放数新增金额高达 5021 亿元，多增近 2000 亿元，同比增长 14.9%，与 2018 年同期对比来看，增长了 4.4 个百分点，其中，高技术制造业获得贷款同比提升了 40.9%，与 2018 年同期对比来看，增长了 7.8 个百分点。

3. 实体经济能耗显著降低，高质量发展趋势向好

近年来，我国实体经济在技术创新、优化配置上实现了巨大的转变，达到了大幅度的减耗增效的目的，高质量发展势头良好。根据国家统计局统计，20 世纪 80 年代以来，我国实体经济劳动生产率已经由最初不足 0.1，增长至 2017 年的 9.25，实现生产效率 115 倍的提高；实体经济能耗也从 1980 年的 13.78 骤降到近些年的 0.60。虽然，我国实体经济在这两方面的发展均取得了不俗的表现，但实体经济投资产出率却仍受制于发展的不平衡、不充分等问题，频频下降。因此，实体经济投资产出率的发展仍然是当今发展中应重点关注的实际问题。

2.1.2 实体经济高质量发展的困境

重视实体经济是中国的优良传统。中华人民共和国成立 70 余年来，我国实体经济规模快速扩张，产业结构转型升级、金融支持实体经济力度加大、实体经济能耗显著降低，我国实体经济实现了“由小到大”的转变，但与建成社会主义现代化强国的目标任务相比，还存在以下“四个失衡”的困境。

1. 实体经济与虚拟经济发展失衡

当前中国实体经济和虚拟经济的失衡表现为实体经济的削弱和虚拟经济的逐渐膨胀。我国目前大力发展的是以制造业为代表的实体经济，但是从我国经济活动实践中可以看出，实体经济出现经营受阻、获利难求、资本不断流向虚拟经济等问题。根据国家统计局数据统计，以工业增加值作为实体经济衡量指标，以金融业增加值和房地产业增加值作为虚拟经济衡量指标，2007 年至 2019 年我国的虚拟经济增加值占 GDP 比重从 2007 年的 10.73%上升至 2019 年的 14.81%，而工业增加值占 GDP 比重从 2007 年的 41.35%下降至 2019 年的 32.00%。两者之间的此消彼长，在一定程度上反映了我国实体经济"脱实向虚"的趋势明显。

我国实体经济利润率远低于虚拟经济，资本追求高额利润的本性导致绝大部分年度的实体经济增速低于同期的虚拟经济增速。王国刚(2018)分析了 1999 年至 2017 年中国 M1 的变化情况，研究发现，2015 年至 2017 年来，M1 增长超过 14 万亿元，但主要源自却非实体经济交易。据万得数据统计，2020 年三季度末，已有 2000 多家 A 股公司持有投资性房地产，持有总价值达 1.61 万亿元，较 2019 年底的 1.52 万亿元规模增加约 900 亿元。此外，近年来信贷政策宽松，行业利润过高以及房地产行业对地方财政的长期贡献，导致大量实体企业将资金投入房地产市场，形成了虚拟经济对实体经济的"虹吸效应"，严重阻碍了实体经济的发展。

2. 实体经济结构性供求失衡

在实体经济中，供给和需求之间存在结构性失衡。中低端产业产能过剩，高端产业产能不足，供给结构严重滞后于新的需求变化，核心技术与高端产品依旧依靠进口，供需失衡。

我国传统产业比重过高，中低端产业供给过多，效率低下。在政府的引领和企业的不断努力下，2019 年工业产能削减成效显著，全国工业产能利用率为 76.6%，对比上年同期上升 0.1 个百分点。虽然当前形势有所好转，但产能过剩仍是我国实体经济最突出的负担。根据国资委中央层级数据统计，2016 年约有 2041 家"僵尸企业"需要特殊治理，而地方问题企业数目更难以想象。这些"僵尸企业"极大地降低了实体企业的整体素质，落后产能严重，资源浪费，无效低效供给过剩，高端有效供给不足，严重影响了实体经济的高质量发展。

3. 创新供给能力与产业需求失衡

近年来，我国高新技术产业和战略性新兴产业高速发展，提质增效稳步推进，创新能力不断提升。但与发达国家相比，我国高新技术企业的规模偏小，高新技术产业的整体创新能力偏弱，仅有少数领域处于全球领跑位置，大部分领域还处于跟跑或并跑的位置。在高端芯片、超高精度机床、半导体加工设备、动力系统等领域与世界先进水平相比仍有很大差距，短板问题明显。

根据世界知识产权组织发布的《2020 年全球创新指数(GII)报告》显示，2020 年我国的创新指数在全球 131 个经济体中排第 14 位，我国已经成为新创新主体，但是部分企业基础研究和应用研究的经费投入仍明显偏低，不少实体经济企业的自主创新能力仍旧不足。2018 年，全国规模以上工业企业大约有 10.5 万家开展 R&D 活动，占全部的 28.0%，企业研究与试验发展经费投入较上年增长 7.8%，但研究与试验发展经费投入占主营业务收入的比值却仅有 1.23%，依旧明显低于发达国家。随着实体经济转型发展，我国产业需求结构逐步升级。有限的创新供给能力与升级的产业需求之间的矛盾极大影响了我国实体经济发展的步伐。

4. 实体经济经营投入产出失衡

成本高利润低、投入产出不平衡是实体企业生产经营困难的重要原因。近年来，实体企业基本上不同程度地存在着交易成本高、融资难而贵、税负重、人才流失严重、获利空间趋窄等问题。

实体经济的投资收益率低下。国家统计局数据显示，首先，以规模以上工业企业为例，其成本费用利润率多年都在 6%左右，2017 年才突破到 7.01%，大大低于金融行业高达两位数的利润率。其次，中小企业融资成本过高。融资成本与企业规模之间大致呈"倒 V"形关系，大型、微型企业由于自身优势和普惠金融政策，二者的融资成本相对较低，反而中小型企业银行贷款成本最高。再次，实体企业税负重也是影响企业投入产出的重要原因。虽然 2018 年以来我国实施了大规模的减税降费政策，2019 年全年累计新增减税降费已逾 2 万亿元，但规模以上工业企业成本控制仍不理想，其每百元营业收入中的成本居高不下，2019 年仍为 84.08 元，比上年增加 0.18 元，降低实体企业成本的工作依然任重道远。

2.2 证券公司业务概述及其对实体经济发展的作用

2.2.1 证券公司业务概述

1. 我国证券公司的现状

证券市场作为金融体系中的关键一环，承担着经济发展的重要使命。证券市场要素众多，主要包括投融资主体、中介机构以及相关监管部门等。其中，证券公司作为证券市场的中介机构，是证券市场最重要的参与主体。

截至 2020 年 9 月底，全国共有证券公司 135 家，在沪、深证券交易所上市的证券公司 40 家，此外还有 9 家上市公司为证券公司的母公司。中国证券业协会对全国 135 家证券公司进行了跟踪，对行业中的业务及规模进行了系统的描述。全国范围内，证券公司总资产总计高达 8.75 万亿元，净资产达到 2.24 万亿元，净资本也接近 1.80 万亿元。各项主营业务也表现不俗，盈利能力基本稳定。证券公司代理买卖证券、证券承销和保荐、资产管理、财务顾问以及投资咨询等相关业务净收入分别为 900.08 亿元、431.58 亿元、212.64 亿元、50.62 亿元以及 31.98 亿元。据统计，135 家证券公司在 2020 年前三季度总营业收入高达 3423.81 亿元，总净利润达到 1326.82 亿元，超过 93%的证券公司实现盈利。

2. 我国证券公司业务概述

传统意义上，证券公司按照业务性质可以分为下述几大类：

(1)经纪业务

经纪业务主要是指证券公司依照客户所提供的指示或者接受客户的委托，代理客户买卖证券获取佣金和手续费，通过代理客户持有现金获取利息收入，以及为其他金融机构开发出的金融产品提供代销获取手续费。

2020 年前三季度 A 股市场股基成交额累计达到 273.01 万亿元，同比增幅 55.11%，其中第三季度资本市场活跃度大幅提升，股基成交额同比增长 120.23%；证券行业实现经纪业务手续费净收入 866.52 亿元，同比增长 49.10%，其中第三季度经纪业务收入与上年同期相比增长 109.06%。

(2)投资银行业务

投资银行业务主要是指证券公司为企业客户提供股票和债券承销与保荐服务，其中包括 IPO、配股、非公开、企业债、可转债、可交债、ABS 等项目的承销与保荐服务；为企业客户提供财务顾问服务，包括企业改制、资产重组、收购兼并等；为企业客户提供“新三板”挂牌、区域股权市场挂牌服务。

2020 年前三季度市场股权融资总规模达 1.22 万亿元，同比增长 13.4%。科创板带来了持续的业务增量，今年前三季度，科创板上市达 114 家，远高于上年全年总和。前三季全部 IPO 数量达 295 家，较上年同期增加 166 家，今年仅第三季度就新增 IPO 176 家，高于前两个季度的总和；前三季 IPO 募资总额 3557 亿元，同比增长 154%，仅第三季度就实现募资 2164 亿元，占前三季总额的 60.8%。与此同时，为抵御新冠肺炎疫情带来的经济下行风险，央行保持宽松的货币政策，债券融资规模延续上年增长态势进一步扩大，截至今年三季度末各类债券发行总额为 42.3 万亿元，同比增加 25.1%。

(3)资产管理业务

资产管理业务作为证券公司的核心业务之一，承担着为市场参与者提供证券等金融产品管理的服务，包括集合、定向以及专项资产管理等。

截至 2020 年第三季度末，券商资管业务规模进一步收缩至 11.23 万亿元，同比下降 11.64%，资管新规的不利影响仍在持续；资管业务净收入 280.55 亿元，同比增长 24.95%，规模下降净收入反而增加，这也表明规模压缩主要是净利润低的资管通道业务。

(4)自营投资业务

自营投资业务主要是指证券公司以自有资金，对债券、股票、基金、衍生品等金融产品的投资，以及为“新三板”提供做市服务，获取收益。

2020 年前三季度，证券行业的自营投资业务收益规模达到 1125.11 亿元，同比增长 21.31%。自营投资业务增长主要受市场行情影响。截至 2020 年第三季度，上证综合指数上涨 5.51%，深指收涨 23.74%，整体状况好于上年同期。

(5)证券信用业务

证券信用业务主要由融资融券和股份质押回购交易两种业务构成。证券信用业务收入在财务报表上一般体现为利息净收入。2020 年前三季度，证券行业实现利息净收入 401.58 亿元，同比增长 25.43%，主要是市场交易活跃促进了两融业务的增长。

(6)其他业务

证券公司一般还会通过子公司形式开展其他业务，例如通过期货子公司开展期货业务；通过私募基金子公司开展私募股权投资业务；对子公司进行创新投资，开展子公司创新型投资业务，包括科创板跟投业务；通过境外子公司开展境外证券经营相关业务；通过控股或参股公募基金开展公募基金投资业务。此外，还有很多证券公司将某一业务部门分离出来全资设立单独的子公司，如承销保荐子公司、资产管理子公司，区域性股权交易中心，其他类型的子公司，如租赁子公司、产业基金等。

近年来，证券行业不同业务间加快了交叉、渗透，协同发展趋势日益明显，传统意义上的业务划分已不适合证券公司业务管理需要。主流券商开始以客户导向划分业务板块，将业务划分为个人金融、机构金融、投资管理、国际业务四大板块，充分体现了以"服务客户"作为业务发展的核心指导思想。其中，传统经纪业务将服务个人投资者的业务拆出来，加入投资顾问、网络金融和销售金融产品业务组成个人金融板块；向投资者提供资产管理业务，如资产、基金管理服务，以及私募股权投资业务、公募基金投资业务组成投资管理板块；香港及境外投资业务构成国际业务板块。由于投资者结构的机构化趋势，机构业务越来越重要，内容也日益丰富，机构金融板块按业务性质又可分为三个部分：机构投资者服务业务，包括机构经纪、托管及私募基金服务、场外市场、研究等业务；一级市场投行业务，包括股权和债券业务；运用自有资金的交易投资业务，如固定收益创新投资、权益投资业务。

2.2.2 证券公司对实体经济发展的作用

1. 证券公司服务实体经济发展的基本功能

内生金融理论指出证券公司在服务实体经济的过程中主要有四大基本功能：

(1)提供融资服务

证券公司在开展投行业务时，为一级市场交易者双方提供平台，为需要资金的企业提供股权债券融资服务。在一级市场上，证券公司的主要业务是代发行证券业务，其运用专业的知识技能帮助企业销售证券，降低发行成本。同时，证券公司还是发行市场中重要的信息来源者，证券公司首先要对发行企业质量进行鉴定，然后运用其中间人身份向广大投资者传递该公司的基本信息，如财务状况、经营业绩、投资价值等供投资者参考，有效降低了信息不对称所带来的"逆向选择""道德风险"问题，提高了证券发行的有效性。

(2)优化资源配置

优化资源配置体现在两个方面：一是在一级市场上，证券公司通过资源倾斜，募集资金流向不同行业，调整产业投资比重，助力行业转型升级优化产业结构，或者利用自身资源优势扶持国家发展所需的重要领域。二是在二级市场上，证券公司引导投资者理性进行股票债券投资，引导上市公司资源的重新配置，引导货币资本流向效益好、有较好发展前景、成长空间大的行业与公司，提升整个社会庞大资本的投资效益、提高资金的使用效率。证券公司从资金上扶持产业结构优化，实现产业结构升级，进而实现整个经济的持续、高效发展。

(3)促进产业整合

并购重组在促进公司的经济转型与产业结构调整上起着重要的作用，具有为股东创造巨大价值的潜力。证券公司为企业的并购重组提供技术支持。从宏观经济的角度来看，企业的并购行为提高了整个宏观经济的资源配置能力；从中观经济的视角来看，并购使得行业集中发展，是产业结构升级的过程；从微观经济的角度来看，企业之间的并购行为为其自身生产经营、财务管理等方面产生积极影响。证券公司帮助企业进行并购重组业务，有助于资金的高效配置，改善产业结构不合理的地方，促进产业整合。

（4）证券市场“看门人”

证券市场由投资者、融资者、证券公司、其他中介、监管部门等共同构成。证券公司有收集信息、鉴别信息、实时监控、风险探知、价格发现以及资源配置等经济功能，本质却在信息传递方面。证券公司被赋予了“看门人”的角色。在面对证券市场信息不对称问题上，证券公司利用自身专业知识技能收集鉴别信息，向交易主体披露完整、真实、准确、可信的信息，有效保护广大投资者的利益。

2. 与其他金融机构的对比分析

（1）与银行对比

金融系统的主要功能体现为：一是支付结算，源于货币使用；二是资源配置，融合资金融通与公司治理；三是风险管控，与资源配置的功能密不可分，反映在促进资源配置。商业银行与证券公司服务实体经济的功能差异见表 6－1 所列。

表 6－1　商业银行与证券公司服务实体经济的功能差异表

<table>
<tr><th colspan="2">金融体系的基本功能</th><th>商业银行</th><th>证券公司</th></tr>
<tr><td colspan="2">支付结算</td><td>主要承担者</td><td>较少</td></tr>
<tr><td rowspan="2">资源配置</td><td>动员和配置储蓄</td><td>间接融资</td><td>直接融资</td></tr>
<tr><td>促进公司治理</td><td>信贷配给、事后监督</td><td>信息披露、上市前辅导</td></tr>
<tr><td colspan="2">风险管理</td><td>纵向风险管理为主
（跨期平滑）</td><td>横向管理为主
（风险的分散化、转移）</td></tr>
</table>

相比于商业银行，证券公司服务实体经济的作用体现为有助于创新型企业或项目的融资，有利于资源再配置，可以为企业经营发展提供灵活的风险横向分散化方案。

（2）与保险对比

保险的主要功能是经济补偿、风险管理控制和促进融资。保险主要通过发挥其主要功能来服务实体经济：一是运用其风险保障功能，例如遇到意外不测、自然灾祸以及信用违约等风险，保险可以起到风险分散和转移的作用，运用风险管理控制降低该类事情所带来的损失，为实体经济发展保驾护航；二是发挥保险资金的长期性优势，为实体经济发展提供有力支撑，促进融资，优化金融结构，使得直接、间接融资保持平衡。除此之外，保险公司在支持资本市场发展、促进实体经济转型发展以及优化产业结构方面也起着重要作用。

相比于保险公司，证券公司在服务实体经济中能为企业提供直接融资服务、促进产业整合，直接为市场提供投融资服务，降低企业的融资成本，促进优质产业发展。

2.3 证券公司如何服务实体经济高质量发展

2.3.1 融资服务满足实体经济高质量发展资金需求

资金是实体经济发展的血液,原材料、设备、研发等生产经营的各个环节都离不开充足资金的支持。实体经济高质量发展要求更加注重科技创新、资源的高效利用、可持续性发展,这无疑增加了对资金投入的要求。

融资包括直接融资和间接融资,在很长一段时间内,我国一直以间接融资为主、直接融资为辅。而间接融资的主要方式是银行融资,直接融资的主要方式是债券融资。一般而言,间接融资由于中间环节较多,资金分配效率低于直接融资,且由于银行等中介机构的资金根源上主要来源于大众的银行存款,风险承受水平较低,这毫无疑问将约束金融资源的正常分配,同时也不能够化解市场风险。尤其是以银行贷款为代表的债权融资有着较为明显的正循环性,企业具有良好的业绩时,不需要外部资金时更容易获得融资机会。经营困难需要资金时反而很难获得贷款,且还会被催收还贷。此外,大型国有企业由于有国家或地方政府信用背书,相对广大中小企业更容易获得银行贷款。然而,由于体制和历史遗留问题等因素,很多国有企业相对民营中小企业效率较低、科技创新意愿不足,而中小企业尤其是高科技中小企业由于要生存发展,创新意愿和资源使用效率水平较高,但却难以从银行获得必要的资金。我国现有的资本市场体系可以为中小微企业提供投融资服务。目前我国已经建立了包括主板、中小板、创业板、科创板、"新三板"和四版的格局,为直接融资的实现提供更多的渠道。借助多层次资本市场可以为众多中小企业和创新创业企业提供多样化的融资服务,促进实体经济高质量发展,为新常态下的经济发展提供金融动力支持。

证券公司是多层次资本市场最重要的参与者和推动者,可以便于企业获得更多的直接融资:第一,IPO 业务,为企业上市进行专业辅导并进行保荐,助力企业登陆主板、中小板、创业板和科创板,帮助企业直接从投资者获得需要的发展资金,以财富的数字化计量和变现,极大地激发了企业的经营管理人员的创新创业热情,为实体经济高质量发展提供持续动力;第二,债券业务,为企业提供直接的债权融资服务,便捷地获取企业发展运营资金;第三,并购重组业务,帮助企业实现跨越式发展,实现行业和产业的整合,优化资源配置,使资源利用得更高效,迅速使企业更有实力;第四,"新三板"业务,帮助企业,尤其是中小企业获得资本市场支持,提升市场知名度,获得市场认可和发展资金。

2.3.2 投资服务引导社会资源服务实体经济高质量发展

企业发展通常经历五个阶段,首先经历种子期,然后到达创业期,紧接着到达成长期,最后到达成熟期和衰退期,前两个阶段最需要资金和各种支持,却由于企业处于起步阶段,很难有稳定的收益,从而使得企业陷入发展瓶颈、陷入困境。许多企业因此只能通过非常规的方式,例如利率较高的贷款的融资渠道,使得其融资成本较高,很大程度上限制了其未来的发展空间,一些极具创新性的中小企业也因此惨遭扼杀。

证券公司可以通过投资服务引导社会资源，服务实体经济高质量发展，帮助企业度过种子期和创业期的艰难处境，助力其快速、持续、健康发展。譬如，证券公司通过私募股权投资业务以少量自有资金带动社会资金以私募股权投资基金的方式投资种子期、创业期的企业，并利用自身专业的金融人才和服务帮助公司经营管理，伴随公司做大做强，实现投资收益，服务实体经济高质量发展。又譬如，证券公司通过创新投资业务，跟投拟上市的科创板企业，与科创板企业利益捆绑，很大程度上消除了可能存在的道德风险，助力企业处理好面临的各类问题，促使企业专注于自身主要业务，推动高科技企业快速成长为更具市场竞争力和影响力的业内翘楚，客观上为实体经济高质量发展做出贡献。事实上，证券公司的传统经纪业务通过做好投资者对上市(挂牌)企业的投资交易服务，用市场"看不见的手"为标的证券提供合理认可的市场定价，引导社会资源投入高质量企业，优胜劣汰，使得资源得到高效配置并服务实体经济高质量发展。

第3章 证券公司服务实体经济高质量发展的现状、不足及原因

3.1 证券公司服务实体经济高质量发展的成绩

3.1.1 IPO业务服务实体经济高质量发展

我国资本市场自1990年成立以来，一直致力于完善IPO制度，以期更好地服务实体经济发展。近年来，监管部门审核效率在不断提高，积极推进和保持IPO发行常态化。明确的IPO审核标准和常态化的IPO发行，为我国资本市场引入优质上市公司和构建运转良好的资本市场提供了重要支撑。当前，市场各方对资本市场发展抱有十足的信心和美好的期待，监管部门正在统筹推进对资本市场的改革开放，一方面保持IPO常态化发行，另一方面严格发放资本市场的企业“入场券”，将有助于稳定资本市场，促进其充分发挥资源配置的市场功能，全心全意服务实体经济高质量发展。2017年至2020年上半年证券公司IPO业务家数、规模和保荐及承销费用见表6-2所列。

表6-2 2017年至2020年上半年IPO业务家数、规模和保荐及承销费用

年份	家数/家	承销规模/亿元	保荐及承销费用/亿元
2017年	436	2301	156
2018年	105	1378	55
2019年	203	2532	110
2020年上半年	118	1393	64.67

资料来源：Wind数据库。

2017年相较于2016年，IPO的数量和融资额均大幅增加。2017年，沪市和深市IPO企业共计436家，创历史新高。相较于2016年的227家，IPO数量增长率为92.07%；融资金额为2301.09亿元，高于2016年的1496.08亿元，增长率为53.81%。2017年，为新股发行企业提供相关承销和承销服务的承销机构共60家，承销和保荐费用156亿元。广发证券以34个项目占据首位，海通证券和中信证券以31个项目占据第二位，国信证券以28个项目占据第三位。

2018年IPO企业共计105家，总融资金额1378亿元，企业平均融资金额13.13亿元，是2017年的2.5倍。其中，中信证券占据榜首，承销11个项目；华泰联合证券承销10个项目，屈居第二；中信建投证券位居第三，承销9个项目。

2019年首次公开募股上市的203家公司实际募资金额达2532.48亿元人民币，除了中国外运和招商南油以外，其余201家平均募资金额达12.6亿元。2019年担任A股新上市企业的主承销机构的证券公司投行共计52家，项目量前三的保荐机构为：中信证券，28家项目上市，其中9家为科创板；中信建投，22家项目上市，其中10家为科创板；中金公司，18家项目上市，其中7家为科创板。后疫情时期，在央行不断释放流动性的同时，同样需要资本市场充分发挥其融资功能，助力实体经济可持续发展。除了发行债券融资外，新股IPO以及上市公司再融资等无疑是更直接和便捷的方式。IPO发行常态化，为实体经济的高质量发展提供了强有力的资本支持，但同时也需顾及市场的承受能力，才能产生多赢的效果。

2020年上半年，沪市和深市IPO企业共有118家，同比增长84.38%。IPO募集金额同比增长1.3倍，为近5年的同期最高。IPO及保证金收益排名前三的证券公司分别是中信建投公司、中金公司和光大证券公司。

特别是自2019年7月科创板成立来，A股市场的IPO数量及规模均有明显增长。截至2020年上半年，IPO上市科创企业共有46家，其IPO数量占39%，公开募集金额达501.95亿元，IPO规模占36%。2020年上半年，大量科技公司在科创板登陆上市，上海证券交易所IPO数量(73家)居世界首位，融资金额(1117亿元)居世界第二位。

3.1.2 债券业务服务实体经济高质量发展

2020年《政府工作报告》中提出“支持企业扩大债券融资”，这为实体经济应对疫情猛烈冲击指明了道路。缩小间接融资的占比，不仅可以盘活市场现有资本，而且可以进一步拓宽实体经济发展中的资金来源，在有效利用社会资金和提高实体经济的生产效率方面发挥重要作用。同时，扩大债券融资规模，将对人民币国际化和外资银行进入中国债券市场产生积极影响，中国资本的海外债和外资债券将有发展空间。以国外经验为基础，既有利于我国债券市场债券的发行，又可以在一定程度上迫使债券发行流程简化，规范其业务操作过程。2017—2020年上半年证券公司债券融资业务承销数量及规模见表6-3所列。

表6-3 2017—2020年上半年证券公司债券融资业务承销数量及规模

年份	家数/家	交易量/只	承销规模/亿元
2017年	92	8049	45249.40
2018年	94	15765	56798.37
2019年	92	28042	76147.80
2020年上半年	89	18556	44073.35

资料来源：Wind数据库。

2018年股权融资市场遇冷，相比之下，债权融资市场稍能振奋人心，债券承销规模同比增长超25%。证券公司承销的债券总额尽管有所增加，但是高等级债券承销竞争激烈、承销费用低廉，而中低等级的债券融资不容乐观。证券公司承销的地方政府债和 ABS 业务迎来发展的风口。相较于发行股份，证券公司当下补充资本金的方式更倾向于通过发行次级债来实现。因为在财务上没有资金成本的考量，发行股票是证券公司最倾向于选择的募资方式。

2019 年证券公司债券主承销佣金收入 202.34 亿元，同比增长率达 35.57%。从债券承销额来看，中信证券、中信建设、中金公司分别以 9173.73 亿元、8085.76 亿元、5227.64 亿元募集规模位列第一、第二、第三。从排名来看，2019 年的债券承销金额前 5 位和 2018 年的前 5 位没有明显的顺序变动，除了招商证券以外的其他证券公司的债券承销规模均有增加。

截至 2020 年上半年，发行证券公司债仍是各证券公司的主要融资渠道，但短期融资券的发行规模已经出现反客为主的迹象。其中，中信证券发行证券公司债券规模最大，海通证券屈居亚军，华泰证券位居季军。与证券公司债相比，证券公司更热衷于以发行短期融资券的方式来增加市场的流动性。据统计，证券公司自 2020 年以来发行短期融资券 188 只，总额达 5267 亿元。比 2019 年同期发行的短期融资券规模 1729 亿元增加 204.63%，占证券公司发行公司债券总额的 60.79%。

3.1.3 并购重组业务服务实体经济高质量发展

资本市场为实体经济服务的途径主要有两条：一是增量，二是存量。增量包括新股发行等形式，存量包括兼并重组等。资本市场并购重组实质是优化存量市场上市公司资源，推动产业结构转型升级，增强企业竞争力。因此，兼并重组也是资本市场为实体经济服务的重要手段。并购重组达到现在的规模，与监管层对并购重组规则的优化分不开。2017—2020 年上半年证券公司债券融资业务并购重组交易量、交易额及交易金额小于 1 亿元的交易量见表 6－4 所列。

表 6－4 2017—2020 年上半年证券公司债券融资业务并购重组交易量、交易额及交易金额小于 1 亿元的交易量

年份	交易量/单	交易额/万亿元	交易金额小于 1 亿元的交易量/单
2017 年	8173	3.30	4187
2018 年	11531	2.77	4917
2019 年	10138	2.28	4668
2020 年上半年	4339	0.33	3795

资料来源：Wind 数据库。

2017 年并购重组较 2016 年有较大幅度的减少，总的原因是监管的强化与新政策的出台。但 2017 年年中开始，监管机构开始频繁发文，鼓励企业并购重组，使得 2017 年并购重组审核表现出了年初放缓、年中提速的节奏变化。在结构变化方面，2017 年项目数量有所提高是资本市场并购重组的一大特征，但总体规模持续下降，同时单笔规模大幅度下降。一方面说明在政策调整压力下，上市企业并购重组回归理性，更加审慎，“炒壳”也进一步降温；另一方面也意味着随着供给侧结构性改革的深入，越来越多的上市公司选择利用并购这一工具进行市场整合与产业升级，以并购的方式提升自身创新能力，增强综合竞争力以面对当前经济转型中的各项挑战。

2018 年，中国证券会出台“小额快速”并购审查机制，加快重组审查步伐。为适应新时代经济发展的要求，证监会继续深化“放管服”改革，在兼并重组领域推出一系列“提效降本”政策措施，进一步激发市场活力。兼并重组市场呈现良好形势。产业类和实体类兼并的主流特征更加凸显，境外并购聚焦科技创新和产业升级，市场化认购出现积极变化。工业、可选消费、材料等行业的并购相对活跃。在交易金额的变动幅度上，公共事业和能源行业下降最多，医疗保健和可选消费增长最多。兼并方式仍以协议收购为主，合并目的仍以横向并购为主，支付方式仍以现金为主，财务顾问业务集中度较高。中信证券以 14 单项目夺得魁首，华泰联合证券以 13 单位居第二，中信建投证券以 11 单位列第三。

在政策红利背景下，2019 年的 A 股并购重组数量大幅回升，投资者情绪也随之回暖。2019 年以来，发生重大重组事件的共有 332 家公司，其中房地产、化工、机械、电子、半导体等行业占比较高。全年共有 24 例借壳上市案例，其中有 8 家公司已经完成借壳。有 41 家证券公司在 118 家并购重组上会的企业中担任了财务顾问。按金额计算，并购方式仍以协议收购为主，司法裁定金额数量均大幅增长，并购目的仍以横向整合为主，战略合作与多元化战略的发生数量和金额稳中有升，支付方式仍以现金为主，“上市公司股份＋现金＋资产”方式大幅上涨，中介机构业务集中度较高。从上会项目数量来看，中信证券、华泰联合证券和中信建投证券分别排在前三名，上会企业数量分别为 16 家、14 家和 12 家。

从全局来看，虽受新冠肺炎疫情冲击，2020 年上半年的并购重组整体并未受到明显冲击。纵向来看，较 2019 年同期，2020 年上半年的过会率和审核数量有所下降。但是，并购市场整体活跃度较高，并购趋势在同行业中较为明显。截至目前，主板市场共有 54 家公司公布了定增预案，交易总额超过 700 亿元，相较于 2019 年同期下降了 15％。总体来看，同产业并购仍是主导方向。同时，对于一些已过会项目，证监会对上市公司信息披露提出了更高标准的要求。中国证监会要求企业就新冠肺炎疫情、行业发展特征、企业核心竞争力等因素，追加披露包括目标资产的未来收益率预测以及潜在风险。

3.1.4　“新三板”业务服务实体经济高质量发展

“新三板”自开市以来，在中国多层次资本市场建设和支持实体经济发展过程中成效显著。“新三板”针对中小企业的需求，构建了特色基础制度，为一批发展规模较小、经济转型升级的创新创业企业提供了通过资本市场融资的机会，从而获取充足的资本支持以加快其成长。“新三板”市场拓宽了资本市场服务实体经济的范围，为中小企业提供了平等的金融服务，有效解决了中小企业融资困难、融资成本高的问题，有力支持了大众创业、万众创新的转型升级。2017 年至 2020 年上半年证券公司“新三板”业务新增挂牌数、挂牌总数、融资规模及成交额见表 6－5 所列。

表 6-5 2017 年至 2020 年上半年证券公司"新三板"业务新增挂牌数、挂牌总数、融资规模及成交额

年份	新增挂牌/家	挂牌公司总数/家	融资规模/亿元	成交额/亿元
2017 年	2176	11630	1285.00	2271.80
2018 年	583	10691	604.43	888.01
2019 年	249	8953	264.63	825.69
2020 年上半年	458	8547	106.29	499.47

资料来源：Wind 数据库。

截止到 2017 年 12 月 31 日，"新三板"市场存量企业共有 11630 家，平均每月增量挂牌企业共 122 家。此外，在 2017 年"新三板"退出企业数量显著增加，月平均摘牌企业达到 59 家。这是因为"新三板"退出机制逐步完善，IPO 增长速度受到冲击。2017 年"新三板"市场逐渐达到动态平衡，从市场增量转向市场存量。在存量市场新一轮的竞争中，"新三板"市场将从初期的"规模化发展"向"优化管理"发展转换。总体上，2017 年 90 家主办证券公司推荐挂牌企业数量有所下降。

2018 年全年挂牌公司流失现象明显，新挂牌公司数在连续两年走低后再创新低，全年挂牌公司仅略高于上年的 1/4，目前在全市场挂牌公司中占比不足 5%，市场低迷状况十分明显。新增挂牌公司行业分布在不同级别上均与全市场基本一致，没有明显变化。到 2018 年 12 月为止，95 家证券公司为 10698 家企业提供推荐挂牌和持续的监督、指导服务。从数量来看，申万宏源证券排名第一，占市场总份额的 5.73%，累计推荐企业上市 613 个；安信证券排名第二，累计推荐 504 家企业挂牌上市；中泰证券排名第三，累计推荐 452 家企业挂牌上市。

2019 年共有 249 家公司挂牌上市，营业收入平均达到 1.29 亿元，平均净利润达到 927.35 万元。从数量来看与 2018 年同期相当，但经营质量有了明显提高，体现为成长能力提高、现金流转好和回款能力增强。"新三板"市场发展质量实现了进一步提升，结构也逐步转型升级。增量挂牌公司的经营质量不断取得突破，存量上市公司经营绩效也取得了全面优化，主要体现在以下三方面：一是业务经营质量向好，二是信息披露质量提升，三是公司治理质量基础夯实。逐步有序形成市场出清生态，加快对违规企业的出清和加速对亏损企业的摘牌。优质企业维持挂牌意愿增强，产业链整合的经营性融资上升，并购重组更加集聚实体经济主业，改革后有更多挂牌公司愿意发行。

截至 2020 年上半年，"新三板"市场融资额环比增长 17.43%，二级市场日均交易金额环比增长 23.21%。随着"新三板"改革的稳步实施，明显增强了交易的连续性，进一步完善了定价功能，市场功能指标稳步恢复，积极效果将日益凸显。上半年"新三板"市场呈现三个特征，首先，市场结构优化，示范引领作用显现，递进式发展效应显现。一是创新层吸引力增强，二是主动摘牌公司减少，三是优质企业积极申报精选层。其次，"新三板"挂牌公司进一步夯实治理基础，主要体现在三方面：一是公司的信息披露质量明显提高，二是公司治理完善，三是回报股东意识增强。最后，融资功能提升，并购重组结构分化。到 2020 年 6 月底为止，"新三板"市场存量挂牌公司共有 8547 家，其中 1189 家创新层，7358 家基础层，130.82 万户合格投资者。

3.1.5 直投业务服务实体经济高质量发展

证券公司通过直接投资业务将实体经济与资本市场联系起来，扩大了自身业务范围。一方面，证券公司直投部门寻找优质的投资项目，将其与产业投资资本联系起来，解决了企业融资问题。另一方面，直投部门通过参与被投资企业的管理活动，有助于其规范运作。2016 年 12 月，中国证券业协会发布“直投新规”，将原先的券商直投业务拆分为私募投资基金子公司和另类投资子公司两部分，各家券商随后开始针对新规范调整业务结构。根据各家券商年度报告，所有上市券商均设有直投业务子公司。截至 2020 年 6 月末，全行业共 81 家券商完成整改，其中 72 家直接在原先的直投子公司基础上实施规范整改，另外 9 家券商在 2017 年至 2018 年间注册成立新私募子公司。

私募子公司明确规定，券商私募基金子公司对单支基金投资的自有资金金额不得超过基金总额的 20%，其余资金必须以私募方式从外部投资者募集得来。该规定实际终结了券商直投子公司一直以来赖以生存的“保荐＋直投”模式，“稳赚不赔”的时代正式终结，完全考验券商基金子公司投研实力的时代来临。这种改变在降低券商自营风险和增加管理费的同时，使得券商利用杠杆对直投规模进行放大，从而提升服务实体经济的能力。

从证券公司直投业务募资完成基金数量和募集资金额来看，证券公司直投业务在内外环境不利的情况下，虽然规模有所缩小，但是总体而言表现得差强人意，随着新冠肺炎疫情的结束，国内生产的恢复，来日可期。2017 年至 2020 年上半年证券公司直投业务募资情况见表 6－6 所列。

表 6－6 2017 年至 2020 年上半年证券公司直投业务募资情况

年份	募资数量/只	投资案例数/起	募集资金额/亿元
2017 年	160	529	1033.80
2018 年	152	374	914.18
2019 年	132	304	894.92
2020 年上半年	33	96	283.76

资料来源：私募通数据库。

自 2015 年起，随着直投子公司设立条件的放宽以及资本市场行情的火爆，券商直投业务迎来爆发式增长。2016 年，全行业募资数量和募集金额均创下历史新高，全年募集资金 2323.3 亿元，较 2015 年增长 212%。2017 年，随着直投新规落地以及资本市场行情遇冷，业务板块进入整改期，募集金额和募资数量均开始呈现持续下滑趋势。

2018 年中美贸易战开始后，各国保守主义抬头，全球化陷入低谷；世界主要大国由合作转向对抗，中国经济发展的外部环境遇冷。实体企业营业收入遭受严重影响，财务状况不佳，股权投资参与度明显下降。国内创业热情普遍下降，投资人信心受损。因此，2018 年和 2019 年券商私募投资基金募集数量呈现明显下降趋势，由 2017 年的募资数量 160 只下降至 2018 年的 152 只和 2019 年的 132 只，降幅分别是 5.0%和 17.5%。与此同时，证券公司投资案例数也由 2017 年的 529 起减少至 2019 年的 304 起。2018 年的投资案例数同比下降了 29.3%，2019 年同比下降了 18.7%，降幅有所缩小。伴随募资数量下降的还有募集资金额，由 2017 年募集资金额的 1033.8 亿元下降至 2018 年的 914.18 亿元，降幅为 11.6%，而 2019 年同比下降 2%，降幅较小。

2020 年上半年，因受新冠肺炎疫情的影响，国内大部分地区停工停产，由此也导致企业可持续经营出现重大不确定性，社会生产要素的流动十分缓慢。证券公司的直投业务状况发展也严重受限，上半年募资数量仅为 33 只，投资案例数为 96 起，募集资金额仅为 283.76 亿元。

从投资行业来看，证券公司直投业务紧随资本市场政策导向，投资重点逐渐由原先的机械制造转向 IT、生物技术/医疗健康、半导体及电子设备等科创类项目，具体数据如图 6-2 所示。尤其是自 2017 年以来对 IT、生物技术/医疗健康的投资力度明显加大。2020 年新冠肺炎疫情肆意传播，证券公司直投业务为支持医药企业的发展，更是加大了对生物技术和医疗健康行业的投资，投资额较 2019 年增长 65.67%。同时，新冠肺炎疫情改变了人民的生产与生活方式，对 IT 技术的升级有了更高的需求，直投业务在 IT 行业投资占比达到 25%。

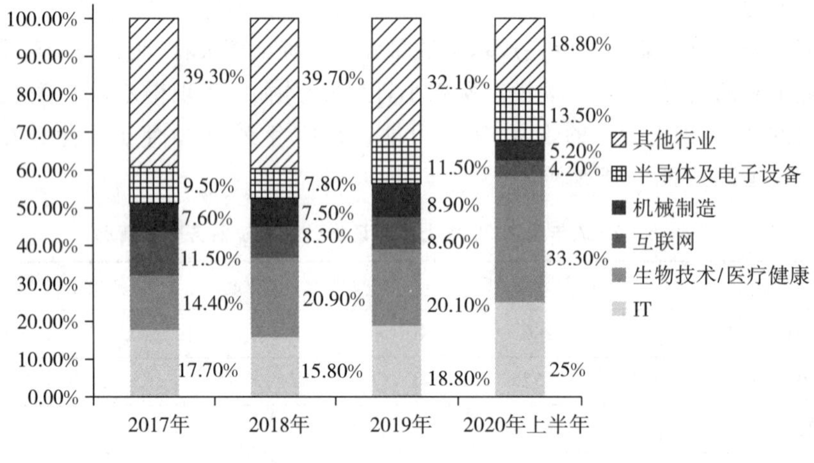

图 6-2　2017 年至 2020 上半年证券公司直投业务投资行业分布

数据来源：私幕通数据库。

证券公司直投业务重点投资的高新技术企业，是我国现阶段重点发展的战略性新兴产业，对社会具有重大引领作用。大力发展战略性新兴产业，是我国实现 2035 中国制造智能升级、产业转型升级以及面对新的国际竞争形势所做出的必然选择。

从退出数量来看(图 6-3)，2017 年至 2019 年的退出数量整体呈现上升趋势。尤其是 2019 年科创板推出后，上市重新成为主要退出方式。我们通过研究发现，与 PE 市场相比，证券公司直接投资业务的被投企业 IPO 占比更高，其退出受政策影响也更为明显。2019 年资本市场随着境内 IPO 退出渠道的畅通逐步回暖，加之 A 股 IPO 的重启、新股发行体制改革的不断深化、“新三板”的扩容加速、上市公司并购审核的逐步放开，加速了 VC/PE 以及券商直投的投资。

综上所述，第一，从募集资金及投资规模等数据来看，新规落地后，证券公司开展

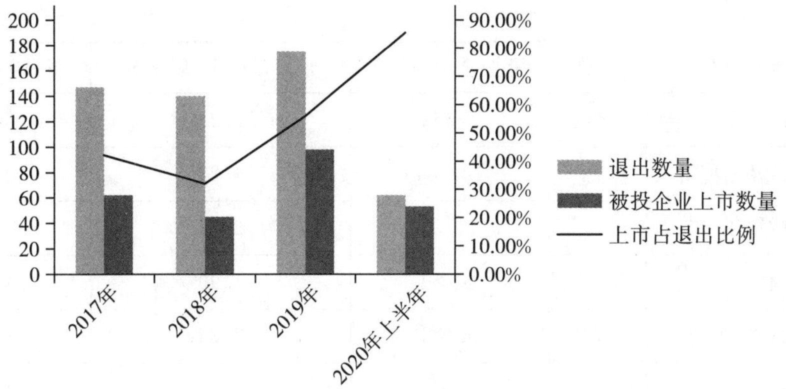

图 6-3　2017 年至 2020 年上半年证券公司直投业务退出数量

数据来源：私幕通数据库。

直投业务的热情确实遭到削弱。当然，这与资本市场行情以及宏观经济状况也有一定关系。第二，尽管券商直投对企业的投资规模持续下滑，但资金流向却更加符合国家政策导向。近年来，券商直投对生物医疗、IT、半导体等国家重点关注的科创类项目投资比例不断提升，有助于推动这类产业的进一步发展。

3.1.6　创新投业务服务实体经济高质量发展

证券公司创新投业务也称为另类投资业务。证券公司另类投资设立之初是为了扩大证券公司的自营品种范围，经过 2016 年《证券公司另类投资子公司管理规范》的整治，另类投资规模有所减少，管理更加规范。在 2019 年科创板推出后，作为科创板券商跟投的指定机构，股权投资渐渐转变为另类投资子公司最核心业务。

自 2019 年 7 月 22 日第一只股票“华兴源创”登陆科创板以来，已有 207 家公司通过科创板成功募资，金额总计 2897.94 亿元，集中于医药、机械、电子等高科技行业。其中，证券公司通过另类投资参与认购的战略配售规模总计 97.65 亿元，占整体募资规模的 3.66%。

根据表 6-7 可知，医药、电子等新兴产业的跟投额占比低于食品饮料、农林牧渔、钢铁等传统行业，这主要是由于新兴产业的募资额远远高于传统行业。为了进一步强调科创板的科创属性，2020 年 3 月 20 日证监会更是出台了《科创属性评价指引（试行）》，可以预见，在政策的指引下，券商另类投资将更加侧重投资以科研创新来驱动企业成长的公司，优化资源配置，驱动实体经济高质量发展。

表 6-7　科创板分行业募资规模及券商跟投金额

中信一级行业分类	家数	募资金额/亿元	券商跟投金额/亿元	跟投额占比/%
医药	44	551.92	19.97	3.62
机械	42	458.02	16.88	3.69
电子	32	960.34	33.87	3.53
计算机	35	417.75	15.54	3.72

（续表）

中信一级行业分类	家数	募资金额/亿元	券商跟投金额/亿元	跟投额占比/%
基础化工	20	205.59	7.28	3.54
电力设备及新能源	7	122.84	4.22	3.44
国防军工	5	51.73	2.42	4.68
通信	6	40.29	1.90	4.72
电力及公用事业	7	52.82	2.36	4.47
有色金属	1	5.61	0.28	4.99
食品饮料	1	7.17	0.36	5.02
农林牧渔	2	16.67	0.71	4.26
钢铁	1	7.17	0.36	5.02

资料来源：Wind 数据库。

在以信息披露为核心的注册制理念下，资本市场迎来了对科技创新的股权融资支持以及对科创企业包容的新时代。虽然相较于主板，科创板对于上市企业现有的盈利能力要求较低，但从科创板上市公司平均营收和净利润的变化来看，2020 年前三季度分别同比增长 14.90%、66.67%。根据图 6-4 可知，2020 年科创板上市公司的经营状况相较于 2019 年有所改善。

跟投绑定了保荐机构的风险和收益，保荐机构在开展业务时将更加谨慎，这样可以通过市场化的手段来提高科创板上市公司的质量。同时，锁定期增强了 IPO 定价和二级市场定价合理性，引导货币资本流向效益好、有较好发展前景、成长空间大的行业与公司，让广大投资者共同受益实体经济的发展成果。

总体来说，券商另类投资近年来紧跟监管政策，顺应国家对科创板的战略定位，支持创新驱动和科技强国战略，将证券公司资本变成实体经济发展中的“长钱”，为推动实体经济高质量发展做出了十分重要的贡献。

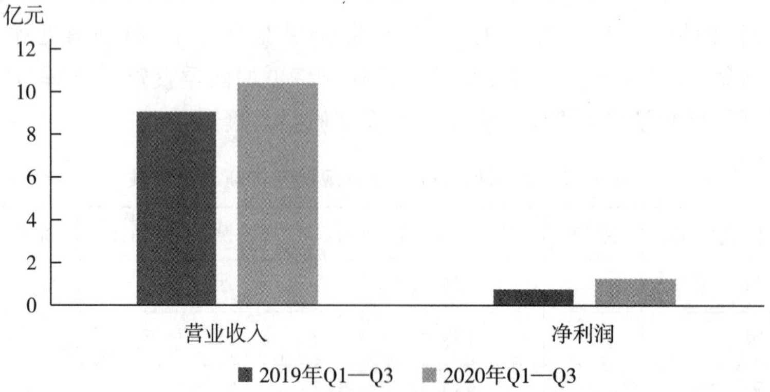

图 6-4 2019 年、2020 年前三季度科创板上市公司平均营收及净利润

数据来源：国泰安数据库。

3.2 证券公司服务实体经济高质量发展的不足

3.2.1 投行业务缺乏诚信现象时有发生

尽管我国资本市场已实现科创板和创业板的注册制，但仍处试点阶段，同时主板和中小板仍采用核准制方式，而核准制的上市条件较高，较高的上市条件、巨额承销费用和违法违规处罚过轻，诱使证券公司保荐代表在IPO过程中铤而走险，与利益相关方合谋财务造假。投行业务造假的直接后果是损毁资本市场和证券公司声誉，降低直接融资的吸引力，削弱证券公司提供融资、产业整合作用。

根据中国证监会及其派出机构披露，2019年证券公司业务违规比例见表6-8所列，其中与投行业务相关的处罚25次，占到了全部处罚的23.58%，成为证券公司违规风险最高的业务，是缺乏诚信的重要体现之一。

表6-8 2019年证券公司业务违规比例

被处罚领域	比例/%
合规管理	23.58
投行业务	23.58
经纪业务	13.21
子公司管理	8.49
公司治理、托管外包及信息保障等	8.49
信用业务	7.55
员工管理	4.72
资产管理业务	3.77
资产证券化业务	3.77
债券交易业务	2.84

数据来源：中国证监会官网。

3.2.2 投资业务效率较低

在证券公司的投资业务中，对于大多数国有证券公司而言，由于委托人的实际缺失，受托责任履行不充分以及对投资性业务缺乏监督问责等问题的存在，一旦公司经营出现问题，政府为证券公司提供了背书，坏账将由政府买单填补，从而形成潜在的权责不对等问题；另一方面，薪酬激励不完善，短期考核制度诱导投资经理做出短视行为，如抱团取暖、"老鼠仓"等，抑或使投资经理和上市公司之间合谋、操纵股价等。投资业务效率较低的直接后果是扭曲市场价格体系，拖累证券公司经营绩效，进而削弱证券公司发挥优化资源配置功能。

3.2.3 经纪业务欺瞒违规屡禁不止

由于我国证券经纪业务过度竞争，经纪人为获得高额提成，通过发布误导性信息、诱导客户进行不必要的交易、违规理财、虚假经纪或销售提成、账外经营、私设小金库等手段，向投资者隐瞒风险，或诱导投资者做出不利于自身利益的行为。其中根据国泰安数据库统计，证券公司违规买卖股票占总违规类型的比重从2017年的6.06%上升到2019年的10.71%，经纪业务违规操作屡禁不止。经纪业务欺瞒的直接后果是损毁资本市场和证券公司声誉，降低投资者入市交易的吸引力，同样削弱了证券公司发挥优化资源配置功能。

3.2.4　对中小企业融资服务效率不高

证券公司在帮助企业公开融资方面发挥重要作用，但实践中证券公司对中小企业的服务并不理想。出现这一问题的根源是证券公司领域是个高度集中的行业，主要的证券业务集中在几家大型证券公司，为中小企业服务的小型证券公司数量有限，并且业务难以为继：第一，较高的准入门槛导致小型证券公司数量有限。证券行业受到严格监管，增加了市场机构的准入和运营成本，这在一定程度上形成了进入障碍。一是申请成为证券公司必须达到一定的资本要求。资本要求使得投资者对金融中介履行义务有较强的信心，有助于避免因信息不对称问题影响投资者对金融中介偿付能力的评估，但资本要求直接影响了金融中介市场进入成本，对小型证券公司形成繁重的负担。二是监管机构要求证券公司必须具备专业的人员并满足持续教育的监管要求，这项成本支出也直接增加了市场进入成本。第二，规模经济因素导致中小证券公司业务难以为继。规模经济是导致证券公司业务集中的一个重要因素。一方面规模经济使得中小证券公司达到较大比例的市场份额时才能覆盖其长期平均成本；另一方面大型证券公司各业务之间的协同效应，在一定程度上降低了其整体的运营成本，以提高效率。此外，由于专业服务的复杂性，客户很难对服务进行评估，主要依靠声誉来选择专业的证券公司服务。中小证券公司或新进入者在技术、价格、服务等方面不具有优势。根据工业和信息化部、国家统计局、国家发展和改革委员会、财政部2011年6月18日印发的《中小企业划型标准规定》，本专题从农业、建筑业、批发零售、交通运输、餐饮等七大行业中筛选出中小型企业，统计了2017年至2019年在所有板块过会的企业中中小型企业占比，见表6-9所列。

表6-9　2017年至2019年在所有板块过会的企业中中小型企业占比

行业	中小企业数IPO数	IPO总数	占比/%
农、林、牧、渔业	0	2	0.00
工业	64	329	19.45
建筑业	0	7	0.00
批发与零售业	0	7	0.00
交通运输业	0	7	0.00
信息传输、软件和信息技术服务业	25	36	69.44
租赁和商务服务业	4	7	57.14

资料来源：Choice金融终端。

从表6－9和图6－5中可以看出，中小型企业IPO数量占IPO企业总数比例较低，不足1/4，这说明证券公司服务中小企业的融资效率较低，服务中小企业能力仍需进一步提升。

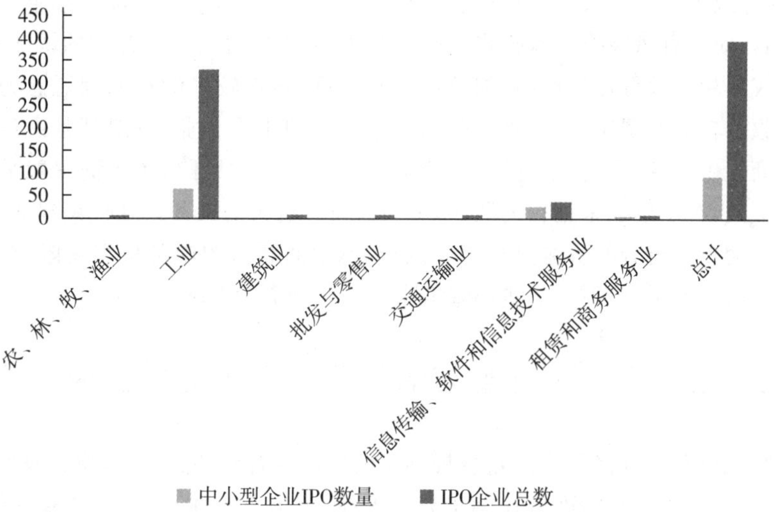

图6－5 中小型企业IPO数量占IPO企业总数分行业占比

数据来源：Choice金融终端。

资本市场公开发行融资通常需要履行复杂的程序，还面临一些法律和销售等问题，企业一般会聘请证券公司提供资本市场专业服务。在企业发行股票过程中，证券公司可以提供的服务主要有以下几个方面：①针对企业的财务状况，向企业提供各种筹集资本的方案建议；②在企业证券发行过程中，帮助企业确定投资者并达成交易；③在证券发行过程中，作为承销商购买剩下未销售出去的股份，承担包销风险；④作为企业发行的承销商向潜在投资者传递对企业价值的认证或保证。市场通常将承销商视为发行项目的看门人或把关人。若承销商越能够正确地评估市场环境并准确地对发行项目进行定价，则其声誉越好，相应地能够对其服务收取更高的费用，同时也能在后续获取更多的业务。承销商所承销项目是否得到准确评估，所披露的信息是否真实，对承销商的声誉影响十分关键。如果一个承销商经常因信息披露虚假陈述或重大遗漏而导致其销售的证券定价错误，则投资者将不会购买该承销商销售的证券，进而危及承销商整个业务的经营。因此，为维护自身的声誉，承销商有动力对拟发行的证券进行仔细审查，向潜在的投资者确保发行证券的价格正确反映了所有可得信息，投资者和企业均有理由相信承销商进行正确定价，这一机制有助于消除公开市场融资的信息不对称问题。

与大型成熟企业相比，中小企业能否成功在公开市场融资通常具有更大的不确定性，需要聘请声誉较好的承销商提供服务。然而，实践中，知名的承销商通常为大型企业发行人提供服务，而为中小企业提供服务的主要是相对不知名的承销商，这在一定程度上影响了中小企业公开融资的效率。出现这种情况主要有三个方面的原因：一是声誉风险。小规模发行人的风险相对较高，若发行失败或后期出现风险则对承销商声誉产生负面影响，知名承销商为保护自身的声誉通常选择回避中小企业。二是尽调成本。中小企业信息不对称的问题相对更加突出，承销商在尽调过程中花费的成本更高。三是诉讼成本。由于中小企业不确定性较大，承销商发生错误定价的风险也较大，由此可能面临投资者的诉讼风险。为弥补承销中小企业股票过程中的风险，知名承销商通常较非知名承销商收取较高的风险溢价，这可能导致中小企业聘请知名承销商的成本超过了其带来的收益，由此导致中小企业大多聘请声誉一般、收费较低的承销商。按中小企业是否有风险投资来看：对于有风险投资家投资的中小企业，由于风险投资家存在的认证效应，承销商尽调的成本相对较低，发行项目的整体风险降低，声誉较好的承销商愿意为其提供发行服务并收取较低的费用；对于无风险投资家投资的中小企业，一般都是由声誉相对一般的承销商提供服务，为避免这类中小企业发行所带来的风险，承销商一般采用代销而非包销的形式，对于剩余未销售的股份，承销商没有购买的义务。在代销模式下，承销商在发行前不会投入充分的资源进行尽职调查，承销商获取的内部信息有限，对中小企业发行项目的认证效果将打折扣，进而降低中小企业融资的效率。

3.3 证券公司服务实体经济高质量发展不足原因的定性分析

证券公司服务实体经济高质量发展不足的原因既有外部因素，也有自身原因。从外部原因看，主要体现在直接融资比例仍有待提高、市场监管体系不完善、缺乏做空机制；从我国证券公司自身角度看，主要体现在核心竞争力尚需提升、自身发展质量亟须增强。

3.3.1 直接融资比重仍有待提高

每个国家的融资结构在不同因素的影响下，存在较大差异。大部分发达国家的直接融资占比较高，而发展中国家与之相反，其间接融资占比较高，经济越发达，直接融资的占比越高。根据央行公布数据，以存量法统计显示，我国2019年末的直接融资占比为27.9%，目前仍以间接融资为主，与发达国家相比，证券公司的直接融资比重也明显较低，这为服务实体经济的高质量发展带来许多隐患。

在我国金融体系中，银行业一直居于主导地位，与银行业的资产规模相比，证券行业的规模偏小，为实体经济提供融资的力度不足。根据央行公布数据，2020年三季度末，证券业总资产为9.7万亿元，而银行业总资产规模达到315.18万亿元，约为证券业的30倍。缺乏足够的资本金使证券公司难以发挥投融资功能，改善融资结构。如图6-6所示，2015—2019年，人民币贷款规模持续增长，企业债券融资和非金融企业境内股票融资变化较大，比如2017年企业债券融资规模的增量同比下降了将近80%。受新冠肺炎疫情的影响，2020年上半年为支持防疫和复产复工，央行先后增加1.8万亿元的再贷款和再贴现额度，间接融资依然保持主体地位；关键人才的储备不足也导致证券公司在开拓业务范围的过程中受阻，从而限制其发挥直接融资的作用；另外，证券公司由于业务和产品相对单一且限制较多，难以开发客户，制约了提供金融服务的范围，因此难以改变间接融资的地位。

目前我国融资结构中间接融资仍占据主要部分，到2020年6月末为止，间接融资占总融资比重达到72.1%，直接融资占比不足30%，与欧美发达国家直接融资超50%相比，仍有不小差距。随着经济结构转型，目前的融资结构已经不能满足企业的融资需求，直接融资市场潜力需进一步挖掘。

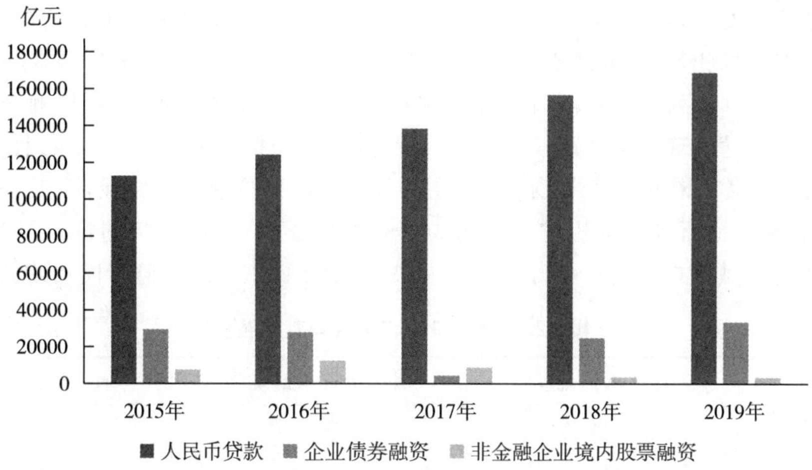

图 6－6　2015—2019 年社会融资规模增量变化

数据来源：中国人民银行官网。

如图 6－7 所示，我国直接融资占比从 2002 年开始的 13 年间一直处于上升状态，主要是由通过企业债券融资的金额快速增加，而由股市进行融资的金额较小导致的。根据中国人民银行公布的相关数据，2019 年底直接融资占比达到 14.36％，人民币贷款占比为 61％，以企业债券和非金融企业境内股票之和作为标准的直接融资占比仅有 12％，占比显著偏低。最近十年企业债券比重略有上涨，非金融企业境内股票融资占比在 3％左右，比重出现小幅上升。

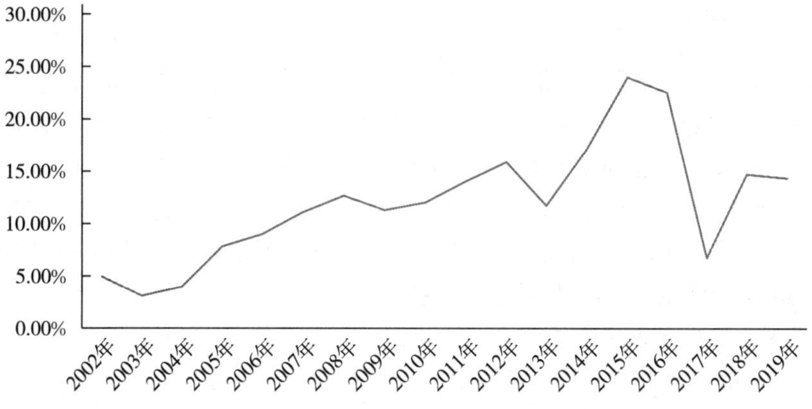

图 6－7　我国社会融资规模中直接融资比重

数据来源：中国人民银行官网。

我国金融体系经过多年的发展，直接融资特别是近几年的债券市场获得较快发展。但是从存量的角度看，仍是以间接融资为主。提高直接融资占比需要高服务水平和质量的证券公司作为保障，但目前我国证券公司承销或提供的直接融资规模占直接融资总量的比重仍处于较低水平。

纵观企业的生命周期，成熟期的企业更适合引入信贷资金，针对仍处于成长期的企业而言，直接融资更为合适。在股票市场方面，我国场内股票市场已形成一定规模，但在满足经济发展需求方面仍然不足，尤其是对于创新型和中小型企业的支持不足；与国外成熟市场相比，债券融资仍较不成熟，其中最具代表性的是债券融资与银行贷款。见表6-10所列，证券公司企业债券融资承销规模占比较低，与股权融资占比相差较大；同时，随着现代信息产业的加速发展，其高效快捷的传播方式和多元化发展模式与直接融资体系在根本上相吻合，能增加小微企业直接融资的路径，降低企业融资成本，对打破由银行等金融机构垄断的局面有积极影响，有助于将储蓄转换为投资。而我国在新金融模式的创新能力上仍较为缺乏，未能探索和跟进监管模式的创新。

表6-10　2015—2019年证券公司直接融资规模　　单位：亿元

年度	企业债承销规模	股权融资承销规模	直接融资规模
2015年	2906	13178	16084
2016年	5042	16843	21885
2017年	3348	11997	15345
2018年	2345	7531	9876
2019年	3477	9797	13275

数据来源：Wind数据库。

证券公司的业务范围不仅包括主要涉及发行环节的一级市场，还包括涉及流通环节的二级市场，两个市场相互依存相互制约，因此，只有扩大直接融资的占比，同时重视一级市场和二级市场，提升证券公司的综合实力，才能更好地服务实体经济高质量发展。

3.3.2　监管制度不完善

我国资本市场制度建设目前仍然存在一定短板，违法成本较低，法律惩戒力度不够，导致多起恶性财务造假案件的发生。从1994年至2018年，因涉嫌财务造假而被罚款的事件多达172起，涉及沪深两市165家上市公司。自2019年以来，监管部门立案审查的涉嫌财务造假的上市公司就已达22家，对其中18家进行了处罚，6家由公安机关进行进一步调查。上市公司与证券公司合谋现象也并不罕见，如兴业证券卷入欣泰电气造假、华林证券销售债券索要回扣等。

1. 违法违规惩戒力度不够严厉

上市公司财务造假行为中，其违规成本远远低于企业财务造假获得的利益，企业容易采取机会主义行为。资本市场中造假成本低的案例就有绿大地IPO造假案，被处罚了60万元，而造假数额巨大、造假手段高明、影响极其恶劣的万福生科，却最终没有被强制退市，依旧活跃于创业板中。在欣泰电气造假案例中，证监会对他们的罚款与他们所获得的利益严重不对称，欣泰电气通过违法手段上市获取的资金超过两亿元，而监管部门的罚款仅有1907万元，占募集资金比例非常低。

新《证券法》颁布之前，对于企业欺诈发行的上限处罚只有60万元或者募集资金金额的1%～5%。保荐人、上市公司虚假记载行为的上限罚款只有30万元。中介机构出具虚假文件的处罚也仅为业务收入的1～5倍。表6-11是新《证券法》对有关违法行为处罚的具体规定。

表 6－11　新《证券法》对有关违法行为处罚的具体规定

责任分类	对象	处罚	罚款金额
刑事责任《中华人民共和国刑法》	发行人	5 年以下有期徒刑或拘役	并处或者单处非法募集资金金额 1%以上 5%以下罚金
	单位		判处罚金
	直接责任人	5 年以下有期徒刑或拘役	
行政责任《中华人民共和国证券法》	发行人		未发行:200 万元～2000 万元 已发行:募资的 10%～100%
	直接责任人		100 万～1000 万
	控股股东	没收违法所得	违法所得的 1%～10% 不足 2000 万元的,罚 200 万元～2000 万元
	保荐代表人	责令改正,给予警告,没收业务收入,情节严重的撤销相关许可	业务收入 1 倍以上 10 倍以下罚款
	保荐代表的直接负责人	警告,情节严重的撤销相管业务许可	50 万元～500 万元

数据来源:《中华人民共和国证券法》与《中华人民共和国刑法》整理所得。

由表 6－12 可以看出,尽管新《中华人民共和国证券法》处罚力度有所提升,但民事赔偿制度、失信惩戒制度仍要完善。违法违规惩戒力度不够严厉,形成了金融犯罪成本低、威慑力度弱的特点,权衡利弊,易出现为拼一夜暴富忽视秩序的道德风险。

表 6－12　违规披露、不披露重要信息的法律责任

责任分类	对象		处罚	罚款金额
刑事责任《中华人民共和国刑法》	直接主管/直接责任人		3 年以下有期徒刑或拘役未披露	2 万元～20 万元
行政责任《中华人民共和国证券法》	发行人、上市公司	未披露	责令改正、给予警告	50 万元～500 万元
			直接责任人:警告	20 万元～200 万元
		未报告	责令改正、给予警告	100 万元～1000 万元
			直接责任人:警告	50 万元～500 万元
	收购人		责令改正、给予警告	50 万元～500 万元
			直接责任人:警告	20 万元～200 万元

数据来源:《中华人民共和国证券法》与《中华人民共和国刑法》整理所得。

2. 信息披露制度不健全

上市公司真实可靠的会计信息披露是投资者了解上市公司经营业绩、判断上市公司投资价值的重要依据,我国上市公司财务造假频发与信息披露制度不健全有密切联系。虚假披露、故意隐瞒等是上市公司进行财务造假的主要手段。披露制度本身存在缺陷，财务报告的编制规则是由财政部颁布的企业会计准则、会计制度来确定的，而证监会也颁布了多项对于会计信息披露的标准规范。这使得现行会计信息披露制度缺乏统一的标准，使上市公司在进行会计信息披露时没有统一的格式和内容要求，存在随意性。我国上市公司会计信息披露制度仍不完善，还处于披露的基础阶段，标准较低、披露的内容过于简单、缺乏及时有效信息、实用性不强以及监管薄弱，使得上市公司披露信息时不予重视，自愿性披露的意识淡化，导致上市公司在披露信息时不够规范，出现隐瞒披露、虚假披露等问题。

3. 市场监管缺位

目前我国证券市场的监管体系仍不完善，未形成监管合力构建以信用为基础的资本市场新型监管机制，这不仅涉及证监会等监管部门，还涉及税务、审计等部门，作为第三方机构会计师事务所也扮演着重要角色。证监会对上市公司信息披露等进行了明确的监督和管理，其他行政执法与第三方机构权责有待进一步清晰，发挥各自的监管作用。此外，要建立诚信资本市场，减少上市公司财务造假现象还需要社会舆论和公众舆论的合力监管。目前，社会舆论监督发挥的作用仍然不足，对于社会舆论监督的激励奖励制度有待补充和完善。积极有效的外部监管激励政策，有利于调动广大投资者和社会公众参与市场监管的积极性，使信息渠道更加多元化，相关部门实施监管更加有效。

3.3.3 市场做空机制缺乏

做空机制缺乏使得市场交易手段单一，市场缺失对冲平衡机制。做空机制可以抑制市场波动，可以加强市场的流动性。做空机制具有价格发现功能，双向机制能引导股票价格，通过市场化的纠错机制、对冲市场风险的平衡力量让证券价格趋于真实价格。做空机制也为投资者提供了风险管理工具进行避险，有助于改变目前市场上的过度投机氛围，让投资者更加理性投资。做空机制可以减少资本市场操纵行为，优化我国资本市场结构，有效避免炒题材和不注重价值投资的局面，使资金流向优质上市公司。

当缺少做空机制时，首先，容易造成政策性牛市。这是因为当市场缺乏做空机制时，投资者往往只能采取追涨的投资策略赚取收益，导致股票市场资金聚集、人气旺盛，股票价格出现泡沫，严重偏离基本面，此时监管部门会出台相关政策让股市降温。当投资者离开股市，市场陷入下跌循环萎靡不振时，又需要政府部门出台政策刺激市场，使其恢复萎缩的融资功能，投资者对市场缺乏信心，股价不稳定。其次，容易出现“庄股”现象。股票在庄家的操纵下不断攀升，当价格回归以后，则有不少期间跟进的散户投资者被套在股价高位，几乎无望解套。因为在只有做多才能赚钱的情形下，证券公司很少出具对上市公司看空的研究报告，缺乏对上市公司负面信息的研究与报道，缺乏不利于股价上涨的研报，从短期看维护了股价稳定，掩盖了上市公司的缺点，但这种对上市公司进行制约的市场力量缺失，不利于股市的长期健康发展。

推行融资融券制度后，投资者理论上可以通过融券做空个股，但实际上投资者融券操作难度大，积极性不高。由表 6 - 13 和表 6 - 14 对比可以看出，截至 2019 年，我国沪深两市融资累计余额超过 100000 亿元，而沪深两市融券累计余额才 1200 多亿元，数量相差悬殊。做空机制的建立本质上是为了遏制投机行为，用做空机制遏制投机比用监管手段遏制投机更有效果。在投资者与上市公司之间出现信息不对称的情况下，单纯依靠监管机构的力量监管上市公司并不能达到好的效果，充分利用市场的力量，是对政府监管的补充和支持。鼓励专业机构与人士在揭露上市公司违法违规行为的过程中获利，提高其积极性。让专业机构与人士揭露上市公司财务造假与欺诈等违规违法行为，利用他们自身专业优势和分析能力，发布上市公司看空研报。

表 6-13 中美融券累计余额对比

年度/年	美国融券累计余额/亿元	我国沪深两市融券累计余额/亿元
2015	121036.80	585.63
2016	131068.26	358.71
2017	133033.08	523.95
2018	131071.02	782.04
2019	131697.12	1231.44

资料来源：Wind 数据库，美元与人民币按 6∶1 换算。

表 6-14 中美融资累计余额对比

年度	美国融资累计余额/亿元	我国沪深两市融资累计余额/亿元
2015	373513.20	164020.30
2016	364502.58	106192.83
2017	427983.60	111784.41
2018	457921.38	107581.78
2019	413860.62	108599.54

资料来源：Wind 数据库，美元与人民币按 6∶1 换算。

对比表 3-12 和表 3-13 可以发现，我国融资融券累计余额相比于美国还相差甚远，从 2015 年至 2019 年，我国沪深两市融资累计余额远远大于融券累计余额，融资（做多）动能总是大于融券（做空）动能，究其原因主要是投资者对做空机制并不了解，很难接受做空投资的投资理念。同时证券公司发展融券业务的动力不足，主要因为可以融券的股票大多为优质股票，投资者想要融券在股票下跌中获利，不利于券商的自营业务，只有拓宽证券公司的融券标的，才有利于融券市场的发展。

3.3.4 我国证券公司核心竞争力尚需提升

证券公司的核心竞争力是指在激烈的市场中，和其他竞争对手相比，要形成属于自身独特的优势。证券公司的核心竞争力反映了证券行业的整体质量以及能否更好地发挥证券公司优化资源配置的功能。

1. 实力亟须提升

截至 2020 年 3 月 30 日，我国金融业机构总资产为 332 万亿元，其中我国 133 家证券公司总资产仅为 7.89 万亿元，证券行业的总资产占整个金融业机构总资产的比重为2.3%,而银行业机构和保险业机构总资产分别为302.39万亿元和21.72万亿元,占比分别达到91%和6.54%。

由表6-15可知,证券行业净利润从2015年开始一直到2018年逐年下降,直到2019年才恢复到2016年的水平。2019年我国证券行业营业收入和净利润远远达不到2015年的水平,其盈利能力明显下降。与此同时,我国银行业和保险业也在不断扩大自身业务范围,自身内部专门设立投资银行、资产管理部门来开展债务融资、并购重组等业务,证券公司如果无法提升核心竞争力,其业务规模将会被其他金融机构挤压,甚至边缘化。

表6-15 2015年至2020年上半年我国证券行业盈利水平

盈利指标	2020年上半年	2019年	2018年	2017年	2016年	2015年
营业收入/亿元	2134.04	3604.83	2662.87	3113.28	3279.94	5751.55
净利润/亿元	831.47	1230.95	666.20	1129.95	1234.45	2447.63
家数	134	133	131	131	129	125

资料来源:中国证券业协会官网。

目前,我国券商无论是在体量规模方面,还是在业务产品的创新上都与发达国家差异悬殊,不仅不符合第二大经济体的地位,也很难改善我国融资结构。财报显示,2019年末,高盛集团总资产为9929.68亿美元,而中信证券的总资产为7917.22亿元人民币,按照12月31日的汇率折算,仅为1134.11亿美元,约为高盛集团的十分之一。同期,央行数据显示我国证券业总资产为8.12万亿元人民币,约为11631.57亿美元,与高盛集团规模相当,国内证券公司的实力相比于国际一流投行差别悬殊。现阶段,我国证券市场较西方国家还属于早期发展阶段,人们对证券业务的需求不断地增加,整个市场具有迅速扩张的基础,证券公司想要发展必须不断扩大业务规模和营业人员数量,取得规模效益,从而降低单位运营成本、提高单位收益。

2. 人才制约

习近平总书记说人才是第一资源,是富国之本、兴邦大计。创新驱动实质上是人才驱动,证券公司最终竞争的就是人才和资本。人力资源不足是导致证券公司无法为企业提供符合企业发展战略、符合产业发展趋势的优质并购重组业务服务的重要原因之一。例如,证券公司自身将重心放在股票发行工作中,没有足够的人力支持并购业务。表6-16所列为证券从业人员结构。如图6-8所示,证券从业人员中拥有分析师、投资顾问和保荐代表人等专业资质人士的占比合计仅为20.9%。人才是证券行业的核心竞争力之一,人才的数量和质量是其推动业务发展的关键,也是券商推动实体经济高质量发展的关键因素。

表6-16 证券从业人员结构

从业人员数	一般证券业务	证券经纪业务营销	投资主办人	分析师	投资顾问	证券经纪人	保荐代表人
332696	194718	713	1455	3475	60153	66281	5901

资料来源:中国证券业协会官网。

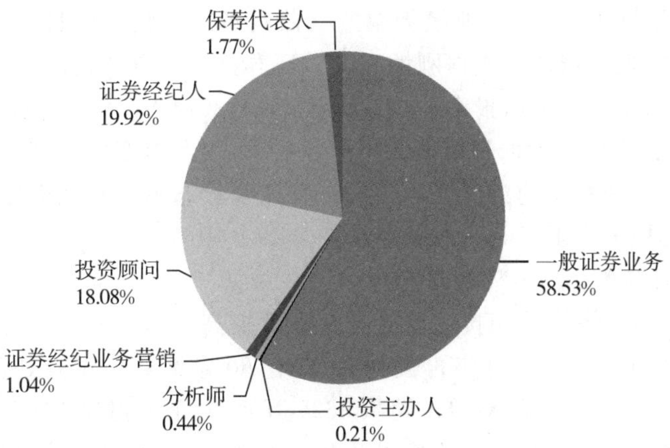

图 6-8 证券行业从业人员人数占比

数据来源:中国证券业协会官网。

3. 创新业务受众面窄

目前,我国证券公司业务主要包括投行、经纪、投资和承销等业务。从表 6-17 可以看出,这四大业务占据了证券公司收入的大多数。虽然最近几年我国证券行业发展迅速,但是依旧存在过度依赖传统业务的现象,而国外投资银行的业务除了传统的经纪、投资和自营业务之外,还从事全球范围内的企业兼并收购、受托资产管理、投资咨询、基金管理、资产证券化、衍生产品开发销售等业务,多元化的发展使得国外投资银行更具竞争力。相比之下,我国证券公司由于业务比较局限导致收入来源较为单一,不仅使得其容易受到二级市场波动的影响,还容易产生同质化竞争。

表 6-17 证券公司业务收入现状

业务类型	中信证券	国泰君安	华泰证券	招商证券	广发证券	海通证券	申万宏源	银河证券	中信建投
经纪业务	17.21%	18.80%	16.52%	21.34%	18.40%	10.37%	15.44%	26.71%	20.79%
资产管理业务	13.23%	5.56%	11.15%	5.57%	17.14%	6.96%	5.24%	3.72%	5.79%
投资业务	43.46%	22.90%	39.61%	28.60%	26.46%	26.81%	23.21%	19.08%	20.12%
证券承销业务	10.35%	8.66%	7.83%	9.69%	6.30%	10.04%	4.73%	2.82%	26.91%
合计	84.25%	55.92%	75.12%	65.20%	68.31%	54.18%	48.62%	52.33%	73.60%
其他业务	15.75%	44.08%	24.88%	34.80%	31.69%	45.82%	51.38%	47.67%	26.40%

资料来源:各证券公司 2019 年年报。

3.3.5 我国证券公司自身发展质量亟须增强

1. 证券公司经营高业绩波动和低资本回报

根据中证协公开数据,2007 年至 2019 年之间的 12 个可比年份,我国证券公司营收有 6 年同比负增长,净利润 7 年负增长,均超过期间正增长年份数量,剔除 2008 年全球金融危机外部冲击年份,剩余 11 年净利润波动超过 30%的高达 8 年,超过 50%

的有 5 年,最大波动 143%。与业绩大幅波动截然不同的是,我国证券公司管理费用波动明显较小,体现了较强的成本刚性,其次,证券公司净资产持续稳定增长,资本收入占比持续提高,然而资本回报率却持续大幅下行,2018 年,全行业仅实现 0.79%的 ROA 和 3.02%的 ROE,远低于市场无风险收益率,较大程度地体现了我国证券公司效率较低和资本市场的弱约束。证券公司自身经营状态不佳必然会影响其对实体经济高质量发展的服务水平。

2. 证券公司频繁受到监管处罚

自 2018 年以来,证券公司接受监管处罚显著提高。据不完全统计,2018 年有 56 家证券公司被处罚 98 次,2019 年再创新高,共有 60 家证券公司被处罚 106 次,共计没收违法所得 4877.54 万元,对单位罚款 5625 万元,对个人罚款 131 万元。处罚重点集中在投行业务、合规管理、经纪业务以及公司治理、托管外包和信息保障。其中,与投行业务条线相关的处罚为 25 次,占全部处罚的 23.58%;与经纪业务相关的处罚有 14 次,占比 13.21%。

证券公司受罚程度和范围的提高,既体现了监管态度的严厉、处罚力度的加大,又说明了证券公司管理粗放,违法违规形势的严峻性,而这必然对证券公司自身业务发展、经营绩效和资本市场发展产生影响,进而影响证券公司服务实体经济高质量发展功能作用的发挥。

3. 证券公司的公司治理情况有待改进

(1)国有股权仍然占据主要地位

在《中华人民共和国公司法》《中华人民共和国证券法》以及对外开放等法规政策的推动下,越来越多的民营资本、外资参股控股证券公司,使得我国证券公司逐渐变为有限责任公司、股份有限公司甚至是上市公司,但国有股权依然占据主导地位,从而导致两种极端:第一种是政府的强干预导致公司的经营效率不高;第二种是政府的干预强度较弱,产权关系不明确使得国有资产股东难以有效履行其职责,从而形成一定程度上的风险控制漏洞。

(2)董事会专业水平不高

我国证券公司董事大多数由大股东直接委派,即为关联董事,难以代表整体利益。同时,我国大多数证券公司的董事来自非金融企业,他们在金融、证券方面专业能力有限,很难对公司提出针对性的政策和建议。董事会中占大多数的外部董事难以通过每年为数不多的董事会来了解公司的实际经营情况,从而很难为公司的发展提供一个准确的决策。

(3)独立董事的独立性不强

目前,我国证券公司独立董事存在“独立性”不强的现象,这是因为大多数独立董事都是由大股东推选的,在决策表决时,基本都是和大股东意见一致,少有自己独立性意见和建议。

(4)经理层激励约束不足

证券公司内部激励机制主要由行政组织激励规则构成。目前,我国经理人市场尚未成熟,使得外部激励约束市场失灵,同时内部行政又占据主导地位,极易诱导证券公司经理层出现短期化行为。

第4章　证券公司业务对实体经济高质量发展的实证研究

实体经济是指与物质和精神产品有关的各类经济活动，包括物质和精神产品的生产与服务部门。从量化分析角度来看，实体经济增加值的衡量一般由GDP总值减去房地产业和金融业产值计算所得。本章从证券公司具体的业务出发，实证探讨不同业务对实体经济高质量发展的影响。证券公司的不同业务会对上市公司的经营绩效、成长能力产生直接影响，因此我们选取上市公司的净资产收益率、流动比率、总资产增长率和总资产周转率等指标，作为微观上实体经济发展的度量指标，实证分析证券公司服务实体经济高质量发展重点业务的服务效果。

4.1　证券公司IPO业务服务实体经济高质量发展的影响

4.1.1　研究背景与理论分析

1. 研究背景:IPO效应

IPO效应是指企业在IPO前业绩显著提高，但在IPO后数年内业绩显著下降的现象。证券公司IPO业务作为证券公司的三大传统业务之一，对证券公司和实体经济的生存和发展有着重大的影响。一旦成功上市，大量资金将用于公司的经营发展和项目投资，证券公司也可以获得丰厚的承销费和保荐费。公司上市后的经营业绩不仅直接影响着上市公司未来的成长性和吸引力，也关系到我国实体经济的健康高效发展。其中，上市公司业绩的"变脸"引起了社会各界的广泛关注。这种影响不仅损害了投资者的利益，而且影响了我国实体经济的健康稳定发展。我们注意到，纳斯达克已向美国证监会申请更改规则，使企业可以直接上市融资。直接上市可以避免企业在IPO时向投资银行支付大笔费用，只需支付比通常少得多的财务费用即可。研究我国资本市场建立以来上市公司IPO效应的现状、问题及原因，可以更加顺利地推进注册制的实施，从而促进资本市场和实体经济的繁荣进步。

从理论上讲，一方面，国家对公司上市有明确的业绩要求，为达到国家要求的财务目标必须加强公司管理，尽力提高公司绩效，提高公司经营水平，达到上市标准线。因此，从上市前到上市后几年，企业应保持较高的经营水平和业绩水平。另一方面，通过IPO达到上市要求的企业大多是成长性较好或较为成熟的企业。通过上市，企业可以寻求大量资金，通过持续融资使公司经营状况更好，提高企业盈利能力，改善企业的资本结构和降低资金成本，更好地利用融资资金抵御外部金融风险，更好地参与市场竞争。因此，企业融资后的经营业绩应该远远好于融资前。此外，为了关切二级市场投资者的绩效，企业还将尽力维持优良的经营业绩，以吸引更多投资者。总之，企业在上市后的经营业绩应当优于上市前的经营绩效。但近年来,国内外大多数学者发现,许多公司在IPO后一年的业绩远远低于上年。即使在上市后的前三年甚至前五年的表现仍然不如上市前的表现。本章首先介绍IPO效应的理论基础,再对其存在性和显著性进行实证研究。

2. IPO效应产生的理论分析

(1)盈余管理理论

盈余管理是企业为了追求一定的利益而对财务报表进行披露和管理的行为。在公司IPO过程中,一方面为了满足公司上市的严苛财务要求,财务业绩越高,越容易通过审计,财务报表极有可能在上市前人为粉饰,以提高公司的利润。另一方面,公司上市前的业绩与股票价格密切相关。通过盈余管理提高企业绩效将有助于企业得到更多投资者的认可并影响融资水平。但是,由于盈余管理带来的企业收益增长持续时间较短,上市完成后业绩会出现下降。为了达到上市的目的,许多企业操纵利润,而盈余管理是在利润操纵的基础上更有可能选择对自己有利的会计政策来改进财务报表。此外,经营者和所有者追求更多的合同报酬和更好的资本市场的两种动机是密切相关的。一旦公司成功上市,公司管理层将获得更高的薪酬甚至是晋升等福利,企业也可以随着上市获得更多的资金,改善企业的财务结构,减少企业的运营风险,增加投资,进而扩大企业规模,将给企业的经营和所有者带来切实的利益。因此,企业在上市前进行盈余管理的可能性很高,从而导致企业在上市后的一定期间内无法维持上市前的经营业绩,出现IPO效应。

(2)代理理论

代理理论在公司股权结构、战略、薪酬等方面发挥着重要作用。该理论由McLean和Jenson提出,认为企业的所有者为了不断提高企业的经营绩效、优化公司治理,开始使用能力较强的治理者来更好地管理企业,从而导致所有权和经营权分离,也产生了委托人的监督成本,以避免代理人的不利或不必要的行为,委托人从委托人的担保中获得委托人信托的约束成本。

代理理论使得管理者和所有者之间利益最大化平衡。与非持股经营者相比,持股经营者为了实现所有权与经营权的统一,有效降低代理成本,会表现出更高的管理积极性和更好的管理态度。公司在通过上市筹集资金的同时,股票的进一步分散可能会增加代理成本。除了利用职权进行更高的实际消费外,管理层更有可能放松自己,更有可能进行高风险投资以追求自己的利益。中国主板的上市企业,由于其规模大,很多企业存在所有权和经营权相互分离的现象。随着企业公开发行融资,企业代理成本上升,进而导致上市后企业经营业绩下降。

(3)融资规模理论

公开发行股票是企业通过募集股票来筹措资金的方法,企业只有通过筹措资金来形成一定的资产,才能更好地进行经营活动。但是,与必须按时偿还债务的资金筹措相比,公开发行股票所筹措的资金经常因期限和利息不固定的压力而导致利用效率低下。在正常情况下,公司通过股权融资获得大量资产,从而带来更大的投资和流动性,有利于企业更好地扩张。然而,许多企业没有珍惜筹集的资金,或者没有足够的资金合理运作能力,导致资金使用效率低下,致使资金用于非生产性投资甚至成为闲置资金。一方面，资金筹措规模大的企业，由于缺乏限制，有放松对投资的警戒心的倾向。相对而言，融资规模较小的企业更注重募集资金，更注重有效合理地使用募集来的资金。另一方面，资金筹措量多的企业向大规模投资转移资金的倾向较强，大规模项目投资在短期内无法回收收益，上市后数年内无法获得收益率，企业收益率有可能降低。此外，为了筹集更多资金，公司倾向于在上市前过度包装其业务绩效，使公司能够在上市前实现更好的业绩表现。但是，IPO 后包装出的绩效不能始终保持，企业实际业绩逐渐暴露出来，致使大型融资公司 IPO 后经营业绩迅速下滑。近年来，越来越多的公司上市出现了过度融资的现象。许多公司筹集的资金被用来补充资金的流动性，并不能反映筹集资金的效率，在财务报表中没有反映资金的有效性。有些公司甚至为偿还贷款和赚取利息来筹集资金。一些学者通过研究发现，随着闲置资金的扩大，IPO 超募严重的公司往往财务业绩不佳。

4.1.2 实证分析

1. 样本选取

本章以 2014—2016 年在 A 股 IPO 上市的非金融保险类公司为样本，选取上市前三年、当年和后三年的净资产收益率、流动比率、总资产增长率和总资产周转率，分别用来衡量上市公司的盈利能力、偿债能力、成长能力和营运能力。将选取的年份分别赋值为－3，－2，－1，0，1，2，3，将赋值相同的同类数据取平均数，进而得出 IPO 前后公司业绩变化情况，见表 6－18 所列。本章数据选取自锐思(RESSET)数据库。

表 6－18 IPO 前后财务比率变化情况

财务比率	－3	－2	－1	0	1	2	3
净资产收益率	23.22%	21.09%	18.98%	13.85%	12.23%	12.71%	10.75%
流动比率	1.88	2.16	2.08	3.55	3.15	2.86	2.84
总资产增长率	24.40%	21.06%	14.86%	45.84%	22.45%	26.92%	19.42%
总资产周转率	1.16	1.07	0.96	0.74	0.69	0.73	0.75

数据来源：锐思数据库。

2. 描述性统计

由表 6－19 可知，2014—2016 年每年在 A 股 IPO 上市的公司数量逐年递增，且在 2016 年有较大幅度的增长，说明公司都更愿意通过股权融资来解决公司的资金供需问题。

表 6－19 样本 IPO 统计

上市年份/年	上市公司数量/家	占比/%
2014	68	23.37
2015	86	29.55
2016	137	47.08

数据来源：锐思数据库。

由图 6－9 可知，净资产收益率从 IPO 之前就开始呈现逐年降低的态势，虽然在上市后第二年有小幅的回升，但整体上仍呈现下降态势。

由图 6－10 可知，流动比率在 IPO 之前三年都维持在 2 的水平上，且在 IPO 当年达到最大值，IPO 之后的三年都维持在 3 左右，说明 IPO 后公司的短期偿债能力有所提高。

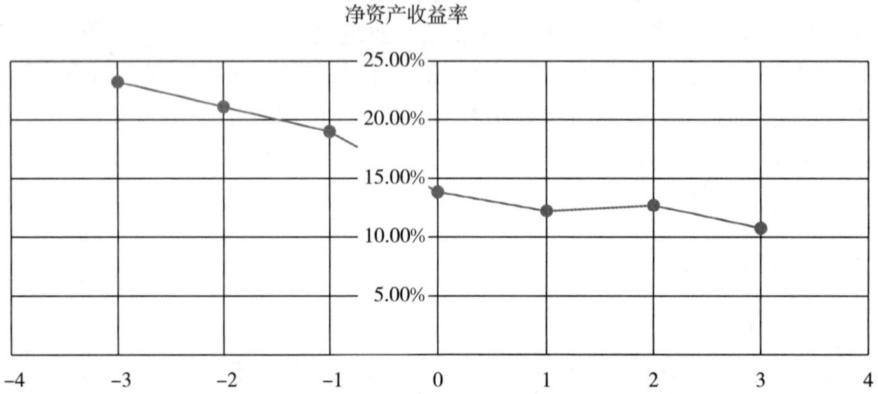

图 6－9　净资产收益率 IPO 前后变化情况

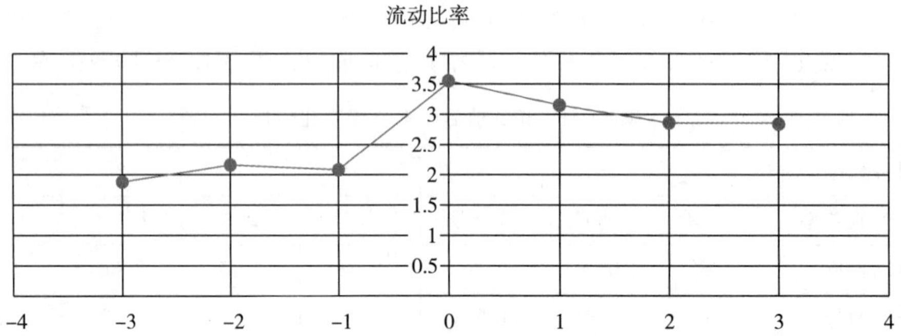

图 6－10　流动比率 IPO 前后变化情况

由图 6－11 可得，总资产增长率在 IPO 当年达到最大值，而在 IPO 前后均呈现小幅下跌态势。

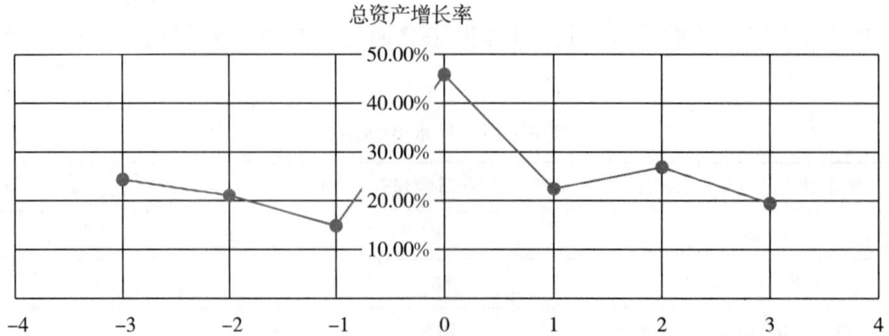

图 6－11　总资产增长率 IPO 前后变化情况

由图 6－12 可得,与前文三项指标不同,总资产周转率在 IPO 之前逐年降低,而在 IPO 之后有小幅回升,但仍不能达到 IPO 前三年的水平。

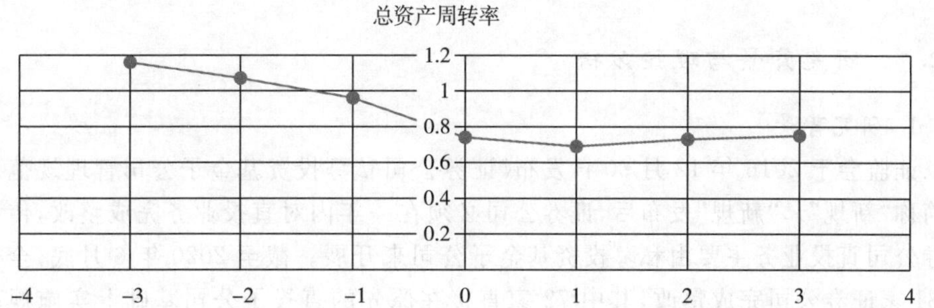

图 6－12　总资产周转率 IPO 前后变化情况

整体来说,除流动比率、总资产周转率在 IPO 之后略有上升,其他两项指标净资产收益率和总资产增长率均较 IPO 时下降,初步验证了 IPO 效应的存在。

3. IPO 效应的显著性检验

为了进一步研究检验 IPO 前后绩效变化的显著性,本章采用配对 T 检验的方法检验其显著性。配对 T 检验结果列示在表 6－20 中。

表 6－20　配对 T 检验结果

	均值	标准差	均值的标准误差	差值 95% 的置信区间		t	自由度	Sig（双尾）
				下限	上限			
对 1	12.46	16.38	0.96	10.57	14.35	12.98	290	0.000
对 2	−0.96	2.54	0.15	−1.26	0.67	−6.46	289	0.000
对 3	5.07	37.56	2.23	0.69	9.46	2.28	283	0.024
对 4	0.40	0.55	0.03	0.34	0.47	12.62	290	0.000

注:对 1 指 IPO 三年前净资产收益率－IPO 三年后净资产收益率;对 2 指 IPO 三年前流动比率－IPO 三年后流动比率;对 3 指 IPO 三年前总资产增长率－IPO 三年后总资产增长率;对 4 指 IPO 三年前总资产周转率－IPO 三年后总资产周转率。

4.1.3　实证结论

通过以上四个指标对上市前三年平均值和上市后三年平均值进行配对 T 检验可得,P 值均小于 0.05,说明 IPO 前后这四项财务指标呈现明显的变化,除流动比率和总资产周转率在 IPO 后有小幅上升之外,净资产收益率和总资产增长率均显著降低,进一步验证了 IPO 效应。

实证结果表明,我国 A 股上市公司在 IPO 之后的经营绩效的确低于 IPO 之前,“IPO 现象”在我国证券市场确实存在。因此,我国证券公司 IPO 业务服务实体经济高质量发展的实际效果有必要进一步提升。

4.2 证券公司直投业务对实体经济高质量发展的影响研究

4.2.1 研究背景与理论分析

1. 研究背景

证监会于2016年12月30日发布《证券公司私募投资基金子公司管理规范》(以下简称“新规”),“新规”发布后,证券公司必须在一年内对直投业务完成整改,传统的证券公司直投业务主要由私募投资基金子公司来开展。截至2020年6月底,全行业共81家证券公司完成整改,其中72家直接在原先的直投子公司基础上实施规范整改,另外9家证券公司在2017年至2018年间注册成立新私募子公司。证券公司的直投业务促进了我国质量高的企业在国内上市,避免质量高的企业外流,强化了资本市场与实体经济之间的联系。

“新规”规定:“私募基金子公司及其下设基金管理机构将自有资金投资于本机构设立的私募基金的,对单只基金的投资金额不得超过该只基金总额的20%。”这导致私募基金子公司的资金来源从自有资金为主到外部资金为主。以前证券公司直投的资金来源主要是资本金,“新规”发布后,将极大地考验子公司的募资能力。“新规”也实际终结了证券公司直投子公司一直以来赖以生存的“保荐+直投”模式,“稳赚不赔”的时代正式终结,完全考验证券公司私募投资基金子公司投研实力的时代来临。这种改变符合国际投行运作股权投资基金的国际惯例,在降低证券公司自营风险和增加管理费的同时,有望使得证券公司利用杠杆对直投规模进行放大,从而提升服务实体经济高质量发展的能力。

2. 理论分析

国外学者对外国资本市场进行研究后发现,具有风险投资背景的公司在资本市场中长期股票回报率要好于不具有风险投资背景的公司,国内学者也得出具有风险投资背景企业的股票长期回报率要好于无风险投资背景的企业这一结论。

事实上,我国证券公司通常具有国资背景,拥有较好的声誉,并且其规模较大,同时证券公司持有被投资公司的股票后会参与到被投资企业的管理与治理活动中,利用自身的专业能力和丰富的市场经验来帮助被投资公司,进而使被投资公司的经营状况得到极大的改善,被投资公司的经营绩效也会得到进一步提升。所以证券公司产生的认证监督效应作用明显优于风险投资企业,因此具有直投背景企业的长期回报率要好于无直投背景的企业。

因此,我们提出假设:证券公司直接投资的企业的股票长期回报率优于无直投背景的企业。

4.2.2 实证分析

1. 数据选取及变量定义

我国历史上IPO总共暂停过七次,其中2012年IPO的暂停一直延续到了2014年。由于需要观察IPO公司在上市后三年内长期股票回报率,所以我们选择2014年至2016年A股IPO公司作为研究样本，其中剔除了金融保险类公司，然后对极端数据进行处理后得到有效样本674个，其中具有直投背景的企业为103家，无直投背景的企业为571家，样本按上市所属板块分类见表6-21所列，观察这些IPO公司在上市后三年内长期股票回报率和财务绩效。本章数据选取自国泰安(CSMAR)数据库。所有有关变量的定义见表6-22所列。

表6-21 样本按上市所属板块分类

所属板块	全样本个数/个	具有直投背景公司的个数/个	直投所占百分比/%
主板	266	37	13.91
中小板	135	20	14.81
创业板	269	46	17.10
合计	670	103	15.37

数据来源：国泰安数据库。

表6-22 变量定义及解释

变量名称	变量定义	变量解释
DI	是否为直投背景公司	公司上市前有直投背景的为1，否则为0
SR_n	上市后n年的股价超额回报率	$n=1,2,3$
roe_n	上市后第n年的净资产收益率	衡量盈利能力；$n=1,2,3,4,5$
Tat_n	上市后第n年的总资产周转率	衡量营运能力；$n=1,2,3,4,5$
$Irom_n$	上市后第n年的营业收入增长率	衡量发展能力；$n=1,2,3,4,5$

其中股票收益率的计算方法为

$$SR_{n,t}=R_{n,t}-R_{m,t} \tag{6-1}$$

个股回报率(持有期回报率)的计算公式

$$R_{n,t}=\frac{P_{n,t}\times\prod_{i=1}^{m}[(1+F_{n,i}+S_{n,i})\times C_{n,i}]+\sum_{i=1}^{m}\{\prod_{j=1}^{i}[(1+F_{n,j-1}+S_{n,j-1})\times C_{n,j-1}]\times D_{n,i}\}}{P_{n,t-1}+\sum_{i=1}^{m}\{\prod_{j=1}^{i}[(1+F_{n,j-1}+S_{n,j-1})\times C_{n,j-1}]\times C_{n,i}\times S_{n,i}\times K_{n,i}\}} \tag{6-2}$$

式中，m：股票n在计算期间除权除息事件次数。

$p_{n,t}$：股票n在第t个计算期内最后一个交易日的收盘价；

$P_{n,t-1}$：股票n第$t-1$个计算期内最后一个交易日的收盘价；

$D_{n,i}$：股票n在第i次除权日时的每股现金分红；

$F_{n,i}$：股票n在第i次除权日时的每股数，$F_{n,0}=0$；

$S_{n,i}$ 股票n在第i次除权日时的每股数，$S_{n,0}=0$；

$K_{n,i}$：股票n在i日为除权日时的每股股价；

$C_{n,i}$：股票n在第i次除权日时的每股数，$C_{n,0}=1$。

在计算年回报率时，t 的单位为年。

市场回报率的计算公式为

$$R_{m,t} = \frac{\sum_{m} w_{m,t} r_{m,t}}{\sum_{m} w_{m,t}} \quad (6-3)$$

2. 对被投资公司的长期股票回报率影响

本章对企业 IPO 后的市场表现用不考虑红利再投资的超额回报率来进行分析，具体为采用单样本 t 检验法对有无直投背景的 IPO 企业上市后长期表现进行对比分析。

由表 6－23 和表 6－24 可以看出，长期股票回报率(SR)都大于 0，说明 IPO 公司在上市前无论有没有证券公司直投背景，在 IPO 公司上市后的近几年，中长期股票回报率都高于市场的收益率。同时，从平均值的数据看，无直投背景的 IPO 公司的长期股票回报率为 4.99%，而有直投背景的 IPO 公司的长期股票回报率为 7.3%，明显高于无直投背景公司的平均值。符合假设，即证券公司直接投资的企业的股票长期回报率优于无直投背景的企业。

表 6－23　无证券公司直投公司长期股票超额回报率的单样本 t 检验

检测值＝0							
Variable	Obs	Mean	t－value	Std. Dev.	Std. Err.	[95%Conf. Interval]	
SR	571	0.0499	2.708 *	0.44021	0.01842	0.0137	0.0861

表 6－24　有证券公司直投公司长期股票超额回报率的单样本 t 检验

检测值＝0							
Variable	Obs	Mean	t－value	Std. Dev.	Std. Err.	[95%Conf. Interval]	
SR	103	0.0730	1.731	0.42803	0.04217	－0.0107	0.1566

3. 对被投资公司财务绩效的影响

我们将所有公司根据是否具有证券公司直投背景分为两组，采用单样本 t 检验法进一步对 IPO 公司上市后三年内的平均财务绩效进行对比分析，见表 6－25、表 6－26 所列。

表 6－25　无证券公司直投公司总资产收益率的单样本 t 检验

检测值＝0							
Variable	Obs	Mean	t－value	Std. Dev.	Std. Err.	[95%Conf. Interval]	
ROE	534	0.0883	37.023***	0.05510	0.00238	0.0836	0.0930
Tat	534	0.5665	49.480***	0.26457	0.01145	0.5440	0.5890
Irom	534	0.3863	14.750***	0.60530	0.02619	0.3349	0.4378

注：*、**、*** 分别表示 0.1，0.05 和 0.01 统计显著水平。

表6-26 有证券公司直投公司总资产收益率的单样本t检验

检测值=0							
Variable	Obs	Mean	t-value	Std. Dev.	Std. Err.	[95%Conf. Interval]	
ROE	95	0.0805	12.381***	0.06336	0.00650	0.0676	0.0934
Tat	95	0.5387	20.280***	0.25888	0.02656	0.4859	0.5914
Irom	95	0.3484	7.199***	0.47172	0.04840	0.2523	0.4445

注：*、**、*** 分别表示0.1,0.05和0.01统计显著水平。

4.2.3 实证结论

由表6-8和表6-9可以发现，不具有证券公司直投背景的公司上市后三年的财务绩效反而都优于具有证券公司直投背景公司的财务绩效，这可能是由于目前我国证券公司直投业务中证券公司扮演着多种角色，它既是投资方，又是承销保荐单位，证券公司为了自身的利益，会帮助拟上市公司掩盖财务问题，从而使得证券公司丧失了独立第三方的鉴证作用，导致出现具有证券公司直投背景公司上市后的财务绩效反而没有无证券公司直投背景公司的财务绩效好的现象。

实证结果表明：证券公司直接投资企业的股票长期回报率优于无直投背景的企业，但无证券公司直投背景的企业上市后三年的财务绩效反而都优于具有证券公司直投背景企业。因此，我国证券公司直投业务还有待进一步改善和提高，从而促进证券公司直投业务更好地为实体经济高质量发展服务。

4.3 证券公司并购业务对实体经济高质量发展的影响研究

4.3.1 研究背景与理论分析

1. 研究背景

中国经济发展不断加快，资本市场不断成熟完善，并购活动不断加强和发展，并购已经成为中国企业，尤其是上市公司寻求快速发展的重要途径。从战略实施的角度来看，并购也是一项重要的战略经营计划。并购对企业的发展和产业升级有着不可替代的作用。企业往往可以通过并购行为完成快速发展的目标。

我国并购市场交易金额持续增长，市场规模不断扩大，呈现蓬勃发展之势。与此同时，并购重组的问题也不断发生，恶意炒作、内幕交易、操纵市场等现象屡见不鲜。证监会明确提出要遏制“忽悠式”重组、盲目跨界重组等乱象，促进上市公司质量提升和资本市场稳定健康发展。本节研究并购活动对上市公司业绩的影响，探究并购行为是否有利于上市公司提升绩效。

2. 理论分析

并购是企业重要的投资活动，国内外学者对并购的动因进行研究，发现其主要源于管理者的三种动机：追求股东价值最大化、追求自身利益以及非完全理性的过度自信。主要理论如下：

(1)效率理论。公司并购以后可以提升公司效率,改善公司治理。其内在原因在于企业并购能产生规模经济效应,产生经营管理协同效应和财务协同效应,形成规模经济,降低企业融资成本和单位产品的管理成本,从而提高公司经营效率和利用过剩优质资源。

(2)价值低估理论。企业并购后公司价值提高,主要因为市场上部分企业价值被低估,通过并购这些被低估的公司来发展自身比依靠自身内部发展成本更低。

(3)多元化理论。多元化理论认为企业实施多元化战略可降低风险,而并购是企业实施多元化战略的重要途径之一,可迅速达到企业发展多元化的目标。

4.3.2 实证分析

1. 数据来源

我们主要考察发起并购的上市公司在并购前后业绩的变化。以2011—2014年在A股上市的公司为样本,剔除金融和房地产行业,剔除缺失数据样本。在选取样本的过程中,如果一家企业在某一年度中发生两起或两起以上的并购事件,我们只取一次;如果并购事件发生在不同年度,不同的并购事件分别计数。其中,对并购事件的定义一般以完成公告日为准,这主要是因为并购对企业业绩的影响一般发生在并购完成之后。因此,对并购日期的确定以完成期为基准。研究数据来源于国泰安CSMAR数据库。

2. 指标设定

我们选取的指标有五个:M_1,净资产收益率;M_2,流动比率;M_3,每股收益;M_4,总资产增长率;M_5,总资产周转率。

由于不同行业在不同年份经营业绩和成长水平不同,为控制行业与年度因素影响,建立五个新指标:m_1,m_2,m_3,m_4,m_5,消除行业和年份影响。am_1,am_2,am_3,am_4,am_5 分别表示不同年度该公司所属行业的 M_1,M_2,M_3,M_4,M_5 的平均水平,则 $m_1=M_1-am_1$,$m_2=M_2-am_2$,$m_3=M_3-am_3$,$m_4=M_4-am_4$,$m_5=M_5-am_5$。

3. 模型构建

将上述五个指标综合,得到一个综合得分,构造综合得分函数来比较并购前后公司的绩效。课题组提取公共因子,然后将各因子的方差贡献率作为权重与因子得分乘积之和,用因子分析法对五个指标进行分析,构建综合得分函数。

$$F_i=a_{ij}Y_{ij} \tag{6-4}$$

式中,F_i 是第 i 个公司业绩的综合得分,a_{ij} 是第 i 个公司第 j 个因子的方差贡献率,Y_{ij} 是第 i 个公司第 j 个因子的得分。

4. 综合得分计算

首先,运用主成分分析法,按照并购前一年、并购当年、并购后一年、并购后两年、并购后三年、并购后四年和并购后五年对样本公司五个指标 m_1、m_2、m_3、m_4 和 m_5 进行因子分析,将特征根大于1的因子选出,再依据每个因子的得分和方差贡献率,得出七个综合得分函数,

并购前一年: $F_i^{-1}=0.2546Y_{i1}+0.2523Y_{i2}$

并购当年： $F_i^0 = 0.2707Y_{i1} + 0.2143Y_{i2} + 0.2017Y_{i3}$

并购后一年： $F_i^1 = 0.2616Y_{i1} + 0.2298Y_{i2} + 0.2002Y_{i3}$

并购后二年： $F_i^2 = 0.2275Y_{i1} + 0.2269Y_{i2}$

并购后三年： $F_i^3 = 0.2378Y_{i1} + 0.2257Y_{i2}$

并购后四年： $F_i^4 = 0.2377Y_{i1} + 0.2217Y_{i2}$

并购后五年： $F_i^5 = 0.2375Y_{i1} + 0.2215Y_{i2}$

5. 并购样本检验

对并购前后因子得分差检验，检验结果见表 6 - 27 所列。

表 6 - 27 并购样本均值检验

F 差值	均值	t 检验值
$F^{-1}-F^0$	0.04	2.180**
F^1-F^0	−0.0118	−0.632
F^1-F^{-1}	−0.052	−4.264***
F^2-F^1	−0.016	−2.557**
F^2-F^{-1}	−0.068	−5.473***
F^3-F^2	−0.007	−0.96
F^3-F^{-1}	−0.07	−5.459***
F^4-F^3	0.092	7.409***
F^4-F^{-1}	0.017	0.973
F^5-F^4	−0.122	−9.271***
F^5-F^{-1}	−0.104	−7.044***

注：*，**，*** 分别表示双侧检验在 10%，5%，1% 水平上显著。

4.3.3 实证结论

从表 6 - 10 可以看出，并购发生以后，在第一年里企业财务指标没有明显变化，表中显示 F^2-F^1，F^3-F^2，F^4-F^3，F^5-F^4 的均值分别为−0.016，−0.007，−0.092，−0.122，由此看出，企业并购后财务绩效逐年下降，并购后第五年与并购前一年的差值高达−0.1，并且在 1% 水平上显著，说明上市公司并购企业后财务绩效没有得到明显提升。

实证结果表明：上市公司完成并购业务后的财务绩效并没有明显提升，整体而言反而逐年下降。这意味着证券公司的并购重组业务对实体经济高质量发展并没有达到预期的效果，值得反思。一个可能的原因是，我国上市公司很多并购重组业务属于政府行为，并非真正意义上的市场化选择，证券公司并不能充分发挥自身能动性，这导致证券公司服务实体经济高质量发展的作用受到较大限制。

第5章 结论与政策建议

5.1 结论

我国资本市场创立三十年来为国家经济发展发挥了重要作用，证券公司一直是促进资本市场繁荣发展的主要参与方，是将资本市场各参与主体连接起来的重要桥梁，为实体经济高质量发展做出了重要贡献。在当前国家经济发展的重要时期，进一步提升证券公司服务实体经济高质量发展水平是我国可持续发展的重要一环。课题组通过文献梳理归纳、数据收集分析、定性分析以及实证研究较为深入地阐述了我国证券公司在服务实体经济高质量发展过程中的成就和不足，并分析了存在不足的原因。

5.1.1 证券公司为实体经济高质量发展发挥了重要作用

证券公司在服务实体经济中主要有提供融资服务、优化资源配置、促进产业整合和证券市场“看门人”的四大基本功能，通过提供融资服务满足实体经济高质量发展的资金需求，通过提供投资服务引导社会资源服务实体经济高质量发展。

具体而言，IPO业务为企业提供上市辅导和保荐服务，助力企业登陆主板、中小板、创业板和科创板，帮助企业直接从投资者手中获得需要的发展资金，财富的数字化计量和变现极大地激发了企业的经营管理人员的创新创业热情，为实体经济高质量发展提供持续动力；债券业务为企业提供直接的债权融资服务，便捷地获取企业发展运营资金；并购重组业务帮助企业实现跨越式发展，实现行业和产业的整合，优化资源配置，提升资源使用效率，快速提高市场竞争力；“新三板”业务帮助企业尤其是中小企业获得资本市场支持，提升市场知名度，获得市场认可和发展资金；直投业务帮助种子期、创业期企业融资，并利用自身专业的金融人才和服务帮助公司经营管理，伴随公司做大做强；创新投业务顺应国家对科创板的战略定位，与科创板企业利益捆绑，很大程度上降低了上市高科技企业经营发展中可能存在的道德风险，证券公司资本变成实体经济发展中的“长钱”，推动高科技企业快速成长为更具市场竞争力和影响力的业内翘楚；传统经纪业务则是通过做好投资者对上市（挂牌）企业的投资交易服务，用市场“看不见的手”为标的证券提供合理认可的市场定价，引导社会资源投入高质量企业，优胜劣汰，实现社会资源的有效配置。

5.1.2 证券公司在服务实体经济高质量发展过程中仍有不足之处

证券公司在服务实体经济高质量发展过程中也存在不少问题，对实体经济高质量发展造成了一定程度的不利影响。

通过定性分析可知，投行业务缺乏诚信行为时有发生，较高的上市条件、巨额的承销费用和对违法违规处罚过轻，诱使证券公司保荐代表人在IPO过程中与利益相关方合谋财务造假的现象时有发生;投资业务效率较低,大多数证券公司的国有属性和业务的高度专业性,使得证券公司普遍存在委托代理问题,对投资性业务缺乏监督问责,其考核制度也诱导投资经理做出短视行为,如抱团取暖、"老鼠仓"、操纵股价等,导致投资业务效率较低,扭曲了市场价格体系;经纪业务欺瞒违规屡禁不止,由于我国证券经纪业过度竞争,经纪人为了获得高额提成,对投资者刻意欺瞒风险,或诱导投资者做出不利于自身利益的行为,损毁资本市场和证券公司声誉,降低投资者入市交易的吸引力;对中小企业的融资服务效率不高,知名证券公司通常为大型企业发行人提供服务,而为中小企业提供服务的主要是相对不知名的小型证券公司,小型特色服务证券公司则由于准入门槛较高、规模经济、专业复杂性等因素极为缺乏。

通过对证券公司服务实体经济发展重点业务的实际效果和影响实证分析发现:我国A股上市公司在IPO之后的经营绩效整体而言竟然低于IPO之前;证券公司直接投资企业的股票长期回报率虽然优于无直投背景的企业,但无证券公司直投背景的企业上市后三年的财务绩效反而都优于具有证券公司直投背景企业;上市公司完成并购业务后的财务绩效整体而言并没有明显提升,反而逐年下降。

5.1.3 证券公司服务实体经济高质量发展能力不足的原因

证券公司服务实体经济高质量发展不足的原因既有外部因素,也有自身原因。外部原因主要体现在直接融资比例仍有待提高、市场监管体系不完善、缺乏做空机制;从我国证券公司自身角度看,主要体现在核心竞争力尚需提升、自身发展质量亟须增强。

1. 外部:金融体系、监管制度、市场机制不健全

我国金融体系经过多年的发展,直接融资特别是近几年的债券市场获得较快发展,但仍以间接融资为主。只有扩大直接融资的占比,同时重视一级市场和二级市场,提升证券公司的综合实力,才能更好地服务实体经济高质量发展。从监管角度来看,不完善的监管制度,例如违法违规惩戒力度不够严厉、信息披露制度不健全、市场监管缺位等,使得证券公司违反法律代价较小,进而出现财务欺诈、道德风险等问题。从证券市场机制角度来看,我国证券市场缺乏做空机制,市场容易出现政策市、"庄股"等现象,不利于股市稳定和长期健康发展。

2. 内部:证券公司自身发展质量不高

我国证券公司自身存在实力不强、专业人才不足、业务产品创新能力较弱、业务单一同质化等问题,导致证券公司核心竞争力不足。证券公司自身经营发展质量不高,主要体现在高业绩波动和低资本回报;频繁受到监管处罚;公司治理情况有待改进,例如股权性质单一且国有股权占据主导地位、董事会专业水平不高、独立董事的独立性不强、经理层激励约束不足等。

5.2 政策建议

证券公司服务实体经济高质量发展是长期的、系统性的工作,证券公司应当为实

体经济发展提供更高质量、更有效率的金融服务。为促使证券公司更好地服务实体经济高质量发展,结合前述研究,我们提出如下政策建议:

5.2.1 继续坚定不移地大力发展直接融资

相对银行等金融机构提供的间接融资而言,资本市场直接融资规模尤其是股权融资比例还远远不够,资本市场的发展方向仍然是要加大 IPO 改革力度,清理和处理各种制度障碍,从审核制尽快过渡到真正意义上的注册制,鼓励和完善再融资、并购重组、发行债券等多种直接融资制度。

5.2.2 积极贯彻、严格执行新证券法,尽快完善多维度惩戒制度

2020 年 3 月 1 日起施行的新《中华人民共和国证券法》历时多年,充分认识到我国证券市场存在的各种问题,从证券发行交易制度、提高上市公司质量、信息披露、投资者保护、证券经营管理机构定位等多个角度改革和完善了证券行业制度体系,并从制度上强调了加大违规违法惩罚力度和信息披露制度。新《证券法》直面问题,极具价值,关键在于贯彻落实。例如,对证券市场违规违法处罚力度大幅提升,有效执行可以提升威慑力,但惩戒维度不够丰富,还需尽快完善民事赔偿、失信惩戒等配套制度,多维度提高金融违法犯罪成本,才能真正有效避免为一夜暴富而忽视秩序的道德风险。此外,我国资本市场中小投资者数量众多,新《证券法》虽然强调了投资者保护,但对中小投资者利益保护仍然存在制度缺陷,需要尽快在诸如赔偿制度、集体诉讼、退市安排等方面进一步明确和细化,加强可执行性。

5.2.3 加强信息技术应用,切实做好信息披露工作

信息披露是上市公司监管的重中之重,建议监管机构充分利用大数据、人工智能等现代信息技术手段做好公开透明的信息服务工作。例如证券监管部门和实体经济主体可以建立一个信息公开、数据共享的网络信息中心。中国证监会网站除了公布基本的法律法规、公告,披露统计数据、上市公司情况等基本信息外,还应建立一个投资者平台,接收和处理投资者对于上市公司的违规操作、内幕交易等不合规行为的检举,让投资者更好地行使监督权,更好地参与市场。证券监管应该重视并实际调查举报事件,及时跟进,及时反馈处理意见,必要时中国证监会还应把有关举报及时转到地方证监会,由他们会同当地的执法机关进行查处。另外,还应该建立投资者问询平台,由企业高管就投资者关于公司运行的疑问进行解答。

5.2.4 重视机制和产品创新,加快推出新型交易机制和金融产品

证券市场发展本身是一个系统工程,各种金融工具的推出和持续创新提供了风险管理的有效手段,断章取义的片面发展实际上不利于风险管理和控制,证券市场发展的问题要在创新发展中解决,决不可因噎废食。建议尽快推进做市商制度,完善做空机制,加快推出各类股指期货、个股期权等金融衍生产品。例如,出台相关制度引导和鼓励证券公司研究部门出具行业或个股的看空报告,将提供融券服务作为考核证券公

司信用业务发展水平的重要指标，尽快推出大盘蓝筹股的个股期权业务，鼓励针对创业板和科创板的高科技公司的场外个股期权业务等。

5.2.5 推进证券公司合并重组，打造旗舰航母

随着我国经济发展和进一步开放，越来越多的中国企业和投资者进入全球资本市场，我国证券公司只有更加全面和深入地参与全球资本市场活动，才能更好地服务实体经济高质量发展。我国证券公司相对于外国投行，发展较晚，规模较小。雄厚的资产规模是我国证券公司参与国际化竞争的必要条件，有必要打造航母级证券公司。考虑到大型证券公司国有控股企业，建议政府和监管机构积极引导和推进国内证券公司并购重组，打造数家旗舰航母型证券公司。

5.2.6 加大国有企业改革力度，完善证券公司治理

当前国家正在推行从"管资产到管资本"的国有企业改革，做强做优做大国有资本。鉴于股权性质单一且国有股权占据主导地位导致证券公司董事会专业水平不高的现状，建议在证券公司加快国有企业改革力度，破除证券公司董事会行政干部多于专业人士的现象，真正提升董事会专业能力。此外，还需改革独立董事制度，提高独立董事对于证券公司重大经营管理决策的话语权；改善人才激励机制，尝试建设合伙人制度，试点股权激励制度，建立起长期激励机制。

5.2.7 逐步放宽证券公司准入门槛，引导中小证券公司特色经营

我国现有130多家证券公司，40家上市券商，还有9家以母公司名义上市，可谓数量众多、山头林立。近乎一半以上证券公司都提出要打造成为"证券业务综合金融服务商"，这实际上是不现实也是没有必要的，已经呈现的低水平过度竞争，实际上是资源浪费。与此相对应的是，广大的中小企业难以找到能为其提供直接融资服务的证券公司。产生这一现象的本质原因在于证券公司的准入门槛过高，对创新能力强的民营资金设立的证券公司存在过多限制。因此，我们建议逐步放宽证券公司准入门槛，鼓励民营资金依法设立证券公司合规经营，引导中小证券公司结合自身资源优势开展特色证券服务，规避同质化，进行特色经营。

5.2.8 持续推进和完善社会证信信用体系建设

信息技术的快速发展使得建立全社会范围的公开透明的企业征信系统成为可能，而我国社会主义的制度优越性也可以保障其充分有效的实施。具体来说，我们可以建立各政府部门，包括工商、海关、法院、技术监督、财政、税务、外经贸、中国人民银行、证券监管部门统一的企业征信系统，并依法向社会开放企业信用数据。例如，我们可以将系统提供的信用水平作为企业评级的重要指标，通过对企业违法违规情况、社会责任履行情况以及环境保护程度等指标的综合评价，根据评级高低为企业提供贷款、承办、再融资等业务，从而极大提高证券公司服务实体经济高质量发展的效率和水平。

参考文献

[1] Baur D G. Financial Contagion and the Real Economy[J]. Journal of Banking & Finance,2012,36(10):2680-2692.

[2] Jokipii T,Monnin P. The Impact of Banking Sector Stability on the Real Economy[J]. Journal of International Money & Finance,2013,32(1):1-16.

[3] Rüttimann B G. Modeling Financial Type 2b Globalization and its Repercussion on the Real Economy[J]. Procedia Economics & Finance,2014,14:534-543.

[4] Hammersland R,Traee C B. The Financial Accelerator and the Real Economy: A Small Macroeconometric Model for Norway with Financial Frictions[J]. Economic Modelling, 2014, 36: 517-537.

[5] Kenourgios D,Dimitriou D. Contagion of the Global Financial Crisis and the Real Economy: A Regional Analysis[J]. Economic Modelling,2015,44:283-293.

[6] Rahman M S,Shahari F. The Nexus Between Financial Integration and Real Economy: Solow-growth Model Concept[J]. Research in International Business and Finance, 2017, 42(12): 1244-1253.

[7] Barattieri A, Eden M, Stevanovic D. Risk sharing, Efficiency of Capital Allocation, and the Connection between Banks and the Real Economy[J]. Journal of Corporate Finance,2020,60(2).

[8] Berger A N,Molyneux P,Wilson J O S. Banks and the Real Economy: An Assessment of the Research[J]. Journal of Corporate Finance,2020,62(6).

[9] Lorenc A G,Zhang J Y. How Bank Size Relates to the Impact of Bank Stress on the Real Economy[J]. Journal of Corporate Finance,2020,62(6).

[10] 朱建民,冯登艳．证券市场与产业结构调整研究[J]．金融理论与实践,2000(2):14-17.

[11] 李晓西,杨琳．虚拟经济、泡沫经济与实体经济[J]．财贸经济,2000(6):5-11.

[12] 曹啸,吴军．我国金融发展与经济增长关系的格兰杰检验和特征分析[J]．财贸经济,2002(5): 40-43.

[13] 王广谦．中国金融发展中的结构问题分析[J]．金融研究,2002(5):47-56.

[14] 吴士君,田素华．国际证券业购并的背景、绩效与启示[J]．世界经济,2003(1):29-36.

[15] 李立华,柳德才．我国的产业结构调整与金融支持的关系以及面临的问题[J]．改革与战略, 2003(S1):94-96.

[16] 孟焰,孙丽虹．从内部控制理论的发展看如何加强证券公司的内部控制[J]．审计研究,2004, 000(3):15-18.

[17] 吴晓求,陈启清,毛宏灵．中国证券业:发展与未来之路[J]．经济理论与经济管理,2004(1): 24-32.

[18] 姚禄仕,黄莉玲,潘立生．论我国部分证券公司失败的成因与治理[J]．投资研究,2005,000(11):23-26.

[19] 马卫锋,王春峰．中国金融发展与经济效率的实证分析:1978—2002[J]．财贸研究,2005(2): 46-54.

[20] 姚禄仕,刘韧,张竹云．我国证券公司的盈利模式及其重构研究[J]．合肥工业大学学报(社会科学版),2007(5):85-89.

[21] 周宁东,汪增群．金融发展对经济增长的贡献——一项基于面板数据的研究[J]．财贸经济, 2007(5):86-92.

[22] 谢楠,付权．我国证券公司开展直投业务的多方面探讨[J]．现代商业,2009(5):19-20.
[23] 黄复兴．我国保荐人制度的实施功效与机制缺陷[J]．上海经济研究,2010(11):39-48.
[24] 徐小兵,金义,王佳静．证券公司直接投资业务评析及政策建议[J]．甘肃金融,2011(12):28-30.
[25] 田剑英,沈思源．我国证券公司直投业务的动作及其风险防范[J]．投资研究,2011(4):51-56.
[26] 赵晓钧．中国资本市场投资者适当性规则的完善——兼论《证券法》中投资者适当性规则的构建[J]．证券市场导报,2012(2):42-49.
[27] 王立鹏,王健．发展世界第二大证券市场,促进实体经济增长[J]．经济研究参考,2012,000(37):72-81.
[28] 邱杨茜,陈颖,余军,等．当前我国金融体系与实体经济运行的问题与对策研究[J]．经济学动态,2012(8):57-62.
[29] 杨农．金融服务实体经济再认识[J]．中国投资,2012(11):82-86.
[30] 周丽燕．社会融资规模视角下金融与实体经济之间的关系研究——基于协整分析[J]．金融经济,2012(18):137-139.
[31] 阳晓霞,唐文杰．新提法:促进宏观经济稳定　支持实体经济发展　两大功能健全现代金融体系[J]．中国金融家,2012(12):35-37.
[32] 翁媛媛．中国证券公司直投基金的未来发展方向[J]．上海金融,2012(7):42-46.
[33] 刘璐．直投业务创新再造证券公司投融资功能[N]．证券时报,2012-11-06(A07).
[34] 钱龙．中国金融业与实体经济互动发展的实证检验[J]．统计与决策,2013(4):109-112.
[35] 李文华．证券公司创新发展路径探析[J]．证券市场导报,2013(02):43-47.
[36] 沈煜．证券公司直投业务对被投资企业影响研究[D]．上海:复旦大学,2013.
[37] 季仙华．以金融体制改革促实体经济发展[J]．中国市场,2013(11):37-41.
[38] 唐静．关于资本市场与产业结构调整关系探究[J]．时代金融,2014(15):44.
[39] 郑学军,王永进,戴晓彬,等．五大功能的重构与再造:证券市场服务实体经济论[J]．福建金融,2014(6):17-22.
[40] 仲崇文,吴甦．中国股票市场对实体经济影响的实证研究[J]．经济问题探索,2014(4):34-39.
[41] 杨佳艺．我国金融服务实体经济问题分析:基于优化金融资源配置的视角[J]．经济视角,2014(5):38-39.
[42] 陆远权,夏月．我国金融业与实体经济非协同发展关系研究[J]．华东经济管理,2014,28(8):52-55.
[43] 杨帆,杨丽歌．我国实体经济与股价波动的背离关系研究[J]．宏观经济研究,2015(7):36-44.
[44] 陆岷峰,李振国,王婷婷．股票市场与实体经济的关系——基于货币循环流模型的研究[J]．南方金融,2015,000(7):4-12.
[45] 辜胜阻,庄芹芹,曹誉波．构建服务实体经济多层次资本市场的路径选择[J]．管理世界,2016(4):1-9.
[46] 陶以平．通过供给侧结构性改革提高银行服务实体经济质效[J]．中国金融家,2017(9):22-23.
[47] 廖理,包纯田．金融服务实体经济:浙江实践[J]．清华金融评论,2017(5):2.
[48] 胡浩．银行公司金融业务发展趋势与支持实体经济发展[J]．金融论坛,2017,22(7):6-13.
[49] 马瑜．证券公司金融创新服务实体经济[J]．中外企业家,2017(31):99-100.

[50] 蔡则祥,武学强．新常态下金融服务实体经济发展效率研究——基于省级面板数据实证分析[J]．经济问题,2017(10):14-25.
[51] 曹建华,李风琦．新形势下金融服务实体经济的路径与对策分析[J]．理论探讨,2018(6):88-95.
[52] 陈道富．构建金融与实体经济的良性循环[J]．清华金融评论,2018(7):59-60.
[53] 胡俞越,孙旭,武磊．场外期权助力期货公司转型升级服务实体经济[J]．中国证券期货,2018,000(4):56-61.
[54] 陈雳,梁燕子,冯钦远．证券公司服务实体经济的方向、机遇与挑战[C]．创新与发展:中国证券业2017年论文集．北京:中国证券业协会,2018:257-265.
[55] 陈道富．金融高质量发展服务实体经济的若干思考[J]．广东经济,2018(7):14-21.
[56] 游士兵,杨芳．金融服务实体经济的效率测度及影响因素——基于绿色发展视角[J]．金融论坛,2019,24(4):29-44.
[57] 蔡咏．打铁还需自身硬——证券公司高质量发展之路的认识与思考[J]．中国证券,2019(3):14-18.
[58] 黄炎勋．证券公司应回归业务本源推进高质量发展[N]．中国证券报,2019-09-03.
[59] 刘会平．新常态下金融服务实体经济的问题与对策研究[J]．中国市场,2019(33):34-35.
[60] 陈舜．证券公司发展与支持实体经济的契合路径研究[J]．财政监督,2019(17):115-119.
[61] 邱兆祥,安世友,贾策．强监管下金融与实体经济关系的转型升级及面临的挑战[J]．金融理论与实践,2019,476(3):5-10.
[62] 陈舜．证券业支持实体经济发展的路径[J]．银行家,2019(7):100-103.
[63] 齐岳,张雨,张小涢．金融支持实体经济下行业投资价值评估与实证分析[J]．金融理论探索,2020(1):49-60.
[64] 安青松．中国证券业发展新机遇[J]．清华金融评论,2020(1):21-23.
[65] 午言．用金融改革助力实体经济[N]．人民日报,2020-02-24.

专题七

股价异常波动股票交易风险研究[①]

摘　要

股价波动是股市的必然结果以及重要特征，适度波动不仅可以引导投资者的良性交易，也可以促进公司的健康持续发展。但是根据市场经验来看，我国股市较西方成熟证券市场出现股价异常波动的频率更高，对投资者的决策产生了严重影响，进而破坏市场的公平、公正以及公开，影响国民经济的稳定高质量发展，甚至诱发危机。因此对于股价异常波动及其风险的研究毫无疑问有着重要的理论与实践意义。

首先，课题组通过文献研究发现，国内外学者在对于影响股价波动以及市场稳定性因素方面的研究基本上分为促进股价异常波动、抑制股价异常波动以及不确定性三个方面。考虑到我国股票市场仍处于起步阶段，课题组将影响股价异常波动的因素进行归纳，主要包括市场交易机制等政策因素以及公司信息披露不合规、内幕交易、投资者行为等市场因素。

其次，课题组通过统计分析，描述及概括了我国股票市场股价异常波动的历史情况，初步了解了沪深两市及个股的波动状况，发现我国沪深两市个股波动的同步性以及频繁性的特点。通过行业及财务指标分析，了解了异常波动股票样本的基本面，发现盘小且绩差股应被列为重点关注对象。

再次，课题组通过对发生股价异常波动公司的典型案例分析，研究得出上市公司信息披露的滞后和隐瞒，经营状况低迷，业绩下降；投资者交易不规范，炒作操纵频生；交易机制的不健全等是股价发生异常波动的重要原因。进一步通过数据的收集与分析，并针对上述影响因素进行实证研究后发现：①机构投资者持股比例对股价异常波动产生抑制作用；②融券交易机制抑制了公司股价异常波动风险，融资交易机制却相反，该交易机制的实施从一定程度上助长了股价异常波动的风险；③实施了涨跌幅限制的中国A股市场并没有呈现出更好的稳定效果，涨跌幅限制抑制股价异常波动的作用并不明显。通过对美国、日本、新加坡以及中国香港相关交易机制的对比研究，发现中国目前在交易交收制度、涨跌幅制度以及做空机制上的设计与实施方面仍有不足

①　上海证券交易所2020年课题(W2020JSZX0374)
课题组：合肥工业大学证券期货研究所　华安证券股份有限公司
课题负责人：姚禄仕　章宏韬
课题组成员：杨模荣　宁　霄　刘军航　汪　燕　李迎宵
陈　婕　林　蕾　吴小乐　张雅婷

之处。

最后,课题组根据研究结论及原因分析,对防范股价异常波动风险提出以下政策建议:①健全和细化信息披露规范体系,增强信息透明度;②适当放宽涨跌限制幅度,逐步取消涨跌停板制度;③逐步发展金融衍生品,完善金融市场建设;④提高市场流动性,逐步从"T+1"演变为"T+0";⑤严禁利用内幕信息从中牟利,加大惩处力度,提高违法成本;⑥重点关注盘小且绩差的股票,提高监控聚焦性;⑦优化机构投资者结构,引导机构投资者良性发展;⑧加强对投资者的培训和宣传,不断降低投机主义者的占比。

第1章 绪 论

1.1 研究背景及意义

1.1.1 研究背景

我国股票市场作为社会主义市场经济的关键组成部分，是社会资本金筹集以及资源配置的主要场所。1990年上海证券交易所的成立，是我国资本市场正式登上舞台的序曲。历经30年的发展，我国资本市场取得了巨大且瞩目的成就，截至2019年底，沪深两市总市值达到59.29万亿元。但与成熟市场相比，我国股市仍然处于稳定性较差、发展比较不成熟的历程中，股价异常波动、暴涨暴跌的情况屡见不鲜。1992年到2019年期间，沪市最高年涨幅达到166.57%，最低年跌幅为－24.59%；深市最高年涨幅为189.04%，最低年跌幅为－61.76%。仅2020年上半年，经上海证券交易所与深圳证券交易所公布的股价异常波动就有2099次，达到2019年全年的73%。近期天山生物更是因股价严重异常波动而遭特停，自创业板试点注册制首批企业上市当天，天山生物收涨就高达20%，此后连续3个交易日涨停，周涨幅107.22%，同期创业板指数上涨5.59%，偏离值高达101.63%。因此，股价异常波动是目前市场参与者、证券监督管理部门和国内外学者重点关注的热点问题。

股价波动是股票市场最本质的特征和天然属性，是市场参与者进行股票交易以及价值发现的结果。正是由于股价的波动才能使资本市场充分发挥其资源配置功能，才能反映出资本市场的投资价值。但是股价的波动应在一个适度的范围内，频繁和异常的股价波动就可能危害投资者合法权益，加剧整个市场的不稳定性，产生系统风险。从宏观角度来看，股价的异常波动可能会导致价格被严重扭曲而不能真实地反映其内在价值，从而将会弱化市场资金配置的效率和效果、降低证券市场宏观经济调控的效率，甚至严重干预我国证券市场健康可持续发展。从微观层面来看，股价的异常波动不仅会削弱投资者对市场的信心，还会助长人们的过度投机行为，甚至损害市场参与者的利益，进而破坏市场的公平、公正以及公开，阻碍资本市场的健康发展。在极端情况下，股市的不稳定性可能会加大整个金融体系的系统风险，甚至影响国民经济的平稳运行，对社会经济生活产生冲击。

因此，股价异常波动已成为影响我国经济发展的重要因素，我国股市的平稳规范发展迫切要求我们对股价异常波动展开研究。股票价格的频繁异常波动必须引起学术界及监管部门的重视，应深入分析其产生的原因，从而采取应对措施，促进我国股市的健康、有序发展，切实保护市场参与者的合理诉求及合法权益。因此，本课题的研究非常必要。

课题组借鉴有效市场假说和行为金融学等理论，结合描述统计分析、案例分析、实证分析以及比较分析等方法，归纳出影响股价异常波动的主要因素，并对各个因素与股价异常波动的关系进行深入分析，同时借鉴成熟证券市场交易机制提出相关政策建议，旨为证券监督管理部门调节股票市场，有效降低股价异常波动提供理论依据及参考。

1.1.2 研究意义

1. 理论意义

本课题的研究从一定程度上丰富了理论界对于股票市场异常波动方面的研究成果。首先，本课题组归纳出国内外学者对股价异常波动的主要研究成果，对股价异常波动进行了界定，补充了目前有关股价波动的相关研究。其次，本课题组归纳了股价异常波动的影响因素，研究了机构投资者行为、融资融券、涨跌幅限制与股价异常波动的关系，丰富了有效市场假说和行为金融学等理论。

2. 实践意义

本课题组通过案例分析和实证研究对股价异常波动的成因进行了归纳和总结，并从制度设计、监管手段等方面提出了具体政策建议。本课题的研究成果将为政府与管理层制定相关政策提供理论支持，更好地促进我国股市的市场化国际化发展。

1.2 国内外文献综述

1.2.1 国外文献综述

在投资者行为对股价异常波动的影响方面，外国学者 Zweig(1973)指出机构投资者能够有效抑制股价异常波动，凭借其理性交易行为冲抵个人投资者非理性交易行为，从而稳定市场运行。De Long(1990)认为股票价格的波动性随着投资者中的正反馈投资者交易的增加而增加。非常优秀的投资人也会出现羊群行为，模仿明星投资经理的策略追求更高投资回报，从而增加了股价的波动性(Maug、Naik，1996)。Lee(1998)从投资者的角度研究发现，投资人掌握的内幕信息不能完全地被股价所反映，而随着经营活动的继续，知情交易者掌握的负面消息会选择在某个时段集中爆发，从而引起股价崩盘。Nofsinger(1999)采用相关性分析法进行研究发现机构投资者持股会加剧股价波动。Shiller(1999)对 20 世纪末美国股市急剧上涨的原因进行了探究，通过研究充分证明了股市泡沫与投资者的非理性行为显著相关。投资者“过度交易”倾向源于投资人的盲目自信，而“过度交易”会加剧股价波动(Jegadeesh，2001)。当市场剧烈下跌时，机构投资者的交易行为相较于个人投资者而言，会加剧股价波动的程度(Dennis 和 Strickland，2002)。

外国学者 Cohen 等(2002)的研究表明，机构投资者的交易有利于促进股价向公司基本面回归，发挥了稳定股价的作用。Abreu 和 Brunnermeier(2003)研究发现，股价异常波动的发生与投资者异质信念在一定程度上呈现正相关关系，因为投资者异质信念导致股票价格被高估，而信息的充分传递和套利交易者的退出，最终导致了股价泡沫的破裂。Barber 和 Odean(2008)指出，机构投资者不像个人投资者一样集中对广受市场关注的股票进行交易，他们的交易行为和策略相对理性，有利于股价的稳定，抑制其异常波动的发生。An 和 Zhang(2013)发现不同类型的机构投资者对股价崩盘产生不同影响，并进一步根据机构投资者持股目的的不同，将其分为交易型和稳定型。研究表明，稳定型的持股比例越高，股价崩盘风险越低；交易型的持股比例越高，股价崩盘风险越高。

除了投资者行为的影响，国外学者对政策因素和其他扰乱市场稳定性的因素也做了研究。Sias(1996)认为，被机构投资者重仓持有的股票会受到证券分析师的密切追踪，因此其内在价值评估比较合理。Hong 和 Stein(2003)在研究中发现，导致股价异常波动发生的原因并非某一重大的信息事件，反而通常是小微负面信息的集中释放。Jin 和 Myers(2006)研究发现，企业管理者出于薪酬绩效、自身晋升等动机，会采取粉饰财务报表等手段隐藏公司存在的短期经营不善的状况以及推迟相关负面信息的披露，且有承担经营不善带来损失的意愿。但随着负面消息的逐渐释放，以及经营状况的不断恶化，他们不愿意再为此承担更多的损失，从而导致公司一直以来所有未被公开的“坏消息”集中释放，最终导致股价异常现象的发生。Hutton(2009)用国外资本市场作为研究对象，探究财务信息的透明度与股价之间的关系发现：股票价格与会计信息透明度显著负相关。这表明较高的财务信息透明度，有利于股价反映上市公司真实价值，有效降低股价异常波动程度及其发生概率。Kim(2016)研究得出，会计稳健性的提升能够显著降低股价的异常波动，起到稳定市场的作用。Goodell 和 Vahamaa(2013)指出，自 2008 年金融危机以来，全球范围都充分意识到股票市场波动受经济政策不确定影响。Piotroski 等(2015)通过对中国市场的研究，发现我国股市历有“政策市”之称，经济政策的变动对股票市场的影响较为突出。

1.2.2 国内文献综述

国内学者也发现影响我国股价异常波动的因素众多。其中我国股市缺乏做空机制是一个重要的因素(陆蓉等，2004)。高估的股价可以被融资融券降低(李科等，2014)；通过缩小股票市场证券价格与价值之间的偏差，减少市场信息不对称程度，从而让股价尽可能反映出当前信息，从而减少股票的特质性波动(肖浩等，2014)；融资融券对整个股市的稳定发挥了重要的作用，无论在股市平稳时期还是动荡时期，融资融券都能抑制股价的异常波动，降低股票的收益率波动大小和股价跳跃风险(李锋森，2017)。对此，也有学者提出相反的观点，陈晖丽和刘峰(2014)发现，融资融券对公司治理效应的发挥受限于外部市场环境的建设程度。我国融资融券从整体上增加了股票的收益率标准差(姚磊、姚王信，2016)。融资融券机制对股价有着显著助涨助跌作用，且助跌效应强于助涨效应(林祥友等，2016)。褚剑和方军雄(2016)指出，我国融资融券不能降低反而增加了股价崩盘风险，主要原因是我国融资融券制度设计存在内在缺陷。涨跌停制度也是影响股价波动的重要因素之一，在我国台湾及内地的涨跌停制度并没发挥稳定市场的作用(陈平等，2003)。相比于没有涨跌停制度的 A 股市场，涨跌停制度及其后的融资融券制度没有发挥风险对冲的作用，反而加剧市场波动(王朝阳等，2007)。从机构投资者角度，何佳等(2006)认为机构投资者与股市的稳定之间并无显著相关关系。李广川等(2009)则进一步研究了不同类型的投资者对股市波动影响原因。我国股票市场散户较多，散户投资者过度自信程度较高，因此股价异常波动多由散户负责；在发达国家，股票市场以机构投资者居多，因此在特定情形下，股价异常波动由机构投资者负责。监管政策对股价波动也有重要影响(邹辉文等，2010)，股价对经济、法律、舆论和行政四种手段会做出不同程度的反应。经济手段在初期表现出强烈效果，但这种效果在政策事件发生后趋于减少；法律手段在短期内发挥效果受到局限，由于事件发生窗口较短难以看出其长远效果；舆论手段仅在事件发生前后几个交易日产生影响；市场对行政手段往往会反应不足，利好利空政策也不能充分对市场产生作用。外部舆论对公司股价波动也有影响。赵静梅等(2010)研究认为，辟谣行为不能快速、彻底地让股价恢复至正常水平，任何类型的谣言都会对股价造成显著异常冲击。股价在两个时间段出现异常波动，一次是传闻被媒体报道之前10日就已出现波动，另一次是在公司发布澄清公告后出现，不同性质的传闻带来不同的异动表现(陈静、张晓明，2010)。上市公司基本面与股价收益率波动存在显著的相关性，如总资产、资产收益率对公司股价收益率波动性有显著的影响(王汉生等，2010)。

1.2.3 研究评述

早前学者对股价异常波动的影响因素研究有着丰富的理论基础和实践经验。其中，国外学者研究机构投资者对股价波动以及市场稳定性的影响得出不同的结论，基本上分为促进股价异常波动、抑制股价异常波动以及不确定性三个方面。而国内学者对机构投资者的研究结论也分为这三方面，并进一步研究了投资者类型的不同对股市波动影响的原因。在政策面因素中，国内学者研究了融资融券对股价波动的影响，大致分为促进股价异常波动和抑制股价异常波动以及没有影响三方面。也有学者从监管事件方面对股价异常波动的影响，发现不同类型的政策手段对股价波动的影响不同。从公司基本面角度，上市公司的部分财务指标与其当年股价收益率波动性存在显著的相关性。其他因素方面，学者研究发现传闻的性质与股价异动特征相关。综上所述，国内外对于股价异常波动的研究主要是从其影响因素的视角开展的。在众多影响因素中，影响范围和程度较大的为投资者行为以及政策因素。投资者作为市场的重要参与者，其行为对股价波动以及市场稳定性具有重大影响；而政策作为调节市场的关键手段，同样也对股价异常波动产生了重要的影响。在股票交易风险的研究中，学者们多集中于理论的构建与阐述，对其在相关领域的应用研究不甚丰富。

目前，国内外几乎没有专门针对股价异常波动与交易风险关系的影响研究，从证券交易所的角度来看，国内目前对于防范及控制交易风险的研究更是少之又少。证券交易所现阶段实施的交易制度、我国投资者行为和信息披露方面存在的部分问题，阻碍了证券交易所在防范和控制风险方面发挥其应有的作用。本课题将基于现有研究成果，借鉴国内外的成功经验，并结合案例和实证分析，深入探讨我国证券交易机制、投资者行为和信息披露问题，使得证券交易所从此研究结果中总结对策方法，实现其应有的职能与作用，加快中国证券市场的建设和完善。

1.3 研究思路及方法

1.3.1 研究思路

第一，介绍本课题的研究背景，引出研究方向，通过总结文献研究现状指出现有研究的不足，并对研究思路和框架做出阐述。梳理了股价异常波动股票交易风险的相关规定和政策，对股价异常波动进行了理论分析。

第二，搜集相关数据，采用描述统计的研究方法对我国股票市场股价异常波动历史情况和股价异常波动公司基本面情况进行了分析，总结我国股市股价异常波动的现状。

第三，通过典型股价异常波动案例分析，对股价异常波动的影响因素进行了分析，为政策建议提供坚实基础。

第四，通过实证研究，分别从机构投资者行为、融资融券以及涨跌幅限制三个角度研究其对股价异常波动的影响。

第五，通过对成熟股市股价异常波动交收制度的分析，提出我国股市交易制度设计可供参考借鉴之处。

第六，通过上述分析，针对我国股市有关股价异常波动的交易制度、监管办法等提出针对性的政策建议。

本课题组主要通过描述统计分析、案例分析、实证分析、比较分析对股价异常波动进行研究。具体研究框架如图 7－1 所示。

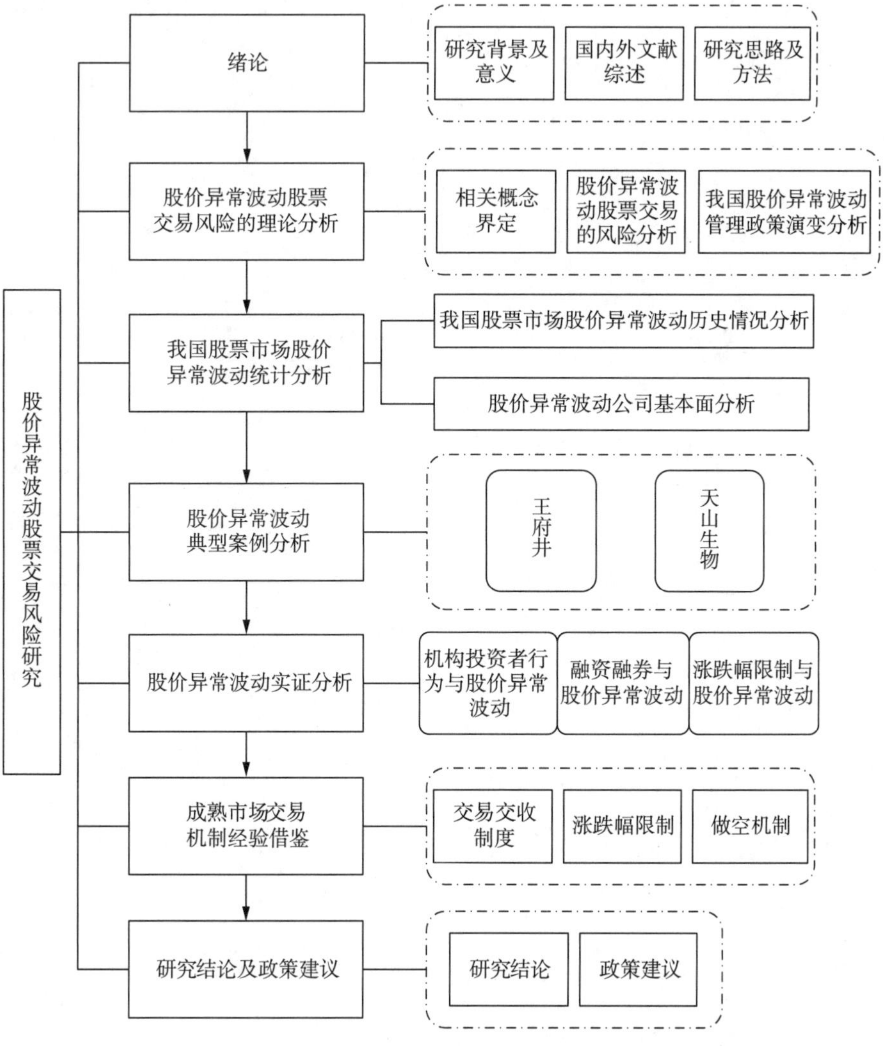

图 7－1　研究框架

1.3.2 研究方法

(1)文献研究法。运用文献研究法,归纳出国内外学者对股价异常波动的影响因素,并对股价异常波动进行界定,确定本课题的研究内容与方法。

(2)案例分析法。运用案例分析法,对A股股价异常波动典型案例进行深入分析,研究我国股市股价异常波动的原因及经验。

(3)实证研究法。运用实证研究法,研究我国股市股价异常波动的影响因素与股价异常波动的关系,主要影响因素包括机构投资者行为、融资融券以及涨跌幅限制等。

(4)比较分析法。运用比较分析法,对比A股证券市场与美国、日本、新加坡及我国香港交易制度的异同,总结得出目前我国交易等制度的不完善之处和成熟股市相关制度的可借鉴之处。

第2章 股价异常波动股票交易风险的理论分析

2.1 相关概念界定

2.1.1 股价异常波动的界定

价格波动是股市中的正常现象,但股价的异常波动将不利于股市的稳定,甚至会阻碍其发挥应有作用。目前,对于异常波动的定义尚未有统一定论。学者王朝阳认为,股价突然上涨和下跌都可以被称为异常波动;吴文峰认为所谓"异常波动",就是指未预期到的价格波动,是由信息异常导致的股价未预期的变化。结合学者的观点,本课题组认为股价异常波动即股价在没有基本面、政策面影响的情况下出现的大跨度、不连续的波动,该波动超出了正常波动区间,偏离其内在价值,在短期内出现快速上涨和快速下跌的情形。

世界上很多国家都存在较多的股票价格异常波动的情况,对于管理完善的股票市场来说,股票价格异常波动是可以进行判别的。但是,目前对于这种未预期的股价异常波动的量化衡量并没有统一的定论。国外常用的方法有涨跌幅定义法、收益率分布定义法、涨跌幅及微观信息事件对比定义法等;我国证券监管部门以及沪深交易所均对异常波动阈值进行了不同的定义,主要用股价收盘价涨跌幅偏离值和日均换手率来度量。学术界的观点同样比较繁多,不同学者有着不同的观点。王汉生(2010)研究认为应该使用股价周回报率的标准差度量股价的波动。邹辉文(2010)认为应将收益率为3.5%界定成为异常波动的阈值标准。吴文峰(2000)则是将异常波动归因于宏观、上市公司和主力交易者行为三方面因素,从上涨和下跌以及收益率的角度进行定义。Chenetal(2001)和许年行(2012)选取股价收益上下波动比率作为股价波动风险的衡量指标。本课题组在后续的实证研究中参考学术界对于股价异常波动的度量,选用股价收益率的标准差以及收益上下波动比率作为衡量股价异常波动程度的指标。

2.1.2 股价异常波动股票交易风险的内涵

对于投资者来说,在股票交易活动中,投资者投资在前,而实际收益在后,在这段时间差中,存在一定的不确定性。投资者投入一定数量的本金是当前的确定行为,而取得收益的多少是未来的不确定事件,并且数额很难预测。在持股过程中,收益减少或者本金损失受到多方因素的影响。在股票交易中可能会影响预期收益多少的风险基本可以分为两类,即系统性风险和非系统性风险。系统性风险亦可称为不可避免的风险,主要包括政策、利率和购买力等风险;非系统性风险即可化解的风险,是一只或一类股票发生影响的不确定性因素,主要包含经营、财务以及信用风险。

本课题组认为股票在交易过程中,投资股价异常波动股票的投资者面临着股票投资收益风险以及股票投资资本风险这两类交易风险。

对于市场来说，我国股市经历了30年的发展，市值规模迅速扩大，资金配置效率逐步提升，股票市场作为我国实体经济“晴雨表”的作用日益明显，对实体经济和宏观政策变动的反应也越来越灵敏。股价的小幅波动对促进股市的健康繁荣发展有积极意义。但是在股价出现异常波动的情况下，价格严重偏离价值，此时就会出现交易风险，不仅对股市本身造成巨大冲击，使得股市运行无序化并引起市场投机活动盛行，长期异常上涨或者下跌也会极大地影响投资者信心，影响经济和社会的平稳发展。

本课题组认为在股价异常波动时，投资者频繁交易这类股票会更加刺激股价的波动，此时股票价格信号功能大打折扣，经济“晴雨表”和服务实体经济的功能发挥受限，这样的交易风险很可能导致金融体系发生紊乱，对宏观经济的稳定发展造成危害。

2.2 股价异常波动股票交易的风险分析

2.2.1 股价异常波动影响证券市场“三公”原则

“三公”原则，即“公开、公平、公正”的原则，它是证券活动中必须严格遵循的基本原则，是吸引市场参与者，并让证券市场健康、平稳、可持续发展的重要约束。但是股价异常波动的发生严重影响了证券市场“三公”原则作用的发挥。只有在市场参与者能公开地获得有关上市公司的所有相关交易信息时，证券市场才能有序平稳地运行。然而市场中存在着证券信息不公开、不透明的情形，甚至发布一些虚假信息来诱导投资者，进而使得股价发生异常波动，严重损害投资者的利益，使得证券市场无法体现其公平、透明的原则。另外还有些拥有内幕信息的人常常利用内幕交易在股市中谋取利益，他们通过拥有市场未公开的信息，可以提前较为准确地预测股价走势，从而在股价较低时买入，然后将信息传递给广大投资者，促使他们不断跟投，推动股价一路攀升，使得内幕交易者可以在股价高点进行收割，从中获得巨大差额。由于虚假信息、内幕消息导致的股价异常波动将严重破坏证券市场的公平性。证券市场的平稳发展离不开股价围绕其价值的正常波动，而股价的正常波动则离不开公平、公正、公开的监管，如果没有建立一套完善的针对股价异常波动监督管理系统，就不能及时发现导致股价异常波动发生的根源，往往就很难最大程度地发挥“三公”原则的作用，由此造成的恶劣影响会极大地降低投资者的信心。

2.2.2 股价异常波动影响价值投资理念

价值投资这一概念从1990年后被大家广泛关注，价值投资首先是一种投资手段，投资者依靠对上市公司基本面的分析研究，找寻市场价格低于其内在价值的股票然后进行针对性投资。其要点在于：①股票价格围绕内在价值上下波动，内在价值能够被大致估算出来；②从长期来看，股票价格会不断接近其内在价值；③当股票价格低于其内在价值时，投资机遇来临。宏观层面的国情因素、中观层面的股市因素和微观层面的上市公司自身因素导致出现频繁的股价异常波动，这三方面因素也对价值投资理念在我国的践行造成了不利影响。

从宏观层面的国情看，发达国家依托其发展了百年的市场经济体制和机制，为价值投资建立了健全的制度环境。但是我国作为以政府主导的市场经济体，市场经济发展历程尚短，体制机制建设并不健全，价值投资还不能真正普及。由于缺乏成熟的市场经济环境，股价受到政策等因素的影响剧烈，这也极大地影响了价值投资在我国股市的适用性。

从中观层面的股市看，虽然我国已在创业板试点注册制，但仍未全面铺开。

核准制的审批流程较为漫长，在核准的过程中，监管机构超越了投资者优先对申请上市的股票进行了价值判断，有比较大的机会获得权力寻租空间，导致国有企业和民营企业上市机会不均等，让广大投资者产生了先入为主的思维，造成“劣币驱逐良币”的后果。在企业退市过程中，我国因为受到行政干预等因素，无法像西方国家一样执行严格的市场化制度，导致市场无法发挥其本身的“新陈代谢”和“优胜劣汰”的功能。

从微观层面的上市公司看，在我国的股票市场中，发行核准制的业绩要求可能导致部分上市企业为了完成上市目标，不惜透支未来的业绩增长空间也要提升当前业绩情况。这些强行包装的公司往往在上市后财务状况、经营水平回归原始，业绩不断下滑使得股价迅速下跌，最终不得不退市。

2.3 我国股价异常波动管理政策演变分析

2.3.1 上海证券交易所对股价异常波动管理的历年政策

通过整理分析上海证券交易所颁布和修订的交易规则可知，上海证券交易所除2016年正式实施熔断机制外，其针对股价异常波动的管理规定自2012年来改动较小，但是总体趋势是“宽中有严”，见表7－1所列。

表5－1 2006年以来上海证券交易所出台的针对股价异常波动的一系列的管理规定

年份/年	文件名	颁发部门
2006	《上海证券交易所交易规则》	上海证券交易所
2012		
2013		
2014		
2015	《上海证券交易所交易规则》(2015年修订)	
2017	《上海证券交易所交易规则》(2017年修订)	
2018	《上海证券交易所交易规则》(2018年修订)	
2019	《2019年上海证券交易所科创板股票异常交易实时监控细则》	
2020	《上海证券交易所交易规则》(2020年第二次修订)	

资料来源：上海证券交易所。

“宽”体现在以下几方面：

首先，体现在股票的涨跌幅限制上。2006年《上海证券交易所交易规则》里规定ST股票和＊ST股票异常波动涨跌幅阈值为±15%，2012年开始放开ST和＊ST的涨跌幅限制，修改后的交易规则是：连续三个交易日收盘价格涨跌幅偏离值达到20%；连续三个交易日内日均换手率与前五个交易日的日均换手率之比达到30，并且该股票、封闭式基金连续三个交易日累计换手率达到20%。此后年份均延续2012年有关涨跌幅的规定。

其次，体现在延长收盘集合竞价时间上。上海证券交易所在2018年前通过连续竞价方式结束收盘，每日收盘价由当日最后一笔交易前一分钟成交量平均加权价确定，当日尾盘大额订单一旦出现集中申报的情况，收盘价会严重偏离当日正常价格水平，导致其丧失了价格的基准计量器的功能。因此，自2018年开始，收盘集合竞价时间从一分钟延长至三分钟，能够在一定程度上使收盘价格趋于平稳，维护市场交易秩序。

再次，体现在有关停复牌规定上。在2006年出台的相关交易规定中，交易所有权对出现异常波动的股票、封闭式基金终止交易，直到出现异常波动的企业出台公告的当日上午10:30才可恢复交易。后续年份的交易规则均未提及确切的复牌时间。

最后，体现在对科创板股价异常波动涨跌幅上，只有当收盘价格上涨或下跌偏离值累计达到30%且连续3个交易日均出现的情况下才会启动限制工作。

"严"主要体现在有关股价异常波动的监管上。2006年至今，针对股票、封闭式基金交易出现异常波动的情形，上海证券交易所对在此期间累计买入、卖出金额前五的会员营业部的名称及交易金额进行公告。2020年上海证券交易所新增针对重大异常波动情形，除了向证监会报告外，直接采取限制交易和强制停牌等处置措施；针对证券市场稳定产生严重影响的情形，采取临时停市等处置措施并公告。

综上所述，上海证券交易所股价异常波动涨跌幅规定维持稳定，但从2012年放开对ST股票和*ST股票的涨跌幅限制和对放宽科创板股价异常波动涨跌幅的规定来看，有关股价异常波动的涨跌幅限制在逐步试探性放宽，未来可以继续延续这种思路。

2.3.2 深圳证券交易所对股价异常波动管理的历年政策

通过整理分析表7-2深圳证券交易所颁布和修订的交易规则可知，有关股价异常波动的涨跌幅限制稳中有变、宽中有严，且界定的标准更加多样化。

表7-2 2001年以来深圳证券交易所出台的针对股价异常波动的一系列的管理规定

年份/年	文件名	颁发部门
2001	《深圳证券交易所股票上市规则》(2001年修订)	深圳证券交易所
2006	《深圳证券交易所交易规则》	
2011	《深圳证券交易所交易规则》(2011年修订)	
2012	《深圳证券交易所交易规则》(2012年修订)	
2013	《深圳证券交易所交易规则》(2013年修订)	
2015	《深圳证券交易所交易规则》(深监会〔2015〕389号)	
2016	《深圳证券交易所交易规则》(深监会〔2016〕291号)	
2019	《深圳证券交易所交易规则》	
2020	2020深圳证券交易所交易规则(2020年修订)	

资料来源：深圳证券交易所。

2001年《深圳证券交易所股票上市规则》中规定，如果某只股票价格的振幅连续三个交易日达到15%，日均成交金额连续五个交易日逐日增加50%，则为股价异常波动。2006年，涨跌幅进一步放宽，交易规则将连续三个交易日内收盘价涨跌幅限制由15%调整为20%，但同时也新增对ST和*ST股票涨跌幅限制为15%。并且，针对异常波动标准的界定更加多元化，股票换手率也纳入标准。2011年，深圳证券交易所除缩小ST和*ST股票涨跌幅，由15%变为12%外，其余规定与2006年的规定保持一致。此后，2011年对股价异常波动的涨跌幅限制的规定一直沿用至今。

有关开盘价、收盘价、集合竞价股价和信息披露要求的规定基本未变。有关停复牌时间的规定只在2006年的相关规定中出现，即出现异常波动情形，对相关证券实施停牌，直至有披露义务的当事人做出公告的当日10:30复牌；公告日为非交易日的，在公告后首个交易日开市时复牌。后续年份未提及明确复牌时间。

有关管理措施，深圳证券交易所规定，当股票出现重大非常规波动时，可以启动强制停牌、限制交易的紧急措施；当对市场稳定造成重大影响的情况出现时，可以采取临时停市等措施，并向投资者发布公告。此项规定自2001年来未有变化。

综上所述，深圳证券交易所有关股价异常波动交易规则规定自2011年来变动较小，其对股价异常波动的管理政策也是“宽中有严”的思路，“宽”主要体现在2006年放宽股票的涨跌幅限制，“严”主要体现在2006年增加异常波动的标准界定条件，同时对ST和*ST股票的涨跌幅进行限制。因此，逐步放开涨跌幅限制的同时增加对股价异常股票的界定标准是未来相关制度调整的一个思路。

第3章 我国股票市场股价异常波动统计分析

3.1 我国股票市场股价异常波动历史情况分析

我国股票市场自1990年成立，至今已有30多年的时间，市场总体表现出价格波动幅度剧烈且波动频繁的特征。1992—2019年期间，沪市年振幅最高为388.13％，深市为191.57％；沪市最高年涨幅为166.57％，最低年跌幅为－24.59％；深市最高年涨幅为189.04％，最低年跌幅为－61.76％。尤其是2007年以来，股市的波动特征愈发凸显，其振幅以及年度涨跌幅相较其他国家股市要大得多，极大地增加了股票市场的投资风险。

3.1.1 沪深股市个股股价异常波动次数

根据交易所2004年1月1日起至2020年7月31日披露的上市公司股价异常波动和股票交易异常波动公告，课题组统计出股票异常波动每月发生的次数，见表7－3和表7－4所列。为更直观地观测不同时间的股价异常波动次数，根据表7－3和表7－4的统计结果，绘制了沪深两市个股股价异常波动折线图，如图7－2和图7－3所示。

表7－3 沪市个股股价异常波动次数汇总表

年份/年	1月	2月	3月	4月	5月	6月	7月	8月	9月	10月	11月	12月	合计
2004	10	27	13	22	6	20	13	12	13	38	21	13	208
2005	7	23	18	33	18	11	41	48	54	13	8	9	283
2006	9	8	9	32	94	71	20	6	18	17	9	12	305
2007	65	61	57	54	75	238	40	66	112	122	85	41	1016
2008	125	55	102	270	110	171	85	118	119	127	129	118	1529
2009	31	127	74	93	44	22	37	102	63	21	59	20	693
2010	12	11	12	18	50	12	30	10	29	31	53	19	287
2011	14	7	29	31	33	21	10	21	13	15	12	66	272
2012	23	23	16	28	27	14	23	79	14	16	13	18	294
2013	34	23	34	16	21	27	31	46	53	40	29	30	384
2014	10	25	31	17	14	13	35	53	41	56	66	127	488
2015	71	53	97	153	263	263	807	176	298	65	100	123	2469
2016	104	44	42	39	53	52	52	173	67	49	96	124	895

（续表）

年份/年	1月	2月	3月	4月	5月	6月	7月	8月	9月	10月	11月	12月	合计
2017	83	93	112	125	124	71	62	69	89	65	84	50	1027
2018	46	97	45	48	59	83	85	45	41	60	72	23	704
2019	67	62	125	100	109	83	49	61	46	26	49	41	818
2020	67	183	121	79	95	104	171	—	—	—	—	—	820

资料来源：上海证券交易所官网（http://www.sse.com.cn/）。

表 7－4　深市个股股价异常波动次数汇总表

年份/年	1月	2月	3月	4月	5月	6月	7月	8月	9月	10月	11月	12月	合计
2004	13	31	7	26	3	10	15	14	15	59	14	19	226
2005	18	28	21	77	47	25	67	70	119	23	20	25	540
2006	15	14	17	41	106	95	20	9	19	7	5	18	366
2007	41	46	100	83	176	219	102	96	67	64	47	18	1059
2008	24	21	43	84	55	115	58	56	62	64	79	78	739
2009	24	66	34	49	44	38	47	43	47	15	49	14	470
2010	16	25	14	24	28	17	18	14	32	39	55	21	303
2011	11	19	23	28	18	28	17	25	20	18	18	49	274
2012	28	32	34	43	45	40	31	80	34	31	20	26	444
2013	60	31	31	21	31	31	52	65	56	82	64	67	591
2014	57	106	73	57	39	32	100	84	92	80	72	129	921
2015	89	77	202	307	490	627	830	313	245	178	188	229	3775
2016	225	108	101	106	84	120	145	153	125	117	195	185	1664
2017	167	183	160	227	184	140	107	136	135	103	152	101	1795
2018	143	139	140	147	193	202	199	147	114	180	182	117	1903
2019	131	127	276	281	291	204	85	114	126	118	128	156	2037
2020	145	344	325	202	272	162	321	—	—	—	—	—	1771

资料来源：深圳证券交易所官网（http://www.szse.cn/）。

由于上海证券交易所公开披露的关于上市公司股价异常波动以及股票交易异常波动的公告文件始于 2004 年，为统一时间统计口径，故将两个交易所的初始统计时间确定为 2004 年。由图 7－2 和图 7－3 可以得到以下结论：

第一，从时间维度来看，随着上市公司数量的增加，上市公司股价异常波动次数呈现增长态势。剔除 2015 年的数据，股价异常波动发生次数由 2014 年的 921 起增长至 2019 年的 2037 起。

第二，沪深两个市场比较，深市个股异常波动次数显著高于沪市。沪市 16 年间共发生 11672 次股价异常波动，平均每年 729.5 次；深市股价异常波动次数为 17107 次，

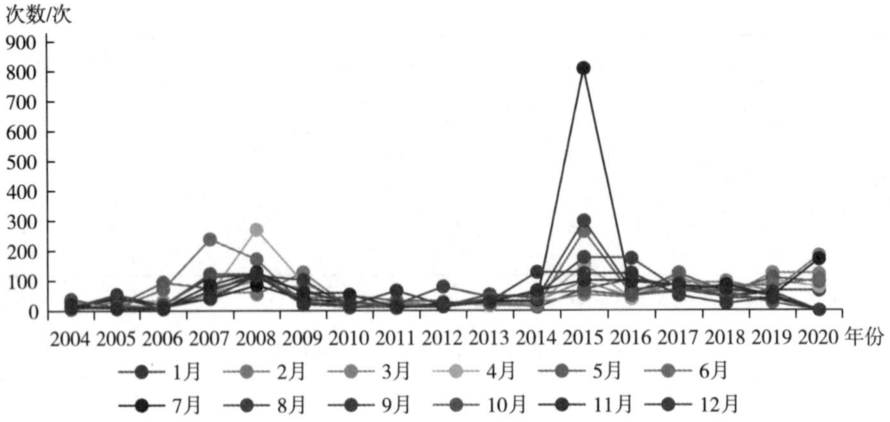

图 7－2　沪市个股股价异常波动折线图

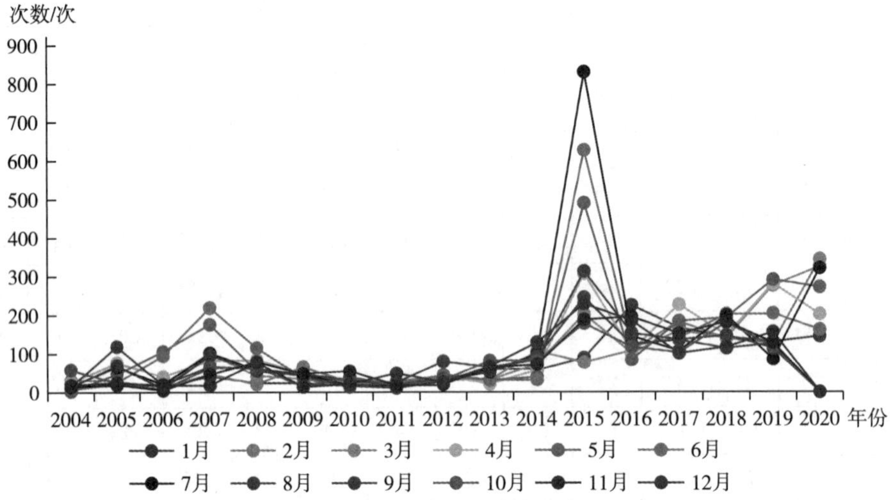

图 7－3　深市个股股价异常波动折线图

比沪市多 5435 次，均值为 1069.2 次/年，平均每年比沪市多 339.7 次。

第三，从各年波动的具体情况来看，我国股市个股在 2004 年至 2019 年间出现了两次明显的大范围的波动，分别是 2007—2008 年以及 2015 年。2007—2008 年期间，我国股票市场总体上经历了一次历史上涨幅最大、跌幅也最大的上涨和下跌过程。上证综指从 2017 年年初的 1840 点在 10 个月的时间内上涨到 10 月末的 5955 点，10 月最高达到 6124 点。其后，股指迅速回落，至 2018 年 12 月 31 日，又跌回到了 1820 点。沪综指经过 2 年的剧烈波动甚至又回到了起点之下。2015 年股票市场的波动同样惊心动魄，沪综指年初的点位是 3234 点，其后快速上涨，6 月达到最高点 5178 点后快速回落，6 月末收盘点位为 4277 点，至 2016 年 2 月末沪综指收于 2688 点，显著低于 2015 年年初的指数水平。

3.1.2　沪深股市个股股价异常波动比例

为了更直观地反映股价异常波动的频次，表 7－5、图 7－4 报告了沪深两市股价异常波动次数与上市公司家数的比例。

表 7－5　沪深两市股价异常波动次数汇总表

年份/年	上海证券交易所			深圳证券交易所		
	异常波动数/次	上市公司数/个	异常波动比例	异常波动数/次	上市公司数/个	异常波动比例
2004	208	837	0.25	226	540	0.42
2005	283	834	0.34	540	547	0.99
2006	305	842	0.36	366	592	0.62
2007	1016	860	1.18	1059	690	1.53
2008	1529	864	1.77	739	761	0.97
2009	693	870	0.8	470	848	0.55
2010	287	894	0.32	303	1169	0.26
2011	272	931	0.29	274	1411	0.19
2012	294	954	0.31	444	1540	0.29
2013	384	953	0.4	591	1536	0.38
2014	488	995	0.49	921	1618	0.57
2015	2469	1081	2.28	3775	1746	2.16
2016	895	1182	0.76	1664	1870	0.89
2017	1027	1396	0.74	1795	2089	0.86
2018	704	1450	0.49	1903	2134	0.89
2019	818	1520	0.54	2037	2205	0.92
2020	820	—	—	1772	—	—
合计	12492			18879		

资料来源：上海证券交易所官网、深圳证券交易所官网、国泰安数据库。

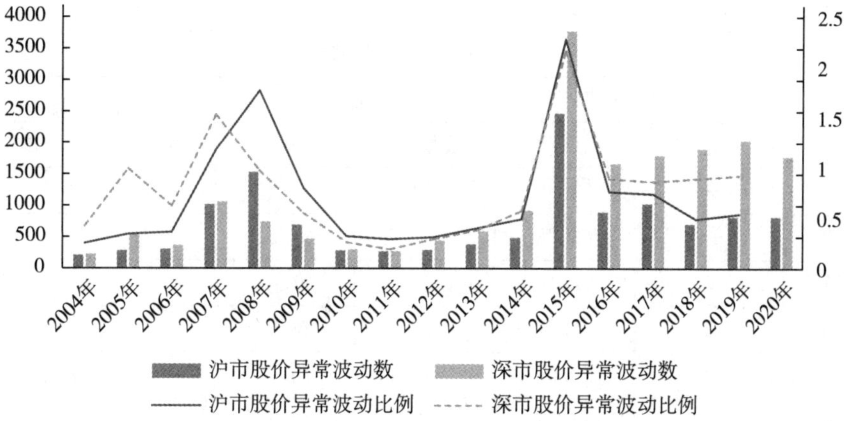

图 7－4　沪深两市股价异常波动图

由图 7 - 4 可以直观地看出，沪深两市个股发生股价异常波动的比例呈现高度相似性，且与对股价异常波动次数的分析结论基本一致。无论是从股市整体指数走势及振动幅度，还是从具体异常波动明显时期的重大事件中都可以看出不同市场的相关性、联动性，以及政府和监管部门在稳定股市、防范股价异常波动中的重要地位。

3.1.3 沪深股市个股股价异常波动区间涨跌幅比例

为进一步探究个股股价异常波动幅度的具体情况，从 Wind 数据库中搜集了 2010—2019 年的股价异动个股在发生异动期间的涨跌幅数值，在此基础上整理并分析了近十年沪深股市异动个股在不同浮动区间下的分布情况，见表 7 - 6、表 7 - 7 所列。

表 7 - 6　沪市个股股价异常波动区间涨跌幅比例统计表

年份/年	区间涨幅					
	≥20 且<25		≥25 且<30		≥30	
	数量/个	比例/%	数量/个	比例/%	数量/个	比例/%
2019	490	62.74	119	15.24	172	22.02
2018	398	72.89	68	12.45	80	14.65
2017	634	65.36	67	6.91	269	27.73
2016	469	65.59	75	10.49	171	23.92
2015	747	53.05	288	20.45	373	26.49
2014	272	57.14	84	17.65	120	25.21
2013	191	61.81	65	21.04	53	17.15
2012	136	69.74	37	18.97	22	11.28
2011	75	66.37	30	26.55	8	7.08
2010	112	69.57	31	19.25	18	11.18
合计	3524	62.11	864	15.23	1286	22.66
年份/年	区间涨幅					
	≥20 且<25		≥25 且<30		≥30	
	数量/个	比例/%	数量/个	比例/%	数量/个	比例/%
2019	84	62.69	50	37.31	0	0
2018	118	63.78	67	36.22	0	0
2017	70	72.16	27	27.84	0	0
2016	34	53.97	29	46.03	0	0
2015	207	29.96	484	70.04	0	0
2014	13	86.67	2	13.33	0	0
2013	10	90.91	1	9.09	0	0

（续表）

年份/年	区间涨幅					
	≥20 且<25		≥25 且<30		≥30	
	数量/个	比例/%	数量/个	比例/%	数量/个	比例/%
2012	9	81.82	2	18.18	0	0
2011	15	68.18	7	31.82	0	0
2010	14	93.33	1	6.67	0	0
合计	574	46.14	670	53.86	0	0

资料来源：Wind 数据库。

表 7-7　深市股价异常波动区间涨跌幅比例统计表

年份/年	区间涨幅					
	≥20 且<25		≥25 且<30		≥30	
	数量/个	比例/%	数量/个	比例/%	数量/个	比例/%
2019	882	63.50	199	14.33	308	22.17
2018	672	73.44	100	10.93	143	15.63
2017	881	67.10	95	7.24	337	25.67
2016	775	62.40	135	10.87	332	26.73
2015	1400	45.71	434	14.17	1229	40.12
2014	442	55.67	154	19.40	198	24.94
2013	274	57.93	113	23.89	86	18.18
2012	166	59.71	59	21.22	53	19.06
2011	68	62.39	27	24.77	14	12.84
2010	110	61.80	40	22.47	28	15.73
合计	5670	58.13	1356	13.90	2728	27.97
年份/年	区间涨幅					
	≥20 且<25		≥25 且<30		≥30	
	数量/个	比例/%	数量/个	比例/%	数量/个	比例/%
2019	115	67.25	56	32.75	0	0
2018	122	50.41	120	49.59	0	0
2017	80	68.97	36	31.03	0	0
2016	43	59.72	29	40.28	0	0
2015	82	29.82	193	70.18	0	0
2014	15	65.22	8	34.78	0	0
2013	9	100.00	0	0.00	0	0
2012	12	63.16	7	36.84	0	0

（续表）

年份/年	区间涨幅					
	≥20 且<25		≥25 且<30		≥30	
	数量/个	比例/%	数量/个	比例/%	数量/个	比例/%
2011	19	76.00	6	24.00	0	0
2010	6	66.67	3	33.33	0	0
合计	503	52.34	458	47.66	0	0

资料来源：Wind 数据库。

通过对近十年沪深股市个股在异动期间涨跌幅比例在[20%,25%),[25%,30%)以及 30%以上的情况统计，由图 7-5 可以发现：①在对异动期间区间涨幅比例的描述与刻画中，沪深股市个股发生股价波动的幅度基本相同。其中，半数以上的个股价格区间涨幅处于 20%至 25%之间。②在对异动期间区间跌幅比例的统计中，沪深股市个股发生股价波动的幅度趋势较为接近。随着区间跌幅的增加，个股股价异常波动次数逐渐下降。③个股股价异常上涨的幅度及数量通常大于异常下跌的幅度及数量，尤其是在涨跌幅 30%以上时尤为明显。

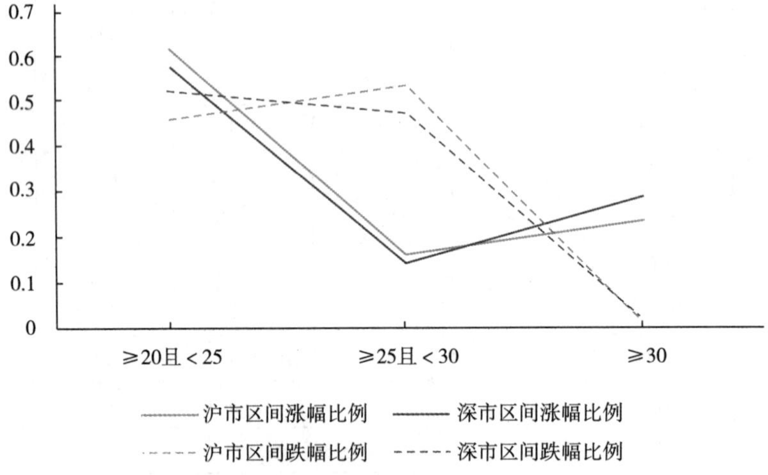

图 7-5　沪深两市股价异常波动区间涨跌幅比例

3.2　股价异常波动公司基本面分析

根据上海证券交易所官网公布的股票交易异常波动公告与股价异常波动公告的数据，本课题组选取 2016—2019 年异常波动公告股票作为样本进行统计分析。

3.2.1　股价异常波动公司的行业分析

从表 7-8 可以看出，制造业，信息传输、软件和信息技术服务业以及房地产业上市公司中发生股价异常波动的数量最多，其中制造业属于发展成熟的行业，上市公司数量众多，竞争激烈。信息传输、软件和信息技术服务业的发展主要依靠科技创新，对研发实力要求较高，一旦公司的研发水平跟不上就很容易被市场淘汰。房地产行业进入壁垒低，竞争激烈，近年来房地产行业受到国家宏观调控影响严重，给公司的经营带来很大压力。而住宿和餐饮业，居民服务、修理和其他服务业以及教育业发生股价异常波动的数量较少。这三类行业是保障和改善民生的基础性行业，受市场影响较低，发展稳定，不易发生股价异常波动。

表 7-8　上市公司行业与股价异常波动的关系表

	2016年		2017年		2018年		2019年		异动总数	异动平均数	排名
	上涨	下跌	上涨	下跌	上涨	下跌	上涨	下跌			
农、林、牧、渔业	5	2	2	3	8	2	7	2	31	7.75	14
采矿业	21	2	17	0	14	5	21	3	83	20.75	7
制造业	408	54	587	104	254	170	395	116	2088	522	1
电力、热力、燃气及水生产和供应业	15	3	26	2	20	5	5	0	76	19	9
建筑业	39	4	40	2	8	6	11	2	112	28	5
批发和零售业	46	10	17	8	23	24	10	7	145	36.25	4
交通运输、仓储和邮政业	12	1	29	3	22	12	13	5	97	24.25	6
住宿和餐饮业	0	0	0	0	0	0	0	0	0	0	18
信息传输、软件和信息技术服务业	47	2	57	10	23	11	32	8	190	47.5	2
金融业	15	0	4	2	24	3	9	1	58	14.5	10
房地产业	14	3	7	5	13	5	76	32	155	38.75	3
租赁和商务服务业	11	1	7	3	6	2	8	4	42	10.5	13
科学研究和技术服务业	26	0	30	5	10	2	2	3	78	19.5	8
水利、环境和公共设施管理业	3	1	29	1	6	3	5	1	49	12.25	12
居民服务、修理和其他服务业	0	0	0	0	0	0	0	0	0	0	18
教育	3	1	0	0	0	0	0	1	5	1.25	17
卫生和社会工作	0	0	6	0	1	1	2	0	10	2.5	16
文化、体育和娱乐业	23	0	17	1	8	2	5	1	57	14.25	11
综合	4	5	1	1	6	1	1	2	21	5.25	15

资料来源：上海证券交易所、国泰安数据库。

3.2.2　股价异常波动公司的财务指标分析

以沪市 2016—2019 年发生的股价异常波动股票为样本，分别对其发生异常波动的前一年度的市盈率、市净率、市值以及净利润进行描述性统计，并进行了 1%缩尾，统计见表 7 - 9 所列。其中,市值的单位为亿元,净利润的单位为万元。

表 7 - 9　沪市个股异常波动股票财务指标描述性统计表

年份/年	样本种类	财务指标	平均值	标准差	最小值	中位数	最大值
2016	异常波动个股	市盈率	225.068	414.014	9.095	89.115	2580.732
		市净率	9.746	20.006	0.919	4.634	147.928
		市值	138.985	148.148	19.413	86.922	804.62
		净利润	−1605.986	53475.548	−256300	6073.985	112700
	沪市 A 股	市盈率	154.772	383.155	5.292	57.885	5105.245
		市净率	7.874	30.045	0.238	3.703	710.618
		市值	1621.648	12705.028	15.62	133.585	220825.574
		净利润	213693.116	1494000	751100	13798.303	27770000
2017	异常波动个股	市盈率	179.324	345.752	9.181	73.685	2219.938
		市净率	9.959	25.005	0.762	5.079	220.568
		市值	126.442	173.107	15.858	75.443	1099.958
		净利润	−2328.568	136200	−1146000	7985.979	142700
	沪市 A 股	市盈率	125.895	462.592	3.307	44.957	12269.756
		市净率	6.861	44.651	0.231	3.07	1403.921
		市值	1648.9	13320.655	12.345	116.366	238275.557
		净利润	206846.843	1443000	1611000	17998.535	27910000
2018	异常波动个股	市盈率	92.727	151.553	7.139	48.408	1100.52
		市净率	6.877	16.517	1.019	3.662	132.765
		市值	110.998	188.404	11.644	44.777	1350.863
		净利润	18800.041	62315.46	−246500	7503.173	366800
	沪市 A 股	市盈率	86.4	517.217	3.071	34.26	17552.551
		市净率	4.55	14.265	0.281	2.63	271.138
		市值	1505.74	13170.48	6.288	89.856	261389.846
		净利润	207941.434	1399000	1058000	20402.774	28750000
2019	异常波动个股	市盈率	65.824	91.985	4.379	32.245	525.403
		市净率	4.369	14.449	0.579	2.111	125.347
		市值	126.186	253.094	10.44	45.984	1960.625
		净利润	15572.655	95033.7	−379500	7358.115	598800
	沪市 A 股	市盈率	45.369	90.868	1.643	22.344	1181.006
		市净率	3.219	12.66	0.163	1.687	348.628
		市值	1481.129	13447.453	7.919	74.893	273519.446
		净利润	211114.819	1440000	646700	19696.336	29870000

资料来源:国泰安数据库。

由表 7-9 可以发现：

第一，从市盈率和市净率的角度看，沪市异常波动股票市盈率、市净率各年平均值均高于沪市 A 股总体市盈率、市净率均值，反映出股价高于内在价值的股票容易出现股价异常波动的情况。

第二，从市值和净利润角度看，2016 年至 2019 年异常波动股票的市值规模平均值显著小于沪市 A 股；同样地，净利润平均值也显著低于沪市 A 股，说明规模小、利润低的公司比较容易出现股价异常波动。

综上分析，本课题组认为监管部门应该重点关注制造业，信息传输、软件和信息技术服务业以及房地产业三类产业的公司股票价格。在财务指标方面，从市盈率和市净率的角度看，异常波动股票普遍具有更高的市盈率，股价高于内在价值的股票容易出现股价异常波动的情况。从市值和净利润角度看，规模小、利润低的公司比较容易出现股价异常波动。应该重点关注盘小且绩差、市盈率过高的公司。

第4章　股价异常波动典型案例分析

4.1　王府井案例分析

4.1.1　公司简介

王府井集团股份有限公司，简称“王府井集团”，是北京首都旅游集团有限责任公司旗下骨干企业。王府井于 1994 年在上海证券交易所挂牌上市，股票代码为 600859。王府井 2017—2020 年上半年的主要财务指标见表 7－10 所列。

表 7－10　王府井 2017—2020 年上半年的主要财务情况

年份	2017 年	2018 年	2019 年	2020 年上半年
净资产/万元	1078945.83	1147918.63	1206606.52	1175283.94
营业收入/万元	2608500	2671100	2678900	3425000
净利润/万元	932000	1226000	945000	－17000
资产负债率/%	46.56	47.11	49.95	43.9
净资产收益率/%	8.64	10.68	7.83	－0.14

资料来源：国泰安数据库。

4.1.2　事件经过

王府井自 2020 年 4 月起的一个多月内，股价拉升了 120%，市值增加了超 100 亿元。并且在 2020 年 6 月 8 日至 7 月 6 日这段时间内，王府井股价一路上涨，出现异常波动多达 4 次。

1. 股价最高涨近 5 倍

从 2020 年 4 月底开始王府井股价一路拉升，在 6 月 9 日当天涨停，同日，王府井发布公告，称公司获得经营免税品零售业务的资质。自 4 月 27 日起，王府井股价持续上涨了一个半月，成交量连续大幅提高，其股价 K 线走势图如图 7－6 所示。截至“免税牌照”公告发布的 6 月 9 日收盘时，29 个交易日内王府井股价累计涨幅高达 121.70%，累计换手率 100.5%，累计成交额 115.9 亿元。而从 4 月 27 日启动到 7 月 9 日创下历史新高，王府井股价从 12.24 元飙升至 79.19 元，股价涨了 5 倍多，市值增加 469 亿元。王府井在 2020 年 6 月 8 日至 7 月 6 日，四次触及上海证券交易所股价异常波动阈值，其公司就股价异常波动做出公告见表 7－11所列。

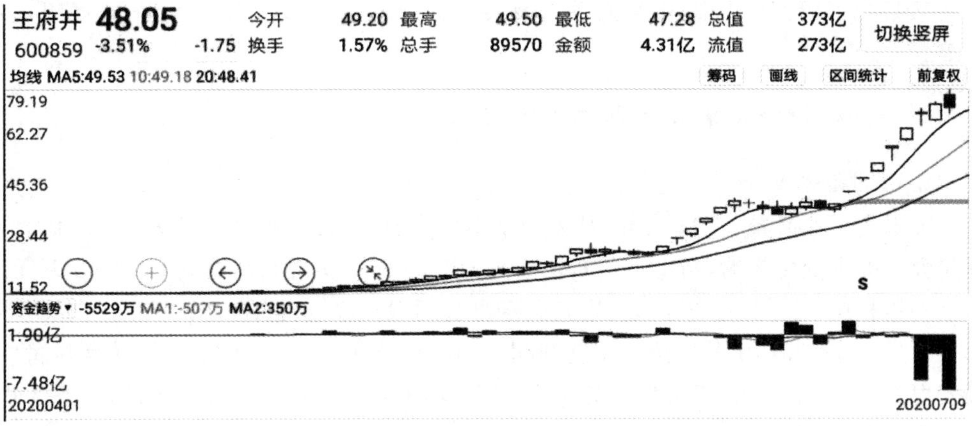

图 7-6　王府井股价 K 线走势图

表 7-11　王府井 2020 年的股价异常波动公告情况

异动	时间	上涨/下跌	披露事由	公告时间
1	6.8,6.9,6.10	上涨	获得免税品经营资质	2020 年 6 月 11 日
2	6.10,6.11,6.12	上涨	获得免税品经营资质 并无实质免税业务	2020 年 6 月 13 日
3	6.29,6.30,7.1	上涨	获得免税品经营资质； 并无实质免税业务	2020 年 7 月 2 日
4	7.2,7.3,7.6	上涨	获得免税品经营资质； 并无实质免税业务	2020 年 7 月 7 日

资料来源：上海证券交易所。

2. 实名举报内幕交易

在王府井取得免税资质公告披露前，王府井拿下免税牌照的传闻已在股市中流传，在没有任何利好消息公告、商业连锁行业一季度受新冠肺炎疫情影响而业绩大幅下滑的情况下，王府井股价连续大涨了一个半月。随着王府井正式公告公司取得免税牌照，内幕交易的质疑声就从未停止，更有投资者称王府井股价大涨是“内幕炒作”。2020 年 6 月 9 日，王府井公告获得“免税经营牌照”后，公司共发出 6 份风险警示和股价异动公告，同时披露了 5 份关于免税品经营资质和股价异动的问询回函。但无一例外，王府井及其控股股东在公告中，对于内幕交易一再否认，并明确表示“不存在提前泄露内幕信息的情形”。

3. 证监会公告王府井内幕交易

2020 年 9 月 18 日，经证监会调查后，通报吴某某等人在重大事件公告前获取内幕信息并大量买入“王府井”股票，获利数额巨大，涉嫌构成内幕交易。证监会针对王府井内幕交易启动立案调查程序并调查完毕。

证监会将依法追究相关当事人的违法责任，涉嫌犯罪的，及时移送公安机关追究刑事责任。证监会的通报证实了有账户精准埋伏王府井并进行内幕交易，但案情细节还有待进一步披露，包括王府井内幕信息是通过什么途径泄露的，证监会披露的吴某某与王府井的具体利益关系以及吴某某等人到底动用了多少资金、获利多少等。

4.1.3 公司股价异常波动具体情况分析

1. 公司基本面分析

由表7-10与表7-12可知，从公司基本面来看，公司营业收入实现34.25亿元，剔除会计准则变化影响，与上一年相比下降了24.02%；实现利润总额7530.33万元，与上一年相比下降了92.25%，实现归属于母公司股东净利润470.09万元，与上一年相比下降了99.33%。其中第一季度利润总额实现－20697.08万元，第二季度利润总额实现28227.41万元，环比快速恢复。王府井财务状况总体呈向好趋势，第二季度营业收入较第一季度上涨25.3%。至2020年第二季度，公司仍未实现盈利，没能扭亏为盈。公司净资产收益在第二季度没有变化，每股净资产出现小幅下滑。每股收益虽然从－0.261元上涨到0.006元，但仍然处于较低水平。公司总体盈利能力较弱，营业利润增长率和净利润增长率从2018年至2020年6月30日持续下滑。营业收入在2020年开始出现负增长，净利润增长率在2020年下降至原有的1/13。因此，王府井连续多日的股价上涨可以基本排除公司基本面的因素。

表7-12 王府井2017—2020年6月30日基本面数据

财务指标	2017年	2018年	2019年	2020年6月30日
市净率	1.47	0.92	0.90	3.01
市盈率	16.99	8.58	11.49	37.41
营业收入增长率/%	10.94	36.16	0.21	－78.79
净利润增长率/%	1.52	107.81	－11.27	－150.16

资料来源：国泰安数据库。

2. 市场交易分析

2020年6月9日，王府井集团股份有限公司发布其获得免税牌照的利好消息，触发了6月8日、9日、10日连续三天股价异常波动阈值，股价累计偏离值达到20.62%，对市场正常交易产生了一定影响。因此，本课题组对王府井集团股份有限公司2020年股价异常波动日的市场交易指标及公司自身股价异常波动公告进行了统计分析，见表7-13所列。

表7-13 王府井股份交易情况统计表

交易日期	收盘价/元	累计偏离值/%	成交量/万元	换手率/%
2020.6.8	24.89	20.62	51938.42	2.69
2020.6.9	27.38		45274.21	2.17
2020.6.10	30.12		215446.75	5.11

（续表）

交易日期	收盘价/元	累计偏离值/%	成交量/万元	换手率/%
2020.6.11	33.13	20.80	112125.68	4.49
2020.6.12	36.44		224216.37	4.03
2020.6.29	41.41	21.45	153144.46	4.91
2020.6.30	45.55		82087.87	2.32
2020.7.1	49.69		374763.53	3.62
2020.7.2	54.66	20.15	105376.48	2.53
2020.7.3	60.13		338344.32	7.43
2020.7.6	66.14		615574.04	3.43

资料来源：Wind 数据库。

3. 股价异常波动原因分析

(1)利好消息：大股东增持、获得免税资质

大股东增持：2020 年 2 月 11 日，王府井大股东计划进行不低于发行股本的 0.5%，不高于 2%的比例增持公司股份。增持目的可能有三个：①公司认为其股价被低估；②为股权激励而增持股票；③公司缺乏投资方向，认为公司比其他项目更有投资价值。针对这次王府井增持的目的，官方也做出了说明，即其对自身的未来长期发展有信心，所以增持股份。并且，王府井也通过此次增持公司自身股票，向市场上释放出了公司股价被低估，且其具有良好的发展前景的利好消息。

获得免税资质：国内境内要经营免税店，首先必须获得资质，也就是相关的牌照。王府井在获得免税牌照后，成为继中免、日上免税行、海免、珠免、深免、中出服、中侨之后，第八家拥有免税资质的企业。

(2)概念炒作：免税概念

长期以来，中国资本市场内幕交易问题屡禁不止，一些游资或庄家也经常通过发布各种消息吸引散户，以达到谋取利益的目的。此次王府井“免税牌照”消息的公布引发了多日涨停，也体现出了概念炒作。由于“利好消息”会促使公司股价上升，因此，大部分上市公司的态度是半推半就。但是，本质上，对于内幕交易者而言，这些操作的目的大多是通过特定人群提前入局，等消息公开后逐步获利退出等一系列行为进行套利，最终都会损害广大散户的利益。

(3)内幕交易

内幕交易是王府井此次股价异常波动的主要原因，“免税牌照”的利好消息涉嫌提前泄露，涉嫌内幕人在重大事件公告前获取内幕信息并大量买入。其提前大量买入，导致股价大幅拉升，出现了异常波动。

4.1.4 结论与启示

王府井案是上市公司涉嫌内幕交易被证监会处罚的典型案例之一，此案在市场上引发了很多思考与启示。长期以来，内幕交易是中国资本市场常见的违法犯罪现象之一。然而，由于缺乏对内幕交易犯罪的严厉处罚，内幕交易呈现出低成本、高收益的特

征，内幕交易屡禁不止。目前，我国正在推进以信息披露为核心的证券发行注册制。市场主体诚信建设与资本市场的可持续健康发展息息相关。内幕交易和信息披露中的违规行为对信息披露制度的严谨性构成了严重破坏，市场诚信的基础受到严重冲击，极大地损害了投资者的利益，必须坚决依法从严惩处。

4.2 天山生物案例分析

4.2.1 公司简介

天山生物(300313)，全称为新疆天山畜牧生物工程股份有限公司。公司成立于2003年6月，并于2012年4月在深圳证券交易所创业板上市。其主要从事牛品种改良业务，利用生物遗传技术，是新疆唯一一家生产冻精的国有企业，也是新疆育种领域的主要国有企业之一。

从表7-14可以看出，公司的净资产在最近三个年度显著下降，营业收入年度变化较大，2018年营业收入下降46.12%。自2017年来，净资产收益率的不稳定性和低水平表明公司的盈利能力不强。在净利润方面，除2017年外，其他年份均出现亏损。2020年上半年，公司净利润为－740.64万元。公司的净利润波动十分巨大，整体呈现下降趋势，尤其是2018年净利润大幅下降，且2018年与2019年年报被出示保留意见。从偿债能力来看，公司的资产负债率自2018年起居高不下，2020年6月底，公司货币资金余额为1734.84万元，短期和长期借款合计余额为18988.83万元，资产负债率为85.14%，流动比率为0.09，说明公司的偿债能力较弱。且公司面临履行担保责任，可能存在资金链紧张甚至断裂的风险。整体说来，公司盈利能力不强，偿债能力很弱。

表7-14　天山生物2017—2020年上半年的财务情况

年份	2017年	2018年	2019年	2020年上半年
净资产/万元	36251.26	20580.18	14674.68	13729.79
营业收入/万元	19530.57	10522.60	22900.57	11016.36
净利润/万元	640.72	－194648	－6005.43	－740.64
资产负债率/%	47.53	85.33	87.17	85.14
净资产收益率/%	0.02	－9.46	－0.41	－0.05

资料来源：国泰安数据库。

4.2.2 案件经过

1. 低价股暴涨

如图7-7所示，2020年8月19日至9月8日，天山生物在连续12个交易日内股价暴涨495%，触发11次涨停，累计换手率为283.71%，期间5次触及股票交易异常波动，1次触及股票交易严重异常波动，股价由8月19日的6.41元一路飙升到9月8日的34.66元。

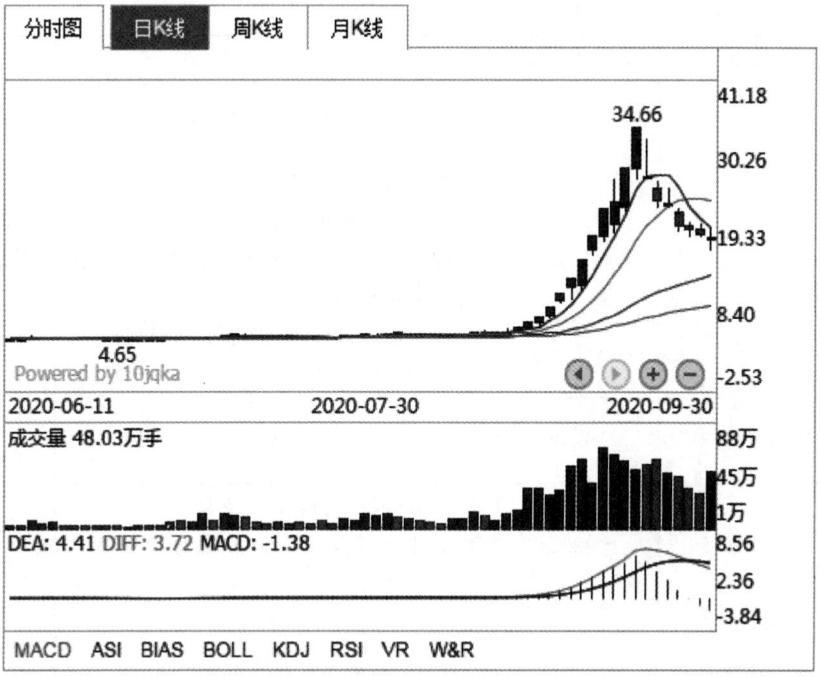

图 7-7　天山生物股价 K 线走势图

2. 两次停牌

这只“5 倍妖股”也因股价严重异常波动而在短短时间内两度遭遇停牌。在连续 10 个交易日内，股票收盘价格涨幅偏离值累计达到 100%，这是异常严重的波动情形。自 8 月 28 日开市起停牌，于 9 月 2 日开市起复牌。第二次自 9 月 9 日开市起停牌，于 9 月 22 日开市起复牌。

纵观该公司 2012 年上市以来，共发生 18 次股价异常波动，其中 2 次触及股票交易严重异常波动。通过公司披露的股价异常波动事由和搜集的资料分析来看，不难发现 2020 年 8 月之前，股价的异常波动并无特别之处，整体波动并不频繁，但是自 2020 年 8 月 19 日至 9 月 30 日，公司股价共发生 8 次异常波动，其中 6 次上涨、2 次下跌，波动非常频繁，具体情况见表 7-15 所列。

表 7-15　天山生物 2020 年 8 月至 9 月 30 日的股价异常波动情况

异动	时间	涨跌幅/%	披露事由	公告时间
1	8.19,8.20	19.93	① 审计报告被出具保留意见； ② 牛肉价格持续走高	2020 年 8 月 20 日
2	8.24,8.25	39.95	① 公司市净率、市盈率高于行业平均值； ② 预计 2020 年上半年将会亏损	2020 年 8 月 25 日
3	8.26,8.27	39.96	无	2020 年 8 月 28 日
4	8.17—9.2	132.92	无	2020 年 9 月 2 日

（续表）

异动	时间	涨跌幅/%	披露事由	公告时间
5	8.19—9.3	297	① 被中国证监会立案调查； ② 业绩可能下降； ③ 资金链紧张； ④ 保留意见事项未消除； ⑤ 控股股东股票高质押及后续债务解决存在不确定性； ⑥ 涉嫌刑事案件，存在担保责任风险； ⑦ 业绩不确定性	2020年9月3日
6	9.7，9.8	39.99	无	2020年9月8日
7	9.22，9.23	−32.54	① 澄清涉嫌虚构客户及交易； ② 9月3日公司公告披露的事由仍然存在	2020年9月24日
8	9.22，9.23，9.24，9.25，9.28，9.29	−51.22	与9月3日公司披露的事由相同	2020年9月30日

资料来源：深圳证券交易所。

3. 证监会立案调查

2020年9月21日，证监会公告对天山生物股票异常交易立案调查。随即9月22日，天山生物复牌即开启“跌跌不休”的势头，当日跌幅为19.99%，次日跌幅12.55%。截止到9月30日，收盘价为19.1元，自第二次复牌以来股价累计跌幅达55.37%。

相较于往年和其他公司的异常波动的原因，天山生物显得尤其特别和复杂。因此，研究该公司2020年8月19日以来的异常波动原因对于股价异常波动监管具有典型意义。

4.2.3 公司股价异常波动具体情况分析

1. 公司基本面分析

天山生物2017年至2020年上半年的基本面数据见表7-16所列。

表7-16 天山生物2017年至2020年上半年的基本面数据

年份	2017年	2018年	2019年	2020年上半年
市盈率	371.47	−0.89	−28.63	−193.85
市净率	6.57	9.60	11.60	10.78
营业收入增长率/%	−5.52	58.81	740.15	81.69
净利润增长率/%	103.49	−26237.26	96.88	58.91

资料来源：国泰安数据库。

由表 7－16 可知，从营业收入增长率来看，公司的营业收入增长较快，但也存在一些问题。如图 7－8 所示，最近 5 年来，公司主要的经营业务之一为活畜，缺乏竞争力，近五年来该业务占比除 2017 年外不断扩大，但是毛利率整体水平低且不稳定，自 2017 年来呈现不断下降的趋势。同时，如图 7－9 所示，虽然公司主营业务的第二大业务——冻精的毛利率水平稳定但是占比缩小幅度较大，对营业收入的贡献减少。从净利润增长率来看，净利润的增长波动幅度很大，尤其是 2018 年的净利润巨幅下滑，主要是公司并购大象公司决策失误所致，并购后的业务转型导致营业收入同比减少 44.88%，同时并购大象公司的投资收益收回的可能性很小，长期股权投资计提减值准备 17.95 亿元。

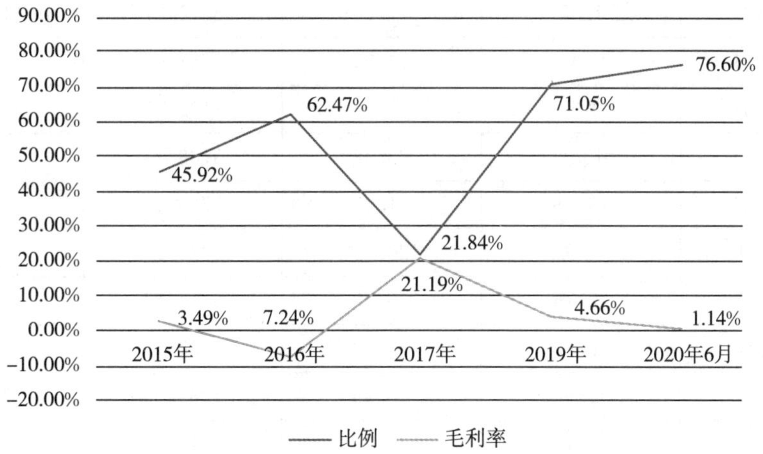

图 7－8　活畜业务营业收入占比与毛利率 2015—2019 年的变化情况

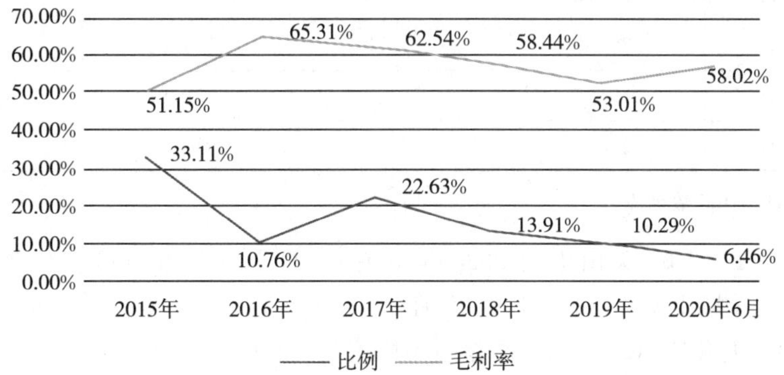

图 7－9　冻精业务营业收入占比与毛利率 2015—2019 年的变化情况

从市盈率指标来看，2017 年高达 371.47，投资者需要投入大量资本购入，且相对获利不多；而 2018 年之后市盈率出现负数，大多数情况下市盈率处于 20 至 30 之间属于正常的水平，足以说明公司的业绩令人担忧。从市净率指标来看，市净率逐年攀升，截止到 2020 年 9 月 29 日，公司市净率为 40.71，同行业上市公司平均市净率为 5.60，公司市净率显著高于行业平均值，没有反映公司真实的内在价值。

从以上分析可以看出，公司的基本面状况并不乐观，股价暴涨缺乏业绩支撑。

2. 市场交易分析

本课题组选取了日收盘价、日换手率、成交量和市净率对天山生物 2020 年 8 月以来的市场交易指标进行了统计分析，见表 7－17 所列。

表 7－17　天山生物交易情况统计表

交易日期	日收盘价/元	日换手率/%	成交量/万	市净率
8 月 17 日	5.68	3.23	594.16	12.11
8 月 18 日	5.83	6.79	1250.06	12.43
8 月 19 日	6.41	8.20	1509.49	13.67
8 月 20 日	7.05	17.80	3277.97	15.04
8 月 24 日	9.31	14.95	2752.66	19.86
8 月 25 日	11.17	17.26	3179.37	23.82
8 月 26 日	13.4	28.33	5768.13	28.58
8 月 27 日	16.08	31.32	5768.13	34.29
9 月 2 日	19.3	20.60	3789.97	41.16
9 月 3 日	23.16	36.48	6717.37	49.39
9 月 7 日	28.88	30.62	5638.16	61.59
9 月 8 日	34.66	26.55	4889.60	73.92
9 月 22 日	27.73	29.20	5376.66	59.14
9 月 23 日	24.25	31.26	5756.68	51.72
9 月 24 日	23.75	18.10	4665.62	50.65
9 月 25 日	20.68	23.73	4371.01	44.11
9 月 28 日	19.99	18.10	3332.98	42.63
9 月 29 日	19.41	16.13	2970.14	41.40

资料来源：Wind 数据库。

由表 7－17 可知，天山生物 2020 年 8 月 19 日至 9 月 8 日收盘价累计涨幅为 494.51%，累计换手率为 283.71%。8 月 17 日至 9 月 3 日，换手率呈现不断上升趋势，从 3.23%上升到 36.48%；成交量也不断增加，而 9 月 23 日后开始出现下滑趋势。同时市净率也自 8 月 17 日的 12.11 一路上涨至 9 月 8 日的 73.92。自 9 月 22 日复牌，市净率虽下降至 9 月 29 日的 41.40，但还是远远高于行业的平均水平。

根据深圳证券交易所公告，天山生物自 8 月 19 日以来 9 个交易日，个人投资者买入金额占比 97%，且平均持股时间短，多为 1～3 天。持股市值小于 300 万元的中小投资者为核心主力，买入金额占比近七成，机构投资者买入金额占比仅 3%。9 月 8 日，天山生物户均交易 4.1 万元，参与交易户数 5.52 万户，是 8 月 19 日 0.41 万户的 13.46 倍；其持股户数大幅增加，持股集中度明显下降，持股户数由 8 月 19 日 1.38 万户增长至 9 月 7 日的 4.89 万户，户均持股数量由 2.32 万股降至 0.64 万股。不难看出，该股炒作迹象十分明显，短线资金接力炒作，大量投资者盲目跟风，机构投资者参与度低。因此，我们认为天山生物的异常波动本质上是“击鼓传花式”的炒作行为，游资与散户是股价异动的重要推手，很难找到一个主导本次异常波动的“庄家”，而更多的是投资者在羊群效应下的集体非理性行为。

市场有很多声音将创业板的炒作归因于20%的涨跌停板制度的放开，但从科创板一年多的运行情况来看，20%的涨跌停板幅度其实并不一定引发炒作。我们认为，相较于科创板20个交易日50万元日均资产的权限门槛，创业板目前的20个交易日10万元日均资产的权限要求过低，加上原本创业板客户基数庞大是创业板高风险偏好客户大量聚集的主要原因。这些客户构成了天山生物异常波动的基础。在庞大的客户基数之上，创业板与主板市场交易机制的不同而产生的虹吸效应才是创业板股票大量异常波动的根本原因。

4.2.4 结论与启示

天山生物是创业板注册制改革后低价股经投资者炒作导致股价异常波动的典型案例。在案例中，个人投资者和游资的炒作是造成股价频繁异常波动的重要推手，是投资者在羊群效应下的集体非理性行为的具体体现。而根本原因可能存在于创业板与主板市场交易机制的不同而产生的虹吸效应。因此提高创业板的交易门槛可能会起到减少股价异常波动的重要作用。

同时，我们还看到机构投资者基本没有参与天山生物的炒作，说明市场中的理性投资者已经意识到炒作的不合理性，但在“T＋1”交收制度、衍生品供给不足的背景下，市场多空力量失衡，资金端占据优势，助长了投机者的侥幸心理。因此，市场需要继续加速机构化进程，并且加强规范引导，促使机构投资者充分发挥稳定股市的积极作用。而对于我国资本市场上的主要投资群体——中小投资者，监管机构需要加强价值投资理念的宣传教育，减少中小投资者的投机行为，树立风险意识，进而保证市场稳定有序发展，建立规范健全的市场秩序。

最后，天山生物的“爆炒”提醒我们，在深化资本市场改革的过程中，交易制度的进一步完善尤为重要，建立适度的做空机制，扩大融券规模，促进融资融券业务均衡发展，对冲市场风险，是股市健康可持续发展的必要技术条件。

第 5 章　股价异常波动实证分析

5.1　机构投资者行为与股价异常波动

5.1.1　研究机构投资者行为与股价异常波动的必要性

机构投资者是成熟股市投资者结构中的主体，经验表明，越是成熟的证券市场，其机构投资者的占比越高。机构投资者作为我国股票市场的重要参与主体之一，对股票价格有着重要的影响。机构投资者的力量增强有助于减少个人投资者的羊群行为，降低股市中的“噪声”，从而有助于股市的平稳发展，充分发挥其功能。我国机构投资者开始的时间较晚，且自证券市场成立至今，个人投资者以其庞大的基数一直都是股市投资的“主角”，而学术界普遍认为，散户缺乏专业知识，羊群效应显著，且投机主义风气盛行，其大量持股是我国股市大幅高频波动的重要原因。

为了缓解我国股市的无序波动，学习国际先进经验，我国自 1998 年成立封闭式基金以来，就意识到机构投资者在股市上的重要作用，同时也开始重视发展机构投资者。2001 年，中国证监会提出，要超常规发展机构投资者，其目的在于加快我国投资者的结构化进程，使得股票市场参与主体结构更加均衡，减少个股出现频繁异常波动。而近几年来，政府更是在引导机构投资者的发展方向方面频频发声。2018 年 10 月，证监会明确指出，未来要更多引入增量中长期资金入市，如保险、社保等。银保监会于 2020 年 1 月发布行业高质量发展指导意见(《中国银保监会关于推进银行业和保险业高质量发展的指导意见》)，鼓励居民通过机构投资者投资。目前，我国市场上，专业投资机构逐渐多元化，结构日趋优化，形成了由基金、证券、保险等多类型专业机构组成的投资格局。

然而关于机构投资者对股票市场的影响，学术界尚未形成一致结论，基本分为促进和抑制两个方面。随着我国证券市场的持续发展和不断成熟，未来我国股市的机构投资者必然会成为主流投资主体，对股票的波动影响毋庸置疑。因此，本章探究机构投资者的行为对股价异常波动的影响，有利于政府监管部门为进一步发展机构投资者制定政策规范，一定程度上改变我国股市大幅高频波动的现状。

5.1.2　数据来源与变量选择

1. 样本来源

本章的研究样本为 2015—2019 年沪深 A 股上市公司。为了使实证模型更加完善，选取各类机构投资者持续持有的股票作为样本，本章所说的持有是从同一类别的机构投资者总体持有量来看，在观察期内一直被该类机构投资者持有的股票。

对于初始数据，我们进行了如下处理：①剔除没有相关统计数据的个别股票；②剔除被特别处理的股票和因发生重大资产重组导致业绩变化极大的股票；③由于A、B股票市场发展不同步，且B股市场较A股市场发展更成熟，两个市场股票价值的异步性会导致股票存在套利空间的可能性，所以剔除同时在B股上市的股票。截至2019年末，符合要求的股票有1949只，共获得相关数据5089条，满足构建OLS回归模型。

本部分所需样本股票的月收益率、机构投资者年度末持股比例、上市公司年度末股票净资产收益率、年度末股票换手率等数据来源于RESSET（锐思）金融研究数据库，实证检验和模型构建是由Stata 13软件处理而得。

2. 变量的选择与度量

(1)被解释变量

股票波动率：股票收益率的标准差是目前最常用的且比较准确地用以描述波动率的指标。通过金融研究数据库得到本部分实证研究所需的样本股票月收益率，进而计算出该股票的年度收益率的标准差，用符号VOL表示。公式如下：

$$\sigma_T^2=\sum_{t=1}^{T}(R_t-\bar{R})^2/(T-1) \tag{7-1}$$

式中：σ_T 是 T 时期股价（指数）收益率的标准差，$\bar{R}$ 是 $R_t(t=1,2,\cdots,T)$ 的平均值。

(2)解释变量

机构投资者持股比例：本年度内机构投资者持有的无限售股份占上市公司流通股份的比值，可以直接从数据库导出，用符号 $INST_{ij}$ 表示。

股票换手率：指某一只股票的成交量占其流通数量的比例，本部分研究定义该控制变量为本年度内流通股年度换手率，用exchange表示。

3. 控制变量

(1)资产负债率：本章从国泰安数据库获取该项数据，用rate表示。

(2)净资产收益率：本章从国泰安数据库获取该项数据，用ROE表示。

(3)时间虚拟变量：用dum表示，表示控制模型中股票价格随时间正常波动的因素。

变量定义汇总见表7－18所列。

表7－18 变量定义汇总表

变量类型	变量名称	变量符号	变量描述
被解释变量	股票收益波动率	VOL	依据股票月度收益率计算的历史波动率
解释变量	机构投资者持股比例	INST	机构投资者持有的股份总额占流通股的比例
	股票换手率	exchange	成交量占其流通股本的比例
控制变量	净资产收益率	ROE	$\frac{\text{净利润}}{(\text{期初股东权益}+\text{期末股东权益})/2}$
	资产负债率	rate	资产与负债的比率

4. 计量模型

建立以下 OLS 回归模型如下：

$$VOL_{ij}=y_0+y_1 INST_{ij}+y_2 rate+y_3 ROE+y_4 exchange+dum_i+\varepsilon_{ij} \quad (7-2)$$

式中：y_0 为常数项；VOL_{ij} 表示研究的样本股票 i 在 j 年度的波动率；$INST_{ij}$ 表示机构投资者对样本股票 i 在 j 年度末的持股比例；dum_i 代表时间虚拟变量；ε_{ij} 为模型的残差项。

样本股票的净资产收益率和资产负债率是模型的控制变量。

5.1.3 实证结果与分析

1. 描述性统计分析

本章通过 RESSET(锐思)金融数据库收集 1949 家沪深 A 股上市 2015 年至 2019 年年末数据进行实证研究，有效数据共计 5089 条。利用 Stata 13 软件对重要变量进行描述性统计分析，结果见表 7－19 所列。

表 7－19 变量描述性统计

变量	观测值	平均值	中位数	标准差	最小值	最大值
股票收益波动率	5089	0.139	0.113	0.112	0.005	2.078
机构投资者持股比例	5089	0.352	0.350	0.246	0	1.446
资产负债率	5089	0.481	0.477	0.216	0.008	0.996
净资产收益率	5089	－0.0130	0.0690	1.691	－66.53	16.89
股票换手率	5089	336.5	94.25	485.3	0.007	4078

资料来源：锐思金融数据库。

由表 7－19 可以看到，被解释变量收益波动率的平均值 0.139，最大值为 2.078，最小值为 0.00500，标准差为 0.112，上述数据所涵盖的股票收益率波动水平的范围值较广，说明我国股票市场股票价格具有较大的波动。被解释变量股票换手率最大值为 4078，最小值为 0.007，平均值为 336.5，中位数为 94.25，说明我国资本市场投机氛围浓厚。解释变量中，整体机构投资者持股比例最大值为 1.446，最小值为 0，平均值为 0.352，相较于西方国家机构投资者的高持股比例，我国机构投资者规模明显偏低。

2. 回归结果分析

本章使用 Stata 13 软件进行实证检验，回归结果见表 7－20 所列。

表 7－20 实证结果

	vol
INST	－0.039***
	(－6.22)
rate	0.003
	(0.45)

（续表）

	vol
ROE	−0.001**
	(−2.21)
exchange	0.000***
	(8.38)
_cons	0.123***
	(10.56)
N	5089
adj. R^2	0.301

注：*、**、*** 分别表示 0.1,0.05 和 0.01 统计显著水平；括号内数值为回归系数 t 值。

由表 7－20 可以看出，整体机构投资者持股比例在 1%的水平上与股价异常波动风险显著负相关。结果表明机构投资者持股比例越高，股价异常波动风险相对也越低。这说明从机构投资者持股的角度来看，机构投资者近年来起到了稳定股价的作用，这可能是由于机构投资者持股比例的增加，使得股票市场有效性提高并促进机构投资者本身的专业素质加快提升，进一步减弱了机构投资者之间的羊群效应，从而导致了其比例变化在最近五年里更显著抑制了股价的异常波动。

股票换手率在 1%的水平上与股价异常波动风险显著正相关。结果表明股票的高换手率，意味该股票近期流动性好，有利于市场资源的合理配置，但是带来的股价异常波动的风险也越大。这样的结果说明，股票换手率的增加有很大成分是非理性投资者的投资行为，普遍存在正反馈交易行为，才会导致股票在此影响下异常波动率上升。

5.1.4 实证分析小结

整体机构投资者持股比例对股价波动产生反向影响，说明上市公司被机构投资者持股越多，其股价波动性越小。这也表明，政府鼓励发展机构投资者的方向是正确的。根据上海证券交易所 2019 年统计数据，截至 2018 年末，我国股市个人投资者的累计开户数量已达到 21379.0 万户，占比高达 99.68%；而机构投资者的累计开户数量为 68.8 万户，占比仅为 0.32%。可以看出，个人投资者是我国股市投资的主导者，基数庞大。由于目前我国股票市场上的散户羊群效应显著，非理性投资行为十分普遍，导致股市呈现大幅高频波动的特征，因此，国家支持机构投资者的发展，有利于均衡我国股市投资者结构，有利于机构投资者成为后起之秀，成为稳定股价的强大力量，也有助于减少广大中小投资者的投机行为，帮助其回归股票的价值。

虽然整体上机构投资者持股可以抑制股价异常波动，但是与美国、英国、日本等国家股票市场上的机构投资者相比，中国机构投资者目前还存在着结构单一化、换手率高等特征。培育机构投资者理性的投资行为，一方面要促进机构投资者内部的多元化发展，如积极引导社保基金、保险基金、企业年金、社会公益基金等不同类型的机构投资者进入股市，这些中长期资金的入市将为股市的稳定注入一股新的力量；另一方面，政府监管部门需要通过完善现有的制度，坚持“建制度、零容忍”，以法律的形式严格规范机构投资者的投资行为，提高机构投资者的成熟度，减少股价操纵、内幕交易等不合规的行为，进而抑制股价的异常波动。投资者理性投资行为蔚然成风，将有力促进我国股市健康平稳运行。

5.2 融资融券与股价异常波动

5.2.1 研究融资融券与股价异常波动的必要性

股票市场的稳定性是资本市场得以平稳发展的关键，而我国A股市场股价异常波动的频繁发生，不仅让投资者更容易蒙受损失，丧失投资信心，还会波及经济社会的发展，甚至带来严重的负面冲击。由此可见，如何平稳股价、抑制股价异常波动是当前工作的重点，建立完善健全的交易机制正是解决这一问题的有效方法之一。2010年3月31日我国融资融券交易机制（以下简称“两融”）的建立，为平抑我国股票市场股价异常波动提供了一次制度上的尝试，“两融”的引入使得投资者可以通过杠杆和卖空交易实现资源配置，从而提高市场交易的流动性。统计至2019年，我国“两融”制度经过6次扩容后，标的股票由最早的90只直线上升至1600只。“两融”制度的建立与规模的扩大，是我国资本市场转型的重大举措，标志着A股市场“单边市”交易的终结。

“两融”制度的引入，尤其是从融券机制角度而言，理论上能够在交易中起到套期保值并稳定市场的功能。但从实际交易中来看，融券的地位在交易活跃度以及规模中都远远低于融资交易，其中的杠杆效应可能会增加市场投机行为，放大投资风险，从而引起股市波动，这使得“两融”制度是否能够真正起到抑制股价异常波动的作用还未可知。因此本章从股价异常波动程度的角度出发，探究融资融券交易机制对于股价异常波动的影响，发现该交易机制在稳定市场中存在的问题，以期为进一步完善“两融”交易机制提供合理化建议。

5.2.2 数据来源与变量选择

1. 样本来源

本章以沪深A股上市公司为样本，以2006—2019年为研究期。其中，融资融券标的股的具体情况以及相关调整是根据上海证券交易所以及深圳证券交易所相关公告手工整理得到，其余数据均来源于国泰安数据库。由于选择双重差分模型进行度量，所以需要将最早研究时间选取为政策实施前一段时间，故本章的研究区间选为2006—2019年。

对于初始数据的处理如下：①删除金融类公司样本及ST、PT公司样本；②删除年交易周数低于30的样本；③删除缺失值样本；④为排除极端值的影响，对所有变量做1%的缩尾处理。

2. 变量的选择与度量

(1)被解释变量

借鉴 Chenetal(2001)以及 Kimetal(2011)的方法，选择收益上下波动比率 volatility 作为股价异常波动程度的衡量指标。具体度量方法如下：

利用股票周收益率指标，并通过回归得到方程残差，回归方程如下所示：

$$R_{i,t}=\alpha_i+\beta_1 R_{m,t-2}+\beta_2 R_{m,t-1}+\beta_3 R_{m,t}+\beta_4 R_{m,t+1}+\beta_5 R_{m,t+2}+\varepsilon_{i,t} \tag{7-3}$$

式中，$R_{i,t}$ 为股票 i 第 t 周在考虑现金红利再投资后的收益率；$R_{m,t}$ 为 A 股市场中全部股票在第 t 周经流通市值加权之后的平均收益率。为避免股票非同步交易对研究的干扰，加入超前和滞后项对回归方程进行调整。得到回归方程残差 $\varepsilon_{i,t}$，据此计算股票 i 在第 t 周的公司特有收益：$W_{i,t}=\ln(1+\varepsilon_{i,t})$。然后，基于 $W_{i,t}$ 构造收益上下波动比率：

$$\text{volatility}_{i,t}=\log\left\{\left[(n_u-1)\sum_{\text{DOWN}}W_{i,t}^2\right]\div\left[(n_d-1)\sum_{\text{UP}}W_{i,t}^2\right]\right\} \tag{7-4}$$

式中，n_u 和 n_d 分别为股票周特有收益 $W_{i,t}$ 高于和低于年平均收益 W_i 的周数，volatility 的数值越大，表示该股票发生股价异常波动的程度越大。

(2) 解释变量

本章解释变量如下：有“两融”制度实施虚拟变量 POSTLIST 及融资融券交易的标准化变量。① 具有“两融”资格的标的公司 LIST，以区分在研究期内，某公司股票是否具有标的资格的虚拟变量，是则取“1”，不是则取“0”；②“两融”制度实施的时间虚拟变量 POSTLIST，以区分在研究期内，某公司股票是否开通这一交易，成为融资融券标的当年及后续年度取值为“1”，否则取值为“0”；③ 融资交易量 $RZ_{i,t}$ 与融券交易量 $RQ_{i,t}$ 分别代表个股第 t 年的融资买入额与融券卖出量。由于融资规模远超融券规模，故将上述变量进行标准化，得到相对可比较的标准化变量：

$$\text{RZ\_standard}_t=\frac{RZ_{i,t}-\dfrac{\sum_n RZ_{i,t}}{n}}{\dfrac{\sum_n RZ_{i,t}}{n}} \tag{7-5}$$

$$\text{RQ\_standard}_t=\frac{RQ_{i,t}-\dfrac{\sum_n RQ_{i,t}}{n}}{\dfrac{\sum_n RQ_{i,t}}{n}} \tag{7-6}$$

3. 控制变量

控制变量包括股票特有收益率的年标准差、股票特有收益的年平均值、公司总资产收益率、公司规模、资产负债率、滞后一期的收益率上下波动比率、会计稳健性、信息透明度。

具体变量定义及计算过程见表 7－21 所列。

表 7-21　变量定义汇总表

变量类型	变量名称	变量描述
被解释变量	volatility	收益上下波动比率,代表股价异常波动程度
解释变量	LIST	作为某公司股票在研究期内是否具有标的资格的虚拟变量,是则取“1”,不是则取“0”
	POSTLIST	作为某公司进入“两融”标的与否的时间虚拟变量,确定为“两融”标的的当年及后续年度取值为“1”,否则取值为“0”
	RZ_standard	融资交易量标准化变量
	RQ_standard	融券交易量标准化变量
控制变量	Sigma	股票特有收益率的年标准差
	Ret	股票特有收益的年平均值
	ROA	公司总资产收益率
	Size	公司规模,即资产的自然对数
	Lev	资产负债率,即总资产/总负债
	C_Score	会计稳健性
	ABACC	公司透明度,以经过调整的 Jones 模型计算得到的可操纵应计利润的绝对值来衡量
	Industry	控制行业固定效应
	Year	控制年份固定效应

4. 计量模型

我国“两融”制度实质上是一对相反的交易制度,融资交易反映了市场参与者预期乐观,通过杠杆效应提高了交易的流动性以及活跃度。反观融券交易则从一定程度上体现了市场参与者的预期悲观,利用卖空交易使得被高估的股价归于其内在价值。为探究融资与融券对估计异常波动的影响有何种差别,建立如下计量模型:

$$\begin{aligned}\text{volatility}_{i,t} = & \alpha + \beta_1 \text{LIST}_{i,t-1} + \beta_2 \text{RZ\_standard}_{i,t-1} + \beta_3 \text{RQ\_standard}_{i,t-1} \\ & + \beta_4 \text{CONTROL}_{i,t-1} + \text{Year} + \text{Industry} + \varepsilon_{i,t}\end{aligned} \quad (7-7)$$

式中,重点关注回归系数 β_2 与 β_3,其正负反映了融资与融券对于股价异常波动程度的影响方向与相关关系。

为探究融资融券交易机制的引入对股价异常波动整体的影响,运用双重差分模型,得到如下计量模型:

$$\begin{aligned}\text{volatility}_{i,t} = & \alpha + \beta_1 \text{LIST}_{i,t-1} + \beta_2 \text{POSTLIST}_{i,t-1} + \beta_3 \text{CONTROL}_{i,t-1} \\ & + \text{Year} + \text{Industry} + \varepsilon_{i,t}\end{aligned} \quad (7-8)$$

式中,重点关注回归系数 β_1 与 β_2,前者表示“两融”制度实施之前,被纳入“两融”标的的公司与未被纳入标的公司股价异常波动程度之间的差异,若 β_1 为正,说明标的公司在制度实施之前的股价异常波动程度就大于非标的公司，反之则相反。后者反映了政策实施的净效应，若取值为正，说明“两融”制度的实施加剧了股价异常波动程度，反之则起到抑制作用。

5.2.3 实证结果与分析

由表 7-22 可以知道，被解释变量 volatility 平均值为 −0.1787，标准差为 0.4785，与现有研究基本一致；LIST 的平均值为 0.536，说明有大约 54%的样本公司成为融资融券标的公司；其余控制变量的相关统计指标均与现有研究基本一致。

表 7-22 描述性统计

变量	平均值	标准差	最小值	中位数	最大值
volatility	−0.1787	0.4785	−1.6169	−0.1782	1.3276
LIST	0.536	0.4987	0	1	1
RZ_standard	−0.095	2.7907	−1	−1	36.8658
RQ_standard	−0.2641	2.8048	−1	−1	30.4075
POSTLIST	0.2184	0.4132	0	0	1
Ret	0.0042	0.0125	−0.031	0.0024	0.0686
Sigma	0.0676	0.0272	0.0196	0.0615	0.2334
ROA	0.0359	0.0681	−0.6268	0.0361	0.2204
Size	22.0285	1.2719	19.3502	21.8556	26.3951
Lev	0.4373	0.2073	0.0291	0.4338	0.9404
ABACC	0.0576	0.0394	0.0066	0.0475	0.252
C_Score	0.0484	0.0925	−0.2717	0.036	0.506

表 7-23 实证结果中的模型 1 反映了融资与融券交易量与股价异常波动的关系结果；模型 2 反映了“两融”机制的开通对股价异常波动的影响结果。

表 7-23 实证结果

	模型 1	模型 2
LIST_1	−0.056***	−0.053***
	(−5.709)	(−5.612)
RZ_standard_1	0.006***	
	(3.354)	
RQ_standard_1	−0.004**	
	(−2.297)	
POSTLIST_1		0.018*
		(1.652)

（续表）

	模型 1	模型 2
Ret_1	8.767***	7.394***
	(12.783)	(12.257)
Sigma_1	−0.566**	−0.595**
	(−2.011)	(−2.281)
ROA_1	−0.111	0.024
	(−1.487)	(0.328)
Size_1	−0.012	−0.015
	(−1.270)	(−1.592)
Lev_1	−0.029	−0.027
	(−0.612)	(−0.595)
ABACC_1	0.353***	0.349***
	(3.239)	(3.598)
C_Score_1	−0.067	−0.014
	(−0.448)	(−0.103)
DUVOL_1	0.069***	0.063***
	(7.851)	(7.833)
_cons	0.219	0.226
	(1.079)	(1.221)
Industry	Yes	Yes
Year	Yes	Yes
N	13697	16436
adj. R^2	0.063	0.072
F	28.687	38.911
p	0.000	0.000

注：*、**、*** 分别表示 0.1，0.05 和 0.01 统计显著水平；括号内数值为回归系数 t 值。

从模型 1 中可以看出，β_2 和 β_3 均通过了显著性检验。其中，$RZ\_standard_{i,t-1}$ 的系数在 1% 的水平上显著为正，说明融资交易确如理论所说，放大了股价异常波动的程度，原因可能是市场参与者通过杠杆的增加向外界传达出了乐观的预期，一定程度上抬高了股价，引起了股价异常波动。而 $RQ\_standard_{i,t-1}$ 的系数在 5% 的水平上显著为负，可能表示具有悲观预期的市场参与者通过融券交易，向市场传达出了不利的信号、态度或情绪，促使被高估的股价回落，从而起到了抑制股价异常波动的作用。

从模型 2 中可以看出，$LIST_{i,t-1}$ 的系数为 −0.053，并在 1% 的水平下显著，说明在“两融”制度开启前，与非标组相比，标的组股价异常波动风险更低，说明融资融券标的股本身价格波动就更加稳定，具有比非标的公司更低的股价异常波动风险。但是，$POSTLIST_{i,t-1}$的回归系数为本模型最需关注的指标，其在10%的显著性水平下为正值，说明“两融”制度实施后，股价异常波动风险平均却增加了0.018个单位。综上所述，纳入“两融”标的的公司，在融资融券制度实施后，股价异常波动程度显著增大，同时从一定程度说明了我国“两融”机制的实施在稳定股价方面并没有起到预期的良性效果。

5.2.4 实证分析小结

从融资、融券对股价异常波动影响的结果来看，融券交易机制抑制了公司股价异常波动风险，融资交易机制却相反。通过研究结论来看，放大或抑制股价异常波动通常由融资与融券交易规模的配比所决定。反观我国“两融”的实施情况，融资交易量远远超过了融券交易量，后者余额仅为前者的1%左右。交易规模的限制与悬殊使得融券交易在稳定股价、防范股价异常波动风险中并未起到预期作用。

从融资融券交易机制对股价异常波动的整体影响来看，该交易机制的实施从一定程度上助长了股价异常波动的风险。由于监管层对标的股的选取与要求较非标的股而言更为严苛，标的股的公司往往具有规模更大、波动程度更小的特质。但是对比标的公司实施“两融”交易机制前后，可以发现原本低波动程度的标的公司在实施“两融”交易机制后股价异常波动程度却显著增加。

5.3 涨跌幅限制与股价异常波动

5.3.1 研究涨跌幅限制与股价异常波动的必要性

本章认为，股价在短时间内的暴涨或暴跌现象是异常波动的表现。近年来我国出现了两次严重的股灾，均表现为股票指数的大幅度波动。2006年至2007年股市快速持续上涨，2008年股市出现单边崩盘。仅仅一年，上证综合指数从峰值6124.04点跌至低点1664.93点，跌幅达72.81%。紧随其后，2015年6月至8月，股市再次大跌，上证综指从5178.2点暴跌至2850.7点，跌幅达44.95%。短短几年间两次剧烈波动，在世界范围内极为罕见，充分揭示了我国股市频繁剧烈波动的事实。

股价出现异常波动使得股票价格信号功能大打折扣，经济“晴雨表”和服务实体经济的功能发挥受限，极大地影响股票市场的“三公”原则，影响价值投资理念。这样剧烈的波动无疑对投资者利益、经济发展、社会稳定造成损害，探究造成股价短期暴涨暴跌的各类因素是极具意义且十分必要的。

自1987年美国股市严重崩盘引发全球金融市场恐慌以来，各国政府和监管机构被迫探索稳定金融市场、缓解股价剧烈波动的途径。总的来说，监管方法可以分为两个方面：一是加强对金融市场的监管；二是实施交易稳定机制，大致分为断路器、涨跌幅限制以及交易暂停机制。其中，最为严苛的交易稳定机制便是涨跌幅限制。但自2015年中国股市的剧烈波动，目前的交易制度中“T＋1”交易制度、涨跌幅限制、停牌制度等已经开始遭受投资者的质疑。其中，涨跌幅限制受到的抨击尤为突出。

对于涨跌幅限制的实际作用和效果，学术界的意见一直没有统一。赞同涨跌幅限制的研究者（Greenwald 和 Stein，1991；Ma 和 Sears，1989）认为当外部冲击导致金融市场剧烈的价格波动时，暂停交易可以稳定投资者情绪，让信息得到有效传播，减少投机冲动交易行为有益于抑制股价异常波动。质疑者主要从三个假说出发：一是波动外溢假说；二是交易干扰假说；三是延迟价格发现假说。孙培源和施东晖（2001）从以上三个效应出发研究涨跌幅限制，验证了中国股市存在这三个效应，且波动性溢出效应明显，跌幅限制无法达到有效抑制股价波动性、改善投资者的过度投机行为的目的。

为探索在当前市场情况下，涨跌幅限制的价格稳定器作用发挥效果，本节将从股价异常波动的角度出发，探究涨跌幅限制对于股价异动的影响。本节将运用 EGARCH 模型比较中国 A 股市场和中国香港股市在波动率上的差异，直观验证涨跌幅限制是否有稳定股市的作用，以期为进一步完善交易机制提供合理建议。

5.3.2 数据来源与变量选择

本章的研究样本是 2006 年 1 月至 2020 年 6 月沪深 300 指数与恒生指数，选取 2006 年 1 月 1 日至 2020 年 6 月 30 日的沪深 300 指数以及恒生指数的每日收盘价计算对数收益率，对我国 A 股市场以及香港股票市场收益率波动情况进行对比分析。A 股市场与 H 股市场虽然同属于我国股票市场，但是其交易机制有很大区别，突出体现在 A 股有 10% 的涨跌幅限制而 H 股市场无涨跌幅限制。指数数据均来源于锐思数据库，日收益率计算如下公式所示：

$$y_{i,t}=100\times(\ln p_{i,t+1}-\ln p_{i,t}) \tag{7-9}$$

式中，$y_{i,t}$为第 i 个指数在 t 个交易日的收益率；$p_{i,t}$是第 i 个指数在第 t 个交易日的收盘价。

5.3.3 实证结果与分析

首先，计算出沪深 300 指数与恒生指数的日收益率，然后运用 Stata 15.0 对研究期间的两个指数日收益率序列进行描述性统计分析，并绘制出 2006 年 1 月至 2020 年 6 月的沪深 300 指数和恒生指数日收益率波动图与核密度图，同时将两个指数日收益率核密度图与正态分布进行对比分析。

由表 7 - 24 沪深 300 指数与恒生指数日收益率的描述性统计可以得出，两个市场指数日收益率均值为正，表示 A 股市场与港股市场的收益率增长情况良好，对比数值，恒生指数的收益率的均值低于沪深 300 指数，说明后者的收益率更高。而从收益率标准差角度分析，沪深 300 指数的标准差高于恒生指数（1.7445>1.5051），说明 A 股市场的波动性更大。从偏度角度分析，两个市场指数的偏度值均为负值不等于 0，表示序列不服从正态分布，为左偏分布。从峰度角度分析，沪深 300 指数与恒生指数的峰度值均大于 3，峰度过大。

表 7－24　描述性统计

变量	平均值	标准差	最小值	中位数	最大值	偏度	峰度
沪深 300 指数	0.0428	1.7445	－9.6951	0.0917	8.9309	－0.5800	6.8321
恒生指数	0.0145	1.5051	－13.5820	0.0692	13.4067	－0.0358	11.7702

从图 7－10 可以看出，股票指数收益率在一段时间内出现剧烈波动，而在另一段时间波澜不惊，股指的日收益率呈现波动性集聚的特征。从两个股票指数日收益率波动情况可以初步看出，实施涨跌幅限制的中国沪深 300 指数并没有表现出更加稳定的特征。相比之下，除了 2008 年金融危机期间，香港恒生指数在多数交易时间内相对更加稳定。从图 7－11 可以清晰看出不管是沪市还是港市，其日均收益率数据均具有高峰度分布特征，两侧尾部较正态分布厚，即极值出现的概率大于正态分布数据出现的概率，具有典型的“尖峰厚尾”现象。综合图 7－11 以及表 7－24 峰度值对比可以看出，沪深 300 指数峰度值小于恒生指数，表明恒生指数收益率的“尖峰厚尾”特征更加明显。

根据上述分析，无论是 A 股市场还是港股市场均具有尖峰厚尾、波动丛聚的特征，因而可以运用 EGARCH 模型分析其价格收益波动情况。

根据检验结果表 7－25，可以初步得出如下结论：

(1)2006 年 1 月至 2020 年 6 月期间中国沪深 300 指数波动率值的非对称效应(earch)值为负值，说明利空消息对股价异常波动的影响更大，也就是说，股市下行周期的异常波动情况更为明显，这一趋势与香港股市类似。

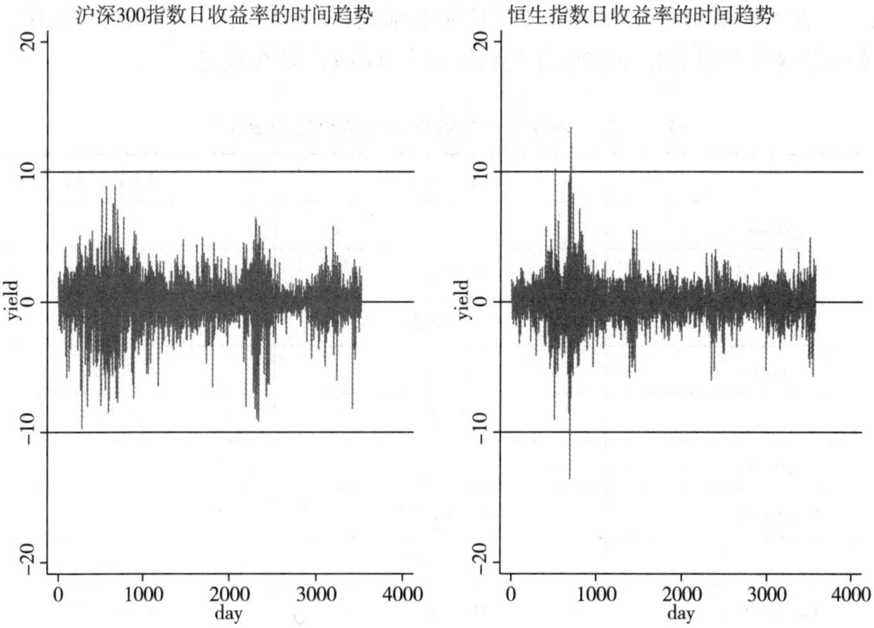

图 7－10　沪深 300 指数和恒生指数的日收益率

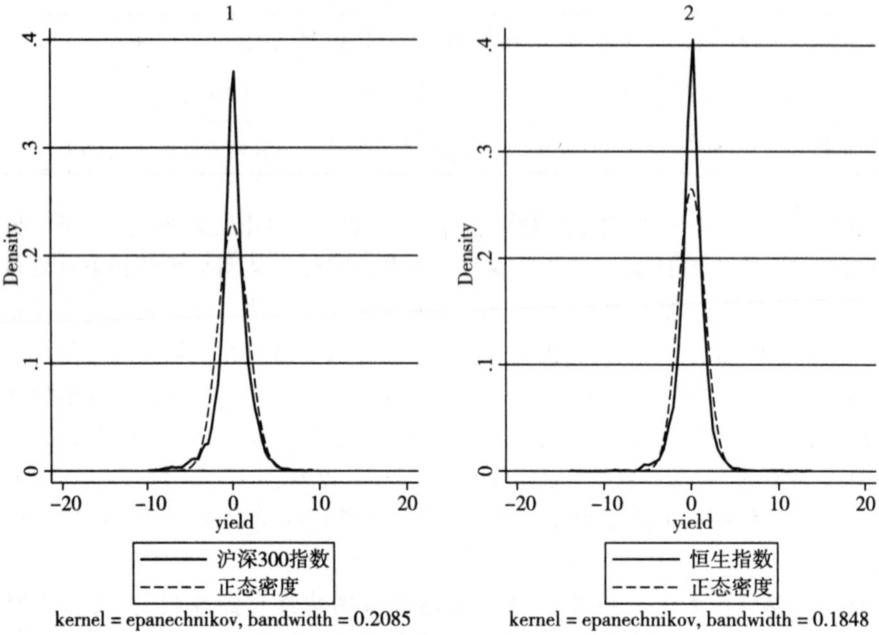

图 7－11　沪深 300 指数、恒生指数日收益率的核密度与正态密度

(2)从对称效应(earch_a)值来看,与 H 股市场相比,A 股市场的异常波动程度对利好或利空信息表现更为敏感。

(3)由常数项系数可以看出,在没有利好或者利空消息的冲击下,A 股市场本身与 H 股市场相比波动异常剧烈。

总之,在并没有进行微观层面要素控制的前提下,粗略地看,实施涨跌幅限制的 A 股市场稳定程度并没有比不实施涨跌幅限制的 H 股市场更优越。

表 7－25　沪深 300 指数与恒生指数波动率比较

	沪深 300 指数	恒生指数
yield		
L. yield	0.035**	−0.057***
	(1.992)	(−6.621)
_cons	0.026	0.035
	(0.823)	(1.359)
ARCH		
L. earch	−0.055***	−0.056***
	(−2.605)	(−2.747)
L. earch_a	0.507***	0.480***
	(14.563)	(14.039)

（续表）

	沪深 300 指数	恒生指数
L. egarch	0.834***	1.165***
	(14.606)	(16.077)
_cons	0.222***	−0.145**
	(3.263)	(−2.438)

注：*、**、*** 分别表示 0.1,0.05 和 0.01 统计显著水平；括号内数值为回归系数 t 值。

5.3.4 实证分析小结

从 EGARCH 模型结果可以看出，利空消息对 A 股市场的股价异常波动的影响更大，股市下行周期的异常波动情况更为明显。同时，与 H 股市场相比，A 股市场的异常波动对利好或利空信息表现更为敏感，甚至即使在没有利空或者利好消息的冲击下，A 股市场自身波动率高于香港市场。综上可以看出，实施了涨跌幅限制的 A 股市场并没有呈现出更好的稳定效果，涨跌幅限制抑制股价异常波动的作用并不明显。且与国际市场比较，目前我国的涨跌限制幅度偏低，在未来我国金融市场趋于完善，金融市场参与者金融素养进一步提升之后，价格限制政策应逐步放宽直至取消，做到真正的市场化。

第6章　成熟证券市场交易机制经验借鉴

6.1　交易交收制度

6.1.1　美国交易交收制度

美国证券市场根据账户的不同，对“T+0”交易制度进行不同监管：

(1)针对总值小于2000美元的账户(现金账户)，实施“T+0”的前提是资金确以交割。违规将被处90日内禁止交易的惩罚。

(2)针对总值为2000美元至25000美元之间的账户(普通融资融券账户)，总原则是实施“T+1”制度，但规定该账户可在5个交易日内实施3次“T+0”操作，违规将被处3个工作日禁止交易的惩罚，且待资金交割后普通融资融券账户自动划分为现金账户，90日后才有资格重新划分回融资融券账户。

(3)针对总值为大于25000美元的账户(典型日内交易账户)，在满足最低净值不低于25000美元的条件后实施“T+0”制度。违规将被处于90日或者在账户资产补足最低要求期限内股票交易禁止的惩罚。

从2017年9月5日起，美国开始实施新的结算期限制度，即要求股票、交易所交易基金以及债券等多类金融产品实施“T+2”交割制度，即交易完成后第3个工作日完成清算交割。同时规定，若买入的金融资产持有期超过2个交易日，则资金在卖出后不加限制即可立刻使用，若持有期不足2个交易日，则卖出后要等待2个交易日满足后才可使用。

6.1.2　日本交易交收制度

成熟资本市场大多实行“T+0”交易制度，但其与“T+1”相比，存在过度投机的风险。为弥补这一缺陷，日本股票市场实施的是有限制的“T+0”交易制度，也称为单次“T+0”交易制度，股票买入在当日仅可以进行一次卖出交易，不能无限制地交易；若再次买入，直至下一个交易日开始时，不允许二次卖出。单次的有限制的“T+0”交易制度介于“T+0”与“T+1”交易制度之间，既保证了投资者股票交易的一定程度的灵活性，也降低了股市的随机性与投机性。

6.1.3　新加坡交易交收制度

新加坡证券交易市场实行“T+0”交易制度，“T+2”结算交收制度。在新加坡证券交易所证券市场执行的交易须在交易日之后的第二个工作日进行结算。如果卖方账户在“T+2”下午1:30点前没有足够的股份进行结算，新加坡中央存托有限公司[The Central Depository(Pte) Limited，简称CDP]将在当天下午进行买入交易。买入的证券将在下一个工作日用于履行卖方的交割义务。如果在新加坡证券交易所证券市场上执行的交易的预定结算日期属于半日交易日，则只在下一个工作日(即 T+3)进行买入。

交易通过清算会员执行后，在“T+2”进行现金交易结算。这意味着卖方向清算所交付证券以换取现金付款，而清算所则向买方交付证券以换取现金付款。CDP 通过记账式电子系统转移证券。如果卖方账户在“T+2”下午之前没有足够的股份进行结算，CDP 将在当天下午进行买入交易。买入的证券将在下一个工作日用于履行卖方的交割义务。

6.1.4 中国香港交易交收制度

中国香港证券市场实施的是“T+0”回转交易以及“T+2”交收制度。“T+0”回转交易也是一种无限制的交易制度，即日内不限买卖次数。“T+2”交收制度，即股票交易与资金结算并不同步，前后相差两个工作日(T+2)；在“T+2”以前，卖出方虽然在名义上已将证券卖出，但实质上在结算前仍保留了相关权益和风险，买入方同样也不能通过提取实物资产(如股票、现金等)进行买入股份的转托管。此外，由于气候环境导致的台风、暴雨等恶劣天气的原因，香港股票市场交收时间并未严格确定为“T+2”，其交收时间可能会发生延迟。

“T+0”回转交易风险：与无限制的“T+0”相同，会因过度自由化而加剧投资者投机行为，促使投资者盲目跟风，羊群效应导致日内频繁交易，从而导致交易成本显著上升的风险。

“T+2”交收制度风险：受恶劣天气影响，投资者的资金可能无法及时到账。

6.1.5 小结

回顾我国交易交收制度发展历程，国内沪深股市也曾经在 1992 年和 1993 年采取过“T+0”日内回转交易制度，但由于当时我国资本市场仍处于萌芽阶段，各项政策制度并不健全，监管措施尚未完善，投资者素质及理念不够成熟等，“T+0”制度带来的投机过热、炒作频发等弊端快速凸显，使得这一制度并未得以长期实施，历经短短两年，沪深股市于 1995 年 1 月改回了“T+1”次日回转交易机制，且该制度沿用至今。

表 7-26 中，对比 A 股市场与成熟证券市场交易交收制度，不难发现有限制的“T+0”有助于市场交易风险的整体控制，如严格控制投资者标准、确定股票标的、设定回转交易的累计金额的比例等。在理性的价值投资的情况下，其实并不需要当时就反向操作。无限制的“T+0”异动多，但本质是风险的转移，熨平大幅波动促进市场自动冷却，减少涨跌停板的虹吸效应。

表 7-26 国内外交易交收制度对比表

	美国	日本	新加坡	中国香港	中国
制度	“T+0”交易和“T+2”结算交收制度	单次“T+0”交易制度	“T+0”交易制度和“T+2”结算交收制度	“T+0”回转交易和“T+2”结算交收制度	“T+1”交易制度

（续表）

	美国	日本	新加坡	中国香港	中国
优点	增加了市场流动性；提高了市场价格对信息的反应速度（定价效率）	克服了"T＋0"交易制度下过度投机的风险；实现了交易自由与管控的灵活结合	增强了市场的活跃度	起到了活跃市场交易、提高流动性的作用	抑制股市投机
缺点	隔夜风险	相较"T＋0"缺乏交易自由度与灵活性	过于灵活，容易导致投资风险；隔夜风险	过于灵活，容易导致投资风险；隔夜风险	隔夜风险

数据来源：根据相关资料整理所得。

交易制度的建立与发展要与国家的市场制度相适应。随着A股市场的日趋完善，"T+1"交易制度的弊端日益凸显。从成熟市场的交易机制建立与运用来看，我国A股市场交易机制应进一步将自由化融入。本课题组认为A股市场可以将"T+1"交易制度转变为有限制的"T＋0"制度，有助于A股市场交易风险的整体控制，提高市场的流动性。有限制的"T＋0"交易制度，对"T＋0"交易的主体、次数、金额和换手率加以限制，如严格控制投资者标准、确定股票标的等。

6.2 涨跌幅限制

股票价格应由股票内在价值与市场供求关系共同作用形成，不应人为地设置限制。但是，由于投资者的投机心理、公司信息披露不规范乃至出现的内幕交易、市场操纵等违法违规行为，股票价格往往会在短时间内剧烈波动，甚至是异常波动，这可能会损害投资者利益、危害金融市场的稳定。因此，交易所对股票价格的每日波动设定一定的范围，这个价格波动限制范围被称为"涨跌幅限制"。

6.2.1 美国涨跌幅限制

美国证券市场对股价无涨跌幅限制，但是实行的是个股熔断制度。同时该机制也适用于标准普尔500指数、罗素1000指数和试点列表里的交易所交易产品（Exchange Traded Products，简称ETP）股票。

交易熔断的条件以股价规定期限内上下波动幅度为标准设立：①股价大于1美元时，该股票在5分钟内波动幅度达到30％；②股价不足1美元时，该股票在5分钟内波动幅度达到50％；③股票价格在5分钟内波动幅度达到±10％。个股股价判断标准，基于前一日的收盘价。对于触发个股熔断机制的股票，若时间处于美国东部时间9:45至15:35（含）之间，个股暂停交易5分钟；若时间是美国东部时间15:35以后，不暂停交易。此外，如果当日实行半天交易，时间截止点是美国东部时间12:35。

6.2.2 日本涨跌幅限制

日本的涨跌幅限制是根据基准价格的大小，划分 34 档并设置相对应的涨跌幅区间，见表 7－27 所列。原则上基准价格是以上一个交易日的收盘价为依据，基准价格越大，其相对应的涨跌幅区间范围就越大，摒弃涨跌幅限制的"一刀切"设置，实现了不同价格的区别对待。

表 7－27 日本涨跌幅限制情况

基准价格/日元		涨跌幅(上下)/日元
下限(包括)	上限	
	100	30
100	200	50
200	500	80
500	700	100
700	1000	150
1000	1500	300
1500	2000	400
2000	3000	500
3000	5000	700
5000	7000	1000
7000	10000	1500
10000	15000	3000
15000	20000	4000
20000	30000	5000
30000	50000	7000
50000	70000	10000
70000	100000	15000
100000	150000	30000
150000	200000	40000
200000	300000	50000
300000	500000	70000
500000	700000	10000
700000	1000000	150000
1000000	1500000	300000
1500000	2000000	400000
2000000	3000000	500000
3000000	5000000	700000

（续表）

基准价格/日元		涨跌幅(上下)/日元
下限(包括)	上限	
5000000	7000000	1000000
7000000	10000000	1500000
10000000	15000000	3000000
15000000	20000000	4000000
20000000	30000000	5000000
30000000	50000000	7000000
50000000		10000000

资料来源：东京证券交易所。

6.2.3 中国香港涨跌幅限制

香港证券交易所没有每日涨跌幅限制，但其受市场波动调整机制（简称“试调”机制）的作用，证券交易的买卖申报可能会受到限制。试调机制是香港联交所于2016年8月22日建立的一种为防范股价短期内出现异常波动风险的重要措施，其在监控期内会对被约束股票的波动情况进行追踪，这些股票一旦出现价格的剧烈波动，就会触发5分钟的冷静期。冷静期间的交易价格限制在触发前5分钟最后交易价格的上下10%范围内。

6.2.4 小结

在表7-28中，对比我国市场与成熟证券市场涨跌幅限制制度，一般成熟的证券市场不设置涨跌幅限制，即使设置了涨跌幅限制也是灵活的、有差异化的。我国主板实行10%涨跌幅限制、创业板科创板20%涨跌幅限制属于偏小的范围，也过于死板。

表7-28 国内外涨跌幅限制对比表

	美国	日本	新加坡	中国香港	中国大陆
制度	无涨跌幅限制，实行个股熔断制度	根据基准价格的大小，划分34档并设置相对应的涨跌幅区间	无涨跌幅限制	不设涨跌幅限制，但受市场波动调整机制的影响，证券交易的买卖申报可能会受到限制	单只普通股票(除上市首日、复牌等特殊情况)的股价较上一交易日收盘价的涨跌幅度不得超过10%；ST开头的股票，涨跌幅不得超过5%

综上分析，股价是由股票买卖的平衡关系所决定的，原本应该是在市场中自然形成的，不应受到人为限制。但是，由于我国的股票市场环境仍然存在许多非理智行为，为防止市场投机行为和恐慌情绪的蔓延，即使实行这类交易稳定机制，也必须要改善现行的交易稳定机制。我国沪深股市涨跌幅限制的设定并没有按照某种规则进行分

层区分，而是所有股票统一实施相同的限制阈值，缺乏合理化的细化交易监管制度。可以考虑放宽涨跌幅限制，同时应认真研究和总结我国涨跌停制度的优缺点、指数熔断机制失效原因，不断探索、不断创新，构建一套更加成熟适用的管理制度，使得我国股市趋向市场化、国际化。

6.3 做空机制

在国际上，卖空交易分别于1934年在美国和1951年在日本被引入，而香港则在1994年将其引入。美国证券交易委员会(Securities and Exchange Commission)明文规定的卖空交易有两种方式：①市场参与者出售不归属本人账户下的证券；②市场参与者拥有证券，但仍然以借入的证券进行出售。

6.3.1 美国做空机制

美国建立的是分散信用的证券市场模式，具有高度的市场自由化。这意味着不专门安排从事证券借贷的机构控制融券交易，而是通过市场中的投资银行和金融机构运用各种形式的市场工具，如贷款和回购完成。只有在全国证券交易所或场外柜台交易市场交易活跃的证券或由美国证交会(SEC)开列名单上的证券，才能在美国进行信用交易。

6.3.2 日本做空机制

日本建立的是集中授信的证券市场模式，即总体上将权利集中化，统一管理融券活动中的信用交易，仅利用少量专业融券机构或者部门对信用交易进行调节与控制，政府部门再利用融券机构的辅助措施，对信用交易实施监管。同样地，能够进行融券交易的证券必须满足规定的股利回报率且经政府部门授权或指定。

6.3.3 新加坡做空机制

目前，根据《新加坡证券交易规则》第8章规定，经纪商必须为做出卖空指令的投资者提供系统，以便将其指令标记为卖空指令。做出卖空指令的投资者应向其经纪商做出此项指示。新加坡证券交易所对做出卖空指令的投资者有两个主要要求：一是向新加坡证券交易所披露卖空指令；二是向新加坡金管局报告空头头寸。

6.3.4 中国香港做空机制

香港股市允许受监管的卖空行为。根据香港联交所(The Stock Exchange of Hong Kong Ltd.)的规则，只有在证券被列为“可进行卖空”的情况下，卖空交易才被允许，严格禁止无担保的裸卖空。认股权证和债券不包括在沽空名单内。卖空必须提前向证券公司借入证券。部分热门做空标的证券，往往需求大于供给，导致利率更高而难以被借入。此外，香港监管部门规定：①卖空交易在其交易持续期内要遵守自动化处理原则，以自动对盘方式导入交易系统；②卖空价格不得低于交易时的最佳沽盘价或者收市竞价参考价。因而在股价出现暴跌的时候，卖空交易无法进行。

6.3.5 小结

目前我国证券市场现行的做空交易机制主要是融资融券。对比我国证券市场与成熟证券市场做空机制不难发现,我国做空机制不完善并处于明显的劣势,虽然当前沪深两市融资融券标的股数量已经由起初的 90 只增加到 1600 只,但在 A 股市场中占比不足三分之一,与成熟资本市场还有较大差距。且长期以来,我国融券余额占融资融券余额的比例不足一成,“两融”业务发展极不平衡,卖空作用发挥空间极其有限。因此在充分考虑我国资本市场的条件下,为了发挥出卖空机制的作用,应在适当的时机增加融资融券标的股的数目,增加融券交易规模是重要且必要的。这有利于投资者主动规避风险,增加市场流动性,降低市场风险,维持 A 股市场的平稳运行以及经济的稳定发展。

第7章　研究结论及政策建议

7.1　研究结论

课题组在系统归纳国内外专家对股市价格波动研究成果的基础上，通过统计描述分析、案例分析、实证分析以及比较分析等方法，对我国股市股价异常波动的特征、影响因素以及典型案例展开了研究。主要得出以下研究结论：

(1)基于描述统计分析，从股市宏观数据来看，我国股市仍然处于稳定性较差、不成熟的发展阶段，股票价格表现出大起大落、频繁震动的特征。从行业角度来看，制造业，信息传输、软件和信息技术服务业以及房地产业是股价异常波动的高发行业；住宿和餐饮业，居民服务、修理和其他服务业以及教育业发生股价异常波动的频率较低。从财务指标来看，股价异常波动公司普遍具有更高的市盈率，规模小、利润低的公司比较容易出现股价异常波动。

(2)基于典型案例分析，内幕交易、股价操纵、信息披露不合规等市场违规操作是导致股价异常波动的重要推手；概念炒作、投资者投机行为助长了股价异常波动；交易制度不健全、衍生品供给不足导致供需不平衡，使得股票价格偏离其内在价值。

(3)基于实证分析，整体机构投资者持股比例对股价异常波动产生抑制作用；融券交易机制抑制了公司股价异常波动风险，融资交易机制却相反，该交易机制的实施从一定程度上助涨了股价异常波动的风险；实施了涨跌幅限制的中国A股市场并没有呈现出更好的稳定效果，涨跌幅限制抑制股价异常波动的作用并不明显。

股价异常波动是一个受多种因素影响的复杂过程，其导致的结果通常情况下是连锁且严重的。完善制度的建立与实施是严防股价异常波动的重要防线，强化监管有效性是防止危害蔓延的关键手段。根据对股价异常波动股票交易风险的分析得出，目前防范的重点应放在交易机制的完善与建立以及监督管理部门的职能提升上来。监管部门可以通过完善信息披露、引导投资者交易行为、优化“两融”交易配比、适当放宽涨跌限制幅度、转型“T+0”交易交收等制度达到防控的目的；通过提升监管能力，及时发现并处理上市公司内幕交易、违规操作，从而减少由于股价异常波动带来的对投资者及市场的不良影响。制度完善与有效监管双管齐下才能在更大程度上平抑股价异常波动，防止危害扩散。

7.2　政策建议

股价波动是股市的重要特征以及必然结果，适度波动不仅可以引导投资者的良性交易，还可以促进公司的健康持续发展。但是股价异常波动会使投资者难以做出正确的投资决策，进而破坏市场的公平、公正以及公开的原则，影响国民经济的稳定发展，甚至诱发金融危机。为更好地抑制和管理股价异常波动，结合前述研究，我们提出如下政策建议。

7.2.1 健全和细化信息披露规范体系，增强信息透明度

信息披露制度建设是我国资本市场乃至世界各国资本市场建设的重要方面，充分的信息披露缓解了信息不对称问题，使得投资者的投资决策更加理性，有助于抑制股价异常波动。由于我国资本市场成立较晚，部分基本制度仍不够健全，部分公司存在信息披露未达标准的情况，为减少此类情况的出现，监管部门应当完善现有的信息披露规定，最大程度上减少信息的不对称性。本课题组提出以下建议：

(1)建立健全和细化现有的信息披露制度，使信息披露更加公开、真实、完整和及时。尤其是要建立健全重大信息披露制度，对上市企业重大信息披露的操作流程与要素的披露监管建立统一、严格的标准。为整治内幕交易，证券监管部门要强制登记可能知悉内幕信息的人员，持续监控其交易账户，当账户发生异常交易时，需要第一时间询问相关人员。与此同时，还要严防上市公司管理层利用内幕信息和其他投资者相互勾结进行股价操纵的行为。

(2)建立奖励制度，如对高质量的信息披露上市公司提供更便捷的服务，鼓励上市公司自愿进行要求之外的信息披露。政府监管机构在监管的同时要加强外部力量的监督，尤其是银行以及保险公司的外部监督。银行、保险等公司对上市公司的判断更加全面，他们有一套自己的评价标准，这比仅仅靠单一财务指标来判断更客观、更全面。

(3)政府监管机构应加大审查信息披露文件的力度。此处可以学习美国证券交易委员会的做法，其每年都要审查大量的披露材料，对有问题的公司，果断停止发行并对相关责任人进行行政处罚，毫不手软。同时，对于股价异常波动的股票，证券交易所可以通过大数据整理相关参与账户持股及盈亏状况，及时向市场公布，以向中小散户揭示风险。

7.2.2 适当放宽涨跌限制幅度，逐步取消涨跌停板制度

考虑中国资本市场的价格稳定性较低、相关稳定措施不够完善等情况，目前我国股市采用涨跌停板制度。适度的干预是对市场的保护，也是对投资者的保护。随着注册制的推进，涨跌停板制度也发生着变革，由10%拓展到20%，从科创板的交易情况看，已经鲜有涨停。按照这样的逻辑推测，当全部板块都实行注册制之后，涨跌停板将会全部拓宽到20%甚至更高，涨跌停板制度可能会迎来进一步的变革。基于此，本课题组提出以下建议：

(1)扩大涨跌幅限制。对比其他成熟股市涨跌幅限制，我国实行的10%属于偏小的范围，可以考虑放宽涨跌幅限制，使得我国股市更加市场化、国际化，同时也能够提高市场的价格连续性，保护投资者利益。

(2)逐步取消涨跌停板制度。应认真研究总结我国目前涨跌停板制度的效果和缺陷以及指数熔断机制临时运行失败的原因，从经验教训中学习和完善，不断探索不断创新，建立一套更成熟、更规范的管理体系。在市场情绪相对稳定、交易秩序相对正常

的情况下，选择合适的时机逐步淘汰涨跌停板制度，引入更加科学合理的交易机制。

7.2.3 逐步发展金融衍生品，完善金融市场建设

二级市场的供给不足、交易受限导致供需不平衡，供给短缺是市场的主要矛盾，加剧了投资者的炒作现象，导致了中小投资者利益受损和股价的暴涨暴跌。目前我国金融衍生品数量稀少、种类匮乏，投资者缺乏规避股价下跌风险的工具。面对我国金融衍生品发展现状，本课题组提出以下建议：

(1)完善金融市场基础设施建设，为金融衍生品市场的健康发展奠定基础。

(2)优先重点发展场内市场，为场外市场发展积攒有益经验，逐步推进场外市场发展，构建全面完善的金融市场。

(3)适时加快推出各类股指期货、股票期权等金融衍生产品。给予市场上的理性投资者利用衍生品分割风险和管理风险的能力，通过大量透明和竞争性交易来促进金融资产更准确地定价。尤其是扩大现有融券规模及融券标的范围，提升融券业务发展速度，从而实现与融资业务的均衡发展。

(4)提高金融机构对金融衍生品的定价能力，提高服务效率，建议参考国外的衍生品工具电子交易系统对金融衍生品进行合理报价。

(5)加强相关法律法规建设，为金融衍生品市场的发展创造良好的法律和政策环境。金融衍生品的逐步发展也为信息更完善的机构投资者提供了帮助矫正价格异常波动的风控工具。

7.2.4 提高市场流动性，逐步从“T＋1”演变为“T＋0”

“T＋1”交易机制在次日才能进行反向操作，降低了股市的整体流动性，打消了投资者的投资积极性。同时，由于中小投资者不能通过其他证券产品的交易有效对冲股票交易风险，使得交易不具有公平性。本课题组提出以下建议：

(1)A股可逐步选择流动性好、稳定性高的品种进行“T＋0”试点，如蓝筹股和指数成分股等，等市场条件适宜以及市场参与者投资理念成熟至一定程度再推广；同时也要限制“T＋0”交易的主体、金额、换手率和次数等。政府监管部门需要加强对“T＋0”交易行为的管理，可借鉴期货交易的做法，当换手率高于某一阈值时，交易暂停，一段时间后再恢复交易，对股票换手率异常的股票可实施暂停交易。

(2)为防范股市大幅异常波动，我国证券市场可能需要加强对投资者适当性的管理。根据我国实际情况，可采取的做法如下：设置多元化的投资者准入条件，如从投资年限、经验等角度区别对待投资者；签订风险预告书，进行风险提示；限制“T＋0”交易次数或交易金额，避免投资者过度投机带来的大额损失。此外，还应采取风险管控举措，如定期评估投资者账户，限制不良账户的交易额度，进而减少股价的异常波动。

7.2.5 严禁利用内幕信息从中牟利，加大惩处力度，提高违法成本

对信息披露不合规的行为加大惩处力度，是防止内幕交易以及减少股价异常波动的关键措施。当前，我国证券监管机构对此类行为的惩处力度远远不够，我国证券法针对内幕交易并没有出台具体的处罚标准。因此，一些内幕交易者仍然以身犯险，就

是由于获取的非法收益远高于违法成本。基于此，本课题组提出以下建议：

(1)提升监管效率，通过大数据对比，提高对各类内幕交易行为进行调查和处理能力。对于违反强制性信息披露规定、发布虚假消息公告或者故意隐瞒重大内部控制缺陷的企业，应当制定处罚措施、加大审计委员会的问责力度等。

(2)立法当局需要建立健全行政处罚条例，加大对违规行为的处罚力度，进一步提高违规行为的成本。与此同时，健全证券民事损害赔偿制度，充分动员广大投资者参与到市场监管中。在成熟股市中，对于证券违法者处罚力度最高的不是刑事诉讼或者行政处罚，而是由投资者提起的民事诉讼。我国股市可以借鉴成熟股市的经验，确立两大诉讼机制：股东集体诉讼制度和股东代表诉讼制度。对于市场违规行为，应明确适用的法律程序，并建立适当和完善的机制，追究上市公司披露信息的法律责任。

(3)建立信用制度，对股票交易人员的信用状况进行动态评估，并在评级的不同阶段实施相应的经营禁令。这不仅能有效预防不法行为的发生，还将有效提高监管效率、降低监管成本。

7.2.6 重点关注盘小且绩差股票，提高监控聚焦性

上市公司的体量以及业绩是其发展及经营效率和效果的体现，是基本面分析的重点关注内容，是代表上市公司质量的关键指标，同时也从一定程度上影响着股价异常波动的产生。基于此本课题组提出以下建议：

(1)应充分认识到提高上市公司质量的重要意义。监管部门应重点关注盘小绩差股发生股价异常波动的风险，建立有区别化的监管方针。

(2)设置相关指标警戒阈值，做到早发现、早关注、早监控，及时防治由于经营治理不善导致的股价异常波动给公司、投资者以及市场带来的损失。

(3)设立异常波动板，明确异常波动板认定标准，在盘小绩差股票出现严重异常波动时调入异常波动板。异常波动板可以对参与交易的投资者划出门槛，让具有一定风险容忍度和具有异常波动风险投资能力的投资者参与进来。

(4)促进公司提高治理水平与经营能力是治本之策。监管部门应重点关注盘小绩差公司的发展趋势，及时督促及帮助整改，规范运作水平。不断改善公司治理和经营管理，提高上市公司的透明度和诚信水准，提高上市公司的质量，增强上市公司的竞争优势，促进可持续发展，并进一步防止股价的异常波动。

7.2.7 优化机构投资者结构，引导机构投资者良性发展

机构投资者对股价异常波动具有双重作用。一方面，机构投资者在监管机构的正确指导下，通过价值投资，可以发挥稳定股价的作用；另一方面，相较于个人投资者而言，机构投资者在资金实力、专业素养以及信息收集与处理等方面具有显著优势，因此，一旦出现违规操作就会对股价的波动产生更大的影响。基于此，本课题组提出以下建议：

(1)积极培育机构投资者，重塑其内在结构，构建多元化发展方向。在适当的时机以及条件下，大力发展机构投资者，推动内在结构的转型与发展，如正确引领保险以及社保基金、企业年金以及社会公益基金等不同类型的机构投资者进入市场，通过这些

中长期资金的入市，为股市注入新的力量，来达到稳定股市、抑制股价异常波动的重要作用。

(2)深化价值投资理念，引领机构投资者良性发展。除了在数量和规模上大力发展机构投资者，更要注重在质量上发展机构投资者。时至今日，大力发展以长期业绩导向为原则的机构投资者是目前以及未来的工作重点。要深化其价值投资理念，从个股股票的价值投资上来看，要做到能够从公司发展的整体情况综合研判单只股票的实际价值；从整体投资市场上来看，要做到从市场整体的角度了解所有产品，从而更准确地判断出更具价值的投资方向。

(3)加强相关法律政策建设，约束违规投资行为。建立强有力的监管以及处罚体系，严厉监管及打击市场操纵、内幕交易以及利益输送等违法违规行为，进而达到有效抑制股价异常波动的效果，促进我国证券市场稳健、规范、高效地运行。

7.2.8 加强对投资者的培训和宣传，不断降低投机主义者的占比

投资者教育是我国资本市场发展中的一项基础性的长期工作内容。随着我国股票市场体量和容量以及国际资本量的逐步加大，资本市场多层次的体系建设也正在完善，与之相匹配的投资者素质的提高问题亟待解决。投资者作为市场交易的主体，同时也是风险承担的主体。复杂多变的市场环境及交易需要投资者有更高的投资水平和心理素质。面对投资者素质的良莠不齐，本课题组提出以下建议：

(1)交易监管部门应进一步建立健全具有针对性的投资者教育平台。对于规模大、素质高的投资者，教育的重点着眼于规范交易、防止炒作及操纵等内容上来；对于规模相对较小、专业水平相对不高的中小投资者，应重点关注其交易的理性教育以及提高分析判断能力等方面。

(2)开展全方位、多角度的投资者教育手段，扩大投资者教育的普及性以及可理解性，督促并保证中小投资者能够及时得到相应的学习。

(3)适当调动投资者主动关注风险的积极性，培养投资者自觉参与学习的习惯，提升投资者素质，最终起到风险事前预防的重要目的。

参考文献

[1] Zweig M E. An Investor Expectations Stock Price Predictive Model Using Closed - End Fund Premiums[J]. The Journal of Finance, 1973, (28): 67 - 78.

[2] Shleifer A, Summers L H, Long J B D, et al. Noise Trader Risk in Financial Markets[J]. Journal of Political Economy, 1990(98): 703 - 738.

[3] Sias R W. Volatility and the Institutional Investor[J]. Financial Analysis Journal, 1996(52): 13 - 20.

[4] Maug E G, Naik N Y. Herding and Delegated Portfolio Management: The Impact of Relative Performance Evaluation on Asset Allocation[J]. SSRN Electronic Journal, 1996, (01): 265 - 292.

[5] Nofsinger J R, Sias R W. Herding and Feedback Trading by Institutional and Individual Investor [J]. Journal of Finance, 1999, (54): 2263 - 2295.

[6] Shiller R J. Human Behavior and the Efficiency of the Financial System[J]. Handbook of Macro-

economics,1999,(11):1305-1340.

[7] Jegadeesh N,Titman S. Profitability of Momentum Strategies:An Evaluation of Alternative Explanations[J]. Journal of Finance,2001,(56):699-720.

[8] Dennis P J,Strickland D. Who Blinks in Volatile Markets,Individuals or Institutions? [J]. Journal of Finance,2002,(57):1923-949.

[9] Cohen R B,Gompers P A,Vuolteenaho T. Who under Reacts to Cash-flow news? Evidence from Trading between Individuals and Institutions[J]. Journal of Financial Economics,2002,(66):409-462.

[10] Dilip A, Markus K. Brunnermeier. Bubbles and Crashes[J]. Econometrica, 2003, 71(1): 173-204.

[11] Barber B M, Odean T. All that glitters: the Effect of Attention and News on the Buying Behavior of Individual and Institutional Investors[J]. Review of Financial Studies,2008,21: 785-818.

[12] Hong H, Stein J C. Differences of Opinion, Short-Sales Constraints, and Market Crashes [J]. Review of Financial Studies,2003.(16):487-525.

[13] Jin L,Myers S C. R2 around the World:New Theory and New Tests[J]. Journal of Financial Economics,2006.(79):257-292.

[14] Hutton A P, Marcus A J, Tehranian H. Opaque Financial Reports, R', and Crash Risk[J]. Journal of Financial Economics,2009,94(1):67-86.

[15] Goodell J W, Vahamaa S V. US Presidential Elections and Implied Volatility: The Role of Political Uncertainty[J]. Journal of Banking &. Finance,2013,37(3):1108-1117.

[16] Piotroski J D, Wong T J, Zhang T. Political Incentives to Suppress Negative Information: Evirdence from Chinese Listed Firms[J]. Journal of Accounting Research, 2015, 53(2): 405-45.

[17] Kim J B, Zhang L D. Accounting Conservatism and Stock Price Crash Risk: Firm Hevel Evidence[J]. Contemporary Accounting Research,2016,33(1):412-441.

[18] 李岳,王继平,归江．股价波动及相关因素的实证研究[J]. 数理统计与管理,1998(6):3-5.

[19] 桂杰．证券市场稳定措施的国际比较及其借鉴[J]. 证券市场导报,2000(03):30-39.

[20] 刘晓峰,刘晓光,田存志．涨跌停板制度安排对于股市稳定性影响的研究[J]. 国际金融研究,2001(9):16-22.

[21] 孙培源,施东晖．涨跌幅限制降低了股价波动吗？——来自中国股票市场的证据[J]. 证券市场导报,2001(11):12-18.

[22] 金德环,王俊,李鹏,等．上市公司信息披露与个股异常波动相关性研究[J]. 财经研究,2002(7):19-25.

[23] 沈根祥,李万峰．我国股市涨跌停板制度及国际比较[J]. 财政研究,2003(01):37-39+66.

[24] 陈平,龙华．中国股市涨跌停绩效的经验分析及政策建议[J]. 世界经济,2003(2):56-65+79.

[25] 曾长虹．证券交易机制影响股价吗？——对中国股票市场的再检验[J]. 经济研究,2003(11):65-70+93.

[26] 陆蓉,徐龙炳．政策对股票市场转折点的影响[J]. 上海财经大学学报,2004(1):39-45.

[27] 胡朝霞．涨跌停机制对上海股市效率和波动的影响[J]. 厦门大学学报(哲学社会科学版),2004(2):100-108.

[28] 孙培源,范利民．涨跌幅限制与投资者过度反应:一个基于均衡价格估计的经验研究[J]. 世界

经济,2004(4):72-79.
[29] 李超.中国股市涨跌停板对投资者交易行为的影响[J].中央财经大学学报,2005(9):30-34.
[30] 何佳,何基报.投资者结构与股价波动关系——基于理论的思考[J].南方经济,2006(2):80-90.
[31] 徐晓光,黄国辉.我国股价波动的政策干预效应——基于ARCH类修正模型的实证分析[J].当代经济研究,2007(4):67-70.
[32] 中国社会科学院课题组,胡必亮,何德旭,等.推进经济信息化的国际经验[J].经济研究参考,2007(14):26-43.
[33] 陈浩武,杨朝军,范利民.中国证券市场涨跌幅限制的磁力效应研究——兼论适当放宽涨停限制的合理性[J].管理科学学报,2008,11(5):120-128.
[34] 袁知柱,鞠晓峰.中国上市公司会计信息质量与股价信息含量关系实证检验[J].中国管理科学,2008,16(S1):231-234.
[35] 陈有禄.对我国T+1交易制度下IPO抑价和高换手问题的探析[J].改革与战略,2008(11):108-110.
[36] 李广川,邱菀华,刘善存.投资者结构与股价波动:基于过度自信和注意力分配的理论分析[J].南方经济,2009(4):12-23+33.
[37] 邹辉文,黄明星.基于股价异常波动的中国股市监管效率实证分析[J].财经研究,2010,36(1):134-143.
[38] 王汉生,张瀚宇,何天英,等.上市公司财务参数与其股价波动性关系探究[J].证券市场导报,2010(2):74-77.
[39] 陈静,张晓明.资本市场传闻信息与股价异动研究[J].兰州学刊,2010(5):31-34.
[40] 刘奕均,胡奕明.机构投资者类型与股票市场波动实证研究[J].软科学,2010,24(6):111-114+119.
[41] 胡海峰,宋李.证券投资基金是否稳定股价——基于中国股票市场的经验证据[J].财贸经济,2010(8):13-18.
[42] 赵静梅,何欣,吴风云.中国股市谣言研究:传谣、辟谣及其对股价的冲击[J].管理世界,2010(11):38-51.
[43] 史永.信息披露质量、审计师选择与股价同步性[J].中南财经政法大学学报,2013(6):118-123.
[44] 陈军,陆江川,张明慧.我国机构投资者持股与股市稳定性关系研究[J].福建论坛(人文社会科学版),2013(8):44-49.
[45] 冯梓洋,张显峰,唐亮.创业板公司自主创新与企业绩效、股价波动的关联分析[J].证券市场导报,2014(3):41-45.
[46] 谭松涛,崔小勇,孙艳梅.媒体报道、机构交易与股价的波动性[J].金融研究,2014(3):180-193.
[47] 肖浩,王明辉.公司信息披露频率、股价特质性波动与公司治理[J].现代管理科学,2014(4):42-44+48.
[48] 秦芳,吴昱,何勤英,等.涨跌幅限制、价格和流动性——基于A+H股日交易数据的研究[J].投资研究,2014,33(4):120-136.
[49] 陈晖丽,刘峰.融资融券的治理效应研究——基于公司盈余管理的视角[J].会计研究,2014(9):45-52+96.
[50] 李科,徐龙炳,朱伟骅.卖空限制与股票错误定价——融资融券制度的证据[J].经济研究,2014,49(10):165-178.

[51] 辛清泉，孔东民，郝颖．公司透明度与股价波动性[J]．金融研究，2014(10)：193－206.
[52] 马晨，程茂勇，张俊瑞．财务重述、年报披露及时性与股价波动性[J]．投资研究，2015，34(1)：65－81.
[53] 李梦雨．证券价格涨跌幅限制制度的存在原因——基于反市场操纵的视角[J]．西安交通大学学报(社会科学版)，2015，35(1)：34－39.
[54] 李志生，杜爽，林秉旋．卖空交易与股票价格稳定性——来自中国融资融券市场的自然实验[J]．金融研究，2015(6)：173－188.
[55] 童元松，王光伟．机构投资者持股对股价的差异性影响研究[J]．技术经济与管理研究，2015(6)：103－107.
[56] 吴国平，谷慎．融资融券交易对我国股市波动性影响的实证研究[J]．价格理论与实践，2015(10)：105－107.
[57] 史青春，周静婷．市场传闻、澄清公告与股价波动[J]．现代财经(天津财经大学学报)，2015，35(11)：22－36.
[58] 张志伟．试析中国证券市场 T+1 交易制度改革[J]．经济与管理研究，2015，36(12)：62－65.
[59] 刘振彪，何天．机构投资者影响我国股价波动的实证研究[J]．财经理论与实践，2016，37(1)：64－69.
[60] 刘烨，方立兵，李冬昕，等．融资融券交易与市场稳定性：基于动态视角的证据[J]．管理科学学报，2016，19(1)：102－116.
[61] 张亦弛，乔海曙．机构投资者持股对股价同步性的影响——基于上市公司现金股利政策的研究[J]．湖南社会科学，2016(3)：150－154.
[62] 林祥友，易凡琦，陈超．融资融券交易的助涨助跌效应——基于双重差分模型的研究[J]．投资研究，2016，35(4)：74－86.
[63] 刘晓，刘洋．内部控制效率、信息披露质量与股价同步性[J]．山东社会科学，2016(6)：146－150.
[64] 褚剑，方军雄．中国式融资融券制度安排与股价崩盘风险的恶化[J]．经济研究，2016，51(5)：143－158.
[65] 赵廷辰，张舒．中国基金投资者与股市波动性关系的实证研究[J]．现代管理科学，2016(5)：45－48.
[66] 姚磊，姚王信．融资融券渐进式扩容的政策效应研究——基于多期 DID 模型与 Hausman 的检验[J]．国际金融研究，2016(5)：85－96.
[67] 李锋森．融资融券对股价波动性的影响——基于我国股市的准自然实验[J]．投资研究，2017，36(2)：54－69.
[68] 王朝阳，王振霞．涨跌停、融资融券与股价波动率——基于 AH 股的比较研究[J]．经济研究，2017，52(4)：151－165.
[69] 程昕，杨朝军，万孝园．机构投资者、信息透明度与股价波动[J]．投资研究，2018，37(6)：55－77.
[70] 周耿，姜雨潇，范从来，等．T+1 制度对中小投资者保护效果的实验研究[J]．中国经济问题，2018(6)：60－75.
[71] 徐雪，马润平．融资融券对股票价格波动的影响研究——基于 DID 模型的检验[J]．价格理论与实践，2018(11)：87－90.
[72] 谢贵春．证券市场稳定机制比较、趋势与中国对策[J]．上海金融，2018(12)：60－69.
[73] 魏志华，曾爱民，吴育辉，等．IPO 首日限价政策能否抑制投资者“炒新”？[J]．管理世界，2019，35(1)：192－210.

[74] 宋顺林，唐斯圆．首日价格管制与新股投机：抑制还是助长？[J]．管理世界，2019，35(1)：211-224.

[75] 谢贵春．跨境内幕交易与市场操纵：典型案例与执法策略[J]．证券市场导报，2019(2)：55-68.

[76] 章晟，景辛辛，苏姣．规范大股东减持能有效抑制股价波动吗？——基于《减持新规》[9 号文]的自然实验[J]．证券市场导报，2019(3)：13-23.

[77] 刘乐平，逯敏．融资融券制度对个股价格稳定性影响的“马太效应”[J]．金融经济学研究，2019，34(6)：120-129.

[78] 苏冬蔚，彭松林．卖空者与内幕交易——来自中国证券市场的证据[J]．金融研究，2019(9)：188-206.

[79] 李志生，金凌．“国家队”救市、股价波动与异质性风险[J]．管理科学学报，2019，22(9)：67-81.

[80] 孙翔宇，孙谦．机构投资者异质性、融资融券制度与股价崩盘风险[J]．上海金融，2019(10)：8-18.

[81] 刘杰，陈佳，刘力．投资者关注与市场反应——来自中国证券交易所交易公开信息的自然实验[J]．金融研究，2019(11)：189-206.

[82] 钱诚．融资融券与股价波动的相关性研究——以华泰证券为例[J]．科技创新与生产力，2020(2)：21-23.

[83] 黄剑，林细雁，潘昌辉．科创板涨跌幅限制新规影响股价波动率吗[J]．金融经济学研究，2020，35(2)：18-28.

[84] 白颢睿，吴辉航，柯岩．中国股票市场月频动量效应消失之谜——基于 T+1 制度下隔夜折价现象的研究[J]．财经研究，2020，46(4)：140-154.

[85] 朱红兵，张兵．T+1 交易制度对中国股票市场的影响——来自长期折价率的证据[J]．证券市场导报，2020(8)：22-30+68.

后　　记

教育理论家徐特立老先生曾说过："没有实际的理论是空虚的，同时没有理论的实际是盲目的。"从校门走进校门的我，1985 年大学一毕业就被分配到高等学校任教，显然缺乏实践工作经验。而我所讲授的"会计学"等课程是实践性很强的学科，且与证券市场关系十分密切，只有授课老师具备理论结合实际的教学基本功，才能更好地提升学生的综合素质。如果会计人员不知道公司的生产工艺流程，不懂得公司治理与内控机制，不了解瞬息万变的市场状况，就不能够为公司领导提供正确的决策信息。因此，我期盼着能有一个机会去弥补实践经验的不足，以更好地提升自己的教学与科研水平，为企业培养复合型、决策型高级会计人才。

适逢 20 世纪 90 年代我国开始构建资本市场，沪深交易所的成立（2021 年 11 月 15 日北京证券交易所开市）给包括我在内的广大高校教师提供了广阔的舞台。我一方面以独立董事的身份参与上市公司的治理与实践，另一方面与证券公司、上市公司合作积极申请中国证券业协会、沪深交易所的科研课题，主要围绕证券市场的主体行为规范、产品创新、制度设计等前沿问题进行研究，迄今为止已经完成了近 30 个有关证券市场方面的科研课题。这些课题的研究成果及政策建议得到了中国证监会、中国证券业协会、沪深交易所等部门的肯定与采纳，为中国证券市场的健康可持续发展贡献了一份绵薄之力。

古人云："知之愈明，则行之愈笃；行之愈笃，则知之益明。"我一直非常注重理论与实践的结合，始终坚持从理论中来，到实践中去，再上升至理论的理念，主张理论源于实践，但高于实践，通过在实践中发现问题，不断研究探索，最终实现升华理论知识，用理论来指导实践活动的目的。因此，我在进行教学设计的时候就有意识地把研究成果融入课堂，教导学生理论要与实践相结合。为了将研究成果和实践经验系统地融入理论教学中，2020 年 11 月我主编了安徽省"十三五"规划教材、智慧会计特色专业系列教材《证券投资理论与实务》（科学出版社），该书受到了学员及证券投资者的广泛好评。

同时，为了总结我三十多年来的研究成果，我分别于 2008 年 3 月和 2014 年 4 月将相关研究专题收集在《中国资本市场专题研究》（合肥工业大学出版社）、《上市公司可持续发展问题研究》（中国经济出版社）两本专著里。本专著共收集了我及研究团队近年来的 7 个研究专题，涉及证券市场的产品、证券市场的层次、证券市场的主体及证券市场的交易等方面的内容。因此，这本专著一脉相承，可以说是前两本专著的"姊妹篇"。

在本专著付梓之际，我由衷地感谢国元证券原董事长蔡咏先生、现任董事长俞仕新先生，华安证券董事长章宏韬先生，是他们为我们研究团队提供了一个良好的实践与研究平台，并和我们一起参与研究，使我们的研究成果更接地气，使我们提出的对策建议更富有“实用性”，更能够解决实际问题。

特别感谢我的研究团队，每一个研究项目的完成都离不开课题组成员的齐心协力，每一项研究成果都凝聚着大家的心血和智慧。

衷心感谢我的博士生导师杨善林院士，杨老师“拼命三郎”的拼搏精神和以国家战略需求为研究方向的使命情怀为我的前行提供了源源不断的动力！感谢他在百忙之中为本书作序。

感谢合肥工业大学出版社的领导以及刘露编辑，他们为本书的出版付出了辛勤细致的劳动。

感谢我的父母亲及岳父母，他们勤劳、善良、宽容、礼让的为人品格是我一生取之不尽、用之不竭的精神财富。

感谢我的夫人曹丹丽女士，是她的勇于担当、勤俭持家，才使我有时间和精力去完成繁重的教学与科研任务。

此外，在课题研究过程中，我们参考了国内外学者的相关研究成果，在此表示诚挚的谢意！由于中国证券市场是一个快速发展中的市场，需要研究的问题很多，观点也不一致，书中肯定存在不妥甚至是错误之处，敬请广大读者批评指正。

姚禄仕

2021年11月18日于合肥保利西山林语